■2025年度高等学校受験用

東海大学付属相模高等学校

収録内容一覧

★この問題集は以下の収録内容となっています。また、編集の都合上、解説、解答用紙を省略させていただいている場合もございますのでご了承ください。

（○印は収録、一印は未収録）

入試問題と解説・解答の収録内容		解答用紙
2024年度	英語・数学・国語	○
2023年度	英語・数学・国語	○
2022年度	英語・数学・国語	○
2021年度	英語・数学・国語	○
2020年度	英語・数学・国語	○
2019年度	英語・数学・国語	○

★当問題集のバックナンバーは在庫がございません。あらかじめご了承ください。

リスニングテストの音声は、下記のIDとアクセスコードにより当社ホームページ
https://www.koenokyoikusha.co.jp/pages/cddata/listening で聴くことができます。
（当社による録音です）
ユーザー名：koe　アクセスコード（パスワード）：51258　使用期限：2025年3月末日

※ユーザー名・アクセスコードの使用期限以降は音声が予告なく削除される場合がございます。あらかじめご了承ください。

●凡例●

【英語】

≪解答≫

〔　〕　①別解

②置き換え可能な語句（なお下線は置き換える箇所が2語以上の場合）

（例）I am〔I'm〕glad〔happy〕to～

（　）　省略可能な言葉

≪解説≫

1，2…　本文の段落（ただし本文が会話文の場合は話者の1つの発言）

〔　〕　置き換え可能な語句（なお〔　〕の前の下線は置き換える箇所が2語以上の場合）

（　）　①省略が可能な言葉

（例）「（数が）いくつかの」

②単語・代名詞の意味

（例）「彼（＝警察官）が叫んだ」

③言い換え可能な言葉

（例）「いやなにおいがするなべにはふたをするべきだ（＝くさいものにはふたをしろ）」

//　訳文と解説の区切り

cf.　比較・参照

≒　ほぼ同じ意味

【数学】

≪解答≫

〔　〕　別解

≪解説≫

（　）　補足的指示

（例）（右図1参照）など

〔　〕　①公式の文字部分

（例）〔長方形の面積〕＝〔縦〕×〔横〕

②面積・体積を表す場合

（例）〔立方体ABCDEFGH〕

∴　ゆえに

≒　約、およそ

【社会】

≪解答≫

〔　〕　別解

（　）　省略可能な語

＿＿　使用を指示された語句

≪解説≫

〔　〕　別称・略称

（例）政府開発援助〔ODA〕

（　）　①年号

（例）壬申の乱が起きた（672年）。

②意味・補足的説明

（例）資本収支（海外への投資など）

【理科】

≪解答≫

〔　〕　別解

（　）　省略可能な語

＿＿　使用を指示された語句

≪解説≫

〔　〕　公式の文字部分

（　）　①単位

②補足的説明

③同義・言い換え可能な言葉

（例）カエルの子（オタマジャクシ）

≒　約、およそ

【国語】

≪解答≫

〔　〕　別解

（　）　省略してもよい言葉

＿＿　使用を指示された語句

≪解説≫

〈　〉　課題文中の空所部分（現代語訳・通釈・書き下し文）

（　）　①引用文の指示語の内容

（例）「それ（＝過去の経験）が～」

②選択肢の正誤を示す場合

（例）（ア，ウ…×）

③現代語訳で主語などを補った部分

（例）（女は）出てきた。

／　漢詩の書き下し文・現代語訳の改行部分

東海大学付属相模高等学校

所在地	〒252-0395 神奈川県相模原市南区相南3-33-1
電　話	042–742–1251(代)
ホームページ	https://www.sagami.tokai.ed.jp/
交通案内	小田急線・小田急相模原駅 徒歩8分

普通科

男女共学

くわしい情報は
ホームページへ

▌応募状況

年度	募集数	受験数	合格数	倍率
2024	推薦200名 一般240名	181名 294名	181名 276名	1.0倍 1.1倍
2023	推薦200名 一般240名	243名 314名	243名 303名	1.0倍 1.0倍
2022	推薦200名 一般240名	221名 349名	221名 314名	1.0倍 1.1倍

▌試験科目　（参考用：2024年度入試）

［推薦］
書類審査，面接(受験生のみ)
［一般］
国語・数学・英語(各50分)，面接(受験生のみ)

▌教育方針

創立者松前重義は，東海大学の学園の原点である「望星学塾」を開設するにあたり，次の４つの言葉を掲げた。

若き日に汝の思想を培え
若き日に汝の体軀を養え
若き日に汝の智能を磨け
若き日に汝の希望を星につなげ

本学園は，こうした創立者の精神を受け継ぎ，明日の歴史を担う強い使命感と豊かな人間性をもった人材を育てることにより「調和のとれた文明社会を建設する」という理想を高く掲げる。

▌本校の特色

①高大一貫教育

日本有数の総合大学である東海大学との高大一貫の教育システムを展開。特別推薦制度により，例年，卒業生の約８割が東海大学に進学する。

②文武両道の精神

学校生活における「学習」「行事」「部活動」の３つをバランスよく行っていくことで，調和のとれた人間形成を目指す。８割以上の生徒が部活動に参加している。

③文理融合教育

「現代文明論」という科目を中心に，文系・理系の枠組みにとらわれないカリキュラムを編成。知識偏重の教育ではなく，生徒主体の問題発見・解決型の授業を通して，高い学力を身につける。

④グローバル教育

指導経験豊富な外国人教師による実践的な英語教育が特徴。また，３年生の希望者を対象にしたハワイやニュージーランドへの留学制度がある。

⑤学園オリンピック

東海大学付属校が一堂に会して開催される教育プログラム。さまざまな課題に取り組む文化部門(８部門)と，全国レベルの試合が展開されるスポーツ大会(９競技)で学園の付属校生が競い合う。

▌進路状況

2024年３月卒業生の進路状況は以下のとおり。
東海大学：353名　(文学部22名･文化社会学部30名･政治経済学部28名･経営学部11名･国際学部９名･法学部17名･教養学部10名･児童教育学部11名･体育学部36名･健康学部21名･理学部８名･情報理工学部23名･建築都市学部19名･工学部52名･観光学部14名･情報通信学部８名･海洋学部６名･医学部20名･人文学部１名･農学部２名･国際文化学部４名･生物学部０名･文理融合学部１名)
ハワイ東海インターナショナルカレッジ：２名
他大学・専門学校・就職など：107名

編集部注―本書の内容は2024年5月現在のものであり，変更されている場合があります。正確な情報は，学校のホームページ等で必ずご確認ください。

出題傾向と今後への対策 英語

出題内容

	2024	2023	2022
大問数	9	9	9
小問数	50	50	50
リスニング	○	○	○

◎大問９題で，小問数は50問程度である。出題構成は長文読解問題１～３題，対話文完成２～３題，文法問題１～４題，放送問題２題となっている。長文読解問題には，大問としては１題だが，短めの文章が複数出題されるものがある。

2024年度の出題状況

1・2 放送問題
3 対話文完成―適文選択
4 対話文完成―適語選択
5 適語(句)選択
6 対話文完成―整序結合
7 英問英答―表を見て答える問題
8 長文読解―内容一致―説明文
9 長文読解―適語(句)選択―ディベート

解答形式

2024年度	記　述／マーク／併　用

出題傾向

長文のジャンルは説明文やエッセーが多く，長さはやや短め。設問は内容一致，適語(句)選択が中心となっている。また，ポスターやウェブサイトなどを題材にした英問英答が頻出である。対話文完成は適文選択と適語句選択が出題される。作文は対話文形式で５語(句)程度を並べかえる整序結合。放送問題は例年２題で全10問である。

今後への対策

教科書を中心に基礎事項をしっかり復習し，音読をしながら重要構文は全部暗記しておくこと。文法問題は１冊問題集を決めて何度も繰り返し解き，長文問題はあまり難解ではない英文を何度も読んで英文に慣れておくとよい。放送問題はラジオ講座などで毎日英語を聴こう。最後に過去問題集で問題形式と時間配分を確認。

◆◆◆◆◆ 英語出題分野一覧表 ◆◆◆◆◆

分野		年度	2022	2023	2024	2025 予想※
音声		放送問題	■	■	■	◎
		単語の発音・アクセント				
		文の区切り・強勢・抑揚				
語彙・文法		単語の意味・綴り・関連知識				
		適語(句)選択・補充	●	●	●	◎
		書き換え・同意文完成				
		語形変化				
		用法選択				
		正誤問題・誤文訂正				
		その他				
作文		整序結合	●	●	●	◎
	日本語英訳	適語(句)・適文選択				
		部分・完全記述				
		条件作文				
		テーマ作文				
会話文		適文選択	●	●	●	◎
		適語(句)選択・補充	●	●	●	◎
		その他				
長文読解	内容把握	主題・表題				
		内容真偽				
		内容一致・要約文完成	■	■	■	◎
		文脈・要旨把握				
		英問英答	■	■	■	◎
		適語(句)選択・補充	●	●	●	◎
		適文選択・補充				
		文(章)整序				
		英文・語句解釈(指示語など)				
		その他				

●印：１～５問出題，■印：６～10問出題，★印：11問以上出題。
※予想欄　◎印：出題されると思われるもの。　△印：出題されるかもしれないもの。

出題傾向と今後への対策 数学

出題内容

2024年度 作 証 グ

大問４題，22問の出題。1は小問集合で，各分野から計10問の出題。2は関数で，放物線と直線に関するもの。回転体について問うものもある。3は平面図形で，円を利用した問題。円周角の定理，三平方の定理などの理解が問われる。4は特殊・新傾向問題。数を，規則に従って求めていくもの。文字を使って表す問題もある。また，求めた数には規則がないので，計算ミスには注意が必要。

2023年度 作 証 グ

大問４題，20問の出題。1は小問集合で８問。数と式，方程式，場合の数，空間図形，データの活用からの出題。やや式が複雑なものも見られる。2は関数で，放物線と直線に関するもの。点の座標や直線の式，三角形の面積を求めるものなど，平易な内容。3は平面図形で，三角形と正方形を組み合わせた図形を利用した計量題４問。三平方の定理や相似な図形について，理解が問われる。4は特殊・新傾向問題。自然数を並べたものについて，規則性を考える問題。

作…作図問題　証…証明問題　グ…グラフ作成問題

解答形式

2024年度　記　述／マーク／併　用

出題傾向

大問４題，設問20問前後となることが多い。1は数と式，方程式の計算，図形などからの出題。2以降は関数，図形が必出。関数は放物線と直線に関するもの，図形は計量題中心。近年は，これらに加えて場合の数・確率や規則性に関する問題が出題されている。これらの問題では，条件設定がやや複雑なものも見受けられる。

今後への対策

教科書の章末問題や練習問題をひと通り解いて，基礎事項を確認しよう。解けない問題は教科書で再確認を。基礎を確認したら問題演習をして問題に慣れていこう。初めは基礎を定着させるために基本問題集で，その後標準レベルの問題集を用いて演習を積み，いろいろな解法や考え方をマスターしていこう。

◆◆◆◆◆ 数学出題分野一覧表 ◆◆◆◆◆

分野	年度	2022	2023	2024	2025 予想※
数と式	計算，因数分解	★	★	★	◎
	数の性質，数の表し方				
	文字式の利用，等式変形				
	方程式の解法，解の利用	●	■	■	◎
	方程式の応用				
関　数	比例・反比例，一次関数				
	関数 $y=ax^2$ とその他の関数	★	★	★	◎
	関数の利用，図形の移動と関数				
図　形	（平面）計　量	★	★	★	◎
	（平面）証明，作図				
	（平面）その他				
	（空間）計　量	●	●	●	◎
	（空間）頂点・辺・面，展開図				
	（空間）その他				
データの活用	場合の数，確率	●	●	●	◎
	データの分析・活用，標本調査		●	●	◎
その他	不 等 式				
	特殊・新傾向問題など	★	★	★	△
	融合問題				

●印：１問出題，■印：２問出題，★印：３問以上出題。
※予想欄　◎印：出題されると思われるもの。　△印：出題されるかもしれないもの。

出題傾向と今後への対策　国語

出題内容

2024年度

一 小説　二 論説文　三 古文　四 国語の知識

課題文

一 奥田亜希子『クレイジー・フォー・ラビット』
二 和田秀樹『みんなに好かれなくていい』
三『十訓抄』

2023年度

一 小説　二 論説文　三 古文　四 国語の知識

課題文

一 重松　清『別れの曲』
二 齋藤　孝『人はなぜ学ばなければならないのか』
三『今昔物語集』

2022年度

一 小説　二 論説文　三 古文　四 国語の知識

課題文

一 あさのあつこ『みどり色の記憶』
二 榎本博明『〈自分らしさ〉って何だろう？』
三『宇治拾遺物語』

解答形式

2024年度	記　述／マーク／併　用

出題傾向

近年，問題構成に大きな変化はない。設問は，現代文に各10～20問前後，古文に８問前後，国語の知識に７問前後となっており，全体で40問程度の出題となっている。国語の知識の設問は，読解問題の中にも含まれている。課題文は，現代文・古文ともに内容も分量も標準的で，受験生に親しみやすいものが選ばれている。

今後への対策

課題文には，いろいろな文章が選ばれているので，どんな文章も読みこなす読解力が必要である。そのためには，日頃からの読書のほかに，問題集で練習しておくのがよい。問題集は，基礎学力養成用のものでよいから，ていねいに解いていくこと。また，国語の知識については，各分野について参考書や便覧を使ってまとめておくとよい。

◆◆◆◆◆ 国語出題分野一覧表 ◆◆◆◆◆

分野		年度	2022	2023	2024	2025 予想※
現代文	論説文 説明文	主題・要旨	●		●	◎
		文脈・接続語・指示語・段落関係	●	●	●	◎
		文章内容	●	●	●	◎
		表現		●	●	◎
	随筆 日記 手紙	主題・要旨				
		文脈・接続語・指示語・段落関係				
		文章内容				
		表現				
		心情				
	小説	主題・要旨				
		文脈・接続語・指示語・段落関係				
		文章内容	●	●	●	◎
		表現	●		●	◎
		心情	●	●	●	◎
		状況・情景				
韻文	詩	内容理解				
		形式・技法				
	俳句 和歌 短歌	内容理解	●			△
		技法				
古典	古文	古語・内容理解・現代語訳	●	●	●	◎
		古典の知識・古典文法			●	△
	漢文	（漢詩を含む）				
国語の知識	漢字 語句	漢字	●	●	●	◎
		語句・四字熟語	●	●	●	◎
		慣用句・ことわざ・故事成語	●	●	●	◎
		熟語の構成・漢字の知識				
	文法	品詞				
		ことばの単位・文の組み立て		●	●	◎
		敬語・表現技法	●	●	●	◎
	文学史			●	●	◎
作文・文章の構成・資料						
その他						

※予想欄　◎印：出題されると思われるもの。　△印：出題されるかもしれないもの。

合格を勝ち取るための

本書の使い方

本書に掲載されている過去問をご覧になって，「難しそう」と感じたかもしれません。でも，大丈夫。ほとんどの受験生が同じように感じるのです。高校入試の出題範囲は中学校の定期テストに比べて広いですし，残りの中学校生活で学ぶはずの，まだ習っていない内容からも出題されているかもしれません。

ですから，初めて本書に取り組む際には，点数を気にする必要はありません。点数は本番で取れればいいのです。

過去問で重要なのは「間違えること」です。自分の弱点を知るために，過去問に取り組むのです。当然，間違った問題をそのままにしておいては意味がありません。

本書には，長年にわたって高校受験に関わってきたベテランスタッフによる詳細な解説がついています。間違えた問題は重点的に解説を読み，何度も解きなおしてください。時にはもう一度，教科書で復習するのもよいでしょう。

別冊として，抜き取って使える解答用紙を収録しました。表示してあるように拡大コピーをとれば，実際の入試と同じ条件で，何度でも過去問に取り組むことができます。特に記述問題では解答欄の大きさがヒントになる場合があります。そうした，本番で使える受験テクニックの練習ができるのも，本書の強みです。

前のページにある「出題傾向と今後への対策」もよく読んで，本校の出題傾向に慣れておきましょう。

2024年度 東海大学付属相模高等学校

【英　語】（50分）〈満点：100点〉

〈注意〉試験開始後すぐに，放送によるリスニングテストがあります。

■リスニングテストの音声は，当社ホームページで聴くことができます。(当社による録音です)

再生に必要なユーザー名とアクセスコードは「収録内容一覧」のページに掲載しています。

1　（リスニング問題）　放送を聞き，質問に対する応答として最も適切なものを選び，番号で答えなさい。質問は，問題用紙には印刷されていません。放送は**2回**流れます。

（例題）　When is your birthday？

①　It's rainy today.　②　I'll buy a cake for you.

③　You're welcome.　④　It's April 10th.

正解は，④です。

(1)　①　In the evenings.　②　The big park near the school.

③　Every night.　④　Twice a day.

(2)　①　I think classical music is good.　②　I listen to music every day.

③　The music is too loud.　④　Music is my favorite subject.

(3)　①　At the convenience store.　②　I do my homework.

③　About 6 o'clock.　④　Almost every day.

(4)　①　Yes, she was.　②　Yes, it is.

③　No, I haven't.　④　No, I didn't.

(5)　①　I made it at school.　②　My mother made it.

③　It is made of plastic.　④　I didn't make it.

2　（リスニング問題）　会話を聞き，質問に対する解答として最も適切なものを選び，番号で答えなさい。放送は**1回だけ**流れます。

(6)　What are the man and woman going to give Susan for her birthday？

①　a bag　②　a book　③　a card　④　a cake

(7)　When is the next tournament？

①　next Saturday　②　next Sunday

③　next week　④　after the test

(8)　Where is the woman going to visit？

①　Tokyo　②　Kyoto

③　Tokyo and Kyoto　④　Kyoto and Nara

(9)　Who will help the boy with his homework？

①　his friend　②　his teacher

③　his brother　④　the girl's brother

(10)　How many tickets does the girl have for the music festival？

①　She has one ticket.　②　She has two tickets.

③　She has three tickets.　④　She has four tickets.

※**<リスニング問題放送原稿>**は英語の問題の終わりに付けてあります。

3 次の会話の流れに沿って，空所に入る文として最も適切なものを選び，番号で答えなさい。各選択肢は，一度しか使うことができません。

Manami is a junior high school student. She is talking with Emma, an international student from Norway.

Manami : We're going camping this weekend. Would you like to go with us ?

Emma : Oh, can I ? Where are you going ?

Manami : We're going to a place in Saitama. ((11)) It is about an hour's drive and my father is willing to take us.

Emma : Sounds good. Do you often go camping ?

Manami : Not really. Actually, this is only my second time to go camping. ((12))

Emma : I've spent many weekends camping with my family. There are some places to enjoy the outdoors near my house in Norway. I miss spending time in nature, so I'm glad you have invited me to go camping. ((13))

Manami : Well, we'll only stay there for one night, so we don't need many things. We have a tent and an extra sleeping bag for you, so just bring your clothes, a towel, and boots.

Emma : ((14)) Do I need to bring something to cook ?

Manami : Just bring some bread for the next morning, a water bottle and mug. We'll use a barbecue set for dinner, and the food and fuel are included.

Emma : Can I bring some crackers and marshmallows to cook ?

Manami : ((15)) I'm getting excited about the trip. I can't wait !

① Oh, yes please !
② How about you ?
③ Who will go with us ?
④ What will we eat there ?
⑤ It's not very far from our place.
⑥ What do we need to take ?

4 次の各文の空所に入れる語として最も適切なものを選び，番号で答えなさい。

(16) A : John, you should not have ( ) with your brother.
B : Sorry, mom. He always changes the channel while I'm watching TV.
① advantages ② arguments
③ achievements ④ adventures

(17) A : What are you going to do in the future ?
B : I made the ( ) to study in Canada after high school.
① behavior ② direction ③ decision ④ mind

(18) A : You need to make a lot of ( ) to win the next game.
B : OK. We'll practice much harder from today.
① effort ② environment ③ experiment ④ explanation

(19) A : You look confused. What happened ?
B : Well ! I had a math class today, and I couldn't ( ) out what my teacher was saying at all.
① check ② take ③ hang ④ figure

(20) A： I'd like to (　　) my idea for the school festival.

B： Sure. What is your idea?

① save　② suggest　③ solve　④ survive

5 次の各文の空所に入れる語(句)として最も適切なものを選び，番号で答えなさい。

(21) It (　　) when we arrived in Hawaii.

① rains　② is raining

③ was raining　④ has been raining

(22) The music (　　) by Mozart when he was only six years old.

① writes　② wrote

③ has writing　④ was written

(23) Shelly and I (　　) each other for over 10 years.

① know

② have known

③ am knowing

④ have been knowing

(24) You (　　) go to school tomorrow because it's a national holiday.

① don't have to　② must

③ should　④ would

(25) The chef (　　) at the restaurant is well known for his Italian cuisine.

① works　② working

③ is working　④ has worked

6 ①～⑤の語(句)を並べ替えて対話文を完成させるとき，(26)～(35)に入る語(句)として最も適切なものを選び，番号で答えなさい。文頭に来る語(句)も小文字になっています。

1. You : I'm looking for some pasta sauce. Could you (　　)(　　)((26))(　　)((27))?

Shop keeper : Sure, come this way, please.

〔① is　② it　③ me　④ tell　⑤ where〕

2. Friend : You're going to medical school, right?

You : Yes. My parents (　　)((28))(　　)((29))(　　).

〔① be　② a doctor　③ me　④ to　⑤ want〕

3. You : The camera (　　)(　　)((30))(　　)((31)) was easy to use.

Friend : That's good!

〔① bought　② my father　③ me　④ for　⑤ which〕

4. Mother : Hey, the TV was on when I came back. (　　)((32))(　　)((33))(　　)?

You : I'm really sorry. It's my fault. I was in a big hurry.

〔① home　② to leave　③ the last one　④ was　⑤ who〕

5. Friend : How was the movie?

You : Well, it (　　)((34))(　　)((35))(　　) and the story was very boring.

〔① I　② longer　③ than　④ thought　⑤ was〕

7　　　　　　　　　　　　　　　　　　A

新聞広告を読み，質問に対する解答として最も適切なものを番号で答えなさい。

Sagami High School Music Contest

June 23rd, 9am – 3pm
at Sagami Hall

This is your big chance to show everyone your best music skills.

Event Rules

- Applications -

All bands must complete an application and give it to the Events Committee by 6:00 pm on May 23rd.

- Music for the Contest -

Each band must create a CD with a recording of the two songs that they want to perform.

Give the CD to the Events Committee sometime between May 24th and May 31st.

On June 3rd, the committee will tell bands if they can perform their songs or not.

- Performances at the Contest -

Band members must arrive 40 minutes before their performance.

Each band will have 10 minutes to perform. There will be a 5-minute break between each band's performance.

- First Prize -

The best band will receive free tickets for the Winter Concert at Sagami Hall.

*All participating band members will get a free T-shirt as a souvenir.

(36) What do you have to do to participate in the Music Contest ?

① Buy a CD that bands made last year

② Call the Events Committee

③ Hand in an application form to the committee

④ Arrive 10 minutes before the contest

(37) If you join this Music Contest, on which day can you submit your CD ?

① May 23rd

② May 25th

③ June 3rd

④ June 23rd

(38) If you perform at 10:00 am, by what time should you arrive at Sagami Hall ?

① 9:00 am

② 9:20 am

③ 9:40 am

④ 9:55 am

(39) What will you receive if you don't win the contest ?

① free tickets for the Summer Concert

② free tickets for the Winter Concert

③ a free CD

④ a free souvenir T-shirt

B

水族館のパンフレットを読み，質問に対する解答として最も適切なものを番号で答えなさい。

SAGAMI AQUARIUM

Our aquarium has something special for you. We invite you to see our shows and participate in our special events.

Tickets

Type	Child (ages 6 to 15)	Adult	Senior (age 65 and older)
Individual	$40	$45	$30
School group	$35*		

* Discount for school groups: $10 off each student ticket on Tuesdays.

- Open 365 days a year.
- Hours: 9:00 am – 5:30 pm (You cannot enter after 5:00 pm.)

Sea Lion Show

Meet our sea lions at the Main Pool.
Learn about different types of sea lions.
Discover how they live together and what kind of food they eat.

Show Times (All shows last 40 minutes.)

Mondays - Fridays	Saturdays, Sundays & National Holidays
11:00 am 1:00 pm 3:00 pm	10:00 am 2:00 pm 4:00 pm

NOTE: You must arrive at least 15 minutes before the start of the show.

Photographing the Animals

You may take photos but please don't use flash photography.

Feeding the Animals

Children can feed the sea lions after each show.
Feeding must be booked in advance so come to the tour desk before 9:30 am.

(40) If you visit Sagami Aquarium as a member of a school group on a Tuesday, how much do you need to pay to enter ?

① $25 ② $30

③ $35 ④ $40

(41) If one adult (age 60) and two children (age 7 and 11) visit this aquarium, how much do they have to pay to enter ?

① $95 ② $110

③ $115 ④ $125

(42) If you watch the sea lion show on Saturday morning, what time does it end ?

① 10:15 am ② 10:30 am

③ 10:40 am ④ 11:00 am

(43) What do you need to do if your children want to try feeding the sea lions ?

① Go to the main pool.

② Visit the tour desk before 9:30 am.

③ Go to the tour desk around noon.

④ Buy a ticket at the vending machine.

8

A

イルカに関する記事を読み，その内容に合うよう，空所に入る最も適切なものを番号で答えなさい。

Dolphins are social animals that make sounds to talk to each other. They use these sounds to share information or express feelings. One of the most important sounds that dolphins make is called a signature whistle. This sound is unique for each dolphin and they use this sound to call other dolphins. Dolphins are not born with this sound, but they learn it when they are young by listening to other dolphins.

An American scientist studied how dolphins learn their signature whistles. She has been watching dolphins in Florida for 30 years. She recorded the sounds of dolphin mothers and babies. She found out that dolphin mothers talk to their babies in a special way. They make their high sounds higher and their low sounds lower. They do this to catch their babies' attention and to help them to learn how to make sounds. This is similar to how human mothers talk to their babies. The result of her study was published in a scientific journal. Her study shows that dolphins have a strong bond between mothers and their babies.

(44) Dolphins use sound to (　　　　　).

① learn new tricks for dolphin shows

② tell other dolphins how they feel

③ find their food quickly

④ teach their babies where to stay at night

(45) Dolphins can call other dolphins by making sounds because (　　　　　).

① every dolphin has its own sound

② dolphins can make sounds just after they are born

③ the sound is very high
④ humans can't hear the sounds

(46) A scientist found that dolphin mothers talk to their babies in a special way to ( ).
① record their sounds
② catch food for their babies
③ teach their babies how to swim well
④ attract their babies' attention

B

ある団体による取り組みに関する記事を読み，空所に入る最も適切なものを選択肢から選び，番号で答えなさい。

"The Shoe That Grows" is an organization that provides sandals for children in developing countries. The sandals can be adjusted to five sizes, and children can use one pair for at least five years. The organization was started by Kenton Lee in 2007. According to a survey, there are about 300 million children in the world who live without shoes because of poverty. Shoes are important for children because they protect their feet from injury and disease. The organization provides sandals that can adjust to children's feet as they grow. The shoes can be adjusted 5 sizes in 7 places : the heel strap, the top strap, side straps, and the hook-and-loop toe piece. The small size fits children aged 5 to 9 and the large size fits children aged 10 to 14. The organization has partnered with NPOs in India, Cambodia, Malawi, and Mexico to deliver shoes to children in need. They accept donations on the Internet and have collected more than sixty thousand dollars so far. We can also help this project by purchasing sandals for our children on their website.

Main Points

The organization, "The Shoe That Grows"

- started in 2007.
- gives sandals to children who don't have shoes.
- works with NPOs in ((47)) countries.

The sandals

- can be used for a long time. -> How long? For ((48)) or more years.
- keep children's feet safe from ((49)).
- can be bought if you visit the ((50)) of the organization.

① 3	② 4
③ 5	④ 7
⑤ injury	⑥ website
⑦ factory	⑧ donations

9 以下の論題についてディベートをするために原稿を書いています。空所に入る最も適切な語句を選び，番号で答えなさい。

Online lessons are better than lessons in the classroom.

I believe that online lessons are better than lessons in the classroom.

First, students can learn at their own pace during online lessons. The speed of understanding is different from student to student. In online lessons, if students feel the lesson is ((51)), they can watch the lecture video many times.

In addition, students don't need to ((52)) their homes for online lessons. Therefore, they can ((53)) time and money on transportation.

Of course, lessons in the classroom have some advantages. For example, students can work easily ((54)). It's important to learn teamwork by communicating with other people. If technology advances, people will be able to work with other people even online, just like ((55)).

For these reasons, I believe online lessons are better than lessons in the classroom. They allow students to receive a better education.

(51) ① long ② slow ③ easy ④ difficult
(52) ① own ② look for ③ leave ④ live in
(53) ① increase ② save ③ create ④ get
(54) ① for their families ② with computers
③ in groups ④ by themselves
(55) ① on the Internet ② in the classroom
③ in their rooms ④ at their houses

＜リスニング問題放送原稿＞

1 放送を聞き，質問に対する応答として最も適切なものを選び，番号で答えなさい。質問は，問題用紙には印刷されていません。放送は**2回**流れます。

(1) Where do you usually take your dog for a walk?
(2) What is the best music for relaxing?
(3) Do you often eat snacks after school?
(4) Have you been playing the piano for a long time?
(5) That's a nice pencil case. What is it made of?

2 会話を聞き，質問に対する解答として最も適切なものを選び，番号で答えなさい。放送は**1回だけ**流れます。

(6) A : Woman B : Man

A : Hi. Next week is Susan's birthday. Should we buy her a new bag?
B : I think it is too expensive. How about making her a nice card?
A : That's a good idea. We can ask our friends to write a message to her in it?
B : Let's do that! Do you think she wants a cake?
A : I don't think so. She is always trying to lose weight.

B : True.
Q : What are the man and woman going to give Susan for her birthday ?

(7) A : Woman B : Man
A : How was the sports tournament last Sunday ?
B : It was amazing. Our school team practiced hard every day and played really well.
A : That's great. When is the next tournament ?
B : I think it is next Saturday, before the tests ! I can't wait !
A : Me too. I hope they win again !
Q : When is the next tournament ?

(8) A : Woman B : Man
A : Could you recommend some nice places to visit in Japan ?
B : Well, there are so many. What do you like to do ?
A : I like visiting historical buildings such as shrines and temples.
B : You are in luck. Kyoto and Nara have plenty of both.
A : Are they near Tokyo ?
B : It takes a few hours by bullet train to get there, but Nara is near Kyoto.
A : Great, I will visit them both.
Q : Where is the woman going to visit ?

(9) A : Girl B : Boy
A : Hi. What's wrong ? You look really worried.
B : Well . . . I didn't do my chemistry homework and my teacher is very strict.
A : How about asking your friend to help you ?
B : He is kind but not so good at chemistry !
A : My older brother is good at chemistry. He is always happy to help people.
B : That would be great.
Q : Who will help the boy with his homework ?

(10) A : Girl B : Boy
A : Good news ! I'm going to a music festival ! I am so excited to see my favorite bands.
B : Wow ! That's great. Who are you going with ?
A : My friend and I are going, but I have one extra ticket. Would you like to come too ?
B : That would be amazing. I'd love to. Thank you so much !
Q : How many tickets does the girl have for the music festival ?

【数　学】（50分）〈満点：100点〉

〈注意〉 1．分数の形で解答する場合，それ以上約分できない形で答えなさい。

2．根号を含む形で解答する場合，根号の中に現れる自然数が最小となる形で答えなさい。また，根号を含む分数の形で解答する場合，分母に根号を含まない形で答えなさい。

1 次の各問いに答えよ。

(1) $60-6\div(-3)^2\times\{4-(-8)\}-7^2$ を計算せよ。

(2) $\left(\frac{8}{21}+\frac{3}{14}-\frac{1}{6}\right)\times(-3.5)\div\left(\frac{3}{2}\right)^2$ を計算せよ。

(3) $(x-2)^2-2(x+1)(x-3)$ を計算せよ。

(4) $3ax^3-3ax$ を因数分解せよ。

(5) $\sqrt{2}(\sqrt{3}+\sqrt{2})(\sqrt{6}-2)$ を計算せよ。

(6) 2次方程式 $x^2-7x+5=0$ を解け。

(7) 5個の数字1，2，3，4，5のうちの異なる3個を並べて，3桁の整数を作るとき，小さい方から数えて44番目の整数を求めよ。

(8) 連立方程式 $4x+y=3x-2y-3=10$ を解け。

(9) 下の図の立体は，半径3cmの円で球の半分と円錐が重なっている。円錐の母線の長さが6cmであるとき，この立体の表面積を求めよ。ただし，円周率は π とする。

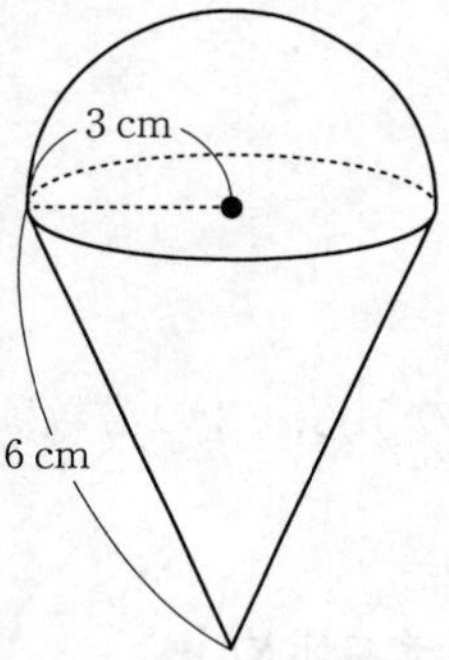

(10) 次のデータは10人の小テストの点数である。このデータについて第1四分位数，第2四分位数，第3四分位数をそれぞれ求めよ。

7，9，5，3，8，10，4，7，2，6（点）

2 右の図のように，2点A，Bは放物線 $y=\frac{1}{2}x^2$ と直線 l の交点で，x 座標はそれぞれ1，-4 である。このとき，次の各問いに答えよ。

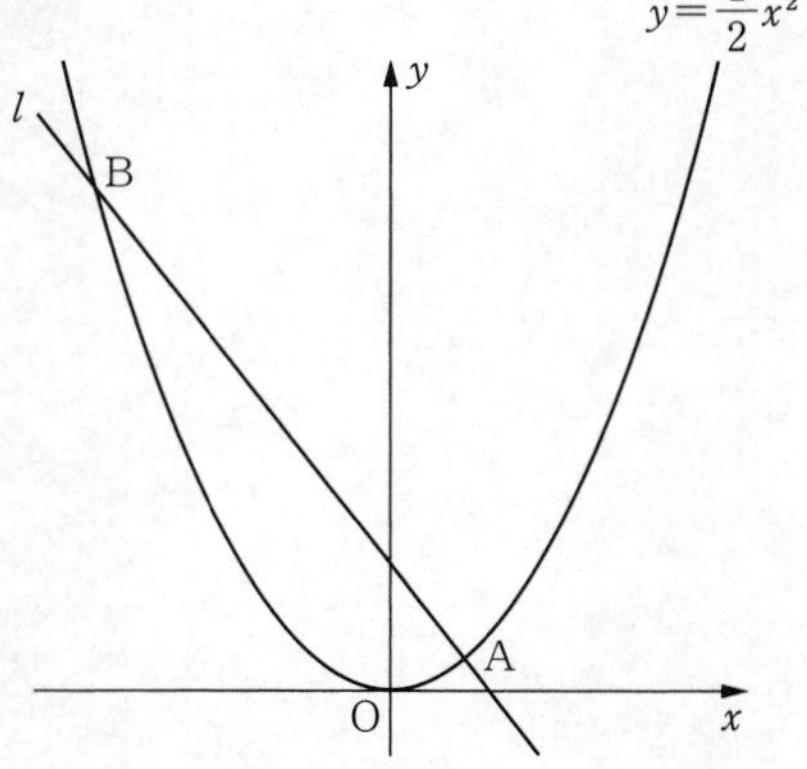

(1) 点Bの座標を求めよ。

(2) 直線 l の式を求めよ。

(3) 点Bから x 軸へ下ろした垂線と，x 軸との交点をCとする。このとき，四角形OABCの面積を求めよ。

(4) 直線 l と y 軸との交点をDとする。線分ODを軸として，△OADを1回転させてできる立体の体積を求めよ。ただし，円周率は π とする。

3　右の図のように，円Oの周上に３点A，B，Cがあり，BCは円Oの直径，AB＝8，AC＝6である。また，BC上に点Dをとり，線分ADの延長と円Oの交点をEとする。ただし，点Dは２点B，Cと重ならないものとする。このとき，次の各問いに答えよ。

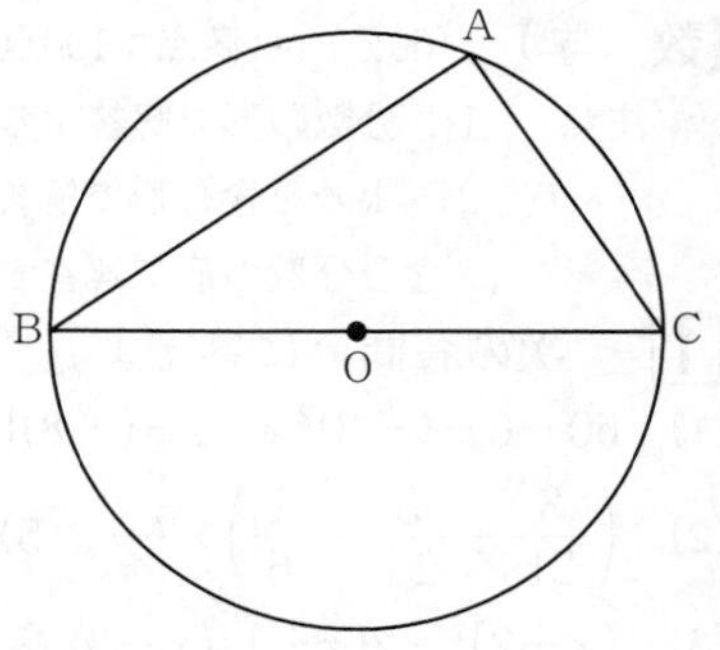

(1)　△ABCの面積を求めよ。

(2)　円Oの半径を求めよ。

(3)　∠BAD＝60°となるように点Dをとるとき，線分BEの長さを求めよ。

(4)　AD＝ACとなるように点Dをとるとき，線分BEの長さを求めよ。

4　以下の規則①，②にしたがって数を並べていくとき，下の各問いに答えよ。

～規則～

①　１番目と２番目の数を決める。

②　３番目以降の数は，２つ前の数と１つ前の数の和とする。

例：１番目の数が１，２番目の数が２のとき，

　　３番目の数＝1＋2＝3

　　４番目の数＝2＋3＝5

　　５番目の数＝3＋5＝8

　　　　⋮

(1)　１番目の数が -3，２番目の数が１のとき，７番目の数を求めよ。

(2)　１番目の数が１，２番目の数が１のとき，16個の数を並べる。これらの数のうち，３の倍数は全部で何個あるか。

(3)　１番目の数が x，２番目の数が y のとき，４番目の数を x，y を用いて表せ。

(4)　４番目の数が９，10番目の数が141のとき，１番目の数と２番目の数をそれぞれ求めよ。

問二　次の中から敬語が正しく使われているものをすべて選び、番号をマークしなさい。　解答番号44

1　担任の先生が夏休みの宿題を熱心に拝見している。
2　先生、次の授業参観には母が参ります。
3　お口に合わないかもしれませんが、どうぞたくさん頂いてください。
4　先月お貸しした本は、もうごらんになりましたか。

問三　次のことわざの中から意味が異なるものを一つ選び、番号をマークしなさい。　解答番号45

1　石橋をたたいて渡る
2　石の上にも三年
3　転ばぬ先のつえ
4　念には念を入れよ

問四　次の三つの四字熟語の空欄□に当てはまる数字をすべて足すとその合計はいくつになるか。後から一つ選び、番号をマークしなさい。　解答番号46

・□喜□憂（少しのことで喜んだり悲しんだりする）
・朝□暮□（目先の違いにこだわり、結果が同じことに気づかないさま）
・□苦□苦（たいへん苦労すること）

1　15　2　17　3　19　4　21

問五　次の作品と同じ時代に成立した作品を後から一つ選び、番号をマークしなさい。　解答番号47

『平家物語』

1　方丈記　2　枕草子
3　源氏物語　4　万葉集

問六　次の中から旧暦六月の異名として適切なものを一つ選び、番号をマークしなさい。　解答番号48

1　水無月　2　葉月
3　卯月　4　文月

問七　次の文を文節で区切った場合、いくつに分けられるか。後から一つ選び、番号をマークしなさい。　解答番号49

その山ではたくさんの花が咲いていた。

1　4つ　2　5つ　3　6つ　4　7つ

たいと思ったため。

3　この世で聞いたこともないような見事な笛の音を聞いて不思議に思ったため。

4　この世で初めて聞くような音色を聞かせてくれたことに感謝したいと思ったため。

問三　傍線部③「かの人」とは誰のことか。次の中から一つ選び、番号をマークしなさい。　解答番号37

1　博雅三位　　2　博雅三位が出会った男

3　帝　　4　時の笛吹たち

問四　傍線部④「世になきほどの笛」とはどのような笛か。適切なものを次の中から一つ選び、番号をマークしなさい。　解答番号38

1　以前に失くした笛

2　だれも見たことのない形の笛

3　たいそう優れた笛

4　この世に存在しないはずの笛

問五　傍線部⑤「ながくかへてやみにけり」の現代語訳として適切なものを次の中から一つ選び、番号をマークしなさい。　解答番号39

1　長い時間が経過した後に返却された

2　長い間探し続けてようやく見つけた

3　しばらくしてから再び取り替えた

4　いつまでも取り替えたままで終わった

問六　傍線部⑥「その音を吹きあらはす人なかりけり」とあるが、これはどのようなことを表しているか。適切なものを次の中から一つ選び、番号をマークしなさい。　解答番号40

1　帝の前で笛を吹くことは、極度の緊張を強いるものであったということ。

2　博雅三位が吹いた笛は、実際には存在しない伝説上の笛であるということ。

3　博雅三位のように、その笛を立派に吹きこなせる名人がいなかったということ。

4　笛の上達には、笛の演奏が同程度に熟練している相手が必要だということ。

問七　二重傍線部「われもものをもいはず、かれもいふことなし」の理由として適切なものを次の中から一つ選び、番号をマークしなさい。　解答番号41

1　お互いに笛を吹くことに集中しており、言葉をかわす余裕がなかったため。

2　言葉に出さなくても、笛の音によってお互いを理解することができたため。

3　お互いに相手の名前もどういう身分かも分からず、警戒し合っていたため。

4　言葉をかわしてしまうと、お互いの立場が周りに知られて都合が悪くなるため。

四

次のそれぞれの設問に答えなさい。（解答はすべて解答用紙にマークしなさい）

問一　次のA・Bの傍線部のカタカナを漢字に直した場合、同じ漢字になるものを、それぞれ後から選び、番号をマークしなさい。

A　問題の解決策を検トウする。　解答番号42

1　心の内を見スかすような視線。

2　税金をオサめる義務がある。

3　作戦が相手チームにツツ抜けだった。

4　主君のかたきをウつ。

B　すばらしい出来栄えに驚タンする。　解答番号43

1　日々心身をタン錬する。

2　悲しい結果にタン息をもらす。

3　周囲はひどく落タンした。

4　タン白な味のする食べ物を好む。

問十二　傍線部⑩「こうした感覚」とはどういう感覚か。適切なものを次の中から一つ選び、番号をマークしなさい。　解答番号32

1　誰かの意見に対して素直に「いいね！」と思える感覚。
2　自分自身に対して嘘をつくことが最善なのだという感覚。
3　無理に周囲に合わせて自分の心を裏切っているという感覚。
4　自分が述べた意見が他の人から否定されているという感覚。

問十三　傍線部⑪「小さな誇り」はどのようにして生まれるのか。適切なものを次の中から一つ選び、番号をマークしなさい。　解答番号33

1　自分が述べた意見が周囲の人に認められて多くの賛成を得られたことで生まれる。
2　他人の意見が正しいと思っても簡単には「いいね！」と反応しないことで生まれる。
3　むやみに他者に同調することなく自分の感覚にしたがって行動することで生まれる。
4　周囲の多くの人が賛成している意見に対して自分だけが反対することで生まれる。

問十四　次の中から本文の内容と一致するものを一つ選び、番号をマークしなさい。　解答番号34

1　現代では大多数の側にいて協調性を重視する傾向にあるため、意見の違いから起こる問題や争いごとは少なくなっている。
2　日本では、無気力、無関心な人が増えたことにより、叩かれる人をただ傍観するだけの人が多くなってきている。
3　日本では、海外とは異なってバッシングされる側に味方をする人もバッシングされてしまう傾向がある。
4　周囲とトラブルを起こさないために、自分の本心とは異なる意見にも同調して和を乱さないようにすることが大切である。

三　次の文章を読んで、後の設問に答えなさい。（解答はすべて解答用紙にマークしなさい）

＊博雅三位《はくがのさんみ》、月の明《あか》かりける夜、＊直衣《なほし》にて、＊朱雀門《すざくもん》の前に遊びて、よもすがら、笛を吹かれけるに、同じさまに、直衣着たる男の、①笛吹きければ、「たれならむ」と思ふほどに、その笛の音、この世にたぐひなくめでたく聞《きこ》えければ、あやしくて、②近寄りて見ければ、いまだ見ぬ人なりけり。われもものをもいはず、かれもいふことなし。かくのごとく、月の夜ごとに行きあひて、吹くこと、夜ごろになりぬ。

③かの人の笛の音、ことにめでたかりければ、こころみに、かれを取りかへて吹きければ、④世になきほどの笛なり。そののち、なほ月ごろになれば、行きあひて吹きけれど、「もとの笛を＊返し取らむ」ともいはざりければ、⑤ながくかへてやみにけり。三位失《う》せてのち、帝《みかど》、この笛を召して、時の笛吹《ふき》どもに吹かせらるれど、⑥その音を吹きあらはす人なかりけり。

（『十訓抄』より）

＊博雅三位＝源博雅《みなもとのひろまさ》。平安時代の貴族で音楽に優れていた。
＊直衣＝貴族の平常服。
＊朱雀門＝大内裏の南の正門。
＊返し取らむ＝返してほしい。

問一　傍線部①「笛吹きければ」の現代語訳として適切なものを次の中から一つ選び、番号をマークしなさい。　解答番号35

1　笛を吹いていたので　　2　もし笛を吹けば
3　笛を吹こうと思って　　4　笛を吹かないでいると

問二　傍線部②「近寄りて見けれ」の理由として適切なものを次の中から一つ選び、番号をマークしなさい。　解答番号36

1　夜も遅い時に自分以外に笛を吹いている人がいることを不審に思ったため。
2　自分と同じような服装をして笛を吹いている人の顔を確認し

1 日本では、叩かれる人の味方をする人もまた同じように叩かれてしまうので、争いごとにかかわらないようにすることが正義とみなされる構造が存在していること。

2 日本では、マジョリティの側にいる人から攻撃されている人に味方する人が少なく、マジョリティの側に立つ人による攻撃から身を守る手段が存在していないこと。

3 日本には、マジョリティのふるまいからはずれた言動をすると攻撃されてしまうような風潮があり、マジョリティが正義とみなされる構造が存在すること。

4 日本には、マジョリティの側が正義であるという考え方が存在し、争いごとを傍観する者も最終的にはマジョリティの側に味方をしてしまう構造が存在すること。

問七 傍線部⑤「自分が正義の味方だと思っている」とあるが、この文章において、「自分」は「正義の味方だと思う」とはどういうことか。適切なものを次の中から一つ選び、番号をマークしなさい。 解答番号 27

1 バッシングを受けている人をSNS上で助けようとしている自分は正しいと思いこむこと。

2 誹謗中傷に苦しむ人の存在をSNS上で明らかにしている自分は正しいと思いこむこと。

3 他の人たちを非難している人をSNS上で攻撃している自分は正しいと思いこむこと。

4 一般的でないふるまいをする人をSNS上で非難している自分は正しいと思いこむこと。

問八 傍線部⑥「忖度」のここでの意味として適切なものを次の中から一つ選び、番号をマークしなさい。 解答番号 28

1 察して考えを合わせる

2 尊重し何よりも重んじる

3 深く理解して真似する

4 探って細部まで確認する

問九 傍線部⑦「こうしたSNSも同調圧力のツールになっています」とはどういうことか。適切なものを次の中から一つ選び、番号をマークしなさい。 解答番号 29

1 SNSには利用者に様々なグループに参加することを強制する要素があるということ。

2 SNSが利用者にマジョリティの側にいなければという強迫観念を与えているということ。

3 SNSを利用することで生活のあらゆる面で他人とのつながりを意識できるということ。

4 SNSには利用者が常に最新の情報に触れることを強制する仕組みがあるということ。

問十 傍線部⑧「そうした浅い付き合い」とはどのようにしていることか。適切なものを次の中から一つ選び、番号をマークしなさい。 解答番号 30

1 同じ趣味をもつ者同士で少ない人数に限定している。

2 お互いの本心を理解し、短い言葉だけで会話をしている。

3 本心を出さずにお互いがみんなに合わせようとしている。

4 自分の存在を隠しながら短い言葉で他人を攻撃し合っている。

問十一 傍線部⑨「周囲の人たちに合わせる生き方をしていると、なぜ疲れるのでしょうか」とあるが、筆者はなぜだと述べているか。適切なものを次の中から一つ選び、番号をマークしなさい。 解答番号 31

1 周囲の人たちから疎外されないために、自分とは異なる意見に対し自身の本心に反して同調せざるをえなくなるから。

2 他の人が意見を述べるたびに、周囲の人たちの目を気にしながら賛成か反対かの反応をしなければならないから。

3 周囲から嫌われないようにするには、反対する人が出ないように自分の意見を述べて相手を説得しなければならないから。

4 周囲の人たちの意見に同調し続けていると他人から誘われる機会が多くなって、自分の時間が少なくなってしまうから。

くなるかもしれません。

　その代わり、周囲に合わせていれば、自分が思ったことをはっきり口にすることはできませんし、誰かの意見に反論したいと思っても、その思いは飲み込むほかないということになります。

　でも、「何か違うのではないかな」と感じたことでも「そうだね」と合わせてしまうとしたら、それは自分の心を裏切るということでしょう。「間違っているような気がする」と思ったことでも、とりあえず「いいね！」と応じてしまうとしたら、それは自分に嘘《うそ》をつくということです。
　⑩こうした感覚から目をそらし続けていれば、そのうち自分の感覚を信じることすらできなくなってしまうでしょう。
　もしも「嫌だな」と感じたなら、「嫌だな」と言っていいのです。「そういう考えもあるかもしれないけど、こういう見方もあるんじゃないかな」と言ってもいいのです。

　言い出せないなら、自分に嘘をついて「いいね！」などせず、せめて無言でいればいい。

　たったそれだけのことでも、自分の感覚を信じて行動したことで、つまり嘘をつかなかったことで、あなたのなかには⑪小さな誇りが生まれるでしょう。

　それはごく小さな誇りかもしれませんが、とても大事なものです。

　自分の感覚を信じて行動するというのは、本当はとても誇らしいことなのです。


（和田秀樹『みんなに好かれなくていい』小学館より。一部表記を改めている）

問一 空欄 Ⅰ ・ Ⅱ に当てはまる語句として適切なものを次の中からそれぞれ一つ選び、番号をマークしなさい。 Ⅰ…解答番号19 Ⅱ…解答番号20

1 そこで　2 つまり
3 しかし　4 たとえば

問二 傍線部①「同調圧力が強くなりました」とはどういうことか。適切なものを次の中から一つ選び、番号をマークしなさい。 解答番号21

1 社会的に立場の弱い人を支えなければならないと思うようになったということ。
2 周りの人の意見や行動に合わせることがより求められるようになったということ。
3 一般的でない人のことは非難しなければならないと考えるようになったということ。
4 大多数のマジョリティの側にいることに安心感を持つ人が増えてきたということ。

問三 傍線部②「そんなこと」とはどういうことか。適切なものを次の中から一つ選び、番号をマークしなさい。 解答番号22

1 感染予防に関係のないことを考えてはいけないということ。
2 多数意見は無視して少数意見を尊重しなければならないということ。
3 コロナから命を守ることを考えなければならないということ。
4 感染予防以外のことにも配慮する必要があるということ。

問四 空欄（A）・（B）に当てはまる語句として適切なものを次の中からそれぞれ一つ選び、番号をマークしなさい。 A…解答番号23 B…解答番号24

1 表面的　2 空間的　3 本質的　4 具体的

問五 傍線部③「後ろ指を指さ」とあるが、「後ろ指を指す」の意味として適切なものを次の中から一つ選び、番号をマークしなさい。 解答番号25

1 大声で非難する　2 陰で悪口を言う
3 具体的に指摘する　4 過ちを正す

問六 傍線部④「プロレスラーの女性」とあるが、この例を通してどのようなことを言おうとしているのか。適切なものを次の中から一つ選び、番号をマークしなさい。 解答番号26

うに叩かれてしまいます。

そのため、多くの人が傍観者になります。

その構造は、大人のバッシングも子どものいじめも同じです。みんなと同じ意見、マジョリティの意見であることが正義というわけです。

今の日本では、「他の人と同じように考え生きなければいけない」「他人の気持ちを⑥忖度《そんたく》しなければならない」という強迫観念が、かつてないほどに強くなっているのではないでしょうか。

さらに、こうした強迫観念や不安を可視化しているのがSNSです。

FacebookやLINEなどのSNSが人々の間に浸透したのはここ十数年のことですが、日本では⑦こうしたSNSも同調圧力のツールになっています。

Ⅱ、クラスや部活のグループLINEは「仲よしの証」であって、そこからはずれることは孤独を意味します。

しかも学校にいる間だけではなく、自宅にいるときも、まさに24時間縛られ続けるわけです。

友だちとのつながりが途切れたり、仲間はずれにされたり、無視されたりすることを恐れている人は、とにかくみんなの意見に合わせ、みんなが喜びそうな返信をすぐに送らなければいけないと考えます。

SNSでつながり合ってはいるけれど、すぐに返事をしなければ仲間はずれにされる関係。さらに、気に入らなければ、すぐにグループから排除される関係。

そうした関係の中にいては、安心して過ごしていられないはずです。SNSの輪からはじかれないよう、いつも注意深く生活しなければいけないという状態では、精神的な負担も大きくなってしまうでしょう。

そもそもインターネットというのは、その初期の頃は、いわゆるオタクたちの心強い味方でした。インターネットのコミュニティを通じて、同じ趣味の人や同好の士とつながり合うことができたのです。

でも、SNSがマジョリティになってからは、インターネットは同じ考えや趣味の人たちがつながり合うツールという側面よりも、「つながっていなくてはならない」という同調圧力のツールという側面が強くなってしまった気がしています。

ただし、SNSのやりとりというのは、ほとんどが2語や3語程度の短い文章です。真剣な話題も出てこない、（Ｂ）なやりとりです。

でも、その短いやりとりのほうがみんなに合わせやすいし、本心を出さなくて済むので安心できると思う人も多いそうです。

みんなのなかに紛れてしまえば、とりあえず嫌われることもありませんし、仲間からはずされる心配もないからでしょう。

では、⑧そうした浅い付き合いだけで、本当に満足することができるのでしょうか。

みんなと同じ意見を持っていて、SNSでもたくさんの友だちとつながり合ってさえいれば、安心できるのでしょうか。

いえ、いつもたくさんの友だちに囲まれているのに苦しい、と訴える人は少なくありません。

むしろ、周囲の人に合わせてばかりいることで疲れ果てている人が多い、というのが精神科医としての実感です。

⑨周囲の人たちに合わせる生き方をしていると、なぜ疲れるのでしょうか。

多くの人は、自分が周囲から「変わり者」と思われることを嫌います。なるべく周りの人たちと合わせて「同じ」であろうとします。そうしないと、みんなとうまくやっていけないと考える人が多いからです。

確かに、周囲と合わせていれば、とりあえず仲間はずれにされることもないかもしれませんし、いろいろな機会に誘ってもらいやす

3　仁美や香奈恵との友情は壊れるかもしれないと思いながらも、新たに珠紀と真の友人になれる可能性を信じようとしている。

4　珠紀を友人と思ってよいのかという不安を感じていたので、この機会に珠紀との仲をさらに深めたいと思っている。

問十七　本文において、珠紀はどういう人物として描かれているか。適切なものを次の中から一つ選び、番号をマークしなさい。　解答番号18

1　確立された自分の考えをしっかりと持っており、その考えを明確に語ることができる人物。

2　学校の規則を破ることをそそのかすなど、周囲の大人に反抗することを楽しんでいる人物。

3　自分だけの世界観をもち、決して他人に頼ることなくいつも一人で物事に取り組む人物。

4　学校でも家庭でも孤立しがちだが、漫画を読むことで気持ちを前向きに切り替えられる人物。

二　次の文章を読んで、後の設問に答えなさい。（解答はすべて解答用紙にマークしなさい）

以前、こんな話を聞いたことがあります。

日本では選挙の際には事前に候補者の支持率を発表しませんが、昔はメディアが「どの候補者が優勢か」という予測記事を書くと、劣勢に立つ候補者の支持が増えました。しかし最近では、予測記事を書くと、優勢に立つ候補者の支持が増えるようになっています。

[Ⅰ]、昔は立場の弱い者、あるいは劣勢にある者を応援する「判官《ほうがん》びいき」が多かったけれど、今は有利な側・強い側について勝ち馬に乗りたい人が増えているというのです。もしかしたら、それが長く続いた安倍政権の背景にもあったかもしれませんが、自分が「大多数のマジョリティの側にいること」に安心感を持つ人が増えているということでしょう。

特にコロナ禍ではその傾向が顕著になり、見えない①同調圧力が強くなりました。

法律で禁じられているわけではないのに、一般的なふるまいから少しでもはずれる人がいれば非難され、異論を唱えるとバッシングされます。

コロナ禍では「感染しないこと」だけがクローズアップされていますが、家のなかに引きこもることによる運動機能の低下や、人との交流の少ない生活や楽しみのない生活によって精神的な疾患が増えることや、免疫機能が低下することなどもひどく心配です。

もちろん感染予防は大切ですが、コロナ禍以降に自殺者数増加など大きな問題が起きていることを考えると、精神科医としては「コロナに感染しなければ、何でもいいのか」と言いたくなります。「コロナから命を守るのか、コロナ対策から心を守るのか」と考える視点が欠如しているのです。

でも、②そんなことを指摘すれば、たちまちバッシングされてしまいます。実際に私もそうした発言をして非難を浴びましたが、「今、本当に大切なことは何か」という（　A　）な問題よりも、「多くの人とはずれたことをして③後ろ指を指されないこと」が必要以上に大事な社会になってしまっているのではないでしょうか。

２０２０年５月のコロナウィルス自粛要請中には、④プロレスラーの女性がＳＮＳでの誹謗《ひぼう》中傷に苦しめられ、自殺に追い込まれました。

テレビの「リアリティショー」での言動が一般的なふるまいからはずれているという理由から、壮絶なバッシングが行われたのです。

⑤自分が正義の味方だと思っている匿名の人たちが、自分と同意見の人が多いことで自分は強い軍団に属しているかのように感じたのでしょう。自分とは異質の者をコテンパンに叩《たた》くことで自分の行為を正当化したのです。

海外では、叩かれる人がいたら、必ずそちら側にも味方する人が出てきますが、日本では、叩かれる人の味方をする人もまた同じよ読めておらず、急に感想を聞かれてどのように答えていいか分からずとまどっている。

2 堂々と自分の意見を述べる姿に感動したことを珠紀に伝えて珠紀との友情をさらに深めようとしたのに、漫画の内容に話をそらされてがっかりしている。

3 珠紀が出した漫画の話題からラジオで聞いたドラマの主題歌を連想し、仁美と香奈恵が二人だけで会っていたことを思い出して悲しい気分になっている。

4 珠紀に嘘をつくのは気が進まず、かといって面白くないと感想を述べることもできず珠紀の問いにあいまいな答えしか返せない自分に後ろめたさを感じている。

問十二 傍線部⑩「愛衣は思わず叫んでいた」とあるが、愛衣はなぜ叫んだのか。適切なものを次の中から一つ選び、番号をマークしなさい。 解答番号13

1 自転車でモアまで行くと言い出した珠紀に、自転車でモアまで行くことは不可能であることを理解してほしかったから。

2 雨が降らなければモアまで自転車で行くという珠紀の発言が、モアは車で行くものと考えていた愛衣の意表を突くものだったから。

3 あまり人気のない漫画を買うためだけに、わざわざ長い時間をかけて自転車でモアまで行くという珠紀の発言にあきれたから。

4 自転車でモアまで行こうとする珠紀に、自転車よりも車の方が安全で快適に行くことができることをわかってもらいたかったから。

問十三 傍線部⑪「投げやりに」の意味として適切なものを次の中から一つ選び、番号をマークしなさい。 解答番号14

1 さりげなく　2 悲しそうに
3 思いつめたように　4 いいかげんに

問十四 傍線部⑫「大変だね、と愛衣は曖昧に頷いた」とあるが、このときの愛衣について説明したものとして適切なものを次の中から一つ選び、番号をマークしなさい。 解答番号15

1 自分に隠しごとをした仁美と香奈恵のことが頭から離れず、珠紀の話の内容に集中できずに適当に反応している。

2 両親のことを話すとき何かに腹を立てているような態度を示す珠紀に、腹を立てている原因を聞き出そうかどうか迷っている。

3 珠紀が何かに腹を立てていることは気になるが、珠紀の個人的な家庭の事情にふみこむことを避けようとしている。

4 隠しごとをしようとしない珠紀を尊敬する気持ちを抱きつつ、珠紀の個人的な事情を聞こうとしたことを反省している。

問十五 傍線部⑬「愛衣は黙って考えを巡らせた」とあるが、愛衣が考えた内容として適切でないものを次の中から一つ選び、番号をマークしなさい。 解答番号16

1 学校と親からは、大人と一緒でなければモアに行ってはいけないと言われている。

2 大人の付き添いなしにモアに行っても、門限を守れば誰かに知られることはない。

3 家族と一緒にモアに行くと、自分が楽しみたいことを満足に楽しむことはできない。

4 珠紀がこちらの予定も聞かずに話を進めていくので、モアに行くのは気が進まない。

問十六 傍線部⑭「頷く」とあるが、このときの愛衣について説明したものとして適切なものを次の中から一つ選び、番号をマークしなさい。 解答番号17

1 学校から禁止されていることをすることにとまどいを感じるが、ばれてしまってしかられても大丈夫だろうと思っている。

2 日曜日に雨が降ると自転車で行けなくなるので天気が心配だが、珠紀の誘いを断ることで二人の関係が壊れることを恐れている。

ぜこのような気持ちになったのか。適切なものを次の中から一つ選び、番号をマークしなさい。　解答番号7

1　仁美が香奈恵と二人だけで遊んでいたことを知ってショックを受けていたときに、香奈恵が仁美から連絡を受けて謝ってきたことで、仁美のせいで香奈恵との仲も悪くなったと感じたから。

2　仁美が自分に嘘をついていたことに加えて、香奈恵が仁美から連絡を受けるまで自分に謝らなかったことで、仁美に抱いていたよりも大きな不信感を香奈恵に対して抱くようになったから。

3　仁美から香奈恵と二人だけで遊んだことを謝られて孤独感を感じていたときに、仁美から連絡を受けた香奈恵からも謝られたことで、二人の親密さに対して自分の孤独をもっと感じたから。

4　仁美と香奈恵が自分と話してくれないことに加えて、仁美と香奈恵が電話で連絡を取り合っていたことを知ったことで、仁美や香奈恵との友人関係が本当に壊れてしまったと感じたから。

問七　傍線部⑥「愛衣は下唇を噛む」とあるが、このときの愛衣の様子について説明したものとして適切なものを次の中から一つ選び、番号をマークしなさい。　解答番号8

1　友人を追い詰めてしまった過去を悔いていたにもかかわらず、今回も友人を苦しめる結果になったことを悔しく思っている様子。

2　これまでの経験から友情について気をつけていたにもかかわらず、また友人関係がこじれてしまったことが無念である様子。

3　自分の勘違いが原因で何度もトラブルを引き起こしてきたにもかかわらず、再び問題を引き起こしたことを悔しく思っている様子。

4　自分の勘の良さを気味悪がられた経験があるにもかかわらず、今回も自分の勘の良さを不快に思われたことが無念である様子。

問八　傍線部⑦「珠紀はしかめ面で」とあるが、このときの珠紀について説明したものとして適切なものを次の中から一つ選び、番号をマークしなさい。　解答番号9

1　ウサギは寂しいと死ぬというドラマの主題歌の歌詞に納得がいかずに不愉快になっている。

2　ドラマの主題歌の話題に反応したのに、自分の話を聞いていない愛衣に怒りを感じている。

3　寂しいウサギは死ぬというのは嘘なのに、それを分からず信じている愛衣を見下している。

4　ドラマの主題歌の歌詞の内容に疑問を感じようとしない愛衣の無神経さにあきれている。

問九　傍線部⑧「来た道を引き返していった」とあるが、女の子たちはなぜ引き返していったのか。適切なものを次の中から一つ選び、番号をマークしなさい。　解答番号10

1　愛衣と珠紀が自分たちの代わりにウサギの世話をしていると思ったから。

2　興奮している様子の上級生の珠紀に近寄るのはこわいと思ったから。

3　飼育係ではない愛衣と珠紀がウサギ小屋にいることを不審に思ったから。

4　愛衣と珠紀が激しく言い争っている様子を恐ろしく思ったから。

問十　空欄 Ⅲ に当てはまる語句として適切なものを次の中から一つ選び、番号をマークしなさい。　解答番号11

1　手をこまねく　　2　顔がつぶれる
3　息がつまる　　4　目の覚める

問十一　傍線部⑨「珠紀の目を見ずに愛衣は答えた」とあるが、このときの愛衣について説明したものとして適切なものを次の中から一つ選び、番号をマークしなさい。　解答番号12

1　珠紀に借りた漫画の続きが気になりつつもまだ途中までしか

くても大丈夫だよ。バドミントンクラブの直子《なおこ》ちゃんとも一緒に行ったけど、ばれなかったし」

「そう、だよね」

こわごわ⑭頷く。珠紀と学校の外で会ったことは、まだない。だから友だちだと思っていいのか、いまいち自信が持てなかった。その珠紀から誘われたのだ。しかも、休みの日に二人きりで、ちょっと遠くまで。行きたい。この子ともっと仲良くなりたい。

「行こうかな」

「やったあ。何時に待ち合わせようか？　お昼ご飯を家で食べてからのほうがいいよね？　一時に学校の正門前はどうかな」

それでいいよ、と愛衣は頷いた。珠紀が嬉《うれ》しそうにゴマを抱き上げる。珠紀は、この大人しい色合いのウサギを一番可愛がっていた。灰色の毛を撫《な》でる珠紀の眼差《まなざ》しは優しい。教室ではあまり見られない表情だと、ふと思う。

ゴマは気持ちよさそうに目を閉じた。

（奥田亜希子『クレイジー・フォー・ラビット』朝日新聞出版より）

*アウトロ＝楽曲の終わりの部分。
*パーソナリティ＝番組の司会進行を行う者。
*ウサギが寂しいと死んじゃう＝ドラマの主題歌にも用いられている流行歌の歌詞をふまえた表現。
*あの漫画＝珠紀が愛衣に貸した漫画。

問一　傍線部①「重い指でページをめくった」とあるが、このときの愛衣について説明したものとして適切なものを次の中から一つ選び、番号をマークしなさい。　解答番号1

1　仁美と香奈恵が二人だけで遊んでいたということがどうしても許せず、漫画を読む気が失せてしまっている。
2　降り続く雨と台所から聞こえてくる不快な雑音から気をまぎらわすために、無理に漫画を読もうとしている。
3　いつものように宿題のことで母親から小言を言われたことにうんざりして、漫画を読む気が失せてしまっている。
4　仁美と香奈恵が自分に隠しごとをしていたことから気をそらそうとして、無理に漫画を読もうとしている。

問二　傍線部②「億劫」の意味として適切なものを次の中から一つ選び、番号をマークしなさい。　解答番号2

1　面倒くさい気持ち　　2　残念な気持ち
3　悲しみの気持ち　　4　腹立たしい気持ち

問三　傍線部③「もはや自然に身体は動いた」とあるが、このときの愛衣と珠紀の様子を説明したものとして適切なものを次の中から一つ選び、番号をマークしなさい。　解答番号3

1　愛衣と珠紀の友情が十分に深まっている様子。
2　人間関係の悩みから完全に解き放たれた様子。
3　ウサギ小屋での一連の動作に慣れている様子。
4　ウサギの世話に心が込められていない様子。

問四　傍線部④「名前を呼び、草の先を小さく揺らす」とあるが、愛衣はなぜこのようにしたのか。適切なものを次の中から一つ選び、番号をマークしなさい。　解答番号4

1　ミルクの名前を呼んでかまってあげることで、孤独を感じると死んでしまう弱いウサギを守ってあげるため。
2　水滴を拭った草をミルクに食べさせることで、ウサギは水が苦手という珠紀の話を確かめたいと思ったため。
3　ミルクの注意をひいて草を食べてもらうことで、生き物の世話をしたいという希望をかなえるため。
4　ミルクの好物の草を示すことで、お腹がすいているはずのミルクに草を食べてもらいたいと思ったため。

問五　空欄 I ・ II に当てはまる語句として適切なものを次の中からそれぞれ一つ選び、番号をマークしなさい。　I…解答番号5　II…解答番号6

1　そろそろ　　2　さっさと
3　はっきりと　　4　ふいっと

問六　傍線部⑤「さらに暗い気持ちになった」とあるが、愛衣はなほうから小走りでやって来て、小屋の数メートル手前で足を止める。どちらも怯《おび》えたような目で珠紀を見ていた。だが、珠紀は気がつかない。寂しさで死ぬ生きものなんていない。そんなに弱い生物は、もっと小さなショックで［Ⅱ］命を落としているはずだと、ますます熱のこもった口調で言い立てた。

女の子たちは短く囁《ささや》き合ったのち、⑧来た道を引き返していった。

「辻さんって、格好いいよね」

愛衣は呟いた。ほかのクラスメイトとは全然違う。珠紀の確立された考えに触れると、いつだって［Ⅲ］ような思いがした。愛衣の言葉に照れたのか、珠紀は小さな耳を赤くした。それから、話題を変えるように、

「そういえば、＊あの漫画、読んだ？」

「あ……うん」

「どうだった？」

「まだ途中なんだよね」

⑨珠紀の目を見ずに愛衣は答えた。途中までしか読んでいないのは本当で、これから面白くなるかもしれないと、懸命に思い込む。常に本音で生きている珠紀に、嘘は吐《つ》きたくなかった。

「そうなんだ。明後日《あさって》、一年ぶりに新刊が出るんだ。だから、日曜日はモアに行くつもり」

「わざわざモアの本屋さんで買うの？　ホシノ書店なら近いのに」

ショッピングセンターモアまでは、道が空《す》いているときでも車で十五分はかかる。一方のホシノ書店は、小学校のすぐ近くに店を構えていた。ごく自然に頭に浮かんだ愛衣の問いに、珠紀は吐息交じりに笑った。

「ホシノみたいな小さい店には売ってないよ。私が好きになる漫画って、だいたいあんまり有名じゃないから、大きい本屋に行かないと買えないんだよね。あー、日曜日、雨が降らないといいなあ」

「晴れたほうがいいの？」

「雨が降ったら自転車で行けないもん。歩いて行くのはさすがに無理だよ」

「えっ、自転車でモアまで行くの？　車じゃなくて？」

⑩愛衣は思わず叫んでいた。ウサギたちが一斉にその場で跳ね、小屋の中を走り回る。キナコの後ろ脚がトレイに当たり、草が飛び散った。ウサギは臆病な動物だと言われている。驚かせてしまったことが申し訳なく、愛衣は草をトレイに戻しながら声を潜めた。

「お母さんかお父さんに頼んで、車で連れて行ってもらったら？」

「無理だよ。うちの親、日曜日も仕事だから」

「へえ、忙しいんだね」

「たぶんそうなんだろうね」

珠紀が⑪投げやりに呟く。なにかに腹を立てているようだ。隠しごとの匂いはしないから、質問すれば答えてくれたかもしれない。だが、他人の不機嫌に深入りするのは気が引けた。⑫大変だね、と愛衣は曖昧に頷いた。

「ねえ、大島さん」

「なあに？」

「大島さんも一緒に行かない？」

「えっ」

顔を上げると、珠紀はいつもの生気に溢《あふ》れた黒目で愛衣を見ていた。

「私と辻さんと、二人でモアに行くってこと？」

「そう。大島さんの門限って何時？　それまでに帰れば、絶対にばれないよ」

⑬愛衣は黙って考えを巡らせた。大人の付き添いなしにモアに行ってはいけないと学校や親からは指導されているが、確かに門限さえ守れば、外にいるあいだに愛衣がどこでなにをしていようが、人に知られることはない。それに、家族でモアに出かけると、せっかちな父親に急《せ》かされるため、ソレイユをじっくり見ることができなかった。珠紀と二人ならば、存分に楽しめるだろう。

「モアには一人で何回も行ってるから、道は私が分かる。心配しな

珠紀の左手も草の束を握っていた。愛衣のぶんと合わせれば、充分な量になるだろう。二人は校庭の端から校舎裏に回り、ウサギ小屋の戸を開けた。ミルクとゴマが鼻をうごめかして近寄ってくる。残っていたドライフードをゴミ箱に捨て、空のトレイに草を入れた。小屋の脇の水道で飲み水も入れ替え、散らばっていた糞《ふん》は竹箒《たけぼうき》で片づける。③もはや自然に身体は動いた。

「雨の滴《しずく》がついてるからかな。あんまり食べないね」

愛衣は首を傾《かし》げた。四羽とも、今日は草にあまり興味を示さない。トレイを囲んだ状態で耳を動かしている。珠紀は竹箒の柄に顎《あご》を軽く載せて、

「そういえばウサギって、水が嫌いらしいよ。だからかな」

「濡れるのが嫌ってこと?」

「たぶん。テレビで観たことある」

「へえ、そうなんだ」

愛衣は草の山から一本抜き取り、Tシャツの裾で水を拭った。それをミルクの前に突き出す。だが、やはり食べようとしない。ドライフードで腹が膨れているのだろうか。ウサギにはウサギの事情があると頭では理解しながらも、生きものの世話を焼きたいという願望は、餌を与えたときにこそ叶《かな》えられる。愛衣は諦められずにその場にしゃがんだ。

「食べてよ、ミルクー。せっかく摘んできたんだから」

④名前を呼び、草の先を小さく揺らす。狙いどおりにミルクはしばらくそれを見つめていたが、やがて顔を[I]背けると、小屋の隅に駆け出した。はあ、と深く息を吐き、愛衣は草をトレイに戻した。

「*ウサギが寂しいと死んじゃうって、本当なのかな」

気がつくとそんな疑問を口にしていた。仁美と香奈恵が二人きりで遊んでいたことが発覚してから、今日で五日が経つ。翌朝は顔を合わせるなり香奈恵に謝られ、ああ、仁美から電話があったのだと、⑤さらに暗い気持ちになった。愛衣が謝罪を受け入れたことで、表面上は穏やかな時間が流れている。だが、あれから二人が妙に自分に気を遣っているように思えてならなかった。

「その歌、流行《はや》ってるよね。なにかのドラマの主題歌なんでしょう?」

テレビ番組や芸能人の話はほとんどしない珠紀も、さすがに知っていたようだ。この歌のCDはそれほどまでに売れている。愛衣は頷《うなず》き、一番のサビを小声で口ずさんだ。

「いい歌だよね」

涙ぐみそうになる。

友情が、どうしても長く続かない。

友人関係がこじれるのは、これが初めてではなかった。幼稚園児のころには、花瓶を倒したことを隠そうとしていた友だちを臭いと騒ぎ立て、奇異な視線を集めた。小学校二年生のときには、学校を休んで家族と遊園地へ出かけた友だちに、なにか隠していることがあるだろうとしつこく詰め寄り、最後には泣かせた。向こうから絶交を宣告されたり、愛衣のほうから距離を置いたり。勘がよすぎると気味悪がられたことも、一度や二度ではない。

だから気をつけていたのに。⑥愛衣は下唇を噛《か》む。私たちって親友だよね、と頻繁に確かめ合い、仁美と香奈恵からあの匂いが漂ってきたときも、生理が来たとか忘れものをしたとか、そういう理由に違いないと自分に言い聞かせていた。でもだめだった。この変な鼻のせいだ。全部、すべて、なにもかも。

「そうかなあ。おかしな歌じゃない?」

珠紀の声で我に返った。彼女を見上げて、

「どうして?」

と尋ねる。⑦珠紀はしかめ面で、

「寂しくて死ぬって、どういうこと? 寂しいって感じたら、心臓や息が止まるの? それってどういう体の仕組み? 病気でも怪我《けが》でもないのに、おかしくない?」

珍しく興奮しているようだ。四年生くらいの女子が二人、校庭の

二〇二四年度 東海大学付属相模高等学校

【国語】（五〇分）〈満点：一〇〇点〉

一 次の文章を読んで、後の設問に答えなさい。（解答はすべて解答用紙にマークしなさい）

> 小学六年生の大島愛衣《おおしまあい》は、同じクラスの辻珠紀《つじたまき》と一緒に毎日昼休みにウサギ小屋を訪れている。ウサギ小屋は四年生の飼育係が当番制で世話をしているが、飼育係にあこがれをもっている愛衣は飼育係とは別にウサギの世話をしている。ウサギ小屋には四羽のウサギがおり、愛衣と珠紀は四羽のウサギにキナコ・ココア・ゴマ・ミルクという名前を付けている。愛衣には四年生のときに親友になった仁美《ひとみ》と香奈恵《かなえ》という友人もいるが、六年生になって二人は愛衣と違うクラスになり、愛衣とは疎遠になっていった。ある日、愛衣は仁美から香奈恵と二人だけで遊んでいたことを打ち明けられるが、愛衣も呼ぼうとしたと言い訳する仁美の発言に嘘《うそ》があることを愛衣は「匂い」で感じ取り、泣きたいくらいの孤独感を抱く。

「愛衣、宿題は？」

「ご飯食べてからやる」

「今やっておけばあとが楽なのに」

インゲン豆のザルを抱え、母親が暖簾《のれん》をくぐる。数秒後、台所からざらついた音声が聞こえてきた。母親には料理中にラジオを聴く習慣がある。空が曇っているからか、今日は雑音が多いようだ。昨日も雨で、明日も雨。梅雨らしい天気が続いている。

①重い指でページをめくった。内容は頭に入ってこない。だが、なにかに集中していないと、気持ちが塞《ふさ》ぎそうだ。仁美と香奈恵が二人で会っていた。そのことを秘密にしようと相談していた。愛衣は臀部《でんぶ》をずるずると下に滑らせて、座面を枕に寝転んだ。

隠しごとには、匂いがある。

声には出さずに呟《つぶや》き、寝返りを打った。物心ついたころからそうだった。愛衣の鼻は嘘や秘密を敏感に、文字通りに嗅ぎ取ってしまう。サンタクロースの存在を素直に信じていた時期がない。なんとなく怪しいと、ずっと思っていた。隠しごとの内容までは察知できないが、知られたくないという焦りと匂いの強さは比例するらしく、相手が必死になればなるほど、匂いは凝縮したように濃くなった。

ラジオが音楽を流している。母親が水でなにかを洗っている音の裏側に、愛衣の聴覚は聞き覚えのあるメロディを拾った。耳をそばだてているうちにはっとして、

「お母さん、ボリュームを上げて」

と叫んだ。思ったとおり、それは仁美と香奈恵が熱心に視聴しているドラマの主題歌だった。一ヶ月前に発売されたCDは売れに売れて、愛衣もテレビや街角でたびたび耳にしていた。静かでほの暗い曲調に、透明感のある歌声が重なる。愛衣は軽く目を閉じた。やがて、＊アウトロに被《かぶ》せるように、＊パーソナリティが喋《しゃべ》り始める。母親は心得たようにボリュームを戻して、

「愛衣、ちょっと手伝って。このへんの野菜を切ってほしいんだけど」

②億劫《おっくう》だったが、母親が歌の終わりまで待ってくれたことも分かっていた。はーい、と手元の漫画を閉じ、愛衣は身体を起こした。

朝から降っていた雨は、三時間目の理科が終わったときにはやんでいた。とはいえ太陽は雲に隠れたままで、足元はぬかるんでいる。愛衣は一本摘むたびに手首を振り、草と自分の手から水滴を払った。濡《ぬ》れた肌が痒《かゆ》い。

「大島さん、もういいんじゃない？」

「そうだね」

英語解答

1 (1) ② (2) ① (3) ④ (4) ③
(5) ③

2 (6) ③ (7) ① (8) ④ (9) ④
(10) ③

3 (11) ⑤ (12) ② (13) ⑥ (14) ④
(15) ①

4 (16) ② (17) ③ (18) ① (19) ④
(20) ②

5 (21) ③ (22) ④ (23) ② (24) ①
(25) ②

6 1 (26)…⑤ (27)…①
2 (28)…③ (29)…①
3 (30)…① (31)…③
4 (32)…④ (33)…②
5 (34)…② (35)…①

7 A (36)…③ (37)…② (38)…② (39)…④
B (40)…① (41)…④ (42)…③ (43)…②

8 A (44)…② (45)…① (46)…④
B (47)…② (48)…③ (49)…⑤ (50)…⑥

9 (51) ④ (52) ③ (53) ② (54) ③
(55) ②

1・**2**〔放送問題〕解説省略

3〔対話文完成─適文選択〕

≪全訳≫❶マナミは中学生だ。ノルウェーからの留学生，エマと話をしている。❷マナミ(M)：今週末にキャンプに行くの。一緒に行かない？❸エマ(E)：えっ，私も行っていいの？　どこへ行くの？❹M：埼玉のとある場所に行くの。(11)私たちの所からあまり遠くはないの。自動車で１時間ほどの距離だから，お父さんが喜んで連れていってくれるわ。❺E：いいわね。よくキャンプに行くの？❻M：そうでもないの。実は，キャンプに行くのはまだ２回目なんだ。(12)あなたはどう？❼E：週末は何度も家族とキャンプに行ったことがあるわ。ノルウェーの家の近くにはアウトドアを楽しめる場所がいくつかあるから。自然の中で過ごす時間が恋しいから，キャンプに誘ってもらえてうれしいわ。(13)何を持っていけばいい？❽M：ええと，そこには一泊するだけだから，そんなにたくさんの物は必要ないわ。テントとあなた用の予備の寝袋はあるから，着がえとタオルと長靴だけを持ってくれば大丈夫。❾E：(14)キャンプでは何を食べるの？　何か料理するものを持っていく必要はある？❿M：翌朝に食べるパンと水筒とマグカップだけ持ってきて。夕食はバーベキューセットを使うけど，食材と燃料は含まれているわ。⓫E：料理するクラッカーとマシュマロを持っていってもいい？⓬M：(15)うん，お願い！　旅行が楽しみになってきた。待ちきれないわ！

＜解説＞(11)キャンプをする場所についての説明が入る。　(12)エマにキャンプに行く頻度についてきかれ，マナミが答えている場面。この後，エマが自分のキャンプ経験について話していることから，同じ質問をきき返したのである。　(13)この後，マナミは持ち物について話している。　(14)この後，キャンプでの食事についての話題が続いている。　(15)クラッカーとマシュマロを持っていってもいいかというエマの質問に対する応答が入る。

4〔対話文完成─適語選択〕

(16)A：ジョン，お兄ちゃん〔弟〕と口げんかしちゃだめよ。／B：ごめんなさい，お母さん。僕がテレビを見ていると，お兄ちゃん〔弟〕はいつもチャンネルを変えるんだ。∥母親が，兄弟で何かをするべきでないと言っている場面。have an argument で「口論する，口げんかする」という意味。

(17) A：将来は何をするつもりなの？／B：高校を卒業したら，カナダに留学することに決めたんだ。／／make the decision to ～で「～する決心をする，～することにする」という意味。

(18) A：次の試合に勝つためには，君たちは努力をたくさんする必要がある。／B：わかりました。今日からもっと一生懸命に練習に励みます。／／make a lot of effort で「大いに努力する」という意味。

(19) A：混乱しているようね。何があったの？／B：それがね！　今日数学の授業があって，先生の言っていることが全く理解できなかったんだ。／／figure out「～を理解する」

(20) A：学校祭のアイディアを出したいのですが。／B：いいですとも。どんなアイディアですか？／／suggest「～を提案する」　save「～を救う」　solve「～を解決する」　survive「～を生き延びる」

5〔適語(句)選択〕

(21)「ハワイに着いたとき」という，過去のある時点での話なので「～していた」という過去進行形(was/were ～ing)にする。　「私たちがハワイに着いたとき，雨が降っていた」

(22) 主語が The music で，直後に by があることから，‘be動詞＋過去分詞＋by ～’「～によって…される」という受け身の文にする。　「その楽曲はモーツァルトがまだ6歳だった頃に書かれた」

(23) for over 10 years という‘期間’を表す語句があるので，‘have/has＋過去分詞’の現在完了(‘継続’用法)にする。なお，know のような状態を表す語は，原則として進行形にはならないので④は不可。「シェリーと私は知り合って10年以上になる」

(24) don’t have to ～で「～する必要はない」。　「明日は国民の休日なので，学校に行く必要はない」

(25) The chef (　) at the restaurant までが文の主語で，「そのレストランで働いているシェフ」という意味になればよい。「～している」の意味を表すのは現在分詞(～ing)。　be known for ～「～で知られている」　cuisine「料理」　「そのレストランで働いているシェフはイタリア料理でよく知られている」

6〔対話文完成―整序結合〕

1．あなた：パスタソースを探しています。どこにあるか私に教えてくれませんか？／店員：もちろんです。こちらへどうぞ。／／Could you の後に‘tell＋人＋物事’「〈人〉に〈物事〉を教える」の形を続ける。‘物事’の部分は‘疑問詞＋主語＋動詞…’の間接疑問で，where it is「それがどこにあるか」とする。　Could you tell me where it is?

2．友人：医学部に進学するの？／あなた：うん。両親は私に医者になってほしいと思っているんだ。／／‘want＋人＋to ～’「人に～してほしい」の形をつくる。　My parents want me to be a doctor.

3．あなた：お父さんが私に買ってくれたカメラは使いやすかったよ。／友人：それはいいね！／／並べかえる部分は The camera を修飾する部分と判断し，which を目的格の関係代名詞として使った関係代名詞節を続ける。「〈人〉に〈物〉を買う」は，前置詞 for を使って‘buy＋物＋for＋人’という語順で表せる。　The camera which my father bought for me was easy to use.

4．母親：ねえ，私が戻ってきたとき，テレビがついていたんだけど。最後に家を出たのは誰？／あなた：本当にごめん。僕のせいだ。すごく急いでいたんだ。〃テレビがつけっぱなしだったという直前の内容から，最後に家を出た人物が誰かを尋ねる文をつくると判断できる。Who was the last one「最後の人物は誰か」とし，この後にto不定詞の形容詞的用法としてto leave homeを続ける。　Who was the last one to leave home?

5．友人：映画はどうだった？／あなた：ええと，思っていたよりも長くて，ストーリーはとても退屈だったよ。〃‘比較級＋than ～’「～より…だ」を使ってit was longer thanで始める。thanの後ろにはI thoughtを置き，「私が思っていたよりも」とする。　Well, it was longer than I thought and the story was very boring.

7〔英問英答―表を見て答える問題〕

A＜新聞広告＞≪全訳≫相模高校音楽コンテスト／6月23日午前9時～午後3時／相模ホールにて／あなたの最高の音楽スキルをみんなに見せるビッグチャンスです。／イベント規則／申込／全バンドは5月23日午後6時までに申込書を記入し，運営委員会に提出すること。／コンテストの音楽について／各バンドは演奏したい2曲を録音したCDを作製すること。／CDを5月24日から5月31日の間に運営委員会に提出すること。／6月3日，運営委員会が提出した曲が演奏できるかどうか各バンドに連絡をします。／コンテストでの演奏／バンドメンバーは演奏の40分前に会場に到着すること。／各バンドの演奏時間は10分です。各バンドの演奏の間には5分間の休憩があります。／最優秀賞／最優秀バンドには相模ホールで行われるウィンターコンサートの無料チケットが贈られます。／＊参加する全てのバンドメンバーには記念品としてTシャツが無料で贈られます。

＜解説＞㊱「音楽コンテストに参加するためには何をしなければならないか」―③「申込書を委員会に提出する」　Applicationsの欄参照。‘hand in ～ to …’「～を…に提出する」　㊲「もしこの音楽コンテストに参加する場合，何日にCDを提出できるだろうか」―②「5月25日」　Music for the Contestの欄の2つ目の記載事項参照。　㊳「もしあなたが午前10時に演奏する場合，相模ホールには何時までに到着するべきだろうか」―②「午前9時20分」　Performances at the Contestの欄参照。演奏時間の40分前に到着する必要がある。　㊴「コンテストで最優秀賞でなくても，何がもらえるか」―④「無料記念Tシャツ」　First Prizeの欄参照。参加者全員が記念品としてTシャツをもらえる。

B＜パンフレット＞≪全訳≫相模水族館／当水族館ではあなたにとって特別なものをご用意しております。ぜひショーをご覧になり，特別企画にご参加ください。／チケット／タイプ／子ども(6歳から15歳)／大人／高齢者(65歳以上)／個人／40ドル／45ドル／30ドル／学校団体／35ドル＊／＊学校団体割引：火曜日は学生チケット各10ドル引き。／年中無休。／営業時間：午前9時～午後5時30分(午後5時以降の入場は不可。)／アシカショー／メインプールでアシカに会おう。／さまざまな種類のアシカについて学ぼう。／アシカがどのように一緒に生活し，どんな食べ物を食べるかを知ろう。／開演時間(全公演40分。)／月曜日～金曜日／土曜日，日曜日，祝日／午前11時　午後1時　午後3時／午前10時　午後2時　午後4時／注意：開演の遅くとも15分前までにお越しください。／動物の写真撮影／写真撮影は可能ですが，フラッシュ撮影はご遠慮ください。／動物への餌やり／お子様は各ショー後にアシカに餌をやることができます。／餌をやるには事前予約が必要ですので，午前9時30分前に受付にお越しください。

＜解説＞(40)「ある火曜日に学校団体のメンバーとして相模水族館を訪れる場合，入場料はいくらになるだろうか」―①「25ドル」　Ticketsの表には35ドルとあるが，表下の＊を見ると，火曜日は10ドル割引になることがわかる。　(41)「大人1人(60歳)と子ども2人(7歳と11歳)がこの水族館を訪れる場合，入場料をいくら払う必要があるか」―④「125ドル」　Ticketsの表参照。45ドル(60歳大人)＋40ドル(7歳子ども)＋40ドル(11歳子ども)＝125ドル。　(42)「土曜日の午前中にアシカショーを見る場合，何時に終わるだろうか」―③「午前10時40分」　Show Times参照。土曜日午前中のショー開始時間は10時。全てのショーは40分間行われる。　(43)「子どもたちがアシカに餌やりをしてみたい場合，何をする必要があるか」―②「午前9時30分前に受付を訪れる」　パンフレット右下のFeeding the Animals参照。

8〔長文読解―内容一致―説明文〕

A≪全訳≫❶イルカは，お互いに音を出して会話をする社会的な動物である。イルカはこれらの音を使い，情報を共有したり，感情を表現したりする。イルカが出す最も重要な音の1つは「シグネチャー・ホイッスル」と呼ばれる。この音はそれぞれのイルカにとって特有のもので，イルカはこの音を使い，他のイルカを呼ぶ。イルカは生まれつきこの音を持っているわけではなく，幼い頃に他のイルカの音を聞いて覚える。❷あるアメリカ人科学者が，イルカがどのようにしてシグネチャー・ホイッスルを身につけるのかを研究した。彼女はフロリダで30年間イルカを観察してきた。彼女は，母親イルカと赤ん坊の鳴き声を記録した。彼女は，母親イルカは赤ん坊に特別な方法で話しかけることを発見した。母親イルカは，高い音はより高く，低い音はより低くする。母親イルカがこのようにするのは，赤ん坊のイルカの注意を引き，赤ん坊イルカが音の出し方を学ぶのを助けるためだ。これは人間の母親が赤ん坊に話しかけるやり方に似ている。彼女の研究結果は科学雑誌に掲載された。彼女の研究は，イルカの母親と赤ん坊の間には強いきずながあることを示している。

＜解説＞(44)「イルカは音を使い(　　)」―②「他のイルカに感情を伝える」　第1段落第1，2文参照。　(45)「イルカが音を出して他のイルカを呼ぶことができるのは，(　　)からだ」―①「どのイルカも独自の音を持っている」　第1段落第4文参照。unique「特有の，独特な」がits own「それ独自の」と言い換えられている。　(46)「ある科学者は，イルカの母親は(　　)ために赤ん坊に特別な方法で話しかけることを発見した」―④「赤ん坊の注意を引く」　第2段落第4～6文参照。

B≪全訳≫「成長する靴」は，発展途上国の子どもたちにサンダルを提供する団体だ。サンダルは5つのサイズに調整可能で，子どもたちは1足を少なくとも5年間使用できる。この団体は2007年にケントン・リーが始めた。ある調査によると，世界には貧困のために靴を履かずに生活している子どもたちが約3億人もいるという。靴は，足をけがや病気から守ってくれるので子どもたちにとって大切なものだ。同団体は，子どもたちの足の成長に合わせて調整できるサンダルを提供している。その靴は，ヒールストラップ，トップストラップ，サイドストラップ，つま先部分の面ファスナーの7か所で，5段階のサイズ調整が可能だ。Sサイズは5歳から9歳まで，Lサイズは10歳から14歳までの子どもに対応する。同団体は，インド，カンボジア，マラウィ，メキシコの民間非営利団体と提携し，靴を必要としている子どもたちに届けている。インターネットで寄付を受けつけており，これまでに集まった金額は6万ドルを超えた。彼らのウェブサイトで自分の子どもたち用にサンダルを購入することでも，このプロジェクトを支援することができる。

＜解説＞「要点／「成長する靴」という団体／2007年創立。／靴を持っていない子どもたちにサンダルを提供。／(47)4か国の民間非営利団体と活動。／サンダル／長く使用可能→どのくらい？(48)5年以上。／子どもたちの足の安全を(49)けがから守る。／団体の(50)ウェブサイトに行けば購入可能」 (47)第9文参照。インド，カンボジア，マラウィ，メキシコの4か国の民間非営利団体と提携している。 (48)第2文参照。 at least「少なくとも」 (49)第5文参照。 protect「～を守る」 ‘keep＋目的語＋形容詞’「～を…(の状態)に保つ」 (50)最終文参照。 purchase「～を購入する」

9 〔長文読解―適語(句)選択―ディベート〕

≪全訳≫オンライン授業は教室での授業よりも優れている。❶オンライン授業は教室での授業よりも優れていると思います。❷まず，オンライン授業では生徒は自分のペースで学習することができます。理解するスピードは生徒によって違います。オンライン授業では，生徒がその授業を難しいと感じたら，講義の動画を何度も見ることができます。❸また，生徒はオンライン授業のために自宅を離れる必要がありません。したがって，彼らは時間と交通費を節約することができます。❹もちろん，教室での授業には利点もあります。例えば，生徒は簡単にグループ学習ができます。他人とコミュニケーションを図ることによってチームワークを学ぶことは大切なことです。テクノロジーが進歩すれば，人々は教室にいるのと同じようにオンラインでも他人と協力することが可能になるでしょう。❺これらの理由により，オンライン授業は教室での授業よりも優れていると考えます。オンライン授業によって，生徒はより良い教育を受けることができるのです。

＜解説＞(51)何度も講義の動画を見るのは，授業が「難しい」と感じた場合である。 (52)オンライン授業では，家から「離れる」必要はない。 (53)自宅で授業を受けることができれば，移動時間と交通費を「節約」できる。 (54)教室での授業の利点の具体例を挙げた部分。直後の，チームワークを身につける重要性を説いた内容につながるのは，「グループでの」学習がしやすいことである。

(55)テクノロジーが進歩すれば，現在は「教室での」授業での利点となっていることも，いずれはオンラインでも同様に可能になるだろう，という流れ。

2024年度／東海大学付属相模高等学校

数学解答

1 (1) 3　(2) $-\frac{2}{3}$　(3) $-x^2+10$

(4) $3ax(x+1)(x-1)$　(5) 2

(6) $x=\frac{7\pm\sqrt{29}}{2}$　(7) 432

(8) $x=3,\ y=-2$　(9) $36\pi\,\mathrm{cm}^2$

(10) 第１四分位数…4点
第２四分位数…6.5点
第３四分位数…8点

2 (1) $(-4,\ 8)$　(2) $y=-\frac{3}{2}x+2$

(3) 21　(4) $\frac{2}{3}\pi$

3 (1) 24　(2) 5　(3) $5\sqrt{3}$

(4) $\frac{14}{5}$

4 (1) -7　(2) 4個　(3) $x+2y$

(4) １番目の数…-3　２番目の数…6

1〔独立小問集合題〕

(1)＜数の計算＞与式$=60-6\div9\times(4+8)-49=60-6\times\frac{1}{9}\times12-49=60-8-49=3$

(2)＜数の計算＞与式$=\left(\frac{16}{42}+\frac{9}{42}-\frac{7}{42}\right)\times\left(-\frac{35}{10}\right)\div\frac{9}{4}=\frac{18}{42}\times\left(-\frac{7}{2}\right)\times\frac{4}{9}=\frac{3}{7}\times\left(-\frac{7}{2}\right)\times\frac{4}{9}=-\frac{2}{3}$

(3)＜式の計算＞与式$=x^2-4x+4-2(x^2-2x-3)=x^2-4x+4-2x^2+4x+6=-x^2+10$

(4)＜式の計算―因数分解＞与式$=3ax(x^2-1)=3ax(x^2-1^2)=3ax(x+1)(x-1)$

(5)＜数の計算＞与式$=\sqrt{2}(\sqrt{3\times6}-2\sqrt{3}+\sqrt{2\times6}-2\sqrt{2})=\sqrt{2}(\sqrt{3^2\times2}-2\sqrt{3}+\sqrt{2^2\times3}-2\sqrt{2})=\sqrt{2}(3\sqrt{2}-2\sqrt{3}+2\sqrt{3}-2\sqrt{2})=\sqrt{2}\times\sqrt{2}=2$

≪別解≫与式$=(\sqrt{6}+2)(\sqrt{6}-2)=(\sqrt{6})^2-2^2=6-4=2$

(6)＜二次方程式＞解の公式より，$x=\frac{-(-7)\pm\sqrt{(-7)^2-4\times1\times5}}{2\times1}=\frac{7\pm\sqrt{29}}{2}$となる。

(7)＜場合の数＞5個の数字1，2，3，4，5のうちの異なる3個を並べて3けたの整数をつくるので，百の位の数が1の整数は，十の位の数が2，3，4，5の4通り，一の位の数が1と十の位の数字以外の3通りより，$4\times3=12$(個)できる。百の位の数が2，3，4の整数も同様に，それぞれ12個できる。これより，百の位の数が3以下の整数は$12\times3=36$(個)，4以下の整数は$12\times4=48$(個)だから，小さい方からかぞえて44番目の整数は，百の位の数が4であり，百の位の数が4の整数の中で，小さい方から$44-36=8$(番目)の整数となる。百の位の数が4の整数は，小さい順に，412，413，415，421，423，425，431，432，……となり，8番目が432なので，小さい方からかぞえて44番目の整数は432である。

(8)＜連立方程式＞$4x+y=10$……①，$3x-2y-3=10$……②とする。②より，$3x-2y=13$……②′　①$\times2+$②′より，$8x+3x=20+13$，$11x=33$　$\therefore x=3$　これを①に代入して，$12+y=10$　$\therefore y=-2$

(9)＜空間図形―表面積＞右図1で，立体の表面積は，半球の曲面部分の面積と，円錐の側面積の和である。半球は，半径が3cmだから，曲面部分の面積は，半径が3cmの球の表面積の半分で，$4\pi\times3^2\times\frac{1}{2}=18\pi$である。また，円錐の側面を右図2のように展開し，3点O，A，Bを定めると，おうぎ形OABの$\overset{\frown}{AB}$の長さと，底面の半径が3cmの円の周の長さは等しい。よって，

図1

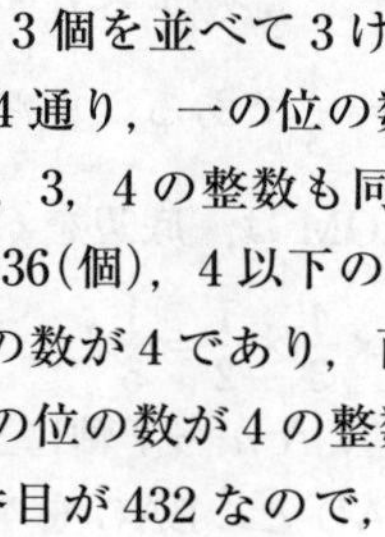

図2

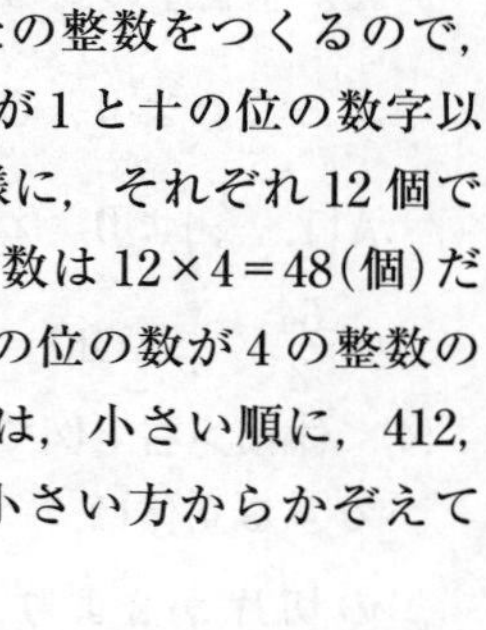

おうぎ形OABの中心角をxとすると，$2\pi\times6\times\frac{x}{360^\circ}=2\pi\times3$が成り立ち，$\frac{x}{360^\circ}=\frac{1}{2}$となる。これより，円錐の側面積は，〔おうぎ形OAB〕$=\pi\times6^2\times\frac{x}{360^\circ}=\pi\times6^2\times\frac{1}{2}=18\pi$である。以上より，

求める立体の表面積は，$18\pi+18\pi=36\pi$ (cm^2) となる。

⑽＜データの活用―四分位数＞10人の小テストの点数は，小さい順に，2，3，4，5，6，7，7，8，9，10となる。第1四分位数は小さい方5人の中央値なので，小さい方から3番目の4点である。第2四分位数は小さい方から5番目と6番目の点数の平均である。5番目は6点，6番目は7点だから，第2四分位数は $(6+7)\div2=6.5$（点）である。第3四分位数は大きい方5人の中央値なので，大きい方から3番目の8点である。

2 〔関数―関数 $y=ax^2$ と一次関数のグラフ〕

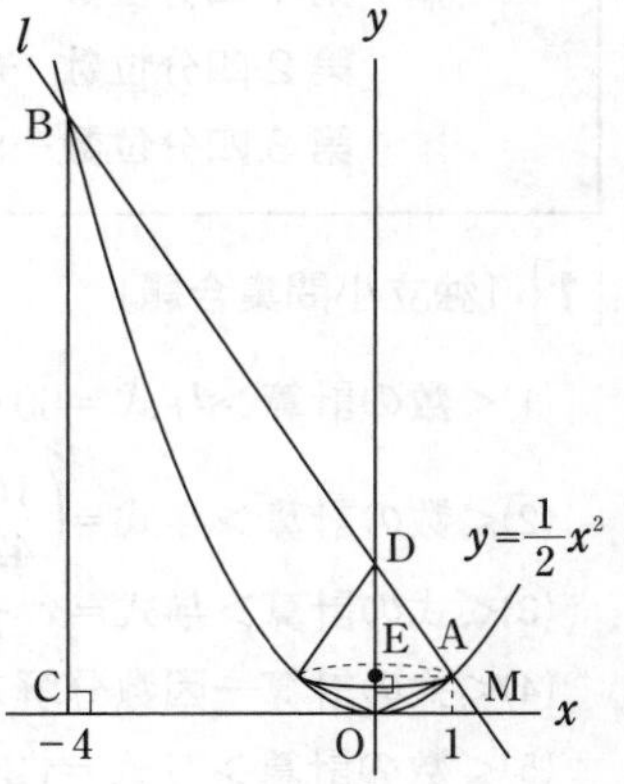

⑴＜座標＞右図で，点Bは放物線 $y=\frac{1}{2}x^2$ 上にあり，x 座標が -4 だから，y 座標は $y=\frac{1}{2}\times(-4)^2=8$ となり，$\mathrm{B}(-4,\ 8)$ である。

⑵＜直線の式＞右図で，点Aは放物線 $y=\frac{1}{2}x^2$ 上にあり，x 座標が1だから，$y=\frac{1}{2}\times1^2=\frac{1}{2}$ より，$\mathrm{A}\left(1,\ \frac{1}{2}\right)$ である。また，⑴より，$\mathrm{B}(-4,\ 8)$ である。直線 l の式を $y=ax+b$ とすると，点Aを通ることから，$\frac{1}{2}=a\times1+b$，$a+b=\frac{1}{2}$，$2a+2b=1$……①となり，点Bを通ることから，$8=a\times(-4)+b$，$-4a+b=8$……②となる。①×2＋②より，$4b+b=2+8$，$5b=10$，$b=2$ となり，これを②に代入して，$-4a+2=8$，$-4a=6$，$a=-\frac{3}{2}$ となるので，直線 l の式は $y=-\frac{3}{2}x+2$ である。

⑶＜面積＞右上図で，直線 l と x 軸の交点をMとすると，〔四角形OABC〕＝△BCM－△AOMである。直線 l の式は $y=-\frac{3}{2}x+2$ だから，$0=-\frac{3}{2}x+2$ より，$\frac{3}{2}x=2$，$x=\frac{4}{3}$ となり，$\mathrm{M}\left(\frac{4}{3},\ 0\right)$ である。これより，$\mathrm{OM}=\frac{4}{3}$ である。また，$\mathrm{B}(-4,\ 8)$ だから，$\mathrm{CM}=\frac{4}{3}-(-4)=\frac{16}{3}$，$\mathrm{BC}=8$ となり，$\mathrm{A}\left(1,\ \frac{1}{2}\right)$ より，△AOMは，底辺をOMと見ると，高さが $\frac{1}{2}$ である。よって，$\triangle\mathrm{BCM}=\frac{1}{2}\times\frac{16}{3}\times8=\frac{64}{3}$，$\triangle\mathrm{AOM}=\frac{1}{2}\times\frac{4}{3}\times\frac{1}{2}=\frac{1}{3}$ となり，〔四角形OABC〕$=\frac{64}{3}-\frac{1}{3}=\frac{63}{3}=21$ である。

⑷＜体積＞右上図で，点Aから y 軸に垂線AEを引く。線分ODを軸として△OADを1回転させてできる立体は，△EADと△EAOを1回転させてできる2つの円錐を合わせたものである。直線 l の切片が2より，$\mathrm{OD}=2$ であり，$\mathrm{AE}=1$，$\mathrm{DE}=2-\frac{1}{2}=\frac{3}{2}$，$\mathrm{OE}=\frac{1}{2}$ である。よって，△EAD，△EAOを1回転させてできる円錐の体積は，それぞれ，$\frac{1}{3}\times\pi\times1^2\times\frac{3}{2}=\frac{1}{2}\pi$，$\frac{1}{3}\times\pi\times1^2\times\frac{1}{2}=\frac{1}{6}\pi$ となり，求める立体の体積は，$\frac{1}{2}\pi+\frac{1}{6}\pi=\frac{2}{3}\pi$ である。

3 〔平面図形―円〕

図1

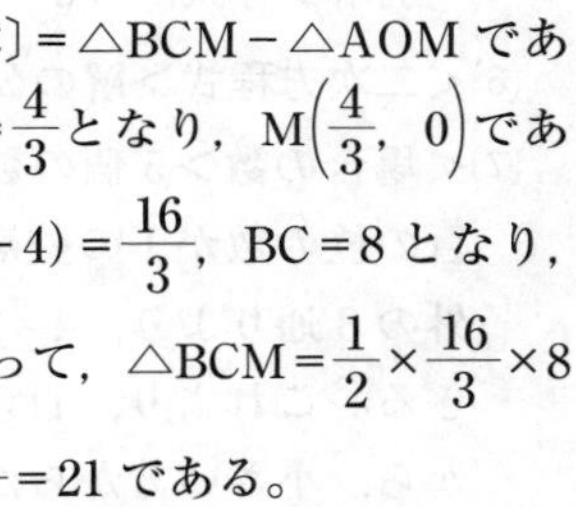

⑴＜面積＞右図1で，線分BCは円Oの直径だから，$\angle\mathrm{BAC}=90^\circ$ である。よって，$\triangle\mathrm{ABC}=\frac{1}{2}\times\mathrm{AB}\times\mathrm{AC}=\frac{1}{2}\times8\times6=24$ である。

⑵＜長さ―三平方の定理＞右図1で，⑴より，△ABCは $\angle\mathrm{BAC}=90^\circ$ の直角三角形だから，三平方の定理より，$\mathrm{BC}=\sqrt{\mathrm{AB}^2+\mathrm{AC}^2}=\sqrt{8^2+6^2}=\sqrt{100}=10$ である。よって，円Oの半径は，$\mathrm{OB}=\mathrm{OC}=\frac{1}{2}\mathrm{BC}$

$=\dfrac{1}{2}\times10=5$である。

(3)＜長さ—特別な直角三角形＞前ページの図1で，点Eと2点B，Cを結ぶ。線分BCは円Oの直径だから，∠BEC＝90°である。また，$\overset{\frown}{\mathrm{BE}}$に対する円周角より，∠BCE＝∠BAD＝60°である。よって，△BCEは3辺の比が$1:2:\sqrt{3}$の直角三角形だから，$\mathrm{BE}=\dfrac{\sqrt{3}}{2}\mathrm{BC}=\dfrac{\sqrt{3}}{2}\times10=5\sqrt{3}$となる。

(4)＜長さ＞右図2で，AD＝ACより，△ADCは二等辺三角形だから，∠ADC＝∠ACDである。また，∠BDE＝∠ADCであり，$\overset{\frown}{\mathrm{AB}}$に対する円周角より，∠BED＝∠ACDだから，∠BDE＝∠BEDとなる。よって，△BDEは二等辺三角形なので，BE＝BDである。次に，点AからDCに垂線AHを引くと，△ADCが二等辺三角形より，点Hは線分DCの中点となる。また，∠BAC＝∠AHC＝90°，∠ACB＝∠HCAより，△ABC∽△HACである。これより，BC：AC＝AC：HCだから，10：6＝6：HCが成り立ち，10HC＝6×6，$\mathrm{HC}=\dfrac{18}{5}$となる。したがって，$\mathrm{DC}=2\mathrm{HC}=2\times\dfrac{18}{5}=\dfrac{36}{5}$となるので，$\mathrm{BE}=\mathrm{BD}=\mathrm{BC}-\mathrm{DC}=10-\dfrac{36}{5}=\dfrac{14}{5}$である。

図2

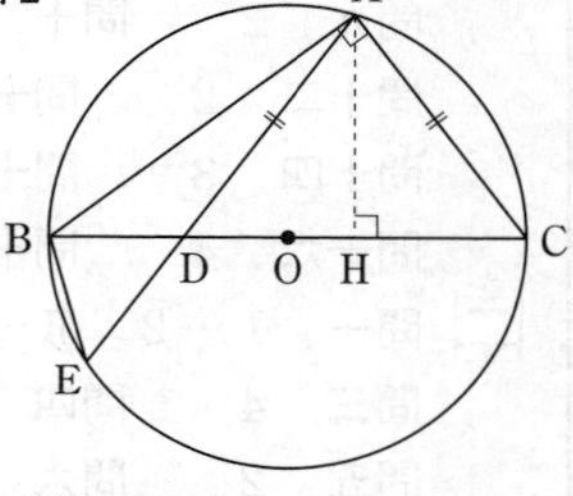

4 〔特殊・新傾向問題—規則性〕

(1)＜7番目の数＞1番目の数が−3，2番目の数が1のとき，3番目の数は，1番目の数と2番目の数の和だから，$(-3)+1=-2$となる。4番目の数は，2番目の数と3番目の数の和だから，$1+(-2)=-1$となる。同様に考えて，5番目の数は$(-2)+(-1)=-3$，6番目の数は$(-1)+(-3)=-4$となり，7番目の数は，$(-3)+(-4)=-7$である。

(2)＜数の個数＞1番目の数が1，2番目の数が1のとき，3番目の数は1＋1＝2，4番目の数は1＋2＝3，5番目の数は2＋3＝5，6番目の数は3＋5＝8，7番目の数は5＋8＝13，8番目の数は8＋13＝21，9番目の数は13＋21＝34，10番目の数は21＋34＝55，11番目の数は34＋55＝89，12番目の数は55＋89＝144，13番目の数は89＋144＝233，14番目の数は144＋233＝377，15番目の数は233＋377＝610，16番目の数は377＋610＝987となる。この16個の数のうち，3の倍数は，3，21，144，987の4個である。

(3)＜4番目の数＞1番目の数をx，2番目の数をyとするとき，3番目の数は$x+y$となるので，4番目の数は，$y+(x+y)=x+2y$と表せる。

(4)＜連立方程式の応用＞1番目の数をx，2番目の数をyとすると，(3)より，4番目の数は$x+2y$と表せるから，4番目の数が9より，$x+2y=9$……①が成り立つ。また，3番目の数が$x+y$より，5番目の数は$(x+y)+(x+2y)=2x+3y$，6番目の数は$(x+2y)+(2x+3y)=3x+5y$，7番目の数は$(2x+3y)+(3x+5y)=5x+8y$，8番目の数は$(3x+5y)+(5x+8y)=8x+13y$，9番目の数は$(5x+8y)+(8x+13y)=13x+21y$となり，10番目の数は，$(8x+13y)+(13x+21y)=21x+34y$と表せる。10番目の数が141より，$21x+34y=141$……②が成り立つ。①，②を連立方程式として解くと，$x=-3$，$y=6$となるので，1番目の数は−3，2番目の数は6である。

国語解答

一　問一　4　問二　1　問三　3
問四　3　問五　Ⅰ…4　Ⅱ…2
問六　3　問七　2　問八　1
問九　2　問十　4　問十一　4
問十二　2　問十三　4
問十四　3　問十五　4
問十六　4　問十七　1

二　問一　Ⅰ…2　Ⅱ…4　問二　2
問三　4　問四　A…3　B…1
問五　2　問六　3　問七　4
問八　1　問九　2　問十　3
問十一　1　問十二　3
問十三　3　問十四　3

三　問一　1　問二　3　問三　2
問四　3　問五　4　問六　3
問七　2

四　問一　A…4　B…2　問二　2，4
問三　2　問四　4　問五　1
問六　1　問七　3

一〔小説の読解〕出典：奥田亜希子『クレイジー・フォー・ラビット』。

問一＜文章内容＞仁美と香奈恵は二人だけで遊んでおり，仁美は，愛衣も呼ぼうとしたと言ったが，愛衣は，においから，それがうそであることに気づいた。「なにかに集中していないと，気持ちが塞ぎそう」で，愛衣は，親友であるはずの二人が自分をのけ者にしていたことを考えまいとして，漫画を読むことに集中しようとしていた。

問二＜語句＞「億劫」は，わずらわしくて，気が進まないさま。

問三＜表現＞愛衣と珠紀は，ウサギ小屋での作業にすっかり慣れていたので，考えるまでもなく，自然に身体が動いて，「残っていたドライフードをゴミ箱に捨て～竹箒で片づける」ことをした。

問四＜文章内容＞「生きものの世話を焼きたいという願望は，餌を与えたときにこそ叶えられる」ので，愛衣は，何とかしてミルクに草を食べてほしかった。

問五＜表現＞Ⅰ．ミルクは，顔を急に背けて，「小屋の隅に駆け出した」のである。　Ⅱ．珠紀は，「寂しさで死ぬ生きもの」は，「もっと小さなショック」で，すばやく，あっさりと「命を落としているはずだ」と主張した。

問六＜文章内容＞「仁美と香奈恵が二人きりで遊んでいたこと」を知って，愛衣は，孤独感を覚えた。その翌日に，香奈恵に謝られて，愛衣は，仁美から香奈恵に「電話があった」ことを悟った。仁美と香奈恵が自分の知らないところで連絡を取り合い，二人だけが仲よくしているように感じて，愛衣は，よりいっそう寂しくなり，「暗い気持ち」になった。

問七＜心情＞愛衣には，うそや秘密をにおいとしてかぎ取る能力があり，そのせいで「友人関係がこじれるのは，これが初めてではなかった」のである。そのため，愛衣は，仁美と香奈恵との友情にはひびが入らないように，十分に「気をつけていた」のに，またしても，友人関係がこじれてしまったので，悔しかった。

問八＜心情＞珠紀は，ドラマの主題歌のウサギは寂しいと死んでしまうという歌詞に納得がいかず，顔をしかめて不機嫌そうな表情で「寂しくて死ぬって，どういうこと？」と愛衣に問いかけた。

問九＜文章内容＞ウサギ小屋に近づいてきた二人の女の子は，おそらく四年生の飼育係だろう。二人は，飼育係としてウサギの世話に来たのだが，そこに二人の上級生がいて，一人が「熱のこもった口調」で話しているのを見て怖くなり，ウサギ小屋に入らず，そのまま帰っていったと考えられる。

問十＜慣用句＞「目の覚めるよう」は，はっと驚くほど，見た目や動作が美しいさま。「珠紀の確立された考え」に接すると，愛衣は，はっと驚くような格好よさを感じた。

問十一＜心情＞珠紀から借りた漫画はおもしろくなかったが，愛衣は，正直にそう言うことはできなかった。しかし，「常に本音で生きている珠紀に，嘘は吐きたくなかった」ので，愛衣は，「まだ途中なんだよね」と言った。それはうそではなかったが，珠紀の質問をはぐらかしたように感じられて，愛衣は，珠紀の目を見られなかった。

問十二＜文章内容＞愛衣は，「車で十五分はかかる」モアへは，当然，車で行くと思っていたので，雨が降らなければ自転車で行くという珠紀の発言に驚いて，「思わず叫んで」いた。

問十三＜語句＞「投げやり」は，物事をどうでもいいような態度で行うこと。

問十四＜文章内容＞珠紀は，「なにかに腹を立てているよう」だったが，愛衣は，「他人の不機嫌に深入りするのは気が引けた」ため，適当な返事をして，その場をごまかした。

問十五＜文章内容＞「大人の付き添いなしにモアに行ってはいけないと学校や親からは指導されて」いた(1…○)。しかし，「門限さえ守れば，外にいるあいだに愛衣がどこでなにをしていようが，人に知られること」はない(2…○)。「家族でモアに出かけると，せっかちな父親に急かされるため，ソレイユをじっくり見ることができなかった」が，「珠紀と二人ならば，存分に楽しめる」だろう(3…○)。愛衣は，黙って，これらのことを考えていた。愛衣は，珠紀と二人でモアへ行ってみたいと思っていた(4…×)。

問十六＜心情＞愛衣は，「珠紀と学校の外で会ったことは，まだない」ので，彼女を「友だちだと思っていいのか，いまいち自信が持てなかった」のである。しかし，その珠紀に，「休みの日に二人きり」でモアへ行こうと誘われて，愛衣は，「この子ともっと仲良くなりたい」と思ってうなずき，行く返事をした。

問十七＜文章内容＞珠紀は，流行歌について「いい歌だよね」と言った愛衣を目の前にして「そうかなあ。おかしな歌じゃない？」と言うなど，自分なりの「確立された考え」を持っていて，それをはっきりと語ることができる。

二〔論説文の読解—社会学的分野—コミュニケーション〕出典：和田秀樹『みんなに好かれなくていい』。

≪本文の概要≫近年，自分が「マジョリティの側にいること」に安心感を持つ人が，増えているようである。一般的な振る舞いから少しでも外れる人がいれば非難され，異論を唱えるとバッシングされる。今の日本では，他の人と同じように考え生きなければいけないという強迫観念が，かつてないほど強くなっているのではないだろうか。さらに，こうした強迫観念や不安を可視化しているのが，SNSである。SNSがマジョリティになってからは，インターネットは，つながっていなくてはならないという同調圧力のツールという側面が強くなったようである。その結果，周囲の人に合わせてばかりで疲れ果てている人が多くなった。周囲に合わせていると，自分が思ったことをはっきり口にすることは，できなくなる。もしも違うと思ったなら，違うと言えばいいのだし，それが無理なら，黙っていればいい。たったそれだけのことで，小さな誇りが生まれる。自分の感覚を信じて行動するのは，本当はとても誇らしいことなのである。

問一＜接続語＞Ⅰ.「昔はメディアが『どの候補者が優勢か』という予測記事を書くと，劣勢に立つ候補者の支持が増え」たが，「最近では，予測記事を書くと，優勢に立つ候補者の支持が増えるように」なったということは，すなわち，「昔は立場の弱い者，あるいは劣勢にある者を応援する『判官びいき』が多かったけれど，今は有利な側・強い側について勝ち馬に乗りたい人が増えている」ということである。　Ⅱ. SNSが「同調圧力のツールになって」いることの例として，「クラスや部活のグループLINEは『仲よしの証』であって，そこからはずれることは孤独を意味」するということが挙げられる。

問二＜文章内容＞「同調圧力」とは，善悪・適不適にかかわらず，多数派が，少数派に意見や行動を合わせるように強制する力のこと。「同調圧力が強く」なったということは，少数派が，ますます多数派の「一般的なふるまい」に合わせざるをえなくなったということである。

問三＜指示語＞コロナ禍では，「感染しないこと」だけではなく，「運動機能の低下」や「精神的な疾患が増えること」や「免疫機能が低下すること」なども心配される。また，「自殺者数増加など大きな問題が起きていること」をふまえると，精神科医としては，「コロナに感染しなければ，何でもいいのか」と言いたくなるのである。しかし，コロナに「感染しないこと」以外にも重要な問題があることを指摘すると，「たちまちバッシングされて」しまう。

問四＜表現＞Ａ．現在の日本は，「今，本当に大切なことは何か」という，物事の根本的な性質に関わる問題よりも，「『多くの人とはずれたことをして後ろ指を指されないこと』が必要以上に大事な社会になってしまって」いる。　Ｂ．「SNSのやりとりというのは，ほとんどが２語か３語程度の短い文章」であり，「真剣な話題も出て」こない，上辺だけのやりとりである。

問五＜慣用句＞「後ろ指を指す」は，陰で悪口を言う，という意味。

問六＜文章内容＞このプロレスラーの女性に対しては，「テレビの『リアリティショー』での言動が一般的なふるまいからはずれているという理由から，壮絶なバッシングが行われた」のである。この例は，今の日本には，「一般的なふるまいからはずれ」た言動をする人は，厳しく批判されるような雰囲気があり，「みんなと同じ意見，マジョリティの意見であることが正義」であるとされていることを示している。

問七＜文章内容＞自分を「正義の味方」だと思うとは，「一般的なふるまい」から外れた言動をする人をSNSで批判することによって，自分は，マジョリティに属する正しい側の人間だと思い込むことである。

問八＜語句＞「忖度」は，相手の気持ちを推し量って，配慮すること。

問九＜文章内容＞友達とのつながりが途切れることを恐れる人は，「とにかくみんなの意見に合わせ，みんなが喜びそうな返信をすぐに送らなければいけない」と考える。その結果，SNSは，「輪からはじかれないよう，いつも注意深く生活」することを強いるツールになっている。

問十＜指示語＞本心を出さずに，短いやりとりをして，みんなに合わせているだけのつき合いで，人は「本当に満足することができる」のだろうか。

問十一＜文章内容＞周囲に合わせていると，「自分が思ったことをはっきり口にすること」はできないし，「誰かの意見に反論したいと思っても，その思いは飲み込むほかないということ」になる。本心では賛成できないような意見にも，みんなとうまくやっていくために，周囲に合わせて賛成することは，自分の心を裏切り「自分に嘘をつくということ」なので，「疲れる」のである。

問十二＜指示語＞「何か違うのではないかな」「間違っているような気がする」と思うような意見に対しても，周囲に合わせて「いいね！」と応じて，自分の心を裏切っているという感覚から目をそらし続けると，「自分の感覚を信じること」すらできなくなってしまう。

問十三＜文章内容＞「小さな誇り」は，周りの意見にひたすら同調せず，「自分の感覚を信じて行動したこと」によって，生まれるのである。

問十四＜要旨＞「海外では，叩かれる人がいたら，必ずそちら側にも味方する人が出て」くるが，「日本では，叩かれる人の味方をする人もまた同じように叩かれて」しまうので，「多くの人が傍観者」になる。

三〔古文の読解―説話〕出典：『十訓抄』十ノ二十。

≪現代語訳≫博雅三位が，月の明るかった夜に，直衣姿で，朱雀門の前を散歩して，一晩中，笛をお吹きになったが，同じように，直衣を着た男が，笛を吹いていたので，「誰だろう」と思っていたところ，その笛の音が，この世に比べるものがないほどすばらしく聞こえたので，不思議に思って，近寄って見ると，見たこともない人だった。自分もものを言わず，彼も言葉を発することはなかった。このように，月夜のたびに出会って，(笛を)吹くのが，数夜になった。／その人の笛の音は，特にすばらしかったので，試しに，それを取りかえて吹いてみると，世にまたとないほどの笛だった。その後，いよいよ何か月にもわたって，出会っては(笛を)吹いたが，(見知らぬ男は)「もとの笛を返してほしい」とも言わなかったので，いつまでも取りかえたままで終わった。三位がなくなった後，帝が，この笛をお取り寄せになって，当時の笛吹きたちに吹かせなさったが，その音を吹き鳴らせる人はいなかった。

問一＜現代語訳＞接続助詞の「ば」は，已然形に接続すると，～ので，～すると，という意味になる。

問二＜古文の内容理解＞博雅三位は，この世に比べるものがないくらいにすばらしい笛の音を聞いて不思議に思い，笛を吹いている男に近寄って，どんな人なのか見てみようと思った。

問三＜古文の内容理解＞博雅三位が出会った，正体不明の男の笛の音は，特にすばらしかった。

問四＜古文の内容理解＞「世になし」は，この世に二つとない，とても優れた，という意味。笛を取りかえてみると，正体不明の男の笛は，世にまたとないほどとても優れた笛だった。

問五＜現代語訳＞「ながく」は，永久に，ずっと，という意味。「やみにけり」は，終わってしまった，という意味。全体で，ずっと取りかえたままで終わってしまった，という意味。

問六＜古文の内容理解＞博雅三位ほどの名手だから，その笛を吹き鳴らすことができたのであって，彼が死んだ後は，誰も，その笛を吹くことはできなかったのである。

問七＜古文の内容理解＞博雅三位も「かの人」も，ともに笛の達人だったので，笛の音によって，心を通い合わせることができた。そのため，二人は，お互いに何も言わなかったのである。

四〔国語の知識〕

問一＜漢字＞A．「検討」と書く。1は「見透(かす)」，2は「納(める)」，3は「筒抜(け)」。
B．「驚嘆」と書く。1は「鍛錬」，3は「落胆」，4は「淡白」。

問二＜敬語＞1．「拝見」は「見る」の謙譲語なので，目上の存在である「先生」の動作には，「ごらんになる」を用いる(…×)。　2．「母」は話し手の身内の存在なので，謙譲語「参る」を用いる(…○)。　3．「頂く」は「食べる」の謙譲語なので，相手の動作には，「召し上がる」を用いる(…×)。　4．目上の相手に対しては，自分の動作には，謙譲語「お貸しする」を，相手の動作には，尊敬語「ごらんになる」を用いる(…○)。

問三＜ことわざ＞「石の上にも三年」は，長い間，耐え忍んでいれば，いつかは必ず事態がよくなるものである，という意味。「石橋をたたいて渡る」は，用心深く，慎重に物事を行う，という意味。「転ばぬ先のつえ」は，失敗に備えて，前もって用心しておく，という意味。「念には念を入れよ」は，十分に注意したうえで，さらに注意する，という意味。

問四＜四字熟語＞「一喜一憂」は，環境や状況の僅かな変化で，喜んだり悲しんだりすること。「朝三暮四」または「朝四暮三」は，目先の利益に惑わされて，結局は同じことであることに気づかないこと。または，巧みな言葉で人をだますこと。「四苦八苦」は，大変な苦労のこと。

問五＜文学史＞『平家物語』は，鎌倉時代の軍記物語。『方丈記』は，鎌倉時代前期の随筆で，作者は鴨長明。『枕草子』は，平安時代中期の随筆で，作者は清少納言。『源氏物語』は，平安時代中期の物語で，作者は紫式部。『万葉集』は，奈良時代末期の成立とされる現存する日本最古の歌集。

問六＜古典の知識＞旧暦の月の異名は，一月から順に，睦月，如月，弥生，卯月，皐月，水無月，文月，葉月，長月，神無月，霜月，師走となる。

問七＜ことばの単位＞「その／山では／たくさんの／花が／咲いて／いた」の六文節からなる。

2023年度 東海大学付属相模高等学校

【英　語】（50分）〈満点：100点〉

〈注意〉 試験開始後すぐに，放送によるリスニングテストがあります。

■リスニングテストの音声は，当社ホームページで聴くことができます。（当社による録音です）
再生に必要なユーザー名とアクセスコードは「収録内容一覧」のページに掲載しています。

1 （リスニング問題） 放送を聞き，質問に対する応答として最も適切なものを選び，番号で答えなさい。質問は，問題用紙には印刷されていません。放送は**2回**流れます。

（例題） When is your birthday ?

① It's rainy today.　② I'll buy a cake for you.
③ You're welcome.　④ It's April 10th.

正解は，④です。

(1) ① My mother makes lunch on weekends.　② Sounds good.
③ It is a popular subject.　④ Usually fish and rice.

(2) ① No, she doesn't.　② Twice a week.
③ With her clubmates.　④ Tennis is my favorite sport.

(3) ① The day after tomorrow.　② For three days.
③ She's in Hokkaido.　④ With my family.

(4) ① Yes, I worked really hard.　② Yes, the teacher is Mr. Green.
③ No, it was yesterday.　④ No, I can't play the piano.

(5) ① It is near the bank.　② Japan has many mountains.
③ I'd love to.　④ I don't have a bike.

2 （リスニング問題） 会話を聞き，質問に対する解答として最も適切なものを選び，番号で答えなさい。放送は**1回だけ**流れます。

(6) Where does the man want to go ?

① He wants to go to the post office.　② He wants to go to the main road.
③ He wants to go to the high school.　④ He wants to go to the hospital.

(7) What kind of comic books does the boy like to read ?

① He likes to read adventure stories.　② He likes to read about sports.
③ He likes to read mystery comics.　④ He likes to read about super heroes.

(8) When did the man hurt his leg ?

① When he was checking his bike.　② When he was having an X-ray.
③ When he was going to the hospital.　④ When he was riding his bike.

(9) On what day does the man want the woman to feed his cat ?

① On Friday.　② On Saturday.　③ On Sunday.　④ From Friday to Sunday.

(10) Why are they going to the park tomorrow ?

① They can enjoy drinking juice.　② They can get bottles for free.
③ They want to clean up the park.　④ They want to meet their friends.

※**＜リスニング問題放送原稿＞**は英語の問題の終わりに付けてあります。

3　次の会話の流れに沿って，空所に入る文として最も適切なものを選び，番号で答えなさい。各選択肢は，一度しか使うことができません。

Ryoko is a junior high school student.　She is talking with Shelly, an international student from Canada.

Ryoko：　Hey, Shelly.　Do you have any plans for winter vacation？

Shelly：　Well, I will go to Osaka with my host family.　We'll take the bullet train to get there.

Ryoko：　That will be fun！　I'm sure you'll find a lot of delicious food there.

Shelly：　It's so exciting.　(　11　)

Ryoko：　Yes, I went to Osaka to see my cousins last year.　We spent the New Year holiday playing card games and eating *osechi*.

Shelly：　(　12　)

Ryoko：　No, it's a special meal for New Year in Japan.　It has various kinds of dishes and each has a meaning.　For example, happiness or a healthy body.　(　13　)

Shelly：　Actually, we don't have a special meal.　We eat as usual.　And we just relax with family at home.　In Canada, New Year isn't so important for us.

Ryoko：　(　14　)　I thought New Year is very special all over the world.　Anyway, cooking *osechi* takes time and it's not easy.　My mother wakes up early every year to prepare it.

Shelly：　I see.　Then why don't you cook *osechi* this time？　It would be very helpful for your mother.

Ryoko：　(　15　)

① I didn't know that.
② That's a nice idea.
③ I'm looking forward to meeting your mother.
④ Have you been there before？
⑤ Is that a famous food in Osaka？
⑥ What do you eat at New Year in Canada？

4　次の各文の空所に入れる語として最も適切なものを選び，番号で答えなさい。

(16)　A：　I'm afraid it'll get really cold after the sun goes down.
　B：　I agree.　Anyway, let's walk.　We'll get (　　) while walking.
① farther　② stronger　③ warmer　④ weaker

(17)　A：　Where in this mall is a gym located？
　B：　It's on the third (　　).　You can take the elevator or the escalator.
① term　② bank　③ course　④ floor

(18)　A：　I really want something sweet right now.
　B：　Oh, I've heard there's a newly opened (　　) shop just two blocks away.
① flower　② book　③ pastry　④ sports

(19)　A：　Having more muscle helps your body consume more energy.
　B：　Cool！　Now I'm (　　)！　I really want to lose weight.
① decreased　② encouraged
③ improved　④ increased

(20) A : I'm worried about tomorrow. It will be my first time to climb a mountain.
B : Oh, are you ( ) of heights ? Don't worry. I'll be with you at all times.
① scared ② realized ③ reduced ④ moved

5 次の各文の空所に入れる語(句)として最も適切なものを選び，番号で答えなさい。

(21) I bought a book ( ) in simple English. It's easy to understand.
① wrote ② written ③ writing ④ was written

(22) My father is good at ( ). He prepares lunch for us every Sunday.
① cook ② cooked ③ cooking ④ being cooked

(23) "( ) made you come to Japan ?"
"I wanted to visit a lot of temples."
① What ② How ③ When ④ Why

(24) Takumi is not here now. He ( ) on a school trip. He'll be back tomorrow.
① goes ② was going ③ has gone ④ has been

(25) It's too hot in this room. ( ) you turn on the air conditioner ?
① Could ② Shall ③ May ④ Should

6 ①〜⑤の語(句)を並べ替えて対話文を完成させるとき，(26)〜(35)に入る語(句)として最も適切なものを選び，番号で答えなさい。文頭に来る語(句)も小文字になっています。

1 . Friend : Do you have any pets ?
You : No, but I want to have ( )(26)(27)( )( ).
〔① eyes ② a cat ③ green ④ are ⑤ whose〕

2 . Teacher : How was the Open Campus yesterday ?
Student : The school was too far. (28)( )( )(29)( ) there.
〔① to ② two hours ③ it ④ get ⑤ took〕

3 . Mother : ( )(30)( )( )(31) day. Do you still want to go out ?
You : Not really. Let's watch a movie at home.
〔① been ② all ③ raining ④ has ⑤ it〕

4 . Friend : I am into watching Korean dramas. How about you ?
You : I love K-pop music. Those songs ( )(32)(33)( )( ).
〔① happy ② me ③ feel ④ very ⑤ make〕

5 . Friend : ( )(34)( )(35)( ) you won the lottery ?
You : I would buy a sports car. But I don't have a license.
〔① would ② if ③ what ④ do ⑤ you〕

7 A

新聞広告を読み，質問に対する解答として最も適切なものを番号で答えなさい。

The

River Front

FESTIVAL

August 12th-14th

At Bloomington's River Front Park

Kids Zone Activities

1. **Children's Museum** 10am-3pm
- building cork boats
- playing gallery games

2. **Children's Library**
10:00am, 12:00pm Puppet Show
3:00pm Recycling Picture Books

3. **Children's Recreation**
10:00am Baby Yoga
(Ages: 2 years and under)
12:30pm Soccer Clinic
(Ages: 6 years and older)

-Sign-up is needed for children's recreation 15 minutes before each activity starts.

Entertainment Schedule Main Stage

1:00pm Harry's Dance Company
2:00pm Jackie's Martial Arts
3:00pm The Honey Brown Band
4:00pm Aloha Hula Dance Club
6:00pm Blue Ocean's School Band

Food

Pizza…. $2.25 each Sandwiches… $5.25 each
Salad… $3.25 each French Fries… $3.00

Beverage

Soft drinks…
Small $1.75 Medium $2.00 Large $2.75
Iced Tea, Iced Coffee
Small $3.50 Medium $4.50

(36) If you're interested in an activity with your one-year-old baby, when and where should you go ?

① Children's Museum at 9am

② Children's Recreation at 10am

③ Children's Library at 2pm

④ Main Stage at 3pm

(37) If you're going to see your son's martial art performance, at what time should you go to the Main Stage ?

① 1：00pm　② 2：00pm

③ 4：00pm　④ 6：00pm

(38) If you'd like to have a pizza, French fries and a soft drink, AT LEAST how much money should you bring ?

① $5.25　② $7

③ $8.75　④ $10.00

(39) In order to make sure you can attend the Soccer Clinic, at what time should you go to the Kids Zone ?

① 10：00am　② 11：00am

③ 12：15pm　④ 12：30pm

B

映画館のホームページを読み，質問に対する解答として最も適切なものを番号で答えなさい。

Star Cinema

Weekly Showtime [Springfield Shopping Mall]

November 18th-24th

Title	Genre	Time	Show on
The Spy	Action	10:50am 1:40pm 8:30pm	Screen 1
The Secret of the Jungle	Adventure	8:30am 11:20am 3:10pm 6:15pm	Screen 2
The Only Lie I Told You	Drama	1:40pm 4:30pm 7:30pm	Screen 3
Princess Rose and the Wizard	Fantasy	8:45am 11:10am	Screen 3
		5:00pm	Screen 1

Ticket Price

- Regular Price: $10
- Early Shows (starting before 3 pm): $7

Students get a $2 discount.
(Show your Student ID card)

Attendance Policy

- You must be at least 18 years old to see shows starting after 6:00 pm.

Come on Monday and Wednesday mornings, and get free popcorn!

(40) Which movies can an adult see for $7 ?

① The Spy at 10:50am
② The Secret of the Jungle at 3:10pm
③ The Only Lie I Told You at 4:30pm
④ Princess Rose and the Wizard at 5:00pm

(41) Which movie is the latest show you can see if you're under 18 ?

① The Spy ② The Secret of the Jungle
③ The Only Lie I Told You ④ Princess Rose and the Wizard

(42) If you want to see a movie with free popcorn, when should you go ?

① On Monday mornings ② On Tuesday mornings
③ On Wednesday afternoons ④ On Thursday afternoons

(43) How much does it cost to see a movie in the morning if you have a student ID card ?

① $2 ② $5 ③ $10 ④ $12

8 A

アフリカのある国に関する記事を読み，その内容に合うよう，空所に入る最も適切なものを番号で答えなさい。

Uganda is a developing country in east Africa. In this country, plastic bottles are often thrown away in the street. Some people burn plastic bottles because they don't know that burning them damages the environment.

Now, some groups are trying to use plastic bottles to make houses and other buildings. In Kampala, the capital of Uganda, a public toilet was built with 15,000 plastic bottles. It took a month for 400 people to build the toilet.

It is said that buildings made of plastic bottles are stronger than other buildings because plastic bottles are strong against rain and sunlight.

Another group in Uganda started a project to teach some young people how to build plastic bottle houses. According to a survey, 13% of young people in the country don't have jobs. David, the leader of the group, thinks the project will help the lives of those young people. They used 18,000 plastic bottles filled with soil to make one house. David says, "This project has created a lot of jobs in this city. Also, this unique idea of using plastic bottles is getting attention from visitors. Now, a lot of travelers come to this town to stay in the plastic bottle houses."

(44) Some people in Uganda burn plastic bottles because they (　　　　).

① want to build houses　② don't know it is bad for the environment

③ can make a lot of money　④ want to make their own houses

(45) In the capital of Uganda, (　　　　).

① a public toilet was made by 15,000 people

② all houses and buildings are made of plastic bottles

③ people don't have enough public toilets

④ 400 people helped to construct a public toilet

(46) A group in Uganda (　　　　).

① teaches young people the way to make plastic bottle houses

② can't find enough jobs for young people

③ buys plastic bottles and soil for young people

④ started to build plastic bottle houses with travelers

B

あるオンラインサービスに関する記事を読み，空所に入る最も適切なものを選択肢から選び，番号で答えなさい。

There are many different streaming services today. A lot of people subscribe to such services to watch TV dramas, movies, or animation. Most of them are broadcast to entertain people, but a new service was made to amuse our pets.

After three years of research, PetTV was created. More than 60 studies were carried out to understand the behavior of animals such as dogs, cats, and birds.

Researchers say this service helps animals reduce their stress from being alone at home. Owners often give toys to their pets to reduce their stress. However, this is not always helpful. According to a survey, about 80% of dogs in the US feel very stressed when they are left alone.

This streaming service includes several programs to entertain animals. For example, birds flying in a forest with relaxing sounds and images, and dogs traveling in a car. Owners choose their pets' favorite program.

It started in the UK and now it is available in the UK, the US, Australia, France, and New Zealand. It costs about $50 a year, or $5 a month.

PetTV

Before	Preparation	After
- Pets feel stressed when their owners leave them (47). - It is common to use (48) to entertain those pets.	- Researchers studied animals for (49) years.	- Animals are entertained by the programs. - The programs are broadcast in (50) countries now.

① 3	② 5	③ 10	④ 60
⑤ alone	⑥ sound	⑦ images	⑧ toys

9 以下の論題についてディベートをするために原稿を書いています。空所に入る最も適切な語句を選び，番号で答えなさい。

High school students should wear school uniforms.

In some high schools, students wear their own clothes instead of school uniforms. However, I believe that high school students should wear school uniforms.

First, students can reduce the (51) of buying clothes if they wear school uniforms. A lot of high school students like to follow the latest (52). Therefore, they need to buy a lot of clothes if they wear their own clothes every day. Wearing a school uniform helps their family to save money.

In addition, students can feel (53) to be a member of their school. School uniforms show the school's history and tradition. (54) wearing a school uniform, it's difficult for students to feel part of the school's history and tradition.

In (55), I think high school students should wear school uniforms.

(51)	① damage	② cost	③ weight	④ noise
(52)	① rule	② tradition	③ music	④ fashion trends
(53)	① proud	② disappointed	③ safe	④ ashamed
(54)	① Under	② Between	③ Without	④ Behind
(55)	① case	② order	③ conclusion	④ total

＜リスニング問題放送原稿＞

1 放送を聞き，質問に対する応答として最も適切なものを選び，番号で答えなさい。質問は，問題用紙には印刷されていません。放送は**2回**流れます。

(1) Do you want to eat lunch in the cafeteria？

(2) How often does your sister play tennis？

(3) When will you go to visit your grandmother？

(4) I heard you got a good score on the music test. Did you study hard？

(5) Would you be interested in going hiking with me？

2 会話を聞き，質問に対する解答として最も適切なものを選び，番号で答えなさい。放送は**1回だけ**流れます。

(6) A：Man　B：Woman

A： Excuse me. How do I get to the post office from here？

B： Well, first you should go to the main road and turn right. It is near the high school.

A： That's great. How long does it take to walk there？

B： About 10 minutes. It isn't far.

A： Thank you so much. I appreciate your help.

Q： Where does the man want to go？

(7) A：Woman　　B：Man

A： What kind of animation do you like？

B： Actually I rarely watch animation but I like reading comic books.

A： I like comic books too.　What kind of comics do you read？

B： I like reading comics about soccer and basketball！　The stories are very exciting！

Q： What kind of comic books does the boy like to read？

(8) A：Woman　　B：Man

A： What happened, David.　Are you OK？

B： Not really.　I had an accident on my bike.

A： Oh no！　Are you injured？

B： Yes, I hurt my leg and had to go to hospital.　It was very scary.

A： Did you have an X-ray？　You must feel very shocked.

B： Yes, the doctor checked my leg and told me to rest for a few days.

Q： When did the man hurt his leg？

(9) A：Man　　B：Woman

A： Hi Susan.　I am going on a short trip and I am looking for someone to take care of my cat.

B： How many days will you be away？

A： From Friday to Sunday.　My cat can stay in my home alone.　Can you come to my house and feed him on Saturday？

B： Oh that's no problem.　I love animals, especially cats！

Q： On what day does the man want the woman to feed his cat？

(10) A：Man　　B：Woman

A： Did you see the notice about cleaning up the park tomorrow？

B： Yes, I am going to help as there were a lot of empty bottles and rubbish last time I went.

A： I will help too.　If we all make an effort we can finish soon.

B： Great, let's keep our park clean so we can all enjoy it.

Q： Why are they going to the park tomorrow？

これでリスニング問題の放送を終わります。引き続き，3以降の問題を解いてください。

【数　学】　(50分)　〈満点：100点〉

〈注意〉　1．分数の形で解答する場合，それ以上約分できない形で答えなさい。

2．根号を含む形で解答する場合，根号の中に現れる自然数が最小となる形で答えなさい。また，根号を含む分数の形で解答する場合，分母に根号を含まない形で答えなさい。

1　次の各問いに答えよ。

(1)　$-2^2-\left\{\frac{8}{27}\times\left(-\frac{3}{2}\right)^2+\left(\frac{1}{4}-\frac{1}{3}\right)\div 0.25\right\}\times(-3)^2$ を計算せよ。

(2)　$\left(\frac{2}{\sqrt{2}}+\sqrt{3}\right)^2-\frac{\sqrt{72}+\sqrt{27}}{\sqrt{3}}$ を計算せよ。

(3)　x^2-25y^2-x+5y を因数分解せよ。

(4)　連立方程式 $\begin{cases} 3x-y=9 \\ \frac{1}{2}ax-ay=-18 \end{cases}$ について，解 x と y の和が7であるとき，定数 a の値を求めよ。

(5)　2次方程式 $3x^2-4x-5=0$ を解け。

(6)　1，2，3，4，5の5つの数字を1個ずつ使って3桁の整数を作るとき，340より大きい整数は全部で何個あるか。

(7)　右の図は円柱の展開図である。この円柱の体積を求めよ。ただし，π は円周率とする。

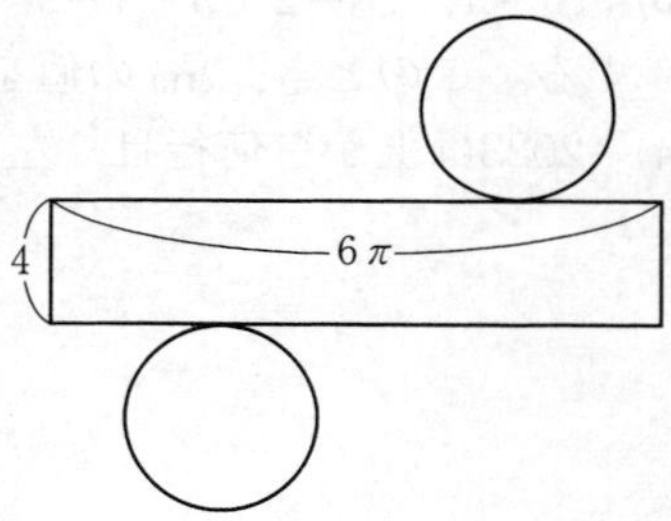

(8)　下の表は，生徒20人のハンドボール投げの記録をまとめた度数分布表である。この記録の平均値を求めよ。

記録(m)	度数(人)
0以上～ 4未満	0
4以上～ 8未満	3
8以上～12未満	5
12以上～16未満	8
16以上～20未満	2
20以上～24未満	2
計	20

2　右の図のように，2点A，Bは放物線 C：$y=-\frac{1}{2}x^2$ と直線 l の交点で，x 座標はそれぞれ4，-2 である。このとき，次の各問いに答えよ。

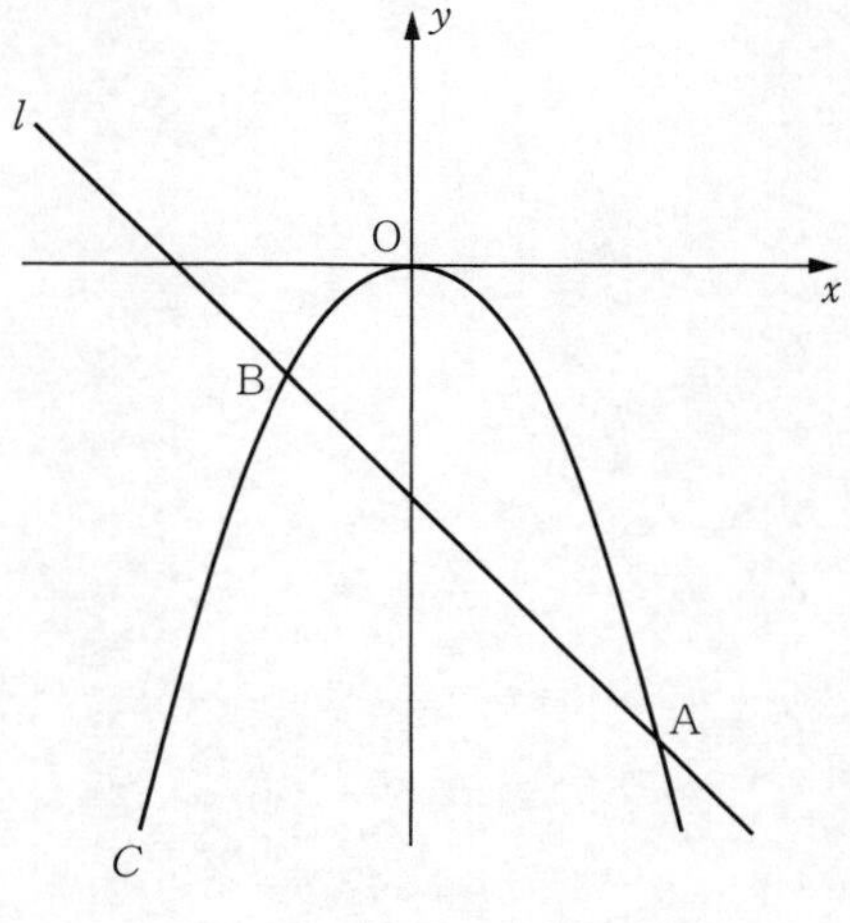

(1)　点Aの座標を求めよ。

(2)　直線 l の式を求めよ。

(3)　三角形OABの面積を求めよ。

(4)　x 軸上に点Dをとる。線分ADと線分BDの長さの和が最小になるとき，点Dの座標を求めよ。

3　右の図のように，BC＝10，∠C＝90°である三角形ABCの内部にある正方形CDEFと，三角形AEDの内部にある正方形DGHIについて，DE＝6であるとき，次の各問いに答えよ。

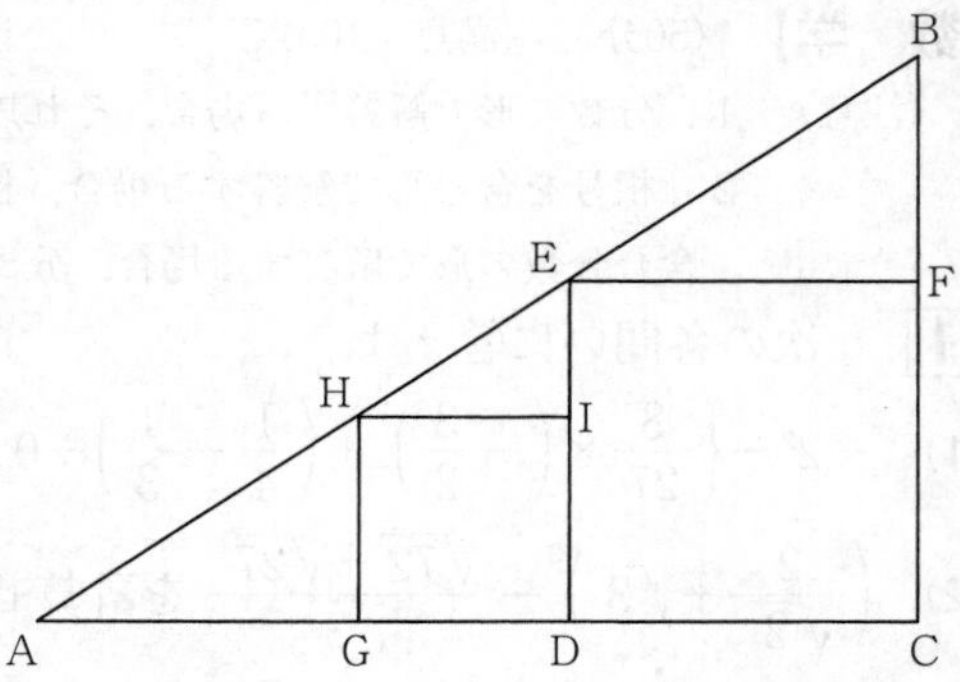

(1)　線分CEの長さを求めよ。

(2)　線分BEの長さを求めよ。

(3)　線分GHの長さを求めよ。

(4)　線分CHと線分FGの交点をJとするとき，四角形EFJHの面積を求めよ。

4　右の図のように，自然数を規則にしたがって並べる。例えば，12は上から4行目，左から3列目の数である。このとき，次の各問いに答えよ。

	1列目	2列目	3列目	4列目	5列目	6列目	…
1行目	1	4	9	16			
2行目	2	3	8	15			
3行目	5	6	7	14			
4行目	10	11	12	13			
5行目							
6行目							
⋮							

(1)　上から2行目，左から6列目の数を求めよ。

(2)　上から1行目，左からn列目の数を，nを用いて表せ。

(3)　$S_1=1$，$S_2=2+3+4=9$，$S_3=5+6+7+8+9=35$，……とする。このとき，S_{10}の値を求めよ。

(4)　2023は上から何行目，左から何列目の数であるか求めよ。

問七　次の文の傍線部がかかる文節として適切なものを後から一つ選び、番号をマークしなさい。　解答番号43

部屋の窓を大きく開けて、空気を入れかえた。

1　大きく　　2　開けて
3　空気を　　4　入れかえた

3 左大将の不幸は、自分が冗談にせよ不吉なことを言ったせいではないかと思った。
4 左大将は冗談を言ったせいで自分の身に不幸を招き寄せたのではないかと思った。

問八 傍線部⑧「由無からむ戯言云ふべからず」とあるが、この話の語り手はどのように思ってこのような結びの言葉を記したのか。適切なものを次の中から一つ選び、番号をマークしなさい。 解答番号35

1 つまらない冗談のつもりでも本当のことになってしまうかもしれないから。
2 人が死ぬのは前世の報いなので自分も冗談の報いを受けるかもしれないから。
3 ひとたび口から出てしまった言葉は後悔しても取り消すことができないから。
4 いい加減なことを言うと自分に不幸が降りかかってくるかもしれないから。

四

次のそれぞれの設問に答えなさい。(解答はすべて解答用紙にマークしなさい)

問一 次のA・Bの傍線部のカタカナを漢字に直した場合、同じ漢字になるものを、それぞれ後から選び、番号をマークしなさい。

A イラストのコンクールに応ボした。 解答番号36

1 出席ボを見ながら点呼を取る。
2 恩師に対して敬ボの念を抱く。
3 年末になると街頭でボ金活動が行われる。
4 失言をしてボ穴を掘ってしまう。

B 新聞に姉が出した投書が掲サイされた。 解答番号37

1 罪を正しくサバくことは難しい。
2 電車の網棚にノせた荷物を取ってもらう。
3 議案について意見が出尽くしたので、決をトる。
4 設立二十周年の記念式典をモヨオす。

問二 次の中から敬語が正しく使われているものをすべて選び、番号をマークしなさい。 解答番号38

1 お客さま、御夕食の準備ができましたので食堂までおいでください。
2 父が書かれた本を、先生に差し上げて読んでいただく。
3 いつでも先生のご都合のよろしいときにお伺いいたします。
4 校長先生が卒業式で申した言葉が心に深く残っている。

問三 次の言葉の上につく、打ち消しの意味を表す漢字を、後から一つ選び、三字熟語を完成させ、その番号をマークしなさい。 解答番号39

公式

1 未　2 不　3 非　4 無

問四 次の慣用句が( )内の意味になるように□に体の部分を表す言葉を入れる場合、どれが適切か。後から一つ選び、番号をマークしなさい。 解答番号40

□であしらう(相手に対して取り合わず、冷たい態度をとる)

1 鼻　2 腹　3 目　4 手

問五 次の傍線部の故事成語の使い方として適切なものを一つ選び、番号をマークしなさい。 解答番号41

1 他山の石を集めても意味がない。
2 彼の勉強法を他山の石として見習う。
3 磨けば玉になるのが他山の石だ。
4 ライバルの失敗を他山の石とする。

問六 次の作品の作者名を後から一つ選び、番号をマークしなさい。 解答番号42

『伊豆の踊子』

1 芥川龍之介　2 川端康成
3 夏目漱石　4 森鷗外

の左大将済時《なりとき》と云《いひ》ける人、内に参り給《たま》へりけるに、此《こ》の右中弁に会《あひ》ぬ。大将、右中弁の仰《あふぎ》たるを見て、戯《たはぶ》れて、「②只今《ただいま》天には何事か侍《はべ》る」と云《い》はれければ、右中弁此《か》く云はれて、少し※攀縁《へんえん》発《おこり》ければ、「只今天には③大将を犯す星なむ現じたる」と答へければ、大将頗《すこぶ》る④はしたなく思はれけれども、⑤戯《たはぶれ》なればえ腹立たずして、苦咲《にがわらひ》て止《やみ》にけり。其の後、⑥大将幾《いくばく》の程を経ずして失《う》せ給ひけり。然《さ》れば、⑦此の戯の言《こと》の為《す》るにや、とぞ右中弁思ひ合《あは》せけり。人の命を失ふ事は、皆前世《ぜんぜ》の報《むくい》とは云乍《いひなが》ら、⑧由《よし》無からむ戯言《たはぶれごと》云ふべからず。此く思ひ合する事もあれば也《なり》。

（『今昔物語集』より）

※攀縁…腹立たしさ。

問一 傍線部①「其の人」と同じ人を次の中から一つ選び、番号をマークしなさい。 解答番号28

1 右中弁　2 左大将　3 済時　4 作者

問二 傍線部②「只今天には何事か侍る」とあるが、このように尋ねたのはなぜか。適切なものを次の中から一つ選び、番号をマークしなさい。 解答番号29

1 右中弁がいつものように上を向いて歩いているので、ついからかいたくなったから。
2 右中弁がまじめに上を向いて歩いているので、何があるのか興味を持ったから。
3 右中弁が上をじっと見ていたので、何か起こるのではないかと不安になったから。
4 右中弁が何もないのに上を気にしていたので、大丈夫だと安心させたかったから。

問三 傍線部③「大将を犯す星なむ現じたる」とあるが、右中弁はどのようなことをしたのか。適切なものを次の中から一つ選び、番号をマークしなさい。 解答番号30

1 左大将に危険が迫っている気配を感じたと警告した。
2 左大将に悪いことが起こる予兆を見たと嫌がらせを言った。
3 左大将が悪いことをしているのを知っているとおどかした。
4 左大将の運気が下がっているので身を慎むよう勧めた。

問四 傍線部④「はしたなく思はれ」とあるが、このときの左大将についての説明として適切なものを次の中から一つ選び、番号をマークしなさい。 解答番号31

1 右中弁からの返答の内容に驚かされている。
2 右中弁の返答の内容を興味深いと感じている。
3 右中弁に対する自分の行動を悔やんでいる。
4 右中弁の返答を聞いてばつが悪くなっている。

問五 傍線部⑤「戯なればえ腹立たずして」の現代語訳として適切なものを次の中から一つ選び、番号をマークしなさい。 解答番号32

1 ふざけただけだと開き直って
2 ふざけた自分が悪いと反省して
3 冗談だったので怒ることもできず
4 冗談だと思って相手にすることもなく

問六 傍線部⑥「大将幾の程を経ずして失せ給ひけり」の現代語訳として適切なものを次の中から一つ選び、番号をマークしなさい。 解答番号33

1 左大将はその後だいぶたってから亡《な》くなられた。
2 左大将はその後間もなく亡くなられた。
3 左大将はその後しばらくして行方不明になった。
4 左大将はその後すぐに行方不明になった。

問七 傍線部⑦「此の戯の言の為るにや」とあるが、右中弁はどのように思ったのか。適切なものを次の中から一つ選び、番号をマークしなさい。 解答番号34

1 左大将の不運は、自分がふざけて正しく警告しなかったからではないかと思った。
2 左大将は、自分が言ったことを気にしたために命を縮めたのではないかと思った。

こと。

3 暗記しなければならないことに、語呂合わせなどの工夫をすること。

4 好奇心を刺激することで、子どもが興味を持てるようにすること。

問五 空欄（Ⅰ）・（Ⅱ）に当てはまる語句の組み合わせとして適切なものを次の中から一つ選び、番号をマークしなさい。 解答番号23

1 Ⅰ＝しかし Ⅱ＝あるいは

2 Ⅰ＝つまり Ⅱ＝ただし

3 Ⅰ＝だから Ⅱ＝また

4 Ⅰ＝では Ⅱ＝さらに

問六 傍線部⑤「『学び』はある種、『森』のようなものです」とあるが、筆者はどのようなことを言おうとしているのか。適切なものを次の中から一つ選び、番号をマークしなさい。 解答番号24

1 多くの生物が競い合っている森の中で生き物が成長するように、「学び」には多くの他者と切磋琢磨《せっさたくま》できる環境が必要だということ。

2 生き物が森の中で互いに支え合いながら成長するように、「学び」には自分を助け支えてくれる他者の存在が必要だということ。

3 多様な生物が存在する森の中で生き物が成長するように、「学び」には自分とは異なる価値観を持つ他者の存在が必要だということ。

4 厳しい環境から生物を守る森の中で生き物が成長するように、「学び」には自分を社会から隔離《かくり》してくれる環境が必要だということ。

問七 傍線部⑥「お箸の持ち方」とあるが、この例を通してどのようなことを言おうとしているのか。適切なものを次の中から一つ選び、番号をマークしなさい。 解答番号25

1 人は礼儀作法が身についているかどうかで育ってきた環境がわかるということ。

2 人は育つ過程で学んで身につけたことに価値を認めるようになるということ。

3 人は育ってきた環境が違う相手とは生活を共にすることができないということ。

4 人は嫌だと思うことも繰り返し教わると他の人にも同じことを求めるということ。

問八 傍線部⑦「『他者性』をどれだけ持ち込めるか」とあるが、「他者性」を「持ち込む」とはどういうことか。適切なものを次の中から一つ選び、番号をマークしなさい。 解答番号26

1 自分の考えに固執することなく、さまざまな他人の考え方や価値観に触れて、柔軟にものごとを吸収していくこと。

2 自分というものを持たず、さまざまな他人の考え方や価値観を取り入れてどんな人にも合わせようとすること。

3 自分の考えを持ち、さまざまな他人の考え方や価値観に反論することで、自分の考えを強固にしていくこと。

4 自分の考えとさまざまな他人の考え方や価値観を比較検討し、妥協できるところを探す努力をすること。

問九 傍線部⑧「両方の立場」とはどのようなものか。次の中から一つ選び、番号をマークしなさい。 解答番号27

1 関係者と部外者　2 教える人と学ぶ人

3 つくり手と受け手　4 撮影者と裏方

三

次の文章は、いつも上を向いて空を仰《あお》ぎ見ているような様子をしているため、仰ぎ中納言《ちゅうなごん》というあだ名をつけられていた右《う》中弁《ちゅうべん》が左大将に会った場面を描いたものです。続きを読んで後の設問に答えなさい。（解答はすべて解答用紙にマークしなさい）

而《しかる》に、①其《そ》の人の、右中弁にて殿上人《てんじやうびと》にて有《あり》ける時に、小一条《こいちでう》学ぶことができます。

　たとえば、同じテレビ番組を観《み》ている人でも、学んでいる人と学んでいない人がいます。（Ⅱ）、同じ映画を観たときでも、ある人は単に視聴者としてそれを観て楽しんでいるだけ。別の人は映画監督の気持ちになって自分の仕事に生かすようなつもりで観ている。

　これはどちらが良いと決めつけるものではありませんが、私は⑧両方の立場から観ることが習慣化しています。

　エンターテインメントはエンターテインメントとして楽しみたいので、娯楽として観ますが、その一方で、「自分がつくるとしたら、どうしただろうか」というようなことを考えながら、制作者の側からも観る。

　単純に楽しみつつも、「この場面にどうやってトラを持ってきたんだろうか」とか、「どうやってこのシーンを撮影したんだろう？」などと考えながら観ているのです。

　そんなふうに二つの面があると、何からでも学ぶことが可能になります。くだらないものからも学ぶことができるし、優れたものからも学ぶことができる。むしろ、くだらない作品を観たときにその駄目さ加減がよくわかり、とても勉強になるということがあるものです。

　「学び」のそんな基本を、まずは押さえておくことが大切です。


（齋藤　孝 著『人はなぜ学ばなければならないのか』実業之日本社より）

＊教職＝児童・生徒・学生を教育する職業のこと。

問一　傍線部①「錯覚」とはどういうことか。適切なものを次の中から一つ選び、番号をマークしなさい。　解答番号19

1　学ぶ姿勢が育っていないのに、授業を行うことで教育したと考えること。
2　教師がしっかりと教えれば、生徒が自主的に学ぶようになると考えること。
3　人を教えることが「教育」だと信じて疑わず、その方法だけを考えること。
4　学ぶ意志のある生徒だけに教えていれば、教育したことになると考えること。

問二　傍線部②「こんな話」とはどういう話か。適切なものを次の中から一つ選び、番号をマークしなさい。　解答番号20

1　生徒一人一人の関心に合わせた、各科目の面白さが伝わるような裏話。
2　生徒たちが各科目をなぜ学ぶのかがわかるような、原理原則を伝える話。
3　生徒たちの各科目に対する苦手意識を払拭するような、意外性に富んだ話。
4　生徒たちに感動を味わわせて、各科目に対する興味を引き出すような話。

問三　傍線部③「固定観念」とあるが、どのような意味か。適切なものを次の中から一つ選び、番号をマークしなさい。　解答番号21

1　常に心の中にあって、周りの影響で変えることが難しい考えのこと。
2　すでにできあがっていて、世の中に広まり定着している考えのこと。
3　すべての思考の土台となるような、根本にある動かない考えのこと。
4　自分の中で、内容が決まってから一度も変化していない考えのこと。

問四　傍線部④「そんなふうに料理できる」とはどういうことか。適切なものを次の中から一つ選び、番号をマークしなさい。　解答番号22

1　わかりやすいように内容を整理して、簡単なものだけを提示すること。
2　子どもの関心に合わせて、教科書の内容をかみ砕いて教える験は楽しかったと記憶している人は少なくないでしょう。理科もやりようによっては結構面白いのです。

あるいは、こんな話を聞くと、どうでしょうか。

「赤ちゃんはお母さんのおなかの中で、人の身体の進化の歴史をごく短期間でたどっているんだ。しっぽがあったのになくなって……」

②こんな話なら、子どもたちはみんな楽しいと思って耳を傾けるはずです。子どもたちから「理科や数学をなぜ学ぶのか」という疑問が出るのは、彼らが各科目の本当の楽しさを知らないためだと思います。

「理科は勉強したくない」、「社会は嫌いだ」などという声をよく聞くのは、おそらく③固定観念があるからです。

その意味では「へぇー」とか「すごいなぁ」などという感動に出合わせることが重要です。

「歴史なんか興味がないから、社会は嫌いだ」という子どもがいるとします。そんな子どもに「あの飢饉《ききん》のときはジャガイモが世界を救ったんだよ」とか「アステカ帝国が滅んだ本当の理由は病原菌なんだ」などという話をすれば、そういう子どもも社会科に興味を持つようになったりします。

学習すべき内容を④そんなふうに料理できるのが、いい先生です。どんなにおいしい物でも、冷凍されたままでは食べられません。解凍することが必要です。その解凍作業が先生の仕事だとすると、担当する先生によって面白さがまったく違ってしまいます。

「A先生に教わったから理科が好きになった」ということも、「理科が嫌いになったのはB先生のせいだ」ということも、どちらもよくあるケースです。

（　Ⅰ　）、どんな先生に出会うかはとても大切なこと。同様に、どんな本に出合うかも大事です。

いまは図鑑などがよくできているので、うまく活用すれば、子どもは途端に理科に興味を持ちます。

「理科はつまらない。なぜ学ばなければならないのかわからない」という子どもでも、「こんな理科なら、面白いでしょ？」と、きっかけをつくってやることが大切なのです。

⑤「学び」はある種、「森」のようなものです。

その「森」の最初の要素は父親と母親です。それ以外にも、祖父母とかきょうだい、いとこなど、かつては自分の学びの「森」を構成している人がたくさんいました。

しかも、知らず知らずのうちに多様な人が自分の「森」の中に入り込んできて、最初は反発したとしても、外に行くとその人の言っていることを口にしてしまったりするのです。

これはどういうことか。

たとえば、子どものころから⑥お箸の持ち方を何度も注意されてきたとします。当然、注意されてきた側はそれを「うるさい」と思ってきたに違いありません。それが、大人になってお見合いの相手のお箸の持ち方が下手だったとしたら、どうか。気になって仕方がないはずです。そして、「お箸の持ち方が悪い人とはいっしょに暮らせない」と思うまでになるかもしれません。

こんなふうに、小さいころ「嫌だ」と思っていたことでも、それがいったん身につくと、今度はそれが自分のものになっていくのです。自分にとって本来は受け入れ難《がた》いものでも、いったん自分の中に入れてしまうと、それを肯定するようになる。そんなふうに、人間は自分が学んだことについては肯定的になります。

私にとって「学ぶ」ということには、いろいろな機会をとらえて自分を豊かにしていく、つまり多様な生き物が育っていく熱帯雨林みたいなイメージがあります。要するに、⑦「他者性」をどれだけ持ち込めるか。それが学ぶということでは大事なのです。

その意味で、「自分は自分だ」と主張している人はあまり学ばない人かもしれません。逆に、「自分は他者の総体である」とは言わないまでも、それに似た生き方をしている人の場合は、誰からでも

び、番号をマークしなさい。 解答番号16

1 生まれて初めてバレンタインデーのチョコレートをもらってうれしい気持ち。

2 いないと思っていた味方に出会えてそれまでの寂しさが慰められる気持ち。

3 自分のことを見てわかってくれる人がいたことを知って心が軽くなる気持ち。

4 意外な人からバレンタインデーのチョコレートをもらえて信じられない気持ち。

問十七 傍線部⑰「クセモノってことはないよなあ、変なひとだったなあ、と笑った」とあるが、このときの佐藤の気持ちとして適切なものを次の中から一つ選び、番号をマークしなさい。 解答番号17

1 雲を見ながらお姉さんとの会話を思いだして、年上の女の人と真面目な話をしたことを今さらながら照れくさく思っている。

2 さっきはお姉さんの話をわかったつもりだったが、改めて考えるとよくわからず、うまく言いくるめられてしまったなと思っている。

3 お姉さんがふつうの人とは違う感性を持っていることに気づいて、そんな人と会話ができたことをうれしく思っている。

4 言いたいことははっきりとはわからなかったが、お姉さんが自分のことをきちんと見てくれたのはわかって心が温かくなっている。

問十八 傍線部⑱「走りだした」とあるが、このときの佐藤についての説明として適切なものを次の中から一つ選び、番号をマークしなさい。 解答番号18

1 チョコレートをくれたお姉さんの期待に応えるために、逃げるのをやめてきちんとビデオを観てみようと覚悟している。

2 チョコレートの存在を確かめたことで、今になって喜びが込みあげてきてじっとしていられないほど気持ちが高揚している。

3 せっかくお姉さんからもらった勇気が失われないうちに、やるべきことをやらなければいけないと意気込んでいる。

4 励ましてくれるお姉さんの気持ちに支えられて、過去の自分と向き合うと共に、ブンに謝る勇気を出そうとしている。

二 次の文章を読んで、後の設問に答えなさい。（解答はすべて解答用紙にマークしなさい）

私は明治《めいじ》大学で新入生を対象とする「教育基礎論」という科目を担当しています。その授業では「学ぶとは何か」というテーマで、原稿用紙十枚分、つまり四千字分の最終レポートを書かせています。

「教育基礎論」は＊教職希望者が取る最初の科目であり、主に「教育とは何か」ということを学ぶ科目です。

「教育とは何か」とは、「人を教えるという行為はどういうことか」、「どうやって人を教えるのか」ということです。

しかし、学生はそれを教わる前に、そもそも教育とは「学ぶこと」が前提にあり、学ぶことが本質であって、「学ぶ」があれば、むしろ「教える」がなくても教育になるということを知らなければなりません。自ら学ぶことが教育の本質なのです。

逆に、「学ぶ」がなければ、「教える」があっても、本質的には教育ではありません。

でも、現実には「教える」という行為ばかりがあって、「学ぶ」という行為が起きていない教室も多い。ほとんど何も学ばれていないのに、そこで教育が行《おこ》なわれているような①錯覚があるわけです。

そういう現実があるだけに、「教育基礎論」という科目では、まず「学ぶ」を基本にした人間観をつくるのです。

私が思うに、一番重要な科目は母国語について学ぶ国語ですが、それ以外もなかなかよく考えられています。

たとえば理科。理科の教科書は面白くないかもしれませんが、実

4　お姉さんの話し方には悪意がないので、自分の欠点を指摘されても腹が立たず、素直に反省している。

問十　傍線部⑩「悔しそうじゃないから寂しそう」とあるが、「お姉さん」が思ったことを説明したものとして適切なものを次の中から一つ選び、番号をマークしなさい。　解答番号10

1　試合に負けたとしてもまったく感情が動かないほど、無関心なのだなと思った。

2　自分が出られないことにも悔しさを感じないほど、心が空虚なのだなと思った。

3　試合に興味が持てずつまらなそうにしている様子を見て、かわいそうに思った。

4　試合に出られない悔しさを隠そうとしている様子を見て、気の毒に思った。

問十一　傍線部⑪「いばっていいよそれ」とあるが、お姉さんはどんなことを「いばっていい」と言っているのか。適切なものを次の中から一つ選び、番号をマークしなさい。　解答番号11

1　心の中に湧いた喜びに、我を忘れるような瞬間があったこと。

2　つまらなそうにしていても、心の内では応援していたこと。

3　自分をバカにしていた後輩たちの活躍を、称賛してやれたこと。

4　チームを盛り上げるために、一生懸命に振る舞っていたこと。

問十二　傍線部⑫「だから、子どもが積み木をくずすように、きみは言った」とあるが、このときの佐藤の気持ちとして適切なものを次の中から一つ選び、番号をマークしなさい。　解答番号12

1　お姉さんの優しさに甘えたくなるが、それを許してはいけないと自制する気持ち。

2　お姉さんが誤解しているので、きちんと修正しようと思って勇気を奮う気持ち。

3　お姉さんが佐藤のことを過大評価しているのでじっとしていられない気持ち。

4　お姉さんの言葉が胸に染《し》み入ってくるものの素直になれず、わざと反発する気持ち。

問十三　傍線部⑬「お姉さんはきみを指差して、『雲』と笑った」とあるが、お姉さんは何を伝えようとしたのか。適切なものを次の中から一つ選び、番号をマークしなさい。　解答番号13

1　「自分の人生の主役は自分なんだから、自信を持って進んでいってね」ということ。

2　「周りの人生を面白くする存在として、好きなことをやっていってね」ということ。

3　「誰にでも役目はあるんだから、自分のやるべきことを見つけなよ」ということ。

4　「みんなから好かれるものにはなれなくても、いていいんだよ」ということ。

問十四　傍線部⑭「振り向いたお姉さんに、ばか、と口の動きだけで叱られた」とあるが、お姉さんはなぜ叱ったのか。適切なものを次の中から一つ選び、番号をマークしなさい。　解答番号14

1　自分の非を認めることができないのに、この場を去ることもできない佐藤の中途半端な態度がお姉さんの気に障《さわ》ったから。

2　佐藤は自分の非を認めておりブンに謝るべきだとわかっているのに、それができずに遠回りなことばかり言っているから。

3　佐藤が悪いことはわかっているが反省しているし、お金の話は子どもが口を出すことではないと考えたから。

4　ブンのけがについて佐藤が罪悪感を持っていることは気づいているが、もう十分反省していることが伝わったから。

問十五　傍線部⑮この「バレンタインデーのチョコ」にはどのような気持ちが込められているか。適切なものを次の中から一つ選び、番号をマークしなさい。　解答番号15

1　恋心　2　応援　3　憧れ　4　友情

問十六　傍線部⑯「それでも、足取りは自然と速くなる」とあるが、このときの佐藤の気持ちとして不適切なものを次の中から一つ選

1　試合に出ていない補欠の自分はビデオに映っていないのを知っているので、なぜそんな嘘を言ったのか不思議に思っている。

2　試合を撮ったビデオだからベンチにいる自分の姿は映っていないと思い込んでまだ観ていないため、半信半疑になっている。

3　サッカー部のビデオに映っていないはずの自分を見たというお姉さんの誤解をとくためにはどうしたらいいか考え込んでいる。

4　試合に出たことがない自分がビデオに映っているはずがないと思い込んでいるので、お姉さんの言葉が信じられないでいる。

問五　傍線部⑤「お姉さんは少し間をおいて、ふうん、とうなずいた」とあるが、このときのお姉さんについて説明したものとして適切なものを次の中から一つ選び、番号をマークしなさい。　解答番号5

1　ビデオを観ていないという佐藤の言葉を聞いて、なぜそんなことで嘘をつくのか不思議に思っている。

2　佐藤がビデオを観ていないと言い張る気持ちはわからないが、触れないように気をつかっている。

3　ビデオを観ていないという佐藤の言葉に釈然としないものの、その言葉を受け入れて話を進めている。

4　佐藤がビデオを観ていないというのは本当か見きわめようとして、相手の反応をうかがっている。

問六　傍線部⑥「顔がカッと赤くなった」とあるが、このときの佐藤の気持ちを説明したものとして適切なものを次の中から一つ選び、番号をマークしなさい。　解答番号6

1　お姉さんに笑われたのは補欠であることをからかわれたからだと思い、腹立たしい。

2　お姉さんにはしゃいでいる場面を見られたうえ、補欠だと指摘されて恥ずかしい。

3　お姉さんが自分をからかっていると気づいたので、相手をするのがばからしい。

4　お姉さんがビデオで見たというのが本当だとわかり、疑ったことが申し訳ない。

問七　傍線部⑦「飾った」とあるが、ここでの使われ方と同じ使われ方をしている例文として適切なものを次の中から一つ選び、番号をマークしなさい。　解答番号7

1　公園の入口を色とりどりの花で飾った。

2　彼は自作のプラモデルを陳列棚に飾った。

3　美しく飾った言葉に惑わされてはいけない。

4　社長は引退時の名演説で有終の美を飾った。

問八　傍線部⑧「声はもう笑っていなかった」とあるが、このときのお姉さんの様子を説明したものとして適切なものを次の中から一つ選び、番号をマークしなさい。　解答番号8

1　佐藤がビデオを観ていないことを知り、その理由を察して感情を交えずに淡々と事実を告げる様子。

2　ビデオに映っていることを知った佐藤がビデオを観るときに、期待しすぎないように釘《くぎ》を刺す様子。

3　ビデオに映っているとはいえ小さかったので、佐藤がビデオを観るときに見逃さないように案じる様子。

4　てっきり佐藤がビデオを観ていると思って気安く話してしまったが、観ていなかったので気まずい様子。

問九　傍線部⑨「でも、まあ、もういいや、と黙ったまま、お姉さんの話を聞いた」とあるが、このときの佐藤について説明したものとして適切なものを次の中から一つ選び、番号をマークしなさい。　解答番号9

1　お姉さんが一方的に決めつけてくるので、いちいち反論しても聞いてもらえないだろうとあきらめている。

2　自分はお姉さんが言うとおりの人間なので、何を言われても傷つくことはないと開き直っている。

3　お姉さんにはなんでも見抜かれているように感じ、いまさらとりつくろっても仕方がないと思っている。

向くことはなかった。

お姉さんの車と先生の車が走り去ってから、きみは一人で病院を出た。

歩きながら、内側のポケットにチョコを入れた制服の胸にそっと触れてみた。意外なひとからもらった生まれて初めてのチョコは、思ったほどには胸を高鳴らせてはくれなかった。

⑯それでも、足取りは自然と速くなる。

アンダンテから、*モデラート、アレグロ、*プレスト……。

西の空を見つめた。沈みかけた夕陽を見送るように、雲がいくつも浮かんでいた。オレンジ色に染まったり、すでに夜の闇に沈みかけたりしている雲の一つひとつを目でたどって、⑰クセモノってことはないよなあ、変なひとだったなあ、と笑った。

制服の上から、もう一度胸に触れた。チョコの固さが指先に伝わった。甘さと、そして苦さも、伝わったような気がした。

⑱走りだした。

明日、琴乃に会ったら、やっぱりビデオテープを返してもらおう。俺の大切なものだから、なんて言えるかどうかは、わからないけれど。ブンにもきちんと「ごめんな」と――そっちのほうが難しそうな気はする。

(『きみの友だち』新潮文庫より)

*きみ＝佐藤のこと。語り手が佐藤のことを「きみ」と呼んでいる。

*ロスタイム＝サッカーなどで、選手の交代や負傷などにより競技が中断された時間で、主審の判断によりその時間の分だけ試合が延長される。

*メトロノーム＝ここでは、佐藤の頭の中で聞こえる音。佐藤は小学四年生までピアノを習っており、メトロノームの音を感情の指標にしている。

*アンダンテ、アレグロ、モデラート、プレスト＝いずれも、音楽で演奏の速度を指示する語。「アンダンテ」は「歩くくらいの速さで」、「モデラート」は「中くらいの速さで」、「アレグロ」は「速いテンポで」、「プレスト」は「きわめて速く」という意味。

問一 傍線部①「そっけない」の意味として適切なものを次の中から一つ選び、番号をマークしなさい。 解答番号1

1 愛想《あいそ》がない　2 遠慮がない

3 落ち着かない　4 気が乗らない

問二 傍線部②「鞄の蓋を閉じたお姉さんは、しばらく黙った」の理由として適切なものを次の中から一つ選び、番号をマークしなさい。 解答番号2

1 佐藤が話に乗ってこないので話が続かず手持ちぶさたになったから。

2 チョコの話をしたのは佐藤に対して無神経だったと反省したから。

3 佐藤の顔に見覚えがあるので、誰だったか思いだそうとしたから。

4 立ちつくす佐藤の様子を見て、どうすればいいのかを考えたから。

問三 傍線部③「覚えてる、佐藤くんだよね。違う? 勘違い?」と言ったときのお姉さんについて説明したものとして適切なものを次の中から一つ選び、番号をマークしなさい。 解答番号3

1 黙っていて気づまりだったが、共通の話題が見つかったのでほっとしている。

2 「佐藤くん」という名前を思いだしたが、自信が持てず様子をうかがっている。

3 話しかけても好ましい反応が返ってこないので、いらいらして問いつめている。

4 「佐藤くん」だと確信しているが、問いかけて相手に話をさせようとしている。

問四 傍線部④「嘘だ」と思ったときの佐藤について説明したものとして適切なものを次の中から一つ選び、番号をマークしなさい。 解答番号4

きもあるじゃん。雲は雨も降らせるし、陽射《ひざ》しもさえぎるし、けっこうクセモノだから」

それは――わかる、なんとなく。

「邪魔じゃないよ、雲は」

それもわかる。ただ、お姉さんがその話でなにを伝えたいかが、よくわからない。

でも、⑬お姉さんはきみを指差して、「雲」と笑った。「がんばれ、雲」

治療室のドアが開いた。左の足首に包帯を巻いたブンが松葉杖《まつばづえ》をついて出てきて、付き添っていた保健室の先生は、ほっとした様子で、指でOKマークをつくった。

ブンの怪我は捻挫ですんだ。二、三日は腫れて痛むものの、来週からは少しずつ練習できるだろう、とのことだった。

お姉さんは先生に挨拶したあと、ブンに笑って声をかけた。

「ね、写真撮っていい？」

しょうがねえなあ、とあきれ顔になったブンは、「早くしてよ、痛み止め切れる前に寝ちゃうから」と背筋を伸ばした。

お姉さんはバッグからデジタルカメラを出して、きみに「ほら、あんたも並んで」と言った。

しかたなく、ブンに近づいていった。目が合うと、ブンのほうから「平気っすから」と照れくさそうに笑った。

「わざとじゃないから、マジ」――違うだろ、これじゃないだろ、言わなきゃいけない言葉は。

「いいっすよ、そんなのわかってるし」

並んだ。やっぱりブンのほうが背が高い。体もがっしりしている。でも、きみはブンの先輩で、後輩は先輩に絶対服従で……俺、雲だし……。

「言っとくけど、さっきの、試合だとイエローカード出るようなファウルじゃないからな」

ブンはへへっとうなずいて、きみも、うつむいて笑う。

フラッシュが光った。「いくよー」の声もなくカメラのシャッターを切って、きみが顔を上げると「はい、おしまい」とカメラをしまう。

なんだよそれ、不意打ちかよ、と戸惑っていたら、ブンがぼそっと言った。

「ウチの姉貴、変わってるんすよ」

「……だよな」

お姉さんはブンを先に車に向かわせて、自分は松葉杖をついて会計の窓口に向かった。あわてて呼び止めて「明日、お金、持ってきます」と言うと、⑭振り向いたお姉さんに、ばか、と口の動きだけで叱られた。この言葉も――違うだろ、だよな、と自分でもわかった。

「あの……あとで、ブンに言っといてください……ごめん、って」

お姉さんは財布をバッグにしまいながら、「それは明日、自分で言いなよ」とそっけなく言った。きみは黙ってうつむいた。また涙が出そうになった。アンダンテのテンポ。ずっと同じ、おだやかなテンポ。そんなの無理だよ、ありえねえよ、と足元をにらみつけると、床の模様がにじみはじめた。

そこに――小さな赤い包みが差し出された。ピンクのリボンがかかっていた。

「これ、ブンに買ったんだけど、あいつたくさんもらってるから、佐藤くんにあげる」

生まれて初めてもらう、⑮バレンタインデーのチョコだった。

「ブンとお父さん以外のひとにバレンタインデーのチョコをあげたの、これが二回目」

お姉さんは松葉杖を前に振り出した。ひょこん、ひょこん、と体を揺すって、自動ドアの手前できみを振り向いた。

「男の子だと、佐藤くんが初めて」

お姉さんは笑いながら言って、それきり、もう二度ときみを振り

「夏の大会の二試合目。終了直前でブンがゴール決めた試合、忘れちゃった？」

「……覚えてます」

あざやかな逆転勝利を⑦飾った試合だった。後半の＊ロスタイムに入るまで一点リードされていたのを、まずモトがゴールを決めて同点に追いつき、すぐさまブンが逆転のゴールを挙げた。ヘディングで地面にたたきつけたボールがゴールに吸い込まれた直後、試合終了のホイッスルが鳴り響いた。うれしかった。興奮した。でも、飛び跳ねるほど喜んだかどうかは覚えていない。

「ほんとだよ。後ろのほうに小さく映ってただけなんだけど、でも、ほんと。家に帰ったら観てみれば？」

うなずきかけて、ああ、だめなんだ、と気づいた。琴乃の顔が浮かぶ。つまらないことを言った、といまになって悔やんだ。

「ちっちゃかったよ、すごく」

お姉さんは念を押して、「補欠だもんね」と言った。⑧声はもう笑っていなかった。そっけなく、突き放すように、でも意地悪で言われているようには聞こえない。

「下手だから、俺……二年より全然下手くそで」

「わかるよ、そんな感じする」

「二年とか一年にも、バカにされてるし」――そこまで言うつもりではなかったのに。

「性格悪そうだもんね、あなた。『ドラえもん』だったらジャイアンじゃなくてスネ夫《お》か、あと、ドラえもんの道具を借りてるときののび太」

さらりと、キツいことを言う。ブンがなにか話していたのだろうか。見ただけでもわかるのだろうか。そういうことは。⑨でも、まあ、もういいや、と黙ったまま、お姉さんの話を聞いた。

顔を覚えたあとはビデオを観るたびに探してたの、でもベンチってほとんど映ってないんだね、それはそうだね、ベンチを撮っててもしょうがないもんね、だけど、たまに映ってるの、背番号16、ちーっちゃく、つまんなそうに座ってるの、退屈そうだし、面白くなさそうだし、寂しそうだし、⑩悔しそうじゃないから寂しそうって、わかる？
＊メトロノームを鳴らしてみた。
カチ、カチ、カチ、カチ、カチ、カチ、カチ……。

お姉さんの声は、＊アンダンテのテンポときれいに合っていた。

ゴールが決まって盛り上がってたのも、あの試合のときだけだったね、百二十分テープでたった一瞬だけ、でも、一瞬でも、佐藤くん、チームの中でいちばん喜んでたよ、16番がいちばん大きなガッツポーズつくってたよ、⑪いばっていいよそれ、ほんとだよ。

カチ、カチ、カチ、カチ、カチ、カチ、カチ……。

アンダンテは、耳というよりむしろ胸に心地よい。息づかいが、芯のほうまで落ち着いてくるのがわかる。
⑫だから、子どもが積み木をくずすように、きみは言った。
「俺、なにもしてないし、ゴール決めたのは和泉《いずみ》と中西《なかにし》で、俺、ほんとは関係ないし」
＊アレグロのテンポになった自分の声を聞くと、おまえって悲しいなあ、俺ってツラいなあ、と泣きたくなってきた。
お姉さんはきみの言葉には応えずに、「日が長くなったね」と窓のほうを見た。言われて初めて、夕陽《ゆうひ》の角度が変わったせいで、まぶしさがやわらいだことに気づいた。

「佐藤くんって、雲、嫌い？」

ぽつりと訊《き》かれた。「やっぱり、お日さまのほうがいい？」とつづけて訊かれたので、よくわかんないけど、まあ……と首をかしげた。

「じゃあ、いい天気の青空に雲があったら、邪魔？」

「はい……」

「でもさ、青だけの空って、のっぺらぼうじゃん。空の顔つきって、雲で決まるんだよ。お日さまだってギラギラして、うっとうしいと

二〇二三年度　東海大学付属相模高等学校

【国語】（五〇分）〈満点：一〇〇点〉

一　次の文章は、重松清「別れの曲」という作品である。これを読んで、後の設問に答えなさい。（解答はすべて解答用紙にマークしなさい）

　サッカー部員の佐藤《さとう》は三年生だが二年生のブンに勝てず、憧《あこが》れのポジションも奪われてずっと補欠だった。一度も試合に出場できず、サッカー部を映したビデオも友達の琴乃《ことの》にあげてしまう。勉強でも部活動でも対人関係でも思い通りにいかない日々を過ごしている。サッカー部を引退した後も練習に参加して下級生にいばりちらすことで鬱憤《うっぷん》を晴らしていた。ある日、練習中にブンのくるぶしを蹴って怪我《けが》をさせてしまう。ブンに付き添って病院に行くと、ブンの姉に話しかけられた。

「三年生？」

「……はい」

「だったら忙しいんでしょ。もういいわよ、帰っちゃいなさい」

①そっけない声だった。でも、怒っている口調ではなかった。ブンに足の悪いお姉さんがいることは、噂《うわさ》で聞いていた。大学生で、ちょっと変わった感じのひとで、しょっちゅう雲の写真を撮っている、ということも。

　お姉さんは「帰らないんだったら、座れば？」と言って、自分も椅子に腰かけた。うつむいたまま立ちつくす＊きみにかまわず、ブンの鞄《かばん》を勝手に開けて中を覗《のぞ》き込み、「すごい、七つ入ってる」と笑った。バレンタインデーのチョコ、だろう。七人の女の子からチョコをもらう気持ちは、うらやむことはできても、想像はつかない。

②鞄の蓋を閉じたお姉さんは、しばらく黙った。

　こっちをじっと見ているんだ――と気づいたとき、「あ、思いだした」とお姉さんは言った。

「16番でしょ、あなた」

　背番号のこと――。

「③覚えてる、佐藤くんだよね。違う？　勘違い？」

　きみは首を横に振って、やっと顔を上げた。目が合った。お姉さんは「わたし、佐藤くんのこと、何度も見てるよ」と言った。

　サッカー部のビデオの話だった。ブンは暇さえあればテープをデッキにかけて再生する。ビデオデッキやDVDプレーヤーが接続されているテレビはリビングの一台きりなので、しかたなく家族も付き合う。

「佐藤くんの顔も、それで覚えたの」

④嘘《うそ》だ。思わず、また首を横に振った。そんなはずはない。ビデオに収められているのは一年間の思い出で、だから、自分の登場しない思い出にはなんの意味もなくて……。

「ビデオ観《み》たことないの？」

「……はい」

「でも、三年生だから持ってるんでしょ？」

「まだ……観てないです」

⑤お姉さんは少し間をおいて、ふうん、とうなずいた。

「出てるよ、佐藤くんも」

　だから――そこが嘘だ。試合に出ていない補欠が画面に映るわけがない。

「ガッツポーズしてた」

　お姉さんは笑った。「すっごく、うれしそうだったよ」とつづけ、「ベンチから立ち上がって飛び跳ねてたから、それで背番号がわかったの」と指で宙に1、6と数字を書いて、「補欠の中の補欠の子なんだな、って」とまた笑う。

⑥顔がカッと赤くなった。自分では覚えていない場面だった。

2023年度／東海大学付属相模高等学校

英語解答

1 (1) ②　(2) ②　(3) ①　(4) ①
(5) ③

2 (6) ①　(7) ②　(8) ④　(9) ②
(10) ③

3 (11) ④　(12) ⑤　(13) ⑥　(14) ①
(15) ②

4 (16) ③　(17) ④　(18) ③　(19) ②
(20) ①

5 (21) ②　(22) ③　(23) ①　(24) ③
(25) ①

6 1 (26)…⑤　(27)…①
2 (28)…③　(29)…①
3 (30)…④　(31)…②
4 (32)…②　(33)…③
5 (34)…①　(35)…④

7 A (36)…②　(37)…②　(38)…②　(39)…③
B (40)…①　(41)…④　(42)…①　(43)…②

8 A (44)…②　(45)…④　(46)…①
B (47)…⑤　(48)…⑧　(49)…①　(50)…②

9 (51) ②　(52) ④　(53) ①　(54) ③
(55) ③

1・**2**〔放送問題〕解説省略

3〔対話文完成─適文選択〕

≪全訳≫**1**リョウコは中学生だ。彼女はカナダ出身の留学生のシェリーと話している。**2**リョウコ（R）：ねえ，シェリー。冬休みは何か予定があるの？**3**シェリー（S）：あのね，ホストファミリーと一緒に大阪に行くの。新幹線に乗って行くのよ。**4**R：それは楽しいわね！　大阪できっとおいしいものを見つけるよ。**5**S：とてもわくわくするな。(11)あなたはこれまでに大阪に行ったことはある？**6**R：うん，去年いとこたちに会いに大阪に行ったの。かるたをしたり，おせち料理を食べたりしてお正月休みを過ごしたんだ。**7**S：(12)それって大阪で有名な食べ物？**8**R：違うよ。日本で新年を祝うための特別な料理よ。いろいろ種類があって，それぞれに意味があるの。例えば，幸福とか健康な体とかね。(13)カナダでは新年に何を食べるの？**9**S：実は，特別な料理はないの。ふだんと同じ。そして家族と一緒に家でゆっくりするだけよ。カナダでは新年は私たちにとってそれほど重要ではないの。**10**R：(14)それは知らなかったな。新年は世界中でとても特別なものだと思ってた。それはともかく，おせち料理をつくるのは時間がかかるし，簡単ではないの。おせち料理をつくるために，母は毎年早起きするんだよ。**11**S：そうなんだ。じゃあ，今回はあなたがおせち料理をつくったら？　お母さんはとても助かるわよ。**12**R：(15)それはいい考えね。

＜解説＞(11)この発言を受けて，リョウコはYesと答え，去年大阪に行ったと言っているので，シェリーはリョウコに大阪に行った経験の有無を尋ねたのだとわかる。　(12)この発言を受けて，リョウコはNoと答え，おせち料理の説明をしているので，シェリーがおせち料理についての誤解を含む質問をしたのだとわかる。　(13)直後でシェリーは，カナダでの新年の様子を説明しているので，リョウコはカナダに関する質問をしたのだとわかる。　(14)前後の内容から判断する。リョウコは「新年は世界中で特別だと思っていた」のだから，シェリーが直前で言った「カナダでは新年は重要ではない」ということを知らなかったのである。　(15)直前のおせち料理づくりを手伝ってはどうかというシェリーの提案に対する返答として適切なものを選ぶ。

4〔対話文完成―適語選択〕

(16)A：太陽が沈んだら，本当に寒くなると思うよ。／B：同感だよ。とにかく歩こう。歩いているうちに，体が暖まるよ。／／while walking は「歩いている間に」(間に we are が省略されている)。歩いている間にどうなるか考える。　‘get＋形容詞’「～(の状態)になる」

(17)A：ジムはこのモールのどこにありますか？／B：3階にあります。エレベーターかエスカレーターで行けますよ。／／ジムの場所の説明なので，floor「階」とする。　term「期間，専門用語」　bank「銀行，土手」　course「コース，講座，進路」

(18)A：今，本当に甘いものが欲しいんだ。／B：ほんの2ブロックのところにケーキ屋さんが新しくできたらしいよ。／／「甘いもの」が買える店になればよい。　pastry「ケーキなどの焼き菓子，ペストリー」

(19)A：筋肉量が増えると，エネルギーの消費量が増えるよ。／B：いいね！　心強いよ！　僕は本当に減量したいんだ。／／Cool！と言っていることから，Bは減量に対して希望を持ったと判断する。動詞 encourage は「～を勇気づける〔励ます〕」。encouraged は「勇気づけられて」。decrease「～を減らす」　improve「～を改善する」　increase「～を増やす」

(20)A：明日が心配なの。登山は初めてだから。／B：高いところが怖いの？　心配いらないよ。僕がずっと一緒にいるから。／／be scared of ～「～が怖い」　realize「～を認識する」　reduce「～を減らす」　move「～を動かす，～を感動させる」

5〔適語(句)選択〕

(21)空所以下が a book を修飾するようにする。「本」は「書かれる」ものなので，受け身の意味を表す過去分詞を選ぶ。a book written in simple English は過去分詞 written で始まる語句が前の名詞 a book を修飾する‘名詞＋過去分詞＋その他の語句’「～された〈名詞〉」の形(過去分詞の形容詞的用法)。　「私は簡単な英語で書かれた本を買った。それは理解しやすい」

(22)be good at ～ing で「～することが得意だ」という意味。④は意味上不適切。　「父は料理が得意だ。毎週日曜日には私たちにお昼ご飯をつくってくれる」

(23)直後に動詞 made があるので，空所にはこの文の主語が入る。選択肢の中で主語になれるのは疑問代名詞の What だけである。‘make＋目的語＋動詞の原形’「～に…させる」の形で直訳は「何があなたを日本へ来させたのか」。「なぜ日本に来たのですか？」―「たくさんのお寺を訪れたかったのです」

(24)go on a trip で「旅行に行く」という意味。前後の文から，現在旅行に行っていることがわかるため，現在完了(‘have/has＋過去分詞’)にする。　「タクミは今ここにいない。修学旅行に行っている。明日帰ってくるだろう」

(25)Could you ～？「～していただけませんか」は，ていねいな依頼を表す表現。「この部屋は暑すぎます。エアコンをつけていただけませんか？」

6〔対話文完成―整序結合〕

1．友達：君はペットを飼ってる？／あなた：いや，でも，緑色の目の猫を飼いたいんだ。／／have の目的語に a cat を置き，残りは whose を所有格の関係代名詞として使って a cat を先行詞とする関係代名詞節をつくる。whose は所有格(「～の」の形)なので直後に名詞をとり‘whose＋名詞’の形になることに注意。 ... I want to have a cat whose eyes are green.

2．先生：昨日のオープンキャンパスはどうだった？／生徒：あの学校は遠すぎました。着くのに2時間かかりました。／／‘It takes＋時間＋to ～’で「～するのに〈時間〉がかかる」という意味を表す。 It took two hours to get there.

3．母：一日中ずっと雨が降っているわ。それでも出かけたいの？／あなた：そうでもないよ。家で映画を見よう。／／have/has been ～ingの形の現在完了進行形をつくる。現在完了進行形は，過去のある時点から続く動作の継続を表し，「ずっと～している」という意味。主語のItは‘天候’を表す文で用いられる用法。 all day (long)「一日中」 It has been raining all day.

4．友達：韓国ドラマを見るのにはまっているんだ。君はどう？／あなた：僕はKポップが大好きなんだ。Kポップの歌を聴くと，とても楽しくなるんだよ。／／‘make＋目的語＋動詞の原形’で「～に…させる」という意味を表す。 Those songs make me feel very happy.

5．友達：もし宝くじに当たったらどうする？／あなた：僕ならスポーツカーを買うよ。でも，免許がないな。／／‘現在実現困難な願望’や‘現在の事実と反対の仮定’を表す仮定法過去の文。‘If＋主語＋動詞の過去形～，主語＋助動詞の過去形＋動詞の原形…’という形で「もし～なら，…だろうに」という意味を表す。本問のように，カンマの前後が逆になることもある。 What would you do if you won the lottery?

7〔英問英答―表を見て答える問題〕

A＜新聞広告＞≪全訳≫ザ・リバーフロント・フェスティバル／8月12～14日 ブルーミントンリバーフロント公園にて／キッズゾーンアクティビティ／1．子ども博物館 午前10時～午後3時／コルク船づくり／ギャラリーゲーム遊び／2．子ども図書館／午前10時，午前12時 人形劇／午後3時 絵本リサイクル／3．子どものレクリエーション／午前10時 赤ちゃんヨガ(年齢：2歳以下)／午前12時半 サッカークリニック(年齢：6歳以上)／子どものレクリエーションは各アクティビティが始まる15分前までに登録が必要です。／エンターテイメントスケジュール メインステージ／午後1時 ハリーのダンスカンパニー／午後2時 ジャッキーのマーシャルアーツ／午後3時 ザ・ハニーブラウンバンド／午後4時 アロハフラダンスクラブ／午後6時 ブルーオーシャンズスクールバンド／フード／ピザ 各種2.25ドル サンドイッチ 各種5.25ドル サラダ 各種3.25ドル フライドポテト 3ドル／ドリンク／ソフトドリンク 小 1.75ドル 中 2ドル 大 2.75ドル／アイスティー，アイスコーヒー 小 3.5ドル 中 4.5ドル

＜解説＞(36)「1歳の赤ちゃんと一緒にする活動に興味があるなら，あなたはいつどこへ行くべきか」―②「午前10時に子どものレクリエーションへ」 Kids Zone Activitiesの3．Children's Recreation参照。Baby Yogaの対象年齢は「2歳以下」となっている。 (37)「息子のマーシャルアーツの演技を見るつもりなら，あなたは何時にメインステージに行くべきか」―②「午後2時」 Entertainment Schedule参照。Jackie's Martial Artsは「午後2時」となっている。 (38)「ピザとフライドポテトとソフトドリンクが欲しいのなら，あなたは少なくともいくらお金を持っていくべきか」―②「7ドル」 FoodとBeverage参照。ピザ2.25＋フライドポテト3.00＋一番安いソフトドリンク1.75 (39)「サッカークリニックに確実に参加できるようにするためには，あなたは何時にキッズゾーンに行くべきか」―③「午前12時15分」 Kids Zone Activitiesの3．

Children's Recreation 参照。「サッカークリニック」は「午前12時30分」からだが，その下の注意書きに「各アクティビティの開始15分前までに登録が必要」とある。

B＜ホームページ＞≪全訳≫スターシネマ／週の上映時間(スプリングフィールドショッピングモール)／11月18〜24日／タイトル／ジャンル／時間／上映スクリーン／ザ・スパイ アクション 午前10時50分 午後１時40分 午後８時30分 スクリーン１／ジャングルの秘密 冒険もの 午前８時30分 午前11時20分 午後３時10分 午後６時15分 スクリーン２／僕が君についた唯一のうそ ドラマ 午後１時40分 午後４時30分 午後７時30分 スクリーン３／ローズ姫と魔法使い ファンタジー 午前８時45分 午前11時10分 スクリーン３ 午後５時 スクリーン１／チケット料金／通常料金：10ドル／アーリーショー(午後３時より前に開始するもの)：７ドル／学生は２ドル割引(学生証をご提示ください)／上映方針／午後６時以降上映開始のものは18歳以上でなければなりません。／月曜日と水曜日の午前にご来場の方には，ポップコーンを無料で差し上げます！

＜解説＞(40)「大人は７ドルでどの映画を見ることができるか」―①「午前10時50分の『ザ・スパイ』」 Ticket Price 参照。午後３時以前に始まる場合は７ドルになる。 (41)「18歳未満の人が見ることができる最も遅い時刻の映画はどの映画か」―④「ローズ姫と魔法使い」 Attendance Policy 参照。午後６時より前に始まる映画で最も上映時間が遅いものを選ぶ。 (42)「無料のポップコーンつきの映画を見たいのなら，いつ行くべきか」―①「月曜日の午前中」 ホームページの一番下の文参照。月曜日と水曜日の午前中に行けばポップコーンがもらえる。 (43)「学生証がある場合，午前中に映画を見るのにいくらかかるか」―②「５ドル」 Ticket Price 参照。午後３時以前に始まる場合は７ドルだが，学生証を提示すれば，学生は２ドルの割引を受けられる。

8 〔長文読解―内容一致―説明文〕

A≪全訳≫❶ウガンダは東アフリカにある発展途上国だ。この国では，ペットボトルがよく路上に捨てられる。環境を害することを知らないために，ペットボトルを燃やす人もいる。❷現在，家やその他の建物を建てるために，ペットボトルを使おうとしている団体がある。ウガンダの首都，カンパラでは，１万5000本のペットボトルを使って公衆トイレがつくられた。400人の人がそのトイレをつくるのに１か月を要した。❸ペットボトルは雨や日光に強いので，ペットボトルでできた建物は，他の建物よりも丈夫だといわれている。❹ウガンダの別の団体は，若者にペットボトルの家の建て方を教えるプロジェクトを開始した。ある調査によれば，ウガンダの若者の13%には仕事がない。団体のリーダーのデイビッドは，プロジェクトはそういった若者の生活を助けることになると考えている。彼らは一軒の家を建てるために，土が詰まった１万8000本のペットボトルを使った。デイビッドは次のように言っている。「このプロジェクトはこの町でたくさんの仕事を生み出しました。また，ペットボトルを使うというこの独自のアイデアは，来訪者の注目を集めています。今では，たくさんの旅行者がペットボトルの家に宿泊するためにこの町にやってくるのです」

＜解説＞(44)「ウガンダの人の中には，(　　)ので，ペットボトルを燃やす人もいる」―②「環境に悪いと知らない」 第１段落最終文参照。本文の damages the environment が is bad for the environment と言い換えられている。 (45)「ウガンダの首都では，(　　)」―④「400人の人々が公衆トイレをつくるのを手伝った」 第２段落第２，３文参照。 (46)「ウガンダのある団体は(　　)」―①「若者にペットボトルの家の建て方を教えている」 第４段落第１文参照。

B≪全訳≫❶今日，たくさんのさまざまなストリーミング・サービスがある。❷たくさんの人が，テレビドラマや映画やアニメを見るために，そのようなサービスに加入している。そのほとんどは人間を楽しませるために放送されているのだが，ペットを楽しませるために新しいサービスが生み出された。❸3年間の調査の後，PetTVがつくり出された。犬，猫，鳥といった動物の行動を理解するために，60を超える研究が行われた。❹このサービスは，動物が家にひとりぼっちでいることによるストレスを軽減するのに役立つ，と研究者は述べている。ペットのストレスを軽減するために，飼い主はよくおもちゃを与える。しかし，これは常に役立つとはかぎらない。ある調査によると，アメリカにいる犬の約80％は，ひとりぼっちにされると強いストレスを感じるそうだ。❺このストリーミング・サービスには，動物を楽しませるサービスもいくつか含まれている。例えば，気分をゆったりさせるような音声や映像とともに森の中を飛んでいる鳥や，車で旅をしている犬だ。飼い主は自分のペットが好むプログラムを選ぶのだ。❻これはイギリスで始まり，現在では，イギリス，アメリカ，オーストラリア，フランス，ニュージーランドで利用することができる。費用は，年額約50ドル，または，月額5ドルだ。

＜解説＞「PetTV／以前／飼い主に(47)ひとりぼっちにされると，ペットはストレスを感じる。／そういったペットを楽しませるために(48)おもちゃを使うのはふつうのことだ。／準備／研究者は(49)3年間動物の研究をした。／以後／プログラムが動物を楽しませている。／プログラムは，現在では(50)5か国で放送されている」 (47)第4段落第1，4文参照。‘leave＋目的語＋形容詞’「～を…(の状態)のままにしておく」 (48)第4段落第2文参照。 common「よく起こる」 (49)第3段落参照。 (50)第6段落第1文参照。 available「利用可能な」

9 〔長文読解─適語(句)選択─ディベート〕

≪全訳≫高校生は制服を着るべきだ。❶生徒が制服ではなく，私服を着る高校もある。しかし，高校生は制服を着るべきだと，私は思う。❷第一に，制服を着れば，生徒は服を買う費用を減らすことができる。たくさんの高校生は最新の流行を追いかけることを好む。そのため，毎日私服を着るとなれば，彼らはたくさんの服を買う必要がある。制服を着ることは，家族がお金を節約するのに役立つのだ。❸さらに，生徒は自分の学校の一員であることに誇りを感じることができる。制服は学校の歴史や伝統を表す。制服を着ることなしには，生徒が学校の歴史や伝統の一端を感じることは困難だ。❹結論として，高校生は制服を着るべきだと私は思うのだ。

＜解説＞(51)第2段落最終文参照。「お金を節約するのに役立つ」とあることから判断できる。 cost「費用」 damage「損害」 weight「重さ」 noise「騒音」 (52)次の文に，因果関係を表すTherefore「したがって」があり，それに続き，「たくさんの服を買わなければならない」とあることから判断できる。 trend「トレンド，風潮」 (53)制服を着ることに賛成する筆者が，歴史や伝統を表す制服を着ることでどういう気分になるかを考える。 disappointed「がっかりして」 safe「安全な」 shamed「恥じて」 (54) without ～ing「～することなしに(は)」の形。 (55) in conclusion で「結論として」という意味。最終段落で結論を述べている。 in case「万一の場合に備えて」 in order「順番に，整理されて」 in total「合計で」

2023年度／東海大学付属相模高等学校

数学解答

1 (1) -7　(2) 2
(3) $(x-5y)(x+5y-1)$
(4) 18　(5) $x=\dfrac{2\pm\sqrt{19}}{3}$
(6) 30個　(7) 36π　(8) 13m

2 (1) $(4,\ -8)$　(2) $y=-x-4$
(3) 12　(4) $\left(-\dfrac{4}{5},\ 0\right)$

3 (1) $6\sqrt{2}$　(2) $2\sqrt{13}$　(3) $\dfrac{18}{5}$
(4) 18

4 (1) 35　(2) n^2　(3) 1729
(4) 上から3行目，左から45列目

1 〔独立小問集合題〕

(1)＜数の計算＞$0.25=\dfrac{25}{100}=\dfrac{1}{4}$より，与式$=-4-\left\{\dfrac{8}{27}\times\dfrac{9}{4}+\left(\dfrac{3}{12}-\dfrac{4}{12}\right)\div\dfrac{1}{4}\right\}\times9=-4-\left\{\dfrac{2}{3}+\left(-\dfrac{1}{12}\right)\times4\right\}\times9=-4-\left(\dfrac{2}{3}-\dfrac{1}{3}\right)\times9=-4-\dfrac{1}{3}\times9=-4-3=-7$である。

(2)＜数の計算＞与式$=\left(\dfrac{2\times\sqrt{2}}{\sqrt{2}\times\sqrt{2}}+\sqrt{3}\right)^2-\left(\dfrac{\sqrt{72}}{\sqrt{3}}+\dfrac{\sqrt{27}}{\sqrt{3}}\right)=\left(\dfrac{2\sqrt{2}}{2}+\sqrt{3}\right)^2-(\sqrt{24}+\sqrt{9})=(\sqrt{2}+\sqrt{3})^2-(2\sqrt{6}+3)=2+2\sqrt{6}+3-2\sqrt{6}-3=2$

(3)＜式の計算─因数分解＞与式$=(x^2-25y^2)-(x-5y)=(x+5y)(x-5y)-(x-5y)$　$x-5y=X$とおくと，与式$=(x+5y)X-X=X(x+5y-1)$となる。Xをもとに戻して，与式$=(x-5y)(x+5y-1)$である。

(4)＜連立方程式─解の利用＞$3x-y=9$……①，$\dfrac{1}{2}ax-ay=-18$……②とする。連立方程式①，②の解xとyの和が7であることから，$x+y=7$……③である。連立方程式①，②の解と連立方程式①，③の解は一致するから，連立方程式①，③を解いてx，yの値を求める。①＋③より，$3x+x=9+7$，$4x=16$　$\therefore x=4$　これを③に代入して，$4+y=7$　$\therefore y=3$　よって，$x=4$，$y=3$を②に代入して，$\dfrac{1}{2}a\times4-a\times3=-18$，$-a=-18$　$\therefore a=18$

(5)＜二次方程式＞解の公式より，$x=\dfrac{-(-4)\pm\sqrt{(-4)^2-4\times3\times(-5)}}{2\times3}=\dfrac{4\pm\sqrt{76}}{6}=\dfrac{4\pm2\sqrt{19}}{6}=\dfrac{2\pm\sqrt{19}}{3}$である。

(6)＜場合の数＞百の位の数が3のとき，340より大きい整数となるのは十の位の数が4か5のときで，2通りの選び方があり，一の位の数は，百の位，十の位で選んだ数字以外の3個の数字から3通りの選び方がある。よって，百の位の数が3で，340より大きい整数は$2\times3=6$(通り)ある。百の位の数が4か5のときは，必ず340より大きくなる。このとき，十の位の数は百の位で選んだ数字以外の4個の数字から4通り，一の位の数は百の位，十の位で選んだ数字以外の3個の数字から3通りの選び方がある。したがって，百の位が4か5の3けたの整数は$2\times4\times3=24$(通り)ある。以上より，340より大きい3けたの整数は$6+24=30$(個)できる。

(7)＜空間図形─体積＞右図で，底面の円の中心をO，半径をrとする。円Oの周の長さは側面の長方形の横の長さに等しいから，$2\pi r=6\pi$が成り立ち，$r=3$となる。よって，円柱の体積は$\pi\times3^2\times4=36\pi$である。

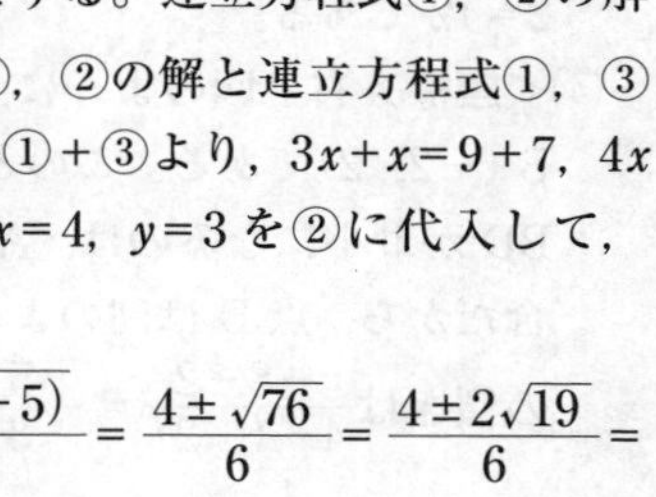

(8)＜データの活用─平均値＞〔平均値〕＝(〔階級値〕×〔度数〕の合計)÷〔度数の合計〕である。度数分布表で，各階級の階級値は，0m以上4m未満では$\dfrac{0+4}{2}=2$(m)，4m以上8m未満では$\dfrac{4+8}{2}=6$(m)，8m

以上12m未満では$\frac{8+12}{2}=10$(m)，12m以上16m未満では$\frac{12+16}{2}=14$(m)，16m以上20m未満では$\frac{16+20}{2}=18$(m)，20m以上24m未満では$\frac{20+24}{2}=22$(m)である。よって，〔平均値〕$=(2\times0+6\times3+10\times5+14\times8+18\times2+22\times2)\div20=260\div20=13$(m)となる。

2〔関数―関数 $\boldsymbol{y=ax^2}$ と一次関数のグラフ〕

≪基本方針の決定≫(4)　点Bとx軸に関して対称な点をとり，この点と点Aを結んだ線分を考える。

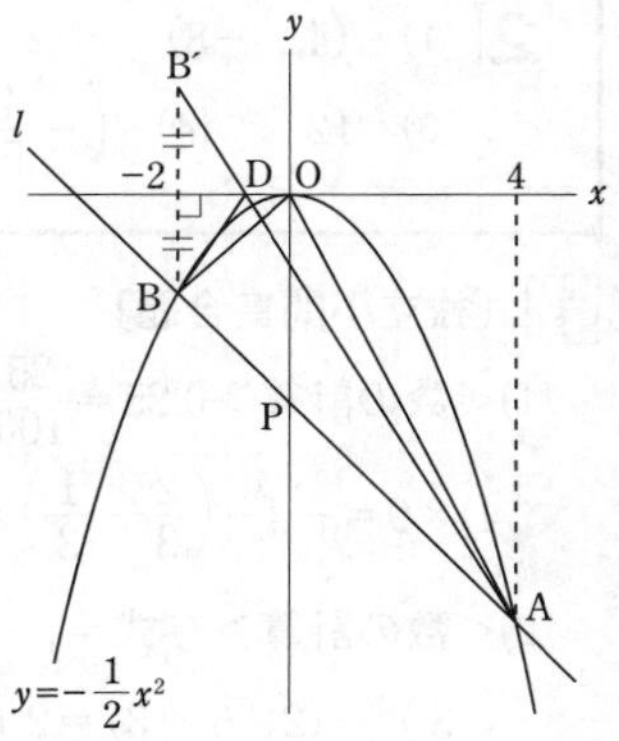

(1)<座標>右図で，点Aは放物線$y=-\frac{1}{2}x^2$上の点でx座標が4だから，$y=-\frac{1}{2}\times4^2=-8$となり，A(4，−8)である。

(2)<直線の式>右図で，点Bは放物線$y=-\frac{1}{2}x^2$上の点でx座標が−2だから，$y=-\frac{1}{2}\times(-2)^2=-2$となり，B(−2，−2)である。(1)よりA(4，−8)だから，直線lの傾きは$\frac{-8-(-2)}{4-(-2)}=-1$となるから，その式は$y=-x+b$とおける。これが点Aを通るから，$-8=-4+b$，$b=-4$となる。よって，直線$l$の式は$y=-x-4$である。

(3)<面積>右図で，直線lとy軸の交点をPとする。△OAB＝△OAP＋△OBPである。△OAPと△OBPの底辺をOPとすると，直線lの式で，切片が−4より，OP＝4である。高さは点A，点Bのx座標より，それぞれ4，2となるから，△OAB$=\frac{1}{2}\times4\times4+\frac{1}{2}\times4\times2=12$である。

(4)<座標>右上図のように，点Bとx軸に関して対称な点をB′とする。(2)より，B(−2，−2)だから，B′(−2，2)である。このとき，BD＝B′Dとなるから，AD＋BD＝AD＋B′Dである。よって，AD＋BDが最小になるのは，AD＋B′Dも最小になる場合で，それは3点A，D，B′が一直線上にある場合だから，点Dは図のように線分AB′とx軸の交点になる。A(4，−8)，B′(−2，2)より，直線AB′の傾きは$\frac{-8-2}{4-(-2)}=-\frac{5}{3}$だから，その式を$y=-\frac{5}{3}x+c$とすると，A(4，−8)より，$-8=-\frac{5}{3}\times4+c$，$c=-\frac{4}{3}$となる。したがって，直線AB′の式は$y=-\frac{5}{3}x-\frac{4}{3}$であり，$x$軸との交点Dの$y$座標は$y=0$だから，$0=-\frac{5}{3}x-\frac{4}{3}$より，$x=-\frac{4}{5}$となる。以上より，$\mathrm{D}\left(-\frac{4}{5},\ 0\right)$である。

3〔平面図形―三角形，正方形〕

≪基本方針の決定≫(4)　交点Jの位置を調べる。

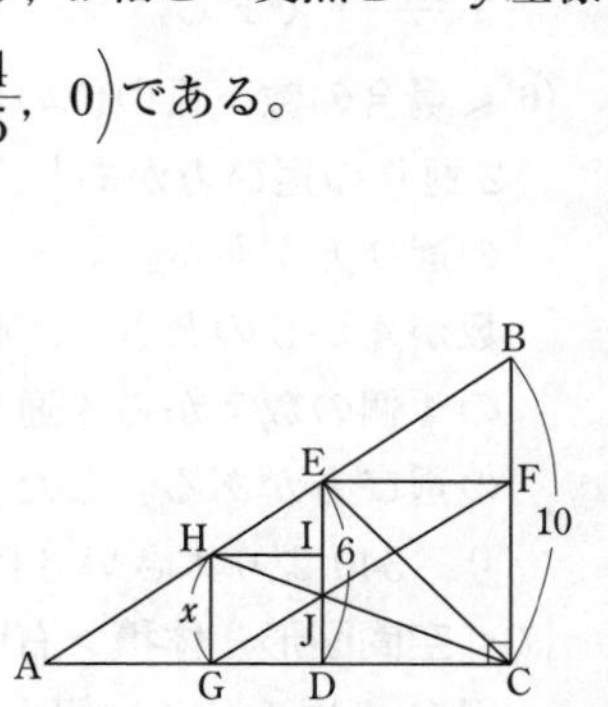

(1)<長さ>右図で，四角形CDEFは正方形より，△CDEは直角二等辺三角形だから，$\mathrm{CE}=\sqrt{2}\mathrm{DE}=\sqrt{2}\times6=6\sqrt{2}$である。

(2)<長さ>右図で，EF＝CF＝DE＝6だから，BF＝BC－CF＝10－6＝4である。よって，△BEFで三平方の定理より，$\mathrm{BE}=\sqrt{\mathrm{BF}^2+\mathrm{EF}^2}=\sqrt{4^2+6^2}=\sqrt{52}=2\sqrt{13}$となる。

(3)<長さ>右上図で，GH＝xとすると，HI＝ID＝GH＝xであり，DE＝6より，EI＝DE－ID＝6－xと表される。∠EIH＝∠BFE＝90°，HI∥EFより∠EHI＝∠BEFだから，2組の角がそれぞれ等しく，△EHI∽△BEFとなる。よって，HI：EF＝EI：BFであり，EF＝6，BF＝4だから，$x:6=(6-x):4$が成り立ち，$x\times4=6\times(6-x)$より，$4x=36-6x$，$10x=36$，$x=\frac{18}{5}$となる。

(4)<面積>右上図で，線分CHと線分FGの交点をJとするとき，HG∥BCより，△GHJ∽△FCJとなる。これより，HJ：CJ＝GH：FC であり，GH＝GD，FC＝CD だから，HJ：CJ＝GD：CD となり，GH∥DJ である。よって，交点 J は線分 DE 上にあるから，〔四角形 EFJH〕＝△BHC－△BEF－△FCJ である。(3)より，GD＝GH＝$\frac{18}{5}$だから，△BHC＝$\frac{1}{2}$×BC×GC＝$\frac{1}{2}\times10\times\left(6+\frac{18}{5}\right)=48$ であり，△BEF＝$\frac{1}{2}$×EF×BF＝$\frac{1}{2}\times6\times4=12$，△FCJ＝$\frac{1}{2}$×CF×DC＝$\frac{1}{2}\times6\times6=18$ である。以上より，〔四角形 EFJH〕＝48－12－18＝18 となる。

4〔新傾向問題―規則性〕

≪基本方針の決定≫上から1行目の各列に並ぶ数について，規則性を考えよう。

(1)＜数―規則性＞右図で，上から2行目，左から2列目以降の数 3，8，15 は，上から1行目の数 4，9，16 よりも1小さい数である。1行目の数は，左から1列目は $1=1^2$，2列目は $4=2^2$，3列目は $9=3^2$，4列目は $16=4^2$ だから，1行目の5列目の自然数は $5^2=25$，6列目の自然数は $6^2=36$ である。よって，上から2行目，左から6列目の数は 36－1＝35 となる。

	1列目	2列目	3列目	4列目	5列目	6列目 …
1行目	1	4	9	16		
2行目	2	3	8	15		
3行目	5	6	7	14		
4行目	10	11	12	13		
5行目						
6行目						
⋮						

(2)＜文字式の利用＞(1)より，上から1行目，左から n 列目の数は n^2 と表される。

(3)＜数の和＞(2)より，上から1行目，左から9列目の数は $9^2=81$，上から1行目，左から10列目の数は $10^2=100$ なので，S_{10} は 82 から 100 までの 19 個の数の合計である。よって，$S_{10}=82+83+\cdots\cdots+99+100=(82+100)+(83+99)+(84+98)+(85+97)+(86+96)+(87+95)+(88+94)+(89+93)+(90+92)+91=182\times9+91=1729$ となる。

(4)＜行と列＞$44^2=1936$，$45^2=2025$ より，上から1行目，左から45列目の数は 2025 である。よって，2023＝2025－2 より，2023 は上から3行目，左から45列目の数である。

2023年度／東海大学付属相模高等学校

国語解答

一 問一 1　問二 3　問三 4
問四 4　問五 3　問六 2
問七 4　問八 1　問九 3
問十 3　問十一 1　問十二 4
問十三 4　問十四 2
問十五 2　問十六 4
問十七 4　問十八 4

二 問一 1　問二 4　問三 1
問四 4　問五 3　問六 3
問七 2　問八 1　問九 3

三 問一 1　問二 1　問三 2
問四 4　問五 3　問六 2
問七 3　問八 1

四 問一 A…3　B…2　問二 1，3
問三 3　問四 1　問五 4
問六 2　問七 2

一〔小説の読解〕出典；重松清『別れの曲』(『きみの友だち』所収)。

問一＜語句＞「そっけない」は，思いやりや好意が感じられないさま。

問二＜文章内容＞お姉さんは，「こっちをじっと見て」いたが，やがて，「あ，思いだした」と言った。お姉さんは，佐藤の顔に見覚えがあったので，誰だったか思い出そうとして，「しばらく黙った」のである。

問三＜文章内容＞お姉さんは，佐藤の顔を覚えてからは「ビデオを観るたびに探して」いたので，自分の目の前にいるのが「佐藤くん」であることを確信していた。それでも，あえて「違う？　勘違い？」と問いかけたのは，佐藤に話をさせたかったからだと考えられる。

問四＜文章内容＞佐藤は，「試合に出ていない補欠が画面に映るわけがない」と思い込んでいて，ビデオも見ていなかった。そのため，ビデオに自分が映っていたというお姉さんの言葉が，信じられなかったのである。

問五＜文章内容＞佐藤がサッカー部員なのにビデオを見ていないと言ったので，お姉さんは，不思議に思った。納得がいかないまま，佐藤の言うことをいったん受け入れたことにして，お姉さんは，話を続けたのである。

問六＜心情＞「あざやかな逆転勝利を飾った試合」で，「補欠の中の補欠の子」にすぎない自分が，ベンチで飛び跳ねて「ガッツポーズして」いたとお姉さんに言われて，佐藤は，「顔がカッと赤く」なった。自分が活躍したわけでもないのにベンチで大喜びしている姿を見られたうえに，補欠であることを指摘されて，佐藤は，恥ずかしかったのである。

問七＜語句＞「逆転勝利を飾った」と「有終の美を飾った」の「飾る」は，見事に成し遂げることによって，立派さや華やかさを加える，という意味。「花で飾った」の「飾る」は，装飾する，という意味。「陳列棚に飾った」の「飾る」は，物を工夫して置き並べる，という意味。「美しく飾った言葉」の「飾る」は，表面をよく見せる，という意味。

問八＜文章内容＞佐藤が自分は補欠だからビデオに映っているはずがないと思い込んで，ビデオを見ていなかったことを，お姉さんは察した。そこで，お姉さんは，彼の劣等感を刺激しないように，佐藤は「後ろのほうに小さく映ってただけ」であることを教え，それは補欠だからやむをえないことだと，特に何の感情も込めずに言ったのである。

問九＜文章内容＞佐藤が，自分はサッカーが下手で後輩からもバカにされていると言うと，お姉さんは，サッカーが下手なのも，性格が悪そうなこともわかると言った。佐藤は，「そういうこと」は「見ただけでもわかるのだろうか」と思ったが，お姉さんには，自分の本当の姿を見抜かれていると感じたので，その言葉を受け入れて，「黙ったまま，お姉さんの話を聞いた」のである。

問十＜心情＞サッカー部員が試合に出られなかったら，本来なら悔しいはずである。しかし，ビデオの中の佐藤は，特に悔しそうな様子も見せず，試合中であるにもかかわらず，「つまんなそうに座ってる」だけで，「退屈そう」で，「面白くなさそう」だった。試合に出られないことを悔しいとも思わなくなってしまった佐藤を「寂しそう」だと思い，お姉さんは，佐藤に同情したのである。

問十一＜文章内容＞「ゴールが決まって盛り上がった」のは，「百二十分テープでたった一瞬だけ」だった。しかし，その一瞬，佐藤は，「チームの中でいちばん喜んで」おり，「いちばん大きなガッツポーズ」をしていた。試合に出られず，退屈していたにもかかわらず，佐藤が味方の劇的な勝利に無我夢中になれたことは「いばっていい」と，お姉さんは考えたのである。

問十二＜心情＞お姉さんは，佐藤の振る舞いを褒めてくれたが，佐藤は，その言葉を素直に受け入れる気にはなれなかった。そのため佐藤は，お姉さんの言葉を聞いて，胸の内に込み上げてきそうになったうれしさを「くずすように」，自分は「なにもしてない」し，勝利には「関係ない」と言ったのである。

問十三＜文章内容＞お姉さんは，「いい天気の青空に雲」があったら，多くの人は「邪魔」だと感じるだろうが，「青だけの空って，のっぺらぼう」であり，「空の顔つきって，雲で決まる」のだと言った。さらに，「雲は雨も降らせるし，陽射しもさえぎる」から，「邪魔じゃない」とつけ加えた。お姉さんは，佐藤は「雲」のような人間であり，「お日さま」のような人気者にはなれないが，決して「邪魔じゃない」と言って，佐藤を励ましたのである。

問十四＜文章内容＞佐藤は，ブンに謝らなければならないとわかっていたが，わざとではなかったとか，イエローカードが出るようなファウルじゃなかったとか，診察料を払うとか，筋違いのことばかり言っていた。それを聞いてお姉さんは，「ばか」と口の動きだけで佐藤をしかったのである。

問十五＜心情＞お姉さんは，ビデオを何度も見て，佐藤のことをかわいそうに思っていた。今日，実際に佐藤に会ってみて，さらにその気持ちが強くなり，佐藤を励まそうと思って，バレンタインデーのチョコを渡したのである。

問十六＜心情＞お姉さんは，佐藤のことをわかってくれて，佐藤を励ましてくれた。お姉さんに出会ったことで，佐藤の気持ちは軽くなり，寂しさが和らいだ(２・３…○)。佐藤は，お姉さんからチョコレートをもらい，「意外なひとからもらった生まれて初めてのチョコは，思ったほどには胸を高鳴らせてはくれなかった」ものの，それでも，うれしいことはうれしかったので，「足取りは自然と速く」なった(１…○)。佐藤は，チョコをもらったが，予想していたほどの感動は受けておらず，「信じられない気持ち」になったとまではいえない(４…×)。

問十七＜心情＞佐藤が西の空を見上げると，「雲がいくつも浮かんで」いた。その雲を見ながら，佐藤は，お姉さんの言葉を思い出し，雲が「クセモノってことはない」と思い，雲にたとえられた自分もクセモノなどではないと考えた。結局，お姉さんの言いたいことはよくわからなかったが，自分に注目してくれたことはうれしかったので，「変なひとだったなあ」と思いながらも，佐藤はうれしくなって，「笑った」のである。

問十八＜文章内容＞佐藤は，お姉さんに励まされて，「明日，琴乃に会ったら，やっぱりビデオテープを返してもらおう」と決意した。佐藤は，ビデオに映っている過去の自分ときちんと向き合うべきだと考えたからである。そして，ブンにもきちんと謝らなければならないとも思った。ビデオテープを返してもらうことはともかく，ブンに謝るには勇気が必要だった。佐藤は，自分で自分を奮い立たせるために，「走りだした」のである。

二 〔論説文の読解―教育・心理学的分野―教育〕出典；齋藤孝『人はなぜ学ばなければならないのか』。

≪本文の概要≫そもそも教育とは，学ぶことが本質であって，「学ぶ」があれば，「教える」がなくても教育になる。いい先生とは，子どもに学ぶことの楽しさを教え，自ら学ぶように仕向けることができる先生のことである。「学ぶ」は，ある種，「森」のようなものである。その「森」の最初の要素は，父親と母親であり，それ以外にも，祖父母やきょうだいなどが，自分の学びの「森」を構成している。そして，知らず知らずのうちに，多様な人が自分の「森」の中に入り込んできて，最初は反発したとしても，外に行くと，その人の言っていることを口にしてしまったりする。嫌だと思っていたことでも，それがいったん身につくと，それが自分のものになっていくのである。「私」にとって，「学ぶ」ということは，自分を豊かにしていくことであり，そのためには，他者性をどれだけ持ち込めるかが大事である。自分の視点からだけではなく，他者の視点からも物事を見られるようになれば，何からでも学ぶことが可能になるのである。

問一＜文章内容＞「『学ぶ』がなければ，『教える』があっても，本質的には教育では」ない。したがって，「『教える』という行為ばかりがあって，『学ぶ』という行為が起きていない教室」で，「教育が行なわれている」と思い込むのは，「錯覚」なのである。

問二＜指示語＞「赤ちゃんはお母さんのおなかの中で，人の身体の進化の歴史をごく短期間でたどっている」という話を聞けば，生徒は「楽しいと思って耳を傾け」て感動し，理科に興味を持つようになるだろう。「こんな話」とは，生徒に感動を与え，その科目に対する好奇心を抱かせるような話のことである。

問三＜語句＞「固定観念」は，頭の中で凝り固まっていて，周囲の状況や他人の意見によって変わることがない考えのこと。

問四＜表現＞ここでの「料理する」は，物事を上手に処理する，という意味。飢饉の際にジャガイモが果たした役割を紹介したり，アステカ帝国が滅んだのは病原菌が原因だったと教えたりすれば，「社会は嫌いだ」という子どもにも，社会科への興味を持たせることができるのである。

問五＜接続語＞Ⅰ．先生のせいで，ある科目が好きになったり，嫌いになったりすることはよくあることなので，「どんな先生に出会うかはとても大切なこと」なのである。Ⅱ．「同じテレビ番組を観ている人でも，学んでいる人と学んでいない人」がいるし，「同じ映画を観たときでも，ある人は単に視聴者としてそれを観て楽しんでいるだけ」だが，「別の人は映画監督の気持ちになって自分の仕事に生かすようなつもりで観ている」こともある。

問六＜文章内容＞「私にとって『学ぶ』ということ」には，「多様な生き物が育っていく熱帯雨林みたいなイメージ」がある。人間は，幼い頃は，両親や親戚といった身近な人の間で，共通の価値観を持って学び始めるが，やがて，自分とは異なる，さまざまな価値観を持つ人々と接することで，学びを深めていく。「学び」とは，そのような過程をたどるものであると，「私」は言おうとしているのである。

問七＜文章内容＞「お箸の持ち方」のように，「小さいころ『嫌だ』と思っていたことでも，それがいったん身につくと，今度はそれが自分のものになって」いき，それを「肯定するようになる」のである。「お箸の持ち方」は，「人間は自分が学んだことについては肯定的」になることの例として挙げられている。

問八＜文章内容＞「他者性」を「持ち込む」とは，「『自分は自分だ』と主張」するのではなく，多くの他者の，自分とは異なるさまざまな価値観や考え方に接して，その影響を受け入れる，ということである。

問九＜文章内容＞「私」は，映画を見るときに，視聴者の立場と監督の立場の「両方の立場から観ることが習慣化して」いる。視聴者は，受け手であり，監督は，つくり手である。

三 〔古文の読解─説話〕出典；『今昔物語集』巻第二十八ノ第二十二。

≪現代語訳≫さて，その人が，右中弁で殿上人であったときに，小一条の左大将済時という人が，内裏に参上されたところ，この右中弁に会った。大将が，右中弁が上を向いているのを見て，ふざけて，「今天では何事があるのですか」とおっしゃると，右中弁はこのように言われて，少し腹立たしさを感じたので，「今天には大将に害を与える星が現れています」と言ったところ，大将はとてもきまりが悪いとお思いになったが，冗談だったので怒ることもできず，苦笑いしただけで終わった。その後，大将は間もなく亡くなられた。そのため，この冗談のせいではないか，と右中弁は思い当たったということである。／人が命を失うことは，全て前世の報いとはいえ，つまらない冗談を言うべきではない。このように思い当たることもあるからである。

問一＜古文の内容理解＞「其の人」が，「右中弁」であったときの話である。

問二＜古文の内容理解＞右中弁が，いつものように上を向いて空を仰ぎ見ていたので，左大将は，「戯れ」て，今，天では何事があるのですかと尋ねたのである。

問三＜古文の内容理解＞左大将にからかわれて腹が立ったので，右中弁は，今，天には，左大将に害を与える星が現れていると，縁起の悪いことを言ったのである。

問四＜古語＞「はしたなし」は，不作法なことをして，体裁が悪い，という意味。左大将は，右中弁が上を向いているのをからかったが，右中弁がそれに腹を立てて嫌がらせを言い返してきたので，きまりが悪いと感じたのである。

問五＜現代語訳＞「戯」は，冗談，という意味。「え」は，後に打ち消しの語を伴って，不可能の意味を表す。全体で，冗談だったので，腹を立てることもできずに，という意味。

問六＜現代語訳＞「幾の程」は，ある程度の時間，という意味。「失せる」は，死ぬ，という意味。全体で，ある程度の時間がたたないうちに，死んでしまった，という意味。

問七＜古文の内容理解＞右中弁は，自分が言った，今，天には，左大将に害を与える星が現れているという冗談が現実になって，左大将が死んでしまったのだろうかと考えたのである。

問八＜古文の内容理解＞この話の語り手は，つまらない冗談であっても，現実のものになるかもしれないので，つまらない冗談を言うべきではないと，読者を戒めているのである。

四〔国語の知識〕

問一＜漢字＞A．「応募」と書く。1は「出席簿」，2は「敬慕」，4は「墓穴」。　B．「掲載」と書く。1は「裁(く)」，3は「採(る)」，4は「催(す)」。

問二＜敬語＞1．「お客さま」に対する丁寧語「お客さま」「できました」，尊敬語「おいでください」が正しく用いられている(…○)。　2．「父」は，話し手の身内なので，目上の人である「先生」との会話で，父に対する尊敬語「書かれた」を用いるのは誤り。「父が書いた本」が正しい(…×)。　3．「先生」に対する丁寧語「ご都合のよろしい」，謙譲語「お伺いいたします」が正しく用いられている(…○)。　4．「校長先生」は，目上の人なので，謙譲語「申す」を用いるのは誤り。尊敬語「おっしゃった」または「言われた」を用いるのが正しい(…×)。

問三＜語句＞「非公式」は，公式ではないこと。

問四＜慣用句＞「鼻であしらう」は，相手の言葉にろくに返事もせずに，そっけない態度を取る，という意味。

問五＜故事成語＞「他山の石(以《もっ》て玉を攻《おさ》むべし)」は，他人のつまらない言動や失敗なども，自分の知恵や人格を育てる助けになりうる，という意味。

問六＜文学史＞『伊豆の踊子』は，大正15(1926)年に発表された，川端康成の小説。

問七＜文の組み立て＞大きく部屋の「窓を」「開けて」，空気を入れかえたのである。

2022年度 東海大学付属相模高等学校

【英　語】（50分）〈満点：100点〉

（注意）　試験開始後すぐに，放送によるリスニングテストがあります。

■リスニングテストの音声は，当社ホームページで聴くことができます。（当社による録音です）

再生に必要なユーザー名とアクセスコードは「収録内容一覧」のページに掲載しています。

1　（リスニング問題）　放送を聞き，応答として最も適切なものを選び，番号で答えなさい。質問は，問題用紙には印刷されていません。放送は２回流れます。

（例題）　When is your birthday ?

①　It's rainy today.　　②　I'll buy a cake for you.

③　You're welcome.　　④　It's April 10th.

正解は，④です。

(1)　①　I am not a music teacher.　　②　My favorite type is pop music.

③　I don't like the music teacher.　　④　Let's listen to the song later.

(2)　①　I ride my bicycle.　　②　Yes, I go to school every day.

③　It takes about an hour by train.　　④　About 5 times a week.

(3)　①　My sister works in a shop.　　②　That's good.　I think so too.

③　Yes, I've finished my lunch.　　④　No, I usually have rice balls.

(4)　①　The math test was very difficult.　　②　That sounds great !

③　My favorite subject is math.　　④　I will go to school on Monday.

(5)　①　I have not decided yet.　　②　We need a new hospital.

③　My sister is a nurse in a hospital.　　④　The hospital is closed on Sundays.

2　（リスニング問題）　会話を聞き，質問に対する解答として最も適切なものを選び，番号で答えなさい。放送は１回だけ流れます。

(6)　What did the customer order ?

①　She ordered a cake and drink.

②　She didn't order anything.

③　She ordered apple juice and a dessert.

④　She ordered only orange juice.

(7)　What kind of movie will the speakers go to see ?

①　They will go to see a comedy.

②　They will go to see a horror movie.

③　They will go to see a science fiction movie.

④　They will go to see a romantic movie.

(8)　What will Susan do after the conversation ?

①　She will enjoy swimming in the river.

②　She will go to the park.

③　She will go to the riverside.

④　She will play with her pet in the park.

(9) Why does the boy study English hard ?

① He is good at learning a foreign language.
② He wants to be an English teacher in the future.
③ He wants to see his English teacher.
④ He wants to go to foreign countries.

(10) What will the man do before going to the museum ?

① He will check the schedule. ② He will go there next Monday.
③ He will check the exhibitions. ④ He will have a checkup.

※＜リスニング問題放送原稿＞は英語の問題の終わりに付けてあります。

3

次の会話の流れに沿って，空所に入る最も適切な文を選択肢から選び，番号で答えなさい。各選択肢は，一度しか使うことができません。

Yuji and Miwa are classmates. Mr. Noguchi, their homeroom teacher, is talking to the homeroom students.

Mr. Noguchi : This year, we will have a school festival. Each class can have its own class event. For example, you can build a maze in the classroom. Please talk to your classmates during this period.

Yuji : Hey, Miwa. I want to make a maze and trick people. It would be a lot of fun to create our own maze. (11)

Miwa : I personally want to build a haunted house, but I don't think our school will let us do it.

Yuji : Yes, we need to use open space and have fresh air. (12) For example, fried rice or candy floss. Students can get the feeling of being at a local summer festival.

Miwa : (13) However, we have to think about the amount of food we should prepare. We might not sell a lot and lose money. Why don't we do a dance performance in the school hall, instead ?

Yuji : (14) Some students don't like to dance in front of many people.

Miwa : I see. I guess we need more time to think about our class event. We have to talk about it after school.

Yuji : This is the last school festival for us. (15)

① How about selling some food ?
② Let's make it the best event ever !
③ What do you think ?
④ I like your idea.
⑤ I love to see my friends.
⑥ I don't think that's a good idea.

4

空所に入る最も適切な語を選び，番号で答えなさい。

(16) A : Did you know that Janet is really good at singing ?
B : Yes. She can sing songs ( ) a professional.

① loud ② local ③ like ④ luck

(17) A : I want to buy a new laptop.

B : You should (　　) various models at a computer shop because they are expensive.

① compare　② complete　③ compete　④ complain

(18) A : How do you like life in Japan ?

B : I love it, but I'm not happy that the trains in Tokyo are very (　　).

① expected　② pleased　③ crowded　④ excited

(19) A : I'm planning to go to that famous restaurant.

B : It's really popular, so you should make a (　　) in advance.

① reservation　② protection　③ cancelation　④ motivation

(20) A : Did you like the movie ?

B : Not really. I felt sleepy because the story was (　　).

① surprising　② boring　③ interesting　④ amazing

5 次の各文の空所に入れる語(句)として最も適切なものを選び，番号で答えなさい。

(21) I (　　) a bath when Tomoko called me.

① am taken　② was taken　③ was taking　④ have taken

(22) My family likes traveling. I (　　) to Hawaii three times.

① visited　② went　③ have gone　④ have been

(23) (　　) you like something to drink ? We have tea, orange juice and cola.

① Will　② Would　③ Can　④ Could

(24) I'm sorry but I can't help you right now. I (　　) my homework.

① do　② did　③ am doing　④ was doing

(25) This temple (　　) in the 1200s. It is really old.

① builds　② built　③ is building　④ was built

6 ①～⑤の語(句)を並べ替えて対話文を完成させるとき，(26)～(35)に入る語(句)を選び，番号で答えなさい。文頭に来る語(句)も小文字になっています。

1 . You　: (　　)(　　)(26)(27)(　　) over there ?

Friend : She is Yuto's sister.

〔① playing　② who　③ the girl　④ soccer　⑤ is〕

2 . Man　: Excuse me. Do (　　)(　　)(28)(　　)(29) to the station ?

Woman : Yes. It's at the end of this street. It's not far from here.

〔① know　② you　③ to　④ how　⑤ get〕

3 . Teacher : What will you do when you go to Paris ?

Student : I want to (　　)(30)(　　)(　　)(31) some famous paintings.

〔① that　② a museum　③ go　④ has　⑤ to〕

4 . Friend : How will you get to the airport ? By bus, car or train ?

You　: I will take a bus. It (　　)(　　)(32)(　　)(33) all.

〔① fastest　② is　③ of　④ the　⑤ way〕

5 . Mother : Do you have some time now ? I (　　)(　　)(34)(　　)(35).

Son　: Sure ! No problem.

〔① you　② clean　③ the bathroom　④ want　⑤ to〕

7

A

ポスターを読み，質問に対する解答として最も適切なものを番号で答えなさい。

Snorkeling Adventure

A Special Guided Tour

Calling all Mermaids & Mermen! A great underwater experience is waiting for you. The ocean of this area is a playground of colorful sea life, including giant turtles, rays, huge clams, tropical fish and dolphins. Spend a day at sea with the Sea Adventure team for great experiences.

Even if you are not good at swimming, don't worry. On this tour, expert guides will help you swim in the tropical ocean. We are sure you'll love it!

Individual Price

Adults **$180**
Children **(Under 12)** **$50**
Seniors **(Over 60)** **$150**

*The price includes...
- snorkeling set
- hotel pickup
- lunch

Group Price

Educational groups
$30 per student

- 10 or more children (under 12)
- 1-hour special lecture on wildlife by a specialist
- Group photo (add $5 for each picture)
- No charge for escort teachers

Family **(2 adults and 2 children)**
$300 in total

---

*You can upgrade lunch to a BBQ lunch for an additional $20.
*If the tour is canceled due to bad weather, you'll be offered a different date or a full refund.
*All snorkeling equipment is included in the tour fee. Just bring your own towels.
*Senior citizens have to show their ID cards.

(36) How much should the man pay in total ?

This tour looks really attractive. My wife and I want to join this tour. Also, my father will join us. He is 65 years old, but he is a good swimmer even now.

① $360
② $380
③ $510
④ $540

(37) How much should the woman pay in total ?

I'm an elementary school teacher. I want to take 10 students on this tour because the special lecture sounds interesting. They are 11 years old. We don't want any group photos.

① $300
② $350
③ $480
④ $500

(38) What should all participants bring on this tour ?

① snorkeling sets
② lunch boxes
③ towels
④ ID cards

(39) Which statement is true ?

① Without special diving skills, people can't join this tour.
② Without experts' help, dolphins can't survive in the sea.
③ If an adult pays $180, he or she can enjoy eating a BBQ lunch.
④ If the weather is bad, people can join the tour on a different day.

B

オンラインショッピングサイトを読み，質問に対する解答として最も適切なものを番号で答えなさい。

New Star Sneakers V05

★★★★☆ 1,500 ratings

Regular Price: $50.00

Add to Cart

#1 Best Seller

- The sneakers are practical and stylish. They are ideal for all-day wear.
- If you are a member of Galaxy Shopping, you can get 10% off the regular price.
- If you are not a member yet, you can click **here** and register for membership first.

It takes just 5 minutes to become a member. You need an ID card and your credit card details.

Sizes

✓ = in stock ✕ = out of stock

Inches	6	7	8	9	10
Stock	✓	✕	✓	✓	✕

Reviews

Michael

I love these. They are so comfortable even when I'm jogging. I would definitely recommend these shoes. I love the way they look and feel.

David

These shoes go well with jeans. They fit comfortably. The sole is quite spongy, so they are okay for short-term wear, but not for any active sports. I am afraid you would hurt your ankle if you were playing active sports.

Ann

I bought a pair of these in a size 8. Maybe the fit is just small. I liked them the first few times, but after I ran in them, I found they were too tight. I will choose one size bigger next time.

(40) How much does a member of Galaxy Shopping pay for a pair of the sneakers ?

① $40　② $45　③ $50　④ $55

(41) According to the reviews, who should NOT buy the sneakers ?

① People who wear jeans　② People who enjoy jogging

③ People who love active sports　④ People who like tight fitting shoes

(42) Which size will Ann order next time ?

① 6 inches　② 7 inches

③ 8 inches　④ 9 inches

(43) Which statement is true ?

① The shoes have more than 1,000 ratings.

② Michael has negative feelings about the shoes.

③ All sizes of the shoes are out of stock now.

④ People can be a member of Galaxy Shopping without a credit card.

8

A

サメに関する記事を読み，下線部に入る最も適切な語句を選択肢から選び，番号で答えなさい。

Sharks have lived in our oceans for more than 400 million years. They come in different shapes and sizes—from the 22cm dwarf lantern shark, to the 18m whale shark ! Sharks can live for many years. Some even live up to 400 years ! Many sharks are top of the food chain. They live by killing and eating other animals. Sharks are important because they keep the food web balanced and the oceans healthy.

Unfortunately, because of dangers from overfishing, water pollution and climate change, the shark population is getting smaller. They usually have only a few baby sharks. This means the number of sharks doesn't increase quickly. Sometimes they are accidentally caught in fishing nets. Other times they are caught on purpose because shark fin soup is a popular dish in Asia. In the past, the areas of open oceans used to be a safe place for sharks, but larger fishing boats were able to fish in those areas, too. Marine Protected Areas (MPAs) were established in the 20th century to protect sea life including sharks. However, those areas are only near coasts and only a small percentage of the ocean ! Recently, many countries have agreed to work together to protect 30% of the oceans by 2030.

(44) Sharks are important in the food chain because they ＿＿＿＿＿.

① come in many shapes and sizes　② keep the food web balanced

③ are in danger from fishing　④ have few babies

(45) The number of sharks is getting smaller because ＿＿＿＿＿.

① sharks can live up to 400 years　② sharks are top of the food chain

③ there are no fishing boats near them　④ shark fins are a popular food in some areas

(46) Nowadays, ＿＿＿＿＿.

① many countries protect more than half of the oceans

② Marine Protected Areas are far from coasts

③ the areas of open oceans are not a safe place for sharks

④ big boats protect sharks from fishing

B

山に関する記事を読み，空所に入る最も適切な語(句)を選択肢から選び，番号で答えなさい。

Mountains are ecosystems which have living things like plants, animals and humans living on them. They are used in different ways by the people living there. Some mountain areas are used for growing vegetables, while others are used for raising *livestock. Some people use mountains for getting natural resources like water and wood. However, some resources are not used locally. For example, trees are often used to make houses in big cities.

Sadly, problems like heavy rain, strong wind and wildfires can damage the environment of mountains. To keep mountains healthy, people should understand the things dangerous to mountains, and find answers to deal with them. Mountains are not only rich in resources for human use, but they are also very important for nature itself.

＊livestock　家畜

Notes

-Mountains are (47) made up of plants, animals and humans.

-Some people grow crops, and others (48) animals in the mountains.

-Mountains provide rich resources not only for locals, but also for people in (49).

-Humans should deal with the (50) that damage the mountains.

① humans	② resources	③ ecosystems	④ big cities
⑤ vegetables	⑥ make	⑦ raise	⑧ problems

9　以下の論題についてディベートをするために原稿を書いています。空所に入る最も適切な語(句)を選び，番号で答えなさい。

Eating at home is better than eating in a restaurant.

I agree with the statement. I believe that eating at home is better than eating in a restaurant.

Firstly, it is (51) to eat at home because it is easy to control the amount of oil and salt, so we can cook less oily and salty meals. Furthermore, we can cook just (52) food to feel full. In a restaurant, we sometimes leave food when we are given too much.

Secondly, eating at home is much (53). We can wear comfortable clothes, watch a movie or listen to our favorite music while eating. Moreover, we don't have to (54) about other customers. We can talk and laugh as loudly as we want to.

Some people say eating in a restaurant is fun because we can (55) eating with friends and celebrating special events. However, I still believe eating at home is better.

(51)	① healthier	② faster	③ cheaper	④ more expensive
(52)	① enough	② rich	③ safe	④ empty
(53)	① safer	② softer	③ more important	④ more relaxing
(54)	① hurry	② behave	③ forget	④ worry
(55)	① stop	② enjoy	③ give up	④ avoid

＜リスニング問題放送原稿＞

1　放送を聞き，応答として最も適切なものを選び，番号で答えなさい。質問は，問題用紙には印刷されていません。放送は2回流れます。

(1) What kind of music do you like best ?

(2) How long does it take to get to school ?

(3) Do you usually eat sandwiches for lunch ?

(4) Would you like to study for the test together ?

(5) I want to work in a hospital. What do you want to be in the future ?

2　会話を聞き，質問に対する解答として最も適切なものを選び，番号で答えなさい。放送は1回だけ流れます。

(6)

A : May I help you ?
B : Yes, I would like to order an orange juice and dessert. What cake do you recommend ?
A : Sorry, but we don't have any left. We are sold out.
B : OK, I will just have a drink then.
A : Please wait a moment.
Q : What did the customer order ?

(7)

A : Would you like to go to the movies next week ?
B : Sure. What kind of movie shall we watch ?
A : I like scary movies. How about you ?
B : Yes, me too. Sounds fun !
Q : What kind of movie will the speakers go to see ?

(8)

A : Hey Susan, what's wrong ?
B : My cat ran away and is lost.
A : I am so sorry to hear that. Did you check the park or the riverside ?
B : I went to the park twice, but I haven't checked the riverside yet.
A : I often see your cat near the river. I hope you find him there.
B : Thanks. I'll check there next.
Q : What will Susan do after the conversation ?

(9)

A : Boy　B : Girl
A : My new English teacher is so nice. I really enjoy her class.
B : Are you good at learning a foreign language ?
A : Not really, but I am trying hard. I want to go abroad in the future.
B : That's great. Me too !
Q : Why does the boy study English hard ?

(10)

A : Man　B : Woman
A : I went to the museum last Monday, but it was closed. You often go there too, right ?

B : Yes, I go there about once a month. I really like the exhibitions. I think it is closed every Monday though.

A : Oh really ? I should check the schedule and go on a different day next time.

B : Yes, that's a good idea . . .

Q : What will the man do before going to the museum ?

【数　学】　(50分)〈満点：100点〉

(注意)　1．分数の形で解答する場合，それ以上約分できない形で答えなさい。

2．根号を含む形で解答する場合，根号の中に現れる自然数が最小となる形で答えなさい。また，根号を含む分数の形で解答する場合，分母に根号を含まない形で答えなさい。

1　次の各問いに答えよ。

(1)　$\left\{\left(\frac{1}{3}-\frac{1}{4}\right)\times 6+1\right\}\times\left(\frac{5}{3}\right)^2\div\left(\frac{1}{3}-2^3+\frac{7}{2}\right)$ を計算せよ。

(2)　$\left(\sqrt{48}-\frac{6}{\sqrt{3}}-1\right)(\sqrt{27}+1-\sqrt{3})$ を計算せよ。

(3)　$(x-2y)a+2by-bx$ を因数分解せよ。

(4)　2次方程式 $2x^2-6x+3=0$ を解け。

(5)　下の図において，α を求めよ。ただし，点Oは円の中心で $\overset{\frown}{AB}:\overset{\frown}{CD}=2:1$ である。

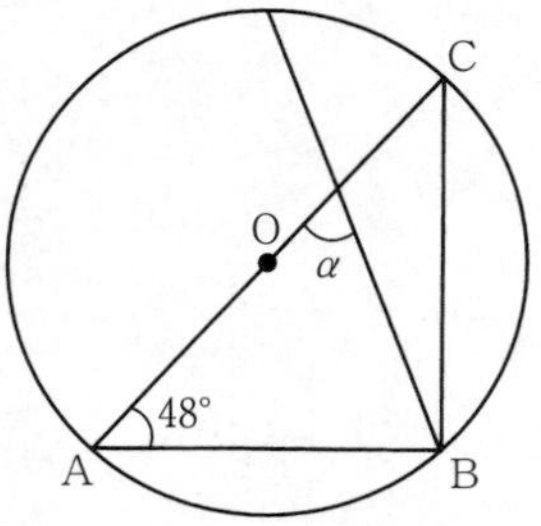

(6)　2個のさいころを同時に投げるとき，目の積が奇数になる確率を求めよ。

(7)　右の三角柱の表面積を求めよ。

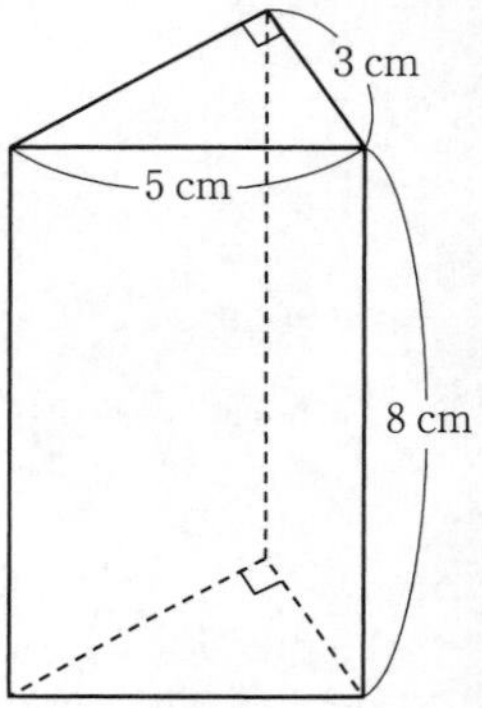

(8)　等式 $x^2-4x+6=(x-2)^2+s$ を満たす s について，次の値を求めよ。

$s^{11}-s^4-s^3-s$

2　右の図のように，放物線 $y=x^2$ 上に x 座標がそれぞれ -5, 1である点A，Bをとり，直線ABと y 軸との交点をCとするとき，次の問いに答えよ。

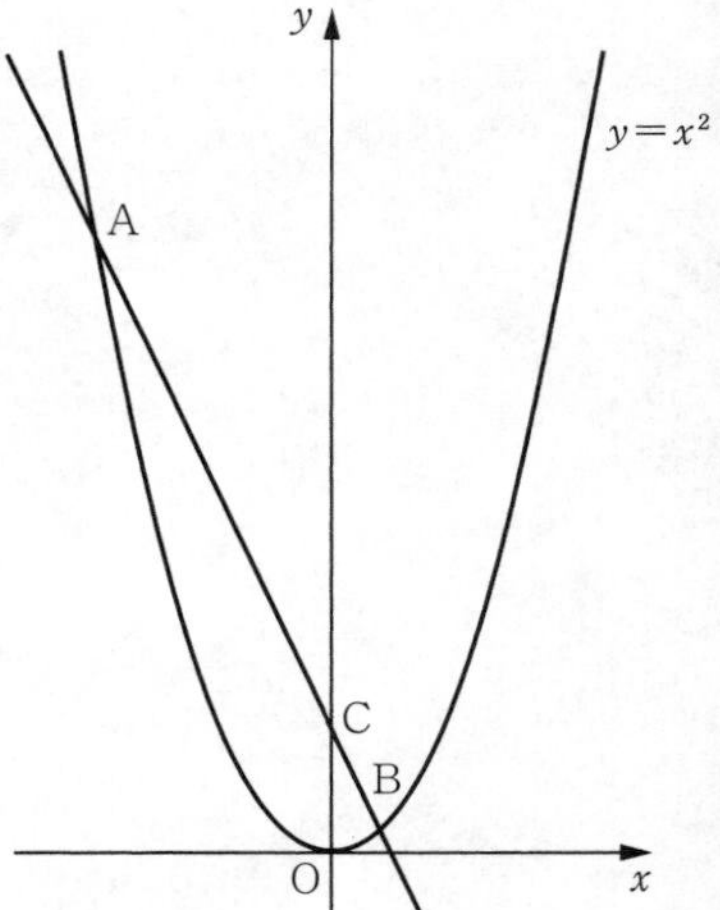

(1)　点Aの y 座標を求めよ。

(2)　直線AOの式を求めよ。

(3)　直線ABの式を求めよ。

(4)　点Cを通り，△AOBの面積を2等分する直線の式を求めよ。

3 　図1の点A，B，Cは，円Oの円周を3等分する点である。また，図2の点D，E，F，G，H，I，J，Kは，円Oと半径が等しい円O′の円周を8等分する点である。線分ACの長さが2のとき，次の各問いに答えよ。

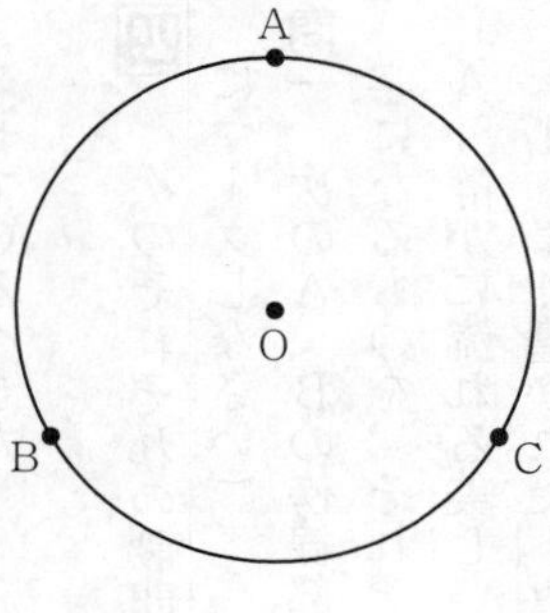

図1

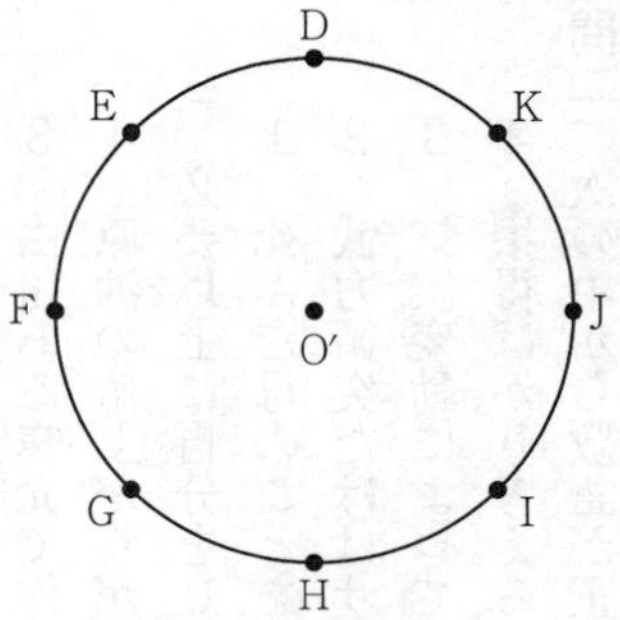

図2

(1)　∠ABCと∠DO′Kの大きさをそれぞれ求めよ。

(2)　三角形ABCの面積を求めよ。

(3)　円Oの面積を求めよ。ただし，円周率をπとする。

(4)　八角形DEFGHIJKの面積を求めよ。

4 　下の図のように，同じ大きさの立方体を1段目，2段目，3段目，…と下へ増やしていき，増やした段の表面全体に色を塗っていく。ただし，立方体どうしが接している面と底面には色を塗らない。このとき，次の各問いに答えよ。

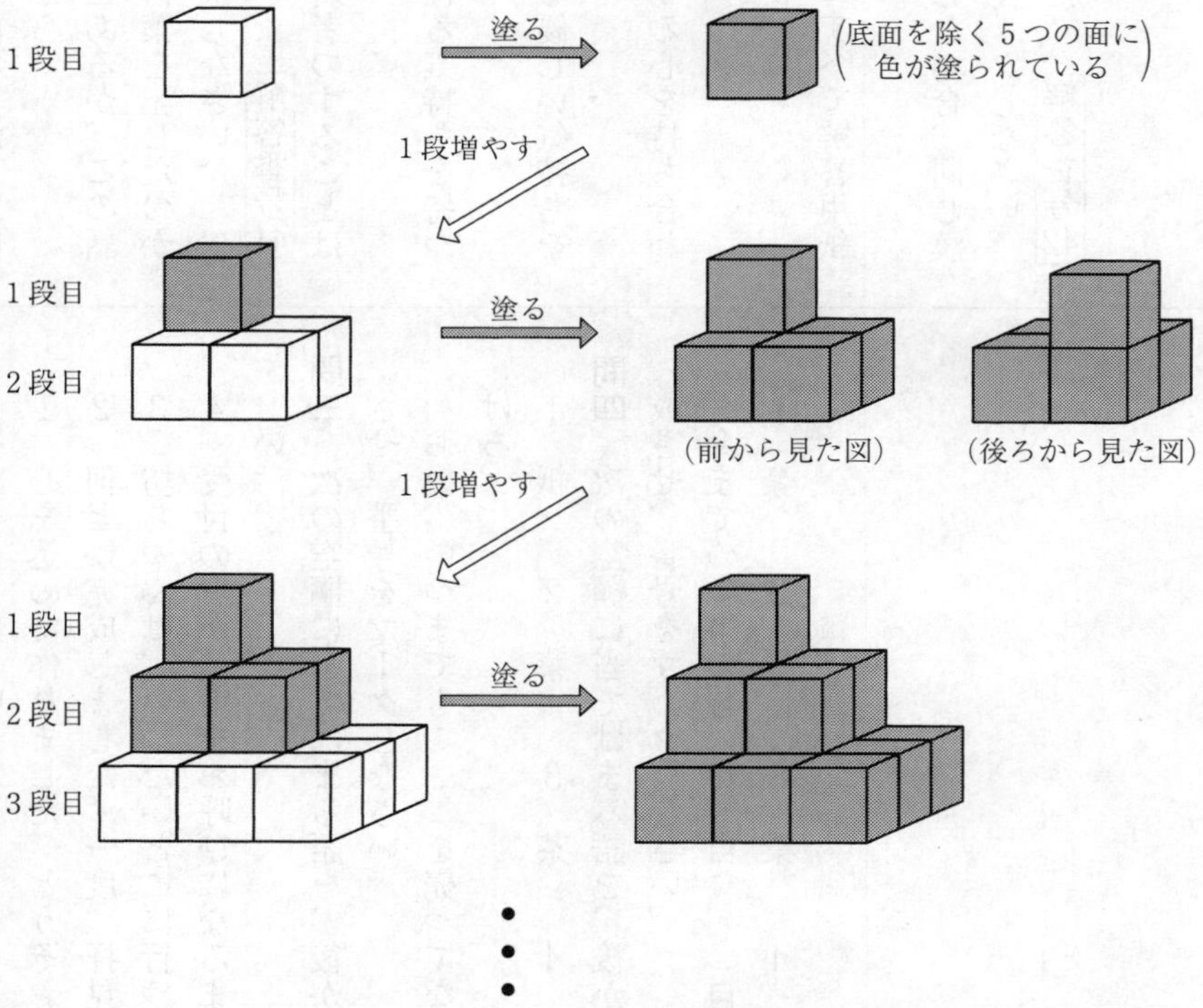

(1)　4段目まで立方体を増やしたとき，立方体は全部で何個あるか。

(2)　4段目まで立方体を増やしたあと，表面全体に色を塗った。このとき，色が塗られた面の総数を求めよ。

(3)　6段目まで立方体を増やしたあと，表面全体に色を塗った。このとき，2つの面に色が塗られた立方体は全部で何個あるか。

(4)　n段目まで立方体を増やしたあと，表面全体に色を塗った。このとき，2つの面に色が塗られた立方体は全部で400個あった。nの値を求めよ。

自分のことなど全然考えてくれず心の底から嫌になった、と切実な心の訴えを上手に詠みこんだと評価したから。

問八 傍線部⑦「人はいかにも情けはあるべし」とあるが、この話の語り手はどのように思ってこのような結びの言葉を記したのか。適切なものを次の中から一つ選び、番号をマークしなさい。　解答番号41

1 どんなに冷酷な人であっても老人のような弱者のすることは大目に見るべきだ。

2 どんなに身分の低い人に対しても情けをかける気持ちを持っているべきだ。

3 どんな人であっても他人の気持ちを推し量る優しい気持ちを持っているべきだ。

4 どんな境遇にある人であっても風流を理解する心を持ち合わせているべきだ。

四

次のそれぞれの設問に答えなさい。（解答はすべて解答用紙にマークしなさい）

問一 次のA・Bの傍線部のカタカナを漢字に直した場合、同じ漢字になるものを、それぞれ後から選び、番号をマークしなさい。

A 静かに流れる美しいメロディーにトウ酔した。　解答番号42

1 よく磨かれたトウ明なガラス。

2 水1リットルを沸トウさせてください。

3 由緒ある窯元《かまもと》で作られたトウ器。

4 原油の値上がりがトウ油の価格にも反映している。

B 必要以上に自分をヒ下するのは良くない。　解答番号43

1 死んだ母のことを考えると今でもカナしくなる。

2 武力衝突だけはサけなければならない。

3 気候変動によって大きな損害をコウムることになる。

4 損得ばかり考える、金にイヤしいやつだ。

問二 次の中から敬語が正しく使われているものをすべて選び、番号をマークしなさい。　解答番号44

1 心を込めて作りました。どうぞお召し上がりください。

2 何とか完成しました。一度、拝見していただけませんか。

3 坊ちゃんは、いったいどこに行ってしまわれたのだろう。

4 受付の者が名前をお呼びになるまで、こちらでお待ちください。

問三 次の空欄に当てはまる語を、後から一つ選び、慣用句を完成させ、番号をマークしなさい。　解答番号45

おい、いつまでも（　）を売ってないで、さっさと仕事を片付けろ。

1 紙　2 菜　3 茶　4 油

問四 次の空欄に当てはまる語を、後から一つ選び、四字熟語を完成させ、番号をマークしなさい。　解答番号46

今までの悪事の報いだ。自（　）自得だよ。

1 豪　2 号　3 業　4 郷

3　A＝罪を犯した家来　B＝家来の誰か
　C＝大隅守　D＝家来の誰か

4　A＝大隅守　B＝罪を犯した家来
　C＝家来の誰か　D＝大隅守

問二　傍線部①「打ぜん」はどういうことを表しているか。適切なものを次の中から一つ選び、番号をマークしなさい。　解答番号35

1　本当かどうか問い詰めよう
2　罰をどうするか相談しよう
3　許してくれるか頼んでみよう
4　鞭でたたいて罰しよう

問三　傍線部②「何事につけてか、これを許さん」とあるが、このように考えたのはなぜか。適切なものを次の中から一つ選び、番号をマークしなさい。　解答番号36

1　あまりにもばかばかしいことが続いて起こるため呆れてしまったから。
2　あまりにも何度も罰しているため面倒くさくなってしまったから。
3　あまりにも歳をとっているのでかわいそうになってしまったから。
4　あまりにも親しい間柄なので何とか面倒をみてあげたくなったから。

問四　傍線部③「ただ老いを高家にて、いらへをる」とは具体的にどのようなことを答えたのか。適切なものを次の中から一つ選び、番号をマークしなさい。　解答番号37

1　「私のお仕えしている主人はお前たちの主人よりずっと身分が高いんだぞ。」
2　「私は年を取りすぎていますので、前にやったことをつい忘れてしまうのです。」
3　「私はお前たちよりもずっと身分が上なんだぞ。それを分かっているのか。」
4　「私のだらしなさは長年身についたものですから、もう直ることはありません。」

問五　傍線部④「歌は詠みてんや」の現代語訳として適切なものを次の中から一つ選び、番号をマークしなさい。　解答番号38

1　歌を詠むことはできるのか
2　歌を詠むことで優劣はつけられるか
3　歌を詠むことは楽しいか
4　歌を詠むことを申しつけよう

問六　傍線部⑤「はかばかしからず候へども」の現代語訳として適切なものを次の中から一つ選び、番号をマークしなさい。　解答番号39

1　ご期待にこたえようと思いますけれども
2　大変得意としておりますけれども
3　ばかばかしい出来でございますけれども
4　あまり上手には詠めませんけれども

問七　傍線部⑥「いみじうあはれがりて、感じて許しけり」とあるが、許したのは、詠まれた歌がどのように優れていると感じたからか。適切なものを次の中から一つ選び、番号をマークしなさい。　解答番号40

1　「かしらの雪」という語を用いることで、雪が降り積もる寒さの中で何も考えられずただただ困惑している、というつらい気持ちを非常に忠実に表現していると評価したから。
2　「雪」「しも」「冷え」など、冬の寒さを表す言葉をたくさん用いることで、自分のような年老いた身にとっては凍えるほどつらいという気持ちを強く表現していると評価したから。
3　すっかり白くなった頭髪を「かしらの雪」と見立て、鞭を意味する「しもと」に「霜」をかけた掛詞を用いて、罰を受ける身のつらさをおもしろく表現していると評価したから。
4　「年を経て〜積もれども」で、長年奉公してきた主人なのに、

問九　傍線部⑧「こんなことを言ったら相手はどう感じるだろうか」とあるが、「こんなこと」の例として当てはまらないものを次の中から一つ選び、番号をマークしなさい。　解答番号31

1　班長にはAくんが良いと思うけど、君はどう思う。
2　班長はBくん以外、絶対考えられないよ。
3　僕には決められないから、班長は君が決めてくれ。
4　班長は僕がやる。誰にも譲らないよ。

問十　「人間」・「人」という言葉について、この文章で述べられている内容として適切なものを次の中から一つ選び、番号をマークしなさい。　解答番号32

1　「人間」という言葉には、もともと「人」という意味があった。
2　中国でも「人間」という言葉は、「人」という意味で使われていた。
3　日本では「人間関係」を表す言葉として、「人」という言葉が使われていた。
4　「人間」という言葉を「人」の意味で使うのは、本来は誤りである。

問十一　本文の内容と一致するものを次の中から二つ選び、番号をマークしなさい。　解答番号33

1　現代社会で他人とコミュニケーションを取る場合に大事なことは、まず自分の意見をしっかりと持つことである。
2　欧米人に他人の視線を気にする人が少ないのは、彼らにとっては自分の思いを伝えることが何より大切だからである。
3　社会は多くの人間が関わりあって成立しているので、独立的自己観よりは相互協調的自己観の方が重要だ。
4　日本人が「人間」という語を誤って用いてきたことには、日本的な「人」のとらえ方の特徴が表れていると言える。
5　他者志向の日本人が自己主張をするのは難しいことなので、コミュニケーション能力を高めようとしなくてもいい。

三

次の文章は、大隅守《おおすみのかみ》という人物が、一度ならず度々《たびたび》だらしない態度で仕事をしている郡司《ぐんじ》(＝家来)をこらしめようと思って呼び出した場面を描いたものです。続きを読んで、後の設問に答えなさい。(解答はすべて解答用紙にマークしなさい)

A「ここに召して、ゐて参りたり。」と、人の申しければ、さきざきするやうに、し臥《ふ》せて、尻・頭《かしら》にのぼりゐたる人、※1しもとをまうけて、打つべき人まうけて、さきに、人二人引き張りて、出できたるを見れば、頭は黒髪もまじらず、いと白く、年老いたり。見るに、①打《ちゃう》ぜんこといとほしくおぼえければ、②何事につけてか、これを許さんと思ふに、事つくべきことなし。あやまちどもを、片《かた》端《はし》より問ふに、③ただ老いを※2高家《かうけ》にて、いらへをる。いかにして、これを許さんと思ひて、B「おのれはいみじき盗人かな。④歌は詠みてんや。」と言へば、C「⑤はかばかしからず候《さぶら》へども、詠み候ひなん。」と申しければ、D「さらばつかまつれ。」と言はれて、ほどもなく、わななき声にて、うち出だす。

年を経て　かしらの雪は　積もれども　しもと見るにぞ　身は冷えにける

と言ひければ、⑥いみじうあはれがりて、感じて許しけり。⑦人はいかにも情けはあるべし。

(『宇治拾遺物語』より)

※1　しもと…「笞」という字を当てる。「(人や動物をたたく)鞭《むち》」のこと。
※2　高家…口実や言い訳などのよりどころ。

問一　会話文A～Dの発言者の組み合わせとして適切なものを次の中から一つ選び、番号をマークしなさい。　解答番号34

1　A＝家来の誰か　B＝罪を犯した家来　C＝大隅守　D＝家来の誰か
2　A＝家来の誰か　B＝大隅守　C＝罪を犯した家来　D＝大隅守

あるが、「日本人」の「コミュニケーション」で大切なものは何か。適切なものを次の中から一つ選び、番号をマークしなさい。 解答番号25

1 自主性　2 共感性　3 行動原理　4 価値観

問四 傍線部③「もちろん自分のためでもあるのだが、自分だけのためではない」について、この場合の「自分のため」に頑張るとはどういうことか。その具体例として適切なものを次の中から一つ選び、番号をマークしなさい。 解答番号26

1 自分自身が喜びを感じるためにピアノの上達や優勝することを目指すこと。

2 人のために頑張ることによって自分も喜びを感じられるようにすること。

3 周りの人を幸福にするため、自分なりに一生懸命努力すること。

4 自分が優勝することで周囲との円滑な人間関係を保てるようにすること。

問五 傍線部④「欧米的な価値観」とはどのような価値観か。適切なものを次の中から一つ選び、番号をマークしなさい。 解答番号27

1 共感性や自己主張のスキルを磨くことが大切であり、必要であるという考え方。

2 自由を第一に考え、型にとらわれない個性を大切にするべきだという考え方。

3 関係に応じて姿を変え、その場にふさわしい自分になるべきだという考え方。

4 個に基づいた自己決定を最優先することが、何より大切であるという考え方。

問六 傍線部⑤「日本人の他者志向を未熟とみなす」とあるが、その見方の前提にはどのような考えがあるか。適切なものを次の中から一つ選び、番号をマークしなさい。 解答番号28

1 堂々と自分の意見を述べて相手を説得できる能力こそが、人間にとって大切なものだという考え。

2 日本人は無闇に他人の意見に同調するだけで、本当には他者の気持ちを理解していないという考え。

3 日本人は自己主張の能力が無いわけではなく、日本ではその能力を発揮する場面が無いだけだという考え。

4 個を貫いて自己主張をしっかりとできる人こそ、実は他者の気持ちを深く理解できるものだという考え。

問七 傍線部⑥「ひとつの発達の方向性とみなすべきではないか」とあるが、ここにはどのような考え方が読み取れるか。適切なものを次の中から一つ選び、番号をマークしなさい。 解答番号29

1 一人ひとりが成長していくことよりも、その社会全体の協調性が高まることを文明の発達だと考える社会があってもいい。

2 他者との絆を大切にするという日本人の考え方には、これからの人間のあり方として豊かな発展の可能性が認められる。

3 どのようになることが人間の成長だと考えるかについては、欧米の見方とは異なる日本独自の考えがあってもいい。

4 個人として誰の影響も受けずに成長するのか、他人の考え方を受け入れながら成長するかは、各人の自由であるべきだ。

問八 傍線部⑦「関係性を生きている」とはどういうことか。適切なものを次の中から一つ選び、番号をマークしなさい。 解答番号30

1 周囲との関係の中で担わなければならない様々な役割を、一つひとつ責任を持って果たしているということ。

2 周囲や相手との人間関係に合わせて、その都度、自己のあり方を変容させながら生活しているということ。

3 個人としての考えは捨てて、集団に所属するメンバーが気持ちを一つにして生活しているということ。

4 相手との関係がどの程度大切かを考え、それに応じて対応の仕方を変えながら生活しているということ。

人の目を意識することになる。

関係性を生きる僕たちの自己のあり方は、「人間」という言葉にもあらわれている。

哲学者の和辻哲郎《わつじてつろう》は、「人間」という言葉の成り立ちについて疑問を提起している。「人」という言葉に「間」という言葉をわざわざ付けた「人間」という言葉が、なぜまた「人」と同じ意味になるのかというのだ（和辻哲郎『人間の学としての倫理学』岩波書店、一九三四年）。

「人」だけでもいいのに、なぜわざわざ「人間」というのか。なぜ「間」を付けても意味が変わらないのか。ふだん当たり前のように使っている「人間」という言葉だが、改めてそう言われてみると、たしかに妙だ。

和辻によれば、辞書『言海《げんかい》』に、その事情が記されている。もともと人間という言葉は「よのなか」「世間」を意味していたのだそうだ。それが「俗に誤って人の意になった」。つまり、「人間」というのは、もともとは「人の間」、言い換えれば「人間関係」を意味する言葉だったのに、誤って「人」の意味に使われるようになったのだという。

誤って使われたのだとしても、なぜまたそんな誤りが定着したのか。そこにこそ大きな意味があるのではないか。

和辻は、このような混同は他の言語ではみられないのではないかという。ドイツ語でもこんな混同はみられないし、中国語でも人間とはあくまでも世間を指し、人を指したりはしない。他の言語では「人」と「人間関係」がしっかりと区別されているのに、日本でのみ混同があるとすれば、そこには日本的な「人」のとらえ方の特徴があらわれているはずだ。

ここからわかるのは、日本文化には、「人＝人間関係」というような見方が根づいているということだ。

和辻は、そこのところをつぎのように説明する。もし、「人」が人間関係とはまったく別ものとしてとらえられているのであれば、「人」と「人間関係」を明確に区別すべきだろう。それなのに、日本語では「人」と「人間関係」を区別せずに、「人間関係」や「よのなか」を意味する「人間」という言葉が「人」の意味で用いられるようになった。ここにこそ、日本的な「人」のあり方が示されている。

僕たち日本人にとって、「人間」は社会であるとともに個人なのだ。

このように、日本文化のもとで自己形成をした僕たちの自分というのは、個としてあるのではなく、人とのつながりの中にある。かかわる相手との間にある。

一定不変の自分というのではなく、相手との関係にふさわしい自分がその都度生成するのだ。相手あっての自分であり、相手との関係に応じて自分の形を変えなければならない。だからこそ人のことが気になる。人の目が気になって仕方がないのだ。

（榎本博明『〈自分らしさ〉って何だろう？』ちくまプリマー新書）

問一　傍線部①「グローバル化」とはどういうことか、適切なものを次の中から一つ選び、番号をマークしなさい。　解答番号23

1　世界規模で結びつきが深まること。
2　差別がなくなっていくこと。
3　日本が独自の成長をとげていくこと。
4　経済が活性化していくこと。

問二　空欄（A）～（C）に当てはまる語句の組み合わせとして適切なものを次の中から一つ選び、番号をマークしなさい。　解答番号24

1　A＝だから　B＝一方　C＝だが
2　A＝一方　B＝だから　C＝このような
3　A＝だから　B＝だが　C＝一方
4　A＝だが　B＝このような　C＝だから

問三　傍線部②「僕たち日本人にとって～醸し出すことなのだ」と

を果たす。そんなところが多分にある。大人だって、監督のために何としても優勝したいなんて言ったりするし、優勝すると監督の期待に応えることができてホッとしていると言ったりする。

自分の中に息づいているだれかのために頑張るのだ。③もちろん自分のためでもあるのだが、自分だけのためではない。

（C）人の意向や期待を気にする日本人的な心のあり方は、「他人の意向を気にするなんて自主性がない」とか「自分がない」などと批判されることがある。でも、それは④欧米的な価値観に染まった見方に過ぎない。

教育心理学者の東洋《あずまひろし》は、⑤日本人の他者志向を未熟とみなすのは欧米流であって、他者との絆《きずな》を強化し、他者との絆を自分の中に取り込んでいくのも、⑥ひとつの発達の方向性とみなすべきではないかという（東洋『日本人のしつけと教育——発達の日米比較にもとづいて』東京大学出版会、一九九四年）。

そもそも欧米人と日本人では自己のあり方が違う。僕たち日本人が、率直な自己主張をぶつけ合って議論するよりも、だれも傷つけないように気をつかい、気まずくならないように配慮するのも、欧米人のように個を生きているのではなくて、⑦関係性を生きているからだ。

心理学者のマーカスと北山忍《きたやましのぶ》は、アメリカ的な独立的自己観と日本的な相互協調的自己観を対比させている。

独立的自己観では、個人の自己は他者や状況といった社会的文脈から切り離され、そうしたものの影響を受けない独自な存在とみなされる。そのため個人の行動は本人自身の意向によって決まると考える。

それに対して、相互協調的自己観では、個人の自己は他者や状況といった社会的文脈と強く結びついており、そうしたものの影響を強く受けるとみなされる。そのため個人の行動は他者との関係性や周囲の状況に大いに左右されると考える。

このような相互協調的自己観をもつ僕たち日本人は、個としての自己を生きているのではなく、関係性としての自己を生きている。関係性としての自己は、相手との関係性に応じてさまざまに姿を変える。その場その場の関係性にふさわしい自分になる。相手との関係性によって言葉づかいまで違ってくる。欧米人のように相手との関係性に影響を受けない一定不変の自己などというものはない。

「だれが何と言おうと、私はこう考える」「僕はこう思う」と自分を押し出していく欧米社会では視線恐怖があまり見られないのに対して、自分を押し出すよりも相手の意向を汲み取ろうとする日本人の間には視線恐怖が多い。それは、僕たち日本人は、相手との関係性によって自分の出方を変えなければならないからだ。

相手がどう思っているかが気になる。⑧こんなことを言ったら相手はどう感じるだろうかと気になる。それも、僕たちが関係性としての自己を生きているからだ。

僕たちの自己は、相手から独立したものではなく、相手との相互依存に基づくものであり、間柄によって形を変える。僕たちの自己は、相手にとっての「あなた」の要素を取り込む必要がある。だから相手の意向が気になる。相手の視線が気になるのだ。

個を生きているのなら、自分の心の中をじっくり振り返り、自分のしたいことをすればいいし、自分の言いたいことを言えばいい。相手が何を思い、何を感じているかは関係ない。自分が何を思い、何を感じているかが問題なのだ。自分の思うことを言う。自分が正しいと考えることを主張する。自分の要求をハッキリと伝える。それでいいわけで、じつにシンプルだ。

でも、関係性を生きるとなると、そんなふうにシンプルにはいかない。自分の意見を言う前に相手の意向をつかむ必要がある。気まずくならないようにすることが何よりも重要なので、遠慮のない自己主張は禁物だ。相手の意見や要求を汲み取り、それを自分の意見や要求に取り込みつつ、こちらの意向を主張しなければならない。

このように関係性としての自己を生きる僕たち日本人は、たえずたから。

4 母は自分のことをなにより大切に思ってくれていると確信したから。

問二十一 傍線部⑳「樹はもう何も言わなかった」に使われている修辞法として適切なものを次の中から一つ選び、番号をマークしなさい。 解答番号21

1 体言止め　2 擬人法

3 倒置法　4 擬態語

問二十二 傍線部㉑「千穂はもう一度、深くその香りを吸い込んでみた」とあるが、このときの千穂についての説明として適切なものを次の中から一つ選び、番号をマークしなさい。 解答番号22

1 千穂は緑の香りが濃くなっていくにつれ、幼い頃の母との記憶がよみがえり、幸せな気持ちで胸がいっぱいになっていった。

2 千穂は自分のことしか考えていない母に対して反発していたが、緑の香りを吸い込んだことで気持ちが安らぎ、少しずつ前向きになっていった。

3 千穂は緑の香りに誘われ大樹の元へ行ったことで、母の温かさを思い出すことができ、自分の進路を自分の意志で決めようと一歩を踏み出した。

4 千穂は緑の香りを深く吸い込んだことで、母に抱きしめられたことを思い出し、母のためにも自分の夢は諦めようと決心した。

二

次の文章を読んで、後の設問に答えなさい。(解答はすべて解答用紙にマークしなさい)

日本人は自己主張が苦手だと言われる。①グローバル化の時代だし、もっと自己主張ができるようにならないといけないなどと言う人もいる。でも、日本人が自己主張が苦手なのには理由がある。それはけっして悪いことではない。

では、アメリカ人は堂々と自己主張ができるのに、僕たち日本人はなぜうまく自己主張ができないのか。

それは、そもそも日本人とアメリカ人では自己のあり方が違っていて、コミュニケーションの法則がまったく違っているからだ。

アメリカ人にとって、コミュニケーションの最も重要な役割は、相手を説得し、自分の意見を通すことだ。お互いにそういうつもりでコミュニケーションをするため、遠慮のない自己主張がぶつかり合う。お互いの意見がぶつかり合うのは日常茶飯事なため、まったく気にならない。

（Ａ）、日本人にとって、コミュニケーションの最も重要な役割は何だろう。相手を説得して自分の意見を通すことだろうか。そうではないだろう。僕たちは、自分の意見を通そうというより前に、相手はどうしたいんだろう、どんな考えなんだろうと、相手の意向を気にする。そして、できることなら相手の期待を裏切らないような方向に話をまとめたいと思う。意見が対立するようなことはできるだけ避けたい。そうでないと気まずい。

つまり、②僕たち日本人にとっては、コミュニケーションの最も重要な役割は、お互いの気持ちを結びつけ、良好な場の雰囲気を醸し出すことなのだ。強烈な自己主張によって相手を説き伏せることではない。

（Ｂ）自己主張のスキルを磨かずに育つことになる。自己主張が苦手なのは当然なのだ。その代わりに相手の気持ちを察する共感性を磨いて育つため、相手の意向や気持ちを汲《く》み取ることができる。

相手の意向を汲み取って動くというのは、僕たち日本人の行動原理といってもいい。コミュニケーションの場面だけではない。たとえば、何かを頑張るとき、ひたすら自分のためというのが欧米式だとすると、僕たち日本人は、だれかのためという思いがわりと大きい。

親を喜ばせるため、あるいは親を悲しませないために勉強を頑張る、ピアノを頑張る。先生の期待を裏切らないためにきちんと役割

のようであったということか。適切なものを次の中から一つ選び、番号をマークしなさい。　解答番号 14

1 絵描きになるためには家族との対立もいとわないと、無茶なことを考えていた。

2 自分に絵の才能があるのか、画家になって生計が立つのかなど、考えていなかった。

3 芸術科のある高校に進まなくても自分は絵描きになれるはずだと、思い込んでいた。

4 自分の好きなことだけをして生きていけばいいと、夢のようなことを考えていた。

問十五　傍線部⑭「大仰なもの」の意味として適切なものを次の中から一つ選び、番号をマークしなさい。　解答番号 15

1 夢みたいなもの　2 無謀なもの

3 りっぱ過ぎるもの　4 むずかしいもの

問十六　傍線部⑮「けれど母の美千恵には言い出せなかった」理由として適切なものを次の中から一つ選び、番号をマークしなさい。　解答番号 16

1 自分の本当の気持ちを伝えることで、母が開業医である父にその事実を伝えてしまい、がっかりしてしまう父の姿を見たくなかったから。

2 今まで医者になることを志していたのに、急に別の進路に進みたいなどと言ったら勉強するのを諦めたのではないかと疑われてしまうと思っているから。

3 母に自分の夢を伝えることで、あなたにはそんな才能はないとはっきり言われてしまうのがこわく自信を失いたくなかったから。

4 家族が代々医者であることから、母には医療系のある進学校を受験するように言われてきたため自分の気持ちを伝えてもわかってもらえないと思っているから。

問十七　傍線部⑯「一笑に付される」の意味として適切なものを次の中から一つ選び、番号をマークしなさい。　解答番号 17

1 たいして面白がってもらえない

2 まともに取り上げてもらえない

3 少しだけ笑われてしまう

4 頭ごなしに怒られる

問十八　傍線部⑰「ざわざわと葉が揺れた」とあるが、これを千穂の心の中の様子を表現したものと考える場合、その説明として適切なものを次の中から一つ選び、番号をマークしなさい。　解答番号 18

1 自分の心の中でつぶやいたことに、千穂自身がかすかに違和感を覚えたことを表している。

2 心の中で母を非難したことに対して、千穂が無意識のうちに罪悪感を覚えたことを表している。

3 これまでの夢とは異なる新しい目標が、千穂の心の中に生まれつつあることを表している。

4 千穂が人の道を踏み外しかけたとき、神秘的な存在からメッセージが届いたことを表している。

問十九　傍線部⑱「血相をかえて」の意味として適切なものを次の中から一つ選び、番号をマークしなさい。　解答番号 19

1 ひどくうろたえて　2 心を入れ替えて

3 大いに怒って　4 わき目もふらず

問二十　傍線部⑲「あたしはどう生きたいのか、お母さんに伝えよう」とあるが、千穂はなぜそういう気持ちになったのか。適切なものを次の中から二つ選び、番号をマークしなさい。　解答番号 20

1 大樹の生命力を受け取り、自分はロボットではないと思えたから。

2 自分が本当にしたいことは絵を描くことだとはっきり思えたから。

3 自分のしたいことを我慢することは間違ったことだと理解し

えている。

問八　傍線部⑦「反芻」の意味として適切なものを次の中から一つ選び、番号をマークしなさい。　解答番号8

1　くりかえし思い、考えること。
2　そむいて、さからうこと。
3　影響が他に及んで、現れること。
4　自分の行いを、かえりみること。

問九　傍線部⑧「すごくいいな」とあるが、真奈は父親のどのような点を「いい」と思っているのか。適切なものを次の中から一つ選び、番号をマークしなさい。　解答番号9

1　かっこよく仕事をすることを忘れない一方で、きちんと成果も上げて周囲から高い評価を得ていること。
2　自分が決めた仕事に打ち込んで成し遂げた成果が、周囲にささやかな幸福をもたらしていること。
3　つらい仕事であっても文句を言わず、自分の仕事が周囲に喜びをもたらしていることに満足していること。
4　お客さんに喜ばれることだけで満足して、経済的な成功を考えずに、好きなことに打ち込んでいること。

問十　傍線部⑨「そこには確かな自分の（　　）があった」の空欄に当てはまる語として適切なものを次の中から一つ選び、番号をマークしなさい。　解答番号10

1　選択　2　目標　3　意志　4　希望

問十一　傍線部⑩「うつむいて、そっと唇を噛んだ」とあるが、このときの千穂の気持ちを説明したものとして適切なものを次の中から一つ選び、番号をマークしなさい。　解答番号11

1　「しっかりしている」ことが誇りだったのに、実は真奈の方がしっかり将来を考えているという事実を突きつけられ、悔しさを感じている。
2　将来をしっかり考えている真奈に比べて、自分は自分のしたいことについてもあいまいなことしか言えないと気づき、情けなく感じている。
3　真奈は将来に向かってしっかり歩み出しているのに、自分の夢はどうやったらかなえられるのかもわからず、落ち込んでしまっている。
4　真奈を前にして感じる恥ずかしさにじっと耐えながら、自分もいつかは将来についてしっかり語れるようになろうと強く決意している。

問十二　傍線部⑪「塾の時間が迫っていたけれど、我慢できなかった」とあるが、「塾に行くこと」・「公園に行くこと」は、この小説全体を通して考えた場合、それぞれどのような意味を持っているか。適切なものを次の中から一つ選び、番号をマークしなさい。　解答番号12

1　「塾に行くこと」は舗装された道を踏んで母に言われたとおりの未来に進むことであり、「公園に行くこと」は細い土の道にそれて忘れていた過去の自分を思い出すことである。
2　「塾に行くこと」は未来のために堅実な道をたどって地道に努力していくことであり、「公園に行くこと」はたとえ困難な道であっても夢をあきらめずに進んでいくことである。
3　「塾に行くこと」は先の方に見通せる将来に向かってまっすぐ進んでいくことであり、「公園に行くこと」は先の見通せない未知の道を過去に向かって遡っていくことである。
4　「塾に行くこと」は多くの人が通る安全な大通りを未来に向かって進むことであり、「公園に行くこと」は誰も通らない道を一人で不安に耐えながら未来に向かうことである。

問十三　傍線部⑫「金色の風景」とあるが、「金色」とは何を意味しているか。適切なものを次の中から一つ選び、番号をマークしなさい。　解答番号13

1　夕暮れの光　2　過去の思い出
3　幸せな気分　4　美しい幻想

問十四　傍線部⑬「理屈じゃなかった」とは、そのときの千穂がど大樹の幹をそっとなでる。
ありがとう。思い出させてくれてありがとう。
⑳樹はもう何も言わなかった。
風が吹き、緑の香りがひときわ、濃くなった。㉑千穂はもう一度、深くその香りを吸い込んでみた。

（『1日10分のぜいたく』双葉文庫より）

問一 傍線部①「はしたない」の意味として適切なものを次の中から一つ選び、番号をマークしなさい。 解答番号1

1 普通でない　2 もったいない
3 思いやりがない　4 みっともない

問二 傍線部②「そんなにおいしいとは思えない」理由として適切なものを次の中から一つ選び、番号をマークしなさい。 解答番号2

1 友達と笑ったりおしゃべりしたりせず一人で食べるから。
2 有名店のケーキだからといっておいしいとは限らないから。
3 千穂の母親は焼きたてのものを買ってきてくれないから。
4 有名な店の高価なケーキだと食べる時に緊張してしまうから。

問三 空欄（Ⅰ）～（Ⅲ）に当てはまる語句の組み合わせとして適切なものを次の中から一つ選び、番号をマークしなさい。 解答番号3

1 Ⅰ＝ギュルギュル　Ⅱ＝ゴーゴー　Ⅲ＝チクチク
2 Ⅰ＝グーグー　Ⅱ＝ビュンビュン　Ⅲ＝ズキズキ
3 Ⅰ＝キュルキュル　Ⅱ＝サワサワ　Ⅲ＝ドキドキ
4 Ⅰ＝ゴロゴロ　Ⅱ＝ヒューヒュー　Ⅲ＝キュンキュン

問四 傍線部③「涼しい顔」とあるが、ここでの使われ方と同じ使われ方をしている例文として適切なものを次の中から一つ選び、番号をマークしなさい。 解答番号4

1 真夏の暑い日にもかかわらず一人だけ涼しい顔をしていた。
2 渋滞の車の列をバイクが涼しい顔をして追い抜いていった。
3 今までにない自信に満ちた涼しい顔で家に帰ってきた。
4 涼しい顔をした大人たちからはほのかにミントの香りがした。

問五 傍線部④「かぶり」を漢字で書く場合、適切なものを次の中から一つ選び、番号をマークしなさい。 解答番号5

1 袖　2 腕　3 頭　4 手

問六 傍線部⑤「ぼそりとつぶやいた」ときの真奈について説明したものとして適切なものを次の中から一つ選び、番号をマークしなさい。 解答番号6

1 これまで自分の心の中だけで考えていたことを、そっと親友に打ち明け始めた。
2 心の中に秘めていた自分の信念を、良い機会だと思って親友に宣言し始めた。
3 誰にも言えないでいた自分の秘密だが、親友には隠しておけないと覚悟を決めた。
4 自分の考えを思い切って明かすことで、親友に進路問題を考えるよう促している。

問七 傍線部⑥「生徒一人一人の顔を見やりながら、きっぱりと言いきった」とあるが、このとき担任の教師はどのような思いだったと考えられるか。適切なものを次の中から一つ選び、番号をマークしなさい。 解答番号7

1 クラスの生徒のうち、自分の将来についてよく考えているのは誰で、まだ考えられていないのは誰なのか、しっかり見極めようとしている。
2 中学三年生に将来何をしたいのかを考えろと言っても無理だとは思うが、担任の自分が抱いている危機感だけでも伝えたいと思っている。
3 高校受験が近づいてきているのにのんびりしている生徒が多いことに業を煮やしていて、そういう現状を反省させたいと考えている。
4 高校受験は誰にとっても重要な意味を持つものであることを理解して、一人一人が自分の問題として取り組んでほしいと考だけど、まだ、あるだろうか。とっくに切られちゃったかもしれない。切られてしまって、何もないかもしれない。

心が揺れる。ドキドキする。

「あっ！」

叫んでいた。大樹はあった。四方に枝を伸ばし、緑の葉を茂らせて立っていた。昔と同じだった。何も変わっていない。周りに設けられた囲いはぼろぼろになって、地面に倒れている。だけど、大樹はそのままだ。

千穂はカバンを放り出し、スニーカーを脱ぐと、太い幹に手をかけた。あちこちに小さな洞《ほら》やコブがある。登るのは簡単だった。

まん中あたり、千穂の腕ぐらいの太さの枝がにゅっと伸びている。足を滑らせた枝だろうか。よくわからない。枝に腰かけると、眼下に街が見渡せた。⑫金色の風景だ。光で織った薄い布を街全部にふわりとかぶせたような金色の風景。そして、緑の香り。

そうだ、そうだ、こんな風景を眺めるたびに、胸が（Ⅲ）した。この香りを嗅《か》ぐたびに幸せな気持ちになった。そして思ったのだ。

あたし、絵を描く人になりたい。

⑬理屈じゃなかった。描きたいという気持ちが突き上げてきて、千穂の胸を強く叩いたのだ。そして今も思った。

描きたいなあ。

今、見ている美しい風景をカンバスに写し取りたい。

画家なんて⑭大仰《おおぎょう》なものでなくていい。絵を描くことに関わる仕事がしたかった。芸術科のある高校に行きたい。⑮けれど母の美千恵には言い出せなかった。母からは、開業医の父の跡を継ぐために、医系コースのある進学校を受験するように言われていた。祖父も曽《そう》祖父も医者だったから、一人娘の千穂が医者を目ざすのは当然だと考えているのだ。芸術科なんてとんでもない話だろう。

絵描きになりたい？　千穂、あなた、何を考えてるの。絵を描くのなら趣味程度にしときなさい。夢みたいなこと言わないの。

そう、⑯一笑《いっしょう》に付されるにちがいない。大きく、深く、ため息をつく。

お母さんはあたしの気持ちなんかわからない。わかろうとしない。なんでもかんでも押しつけて……あたし、ロボットじゃないのに。

⑰ざわざわと葉が揺れた。

そうかな。

かすかな声が聞こえた。聞こえたような気がした。耳を澄ます。

そうかな、そうかな、本当にそうかな。

そうよ。お母さんは、あたしのことなんかこれっぽっちも考えてくれなくて、命令ばかりするの。

緑の香りが強くなる。頭の中に記憶がきらめく。

そうかな、そうかな、よく思い出してごらん。

千穂が枝から落ちたと聞いて美千恵は、⑱血相をかえてとんできた。そして、泣きながら千穂を抱きしめたのだ。

「千穂、千穂、無事だったのね。よかった、よかった。生きていてよかった」

美千恵はぼろぼろと涙をこぼし、「よかったよかった」と何度も繰り返した。

「だいじな、だいじな私の千穂」そうも言った。母の胸に抱かれ、その温かさを感じながら、千穂も「ごめんなさい」を繰り返した。

ごめんなさい、お母さん。ありがとう、お母さん。

思い出したかい？

うん、思い出した。

そうだった。この樹の下で、あたしはお母さんに抱きしめられたんだ。しっかりと抱きしめられた。

緑の香りを吸い込む。

これから家に帰り、ちゃんと話そう。⑲あたしはどう生きたいのか、お母さんに伝えよう。ちゃんと伝えられる自信がなくて、ぶつかるのが怖くて、お母さんのせいにして逃げていた。そんなこと、もうやめよう。お母さんに、あたしの夢を聞いてもらうんだ。あたしの意志であたしの未来を決めるんだ。

意志をもってもらいたい。

その一言を千穂が心の中で⑦反芻《はんすう》していた時、「パン職人」という言葉が耳に届いたのだった。

「なんかさ、うちのお父さん、普通のおじさんなんだけど、パンを作ってる時だけは、どうしてだかかっこよく見えるんだよね。作ったパンもおいしいしさ。お客さん、すごく嬉しそうな顔して買いに来てくれるんだよね。なんか、そういうの見てるといいかなって、⑧すごくいいなって。もちろん、大変なのもわかってる。朝なんてめちゃくちゃ早いしさ、うちみたいに全部手作りだと、ほんと忙しいもの。嫌だなあって思ってた時もあったんだけど……実はね、千穂」

「うん」

「この前、お父さんと一緒にパン、作ってみたの」

「へぇ、真奈が？」

「うん。もちろん、売り物じゃなくて自分のおやつ用なんだけど、すごく楽しくて……あたし、パン作るの好きなんだって、本気で思った。だからね、高校卒業したらパンの専門学校に行きたいなって……思ってんだ」

少し照れているのか、頬を赤くして真奈がしゃべる。⑨そこには確かな自分の（　　）があった。

真奈って、すごい。

心底から感心してしまう。すごいよ、真奈。

真奈が顔を覗《のぞ》き込んでくる。

「千穂は画家志望だよね。だったら、やっぱり芸術系の高校に行くの？」

「え……あ、それはわかんない」

「だって、千穂、昔から言ってたじゃない。絵描《えか》きさんになりたいって。あれ、本気だったでしょ？」

「……まあ。でも、それは……」

夢だから。口の中で呟《つぶや》き、目を伏せる。⑩うつむいて、そっと唇を噛《か》んだ。

山野のおばさんに頭を下げて、また、歩きだす。さっきより少し足早になっていた。

花屋、喫茶店、スーパーマーケット、ファストフードの店、写真館……見慣れた街の風景が千穂の傍らを過ぎていく。

足が止まった。

香りがした。とてもいい香りだ。焼きたてのパンとはまた違った芳《かんば》しい匂い。

立ち止まったまま視線を辺りに巡らせた。写真館と小さなレストランの間に細い道がのびている。アスファルトで固められていない土の道は緩《ゆる》やかな傾斜の上り坂になっていた。この坂の上には小さな公園がある。そして、そこには……。

大きな樹。

枝を四方に伸ばし、緑の葉を茂らせた大きな樹がある。小学校の三、四年生まで真奈たちとよく公園に遊びに行った。みんな、大樹がお気に入りで、競って登ったものだ。

あれは、今と同じ夏の初めだった。幹のまん中あたりまで登っていた千穂は足を踏み外し、枝から落ちたことがある。かなりの高さだったけれど奇跡的に無傷ですんだ。しかし、その後、大樹の周りには高い柵《さく》が作られ簡単に近づくことができなくなった。木登りができなくなると、公園はにわかに退屈なつまらない場所となり、しだいに足が遠のいてしまった。中学生になってからは公園のことも、大樹のことも思い出すことなどほとんどなかった。

それなのに、今、よみがえる。

大きな樹。卵形の葉は、風が吹くと（Ⅱ）と優しい音を奏《かな》でる。息を吸い込むと、緑の香りが胸いっぱいに満ちてくる。

千穂は足の向きを変え、細い道を上る。どうしても、あの樹が見たくなったのだ。⑪塾の時間が迫っていたけれど、我慢できなかった。ふいに鼻腔《びこう》をくすぐった緑の香りが自分を誘っているように感じる。大樹が呼んでいるような気がする。

二〇二二年度 東海大学付属相模高等学校

【国　語】〈五〇分〉〈満点：一〇〇点〉

一　次の文章は、あさのあつこ「みどり色の記憶」という作品である。これを読んで、後の設問に答えなさい。（解答はすべて解答用紙にマークしなさい）

街は夕暮れの光の中で、淡い金色に輝いていた。その光を浴びながらコンビニエンスストアの前を過ぎまっすぐに歩く。

ふっといい匂いがした。焼きたてのパンの匂いだ。

「あら、千穂《ちほ》ちゃん、お久しぶり」

『ベーカリーYAMANO』のドアが開いて、白いエプロン姿の女の人が出てきた。丸い顔がにこにこ笑っている。優しげな笑顔だ。同級生の山野真奈《やまのまな》の母親だった。笑った目もとが真奈とよく似ている。小学生の時から真奈とは仲よしで、この店でよく焼きたてのパンやクッキーをごちそうになった。千穂は特に食パンが好きだった。窯《かま》から出されたばかりのほかほかの食パンは、バターもジャムも必要ないぐらいおいしいのだ。しかし、

「他人《ひと》さまのおうちで、たびたびごちそうになるなんて、①はしたないわよ。もう、やめなさい。欲しいなら買ってあげるから」

母の美千恵《みちえ》にそう言われてから、『ベーカリーYAMANO』に寄るのをやめた。

美千恵はときどき、食パンやケーキを買ってきてくれる。有名な店の高価なケーキをおやつに出してくれたりもする。けれど、②そんなにおいしいとは思えない。どんな有名店のケーキより、真奈たちとくすくす笑ったり、おしゃべりしたりしながら、口いっぱいに頬張《ほおば》ったパンのほうがずっとおいしい。

もう一度、ほかほかの食パンにかじりつきたい。

そんなことを考えたせいだろうか、（　Ⅰ　）とおなかが音をたてる。頬がほてった。

やだ、恥ずかしい。

しかし、山野のおばさんは気がつかなかったようだ。千穂の提《さ》げている布製のバッグをちらりと見やり、尋ねてきた。

「これから、塾？」

「はい」と答えた。バッグの中には塾で使う問題集とノートが入っている。

「千穂ちゃん、偉いわねえ。真面目に勉強して。それに比べて、うちの真奈ったら、受験なんてまだまだ先のことだって③涼しい顔してるのよ。塾にも通ってないし。ほんと、千穂ちゃんをちょっとでも見習って、しっかりしてほしいわ」

そんなこと、ありません。

千穂は胸の内で、④かぶりを振った。

真奈は偉いと思います。しっかり、自分の将来を考えてます。あたしなんかより、ずっと……。

「千穂、これ、まだ誰にも言ってないんだけど……あたし、お父さんみたいになりたいなって思ってるんだ。パン職人」

今日のお昼、一緒にお弁当を食べていた時、真奈が⑤ぼそりとつぶやいた。昼食の前、四時限めに、来年にひかえた受験に向けて志望校をどう決定していくか、どう絞《しぼ》っていくか、担任の教師から説明を受けたばかりだった。

「……高校受験というのは、ただの試験じゃない。きみたちの将来につながる選択をするということなんだ。具体的な職業までは無理としても、自分は将来、何がしたいのか、あるいはどんな人間になりたいのか、そういうことをじっくり考えて進路を選択してもらいたい。自分の意志が必要なんだ。自分の将来を自分自身で選択するという意志をもってもらいたい」

いつもはのんびりした口調の担任が、⑥生徒一人一人の顔を見やりながら、きっぱりと言いきった。

2022年度／東海大学付属相模高等学校

英語解答

1 (1) ②　(2) ③　(3) ④　(4) ②
(5) ①

2 (6) ④　(7) ②　(8) ③　(9) ④
(10) ①

3 (11) ③　(12) ①　(13) ④　(14) ⑥
(15) ②

4 (16) ③　(17) ①　(18) ③　(19) ①
(20) ②

5 (21) ③　(22) ④　(23) ②　(24) ③
(25) ④

6 1 (26)…③　(27)…①
2 (28)…④　(29)…⑤
3 (30)…⑤　(31)…④
4 (32)…①　(33)…③
5 (34)…⑤　(35)…③

7 A (36)…③　(37)…①　(38)…③　(39)…④
B (40)…②　(41)…③　(42)…④　(43)…①

8 A (44)…②　(45)…④　(46)…③
B (47)…③　(48)…⑦　(49)…④　(50)…⑧

9 (51) ①　(52) ①　(53) ④　(54) ④
(55) ②

1・**2**〔放送問題〕解説省略

3〔会話文完成―適文選択〕

≪全訳≫❶ユウジとミワはクラスメートだ。担任のノグチ先生が受け持ちの生徒たちに話をしている。❷ノグチ先生：今年は，文化祭を行います。各クラスは自分たち自身の催し物を行うことができます。例えば，教室に迷路をつくることも可能ですよ。この時間はクラスメートたちと話してください。❸ユウジ(Y)：ねえ，ミワ。僕は迷路をつくって人々をだましたい。自分たちの迷路を創造するのはすごく楽しいだろうな。(11)君はどう思う？❹ミワ(M)：個人的にはお化け屋敷をつくりたいけど，学校がやらせてくれないと思うのよね。❺Y：うん，オープンスペースを使って，新鮮な空気を入れる必要があるからね。(12)何か食べ物を売るのはどうかな？ 例えば，チャーハンとか綿あめとか。生徒たちは地元の夏祭りにいるような気分になれるよ。❻M：(13)そのアイデアはいいと思う。でも，用意する食べ物の量について考えなきゃいけないよ。あまり売れなければお金を損してしまうかもしれないし。代わりに，講堂でダンス・パフォーマンスをしてみない？❼Y：(14)それはいいアイデアだとは思わないな。大勢の前でダンスをしたくない生徒もいるよ。❽M：なるほどね。クラスの催し物を考えるにはもっと時間が必要なようね。放課後それについて話さないと。❾Y：今回が僕たちにとっては最後の文化祭だからね。(15)今までで最高のイベントにしよう！

<解説>(11)この発言を受けて，ミワは自分のやりたいことを話していることから，ユウジはミワに意見を尋ねたのだとわかる。　(12)直後のFor example以下で食べ物の具体例を挙げていることから判断できる。　(13)直後のHowever「しかしながら」に着目。Howeverの後に続く文の内容と‘逆接’の関係になるものを選ぶ。　(14)直後の「ダンスをしたくない生徒もいる」という発言から，ユウジはミワの提案に賛成していないことがわかる。　(15)直前の「僕たちにとって最後の文化祭だ」に続く内容として適切なのは，最高のものにしようと締めくくる②。

4〔対話文完成―適語選択〕

(16)A：ジャネットは本当に歌が上手だって知ってた？／B：うん。プロのように歌を歌えるよね。／／likeには「～のように」という意味の前置詞の用法がある。

(17) A：新しいラップトップを買いたいんだ。／B：高価なものだから，コンピュータ・ショップでいろいろな型を比較するといいよ。∥compare「～を比較する」　complete「～を完成させる」　compete「競争する」　complain「不満を言う」

(18) A：日本での暮らしはどう？／B：とても気に入ってるけど，東京の電車がとても混んでいるのは嫌だな。∥電車がどんなふうだと happy でないのかを考える。　crowded「混雑した」

(19) A：あの有名レストランに行く予定なんだ。／B：本当に人気があるから，前もって予約しておいた方がいいよ。∥人気のレストランに行くつもりなら，その前にするべきことは reservation「予約」。make a reservation で「予約する」の意味。　in advance「前もって」　protection「保護」　cancelation「取り消し，キャンセル」　motivation「動機づけ」

(20) A：その映画は気に入った？／B：そうでもないな。物語がつまらなかったから眠くなったよ。∥映画を気に入らなかったのは物語が boring「退屈な」ものだったから。　amazing「驚嘆すべき，すばらしい」

5 〔適語(句)選択〕

(21) 電話があったときにしていた動作が入るので，‘過去のある時点で進行中の動作’を示す過去進行形(‘was/were＋～ing’)にする。　take a bath「お風呂に入る」　「トモコから電話がかかってきたとき，私はお風呂に入っていた」

(22) 文末の three times「3回」に着目。have been to ～で「～に行ったことがある」の意味になる。現在完了(‘have/has＋過去分詞’)の‘経験’用法。　「私の家族は旅行をするのが好きだ。私はハワイに3回行ったことがある」

(23) Would you like ～？で「～はいかがですか」という意味を表す。ていねいに物をすすめる言い方。「何かお飲み物はいかがですか？　紅茶，オレンジジュース，コーラがございます」

(24) 今手伝うことができないのは，宿題をしているから。‘am/are/is＋～ing’の現在進行形にする。「申し訳ないですが今はお手伝いできません。宿題をしているんです」

(25) temple は「寺」，build は「～を建てる」。寺は「建てられる」ものなので，‘be動詞＋過去分詞’の受け身にする。建てられたのは過去のことなので，be動詞は過去形を用いる。　「この寺は1200年代に建てられた。実に古いものだ」

6 〔対話文完成―整序結合〕

1．あなた：向こうでサッカーをしている女の子は誰？／友達：彼女はユウトのお姉さん〔妹〕だよ。∥who で始まる疑問文をつくる。Who is ～？で「～は誰ですか」となる。‘～’に入る主語は the girl。この後は playing soccer とまとめればよい。playing soccer over there という現在分詞で始まる語句が前の名詞 the girl を後ろから修飾する形(現在分詞の形容詞的用法)。　Who is the girl playing soccer over there?

2．男性：すみません。駅への行き方をご存じですか？／女性：ええ。この通りの突き当たりです。ここから遠くはないですよ。∥駅への行き方を尋ねる文をつくる。Do you know の後，how to ～「～の仕方」の形で how to get とまとめればよい。　get to ～「～に着く」　Do you know how to get to the station?

3．先生：パリに行ったら君は何をするんだい？／生徒：有名な絵がある美術館に行きたいです。∥want to の後には動詞の原形が続くので go を置き，この後は‘go to＋場所’の形で to a museum

と並べる。残りはthatをa museumを先行詞とする主格の関係代名詞として使いthat hasとまとめ，文末のsome famous paintingsにつなげる。 I want to go to a museum that has some famous paintings.

4．友達：空港へはどうやって行くの？ バス，自動車，それとも電車？／あなた：僕はバスで行くよ。それが全ての中で一番速い方法だからね。〳〳主語Itに続く動詞となるのはisのみ。この後は'the＋最上級＋名詞'「最も～な…」の形でthe fastest wayとし，最後にofを置く。of allで「全ての中で」という最上級でよく使われる表現になる。 It is the fastest way of all.

5．母：今少し時間がある？ あなたにお風呂場を洗ってほしいんだけど。／息子：もちろん！ 大丈夫だよ。〳〳'want＋人＋to ～'で「〈人〉に～してもらいたい」という意味を表せるので，この形をつくればよい。'～'の部分には動詞の原形が入るので，clean「～を掃除する」を置き，その目的語としてthe bathroom「浴室」を続ける。 I want you to clean the bathroom.

7 〔長文読解―英問英答―ポスター〕

A≪全訳≫スノーケリング・アドベンチャー／スペシャルガイドツアー／マーメイド(女性の人魚)，マーマン(男性の人魚)の皆さん集まれ！ すばらしい水中体験があなたを待っています。この地域の海は，巨大なウミガメやエイ，大きな二枚貝に，熱帯魚やイルカも含め，カラフルな海洋生物の遊び場です。シー・アドベンチャー・チームとともに，すばらしい体験を求めて，海で一日を過ごしましょう。／泳ぎが得意でなくても，心配ご無用。このツアーでは，あなたが熱帯の海で泳ぐのを熟練のガイドがお手伝いします。きっと気に入っていただけるはず！／個人料金／大人180ドル／子ども(12歳未満)50ドル／シニア(61歳以上)150ドル／＊料金には以下のものが含まれます…／スノーケリング・セット／ホテルへのお迎え／昼食／団体料金／教育団体生徒１人当たり30ドル／子どもは10人以上(12歳未満)／専門家による野生生物についての１時間の特別講座／集合写真(１枚につき５ドル追加)／引率の教師は無料／家族(大人２人，子ども２人)計300ドル／＊追加料金20ドルで，昼食をBBQランチにグレードアップ可能です。／＊悪天候によってツアーが中止された場合は，別の日をお願いするか，あるいは全額返金されます。／＊スノーケリングの装備は全てツアー料金に含まれています。ご自分のタオルだけお持ちください。／＊シニアの方は，IDカードのご提示が必要です。

<解説>(36)「この男性は合計でいくら払う必要があるか」 「このツアーは実に魅力的です。妻と私はこのツアーに参加したいと思っています。また，私の父も一緒に行く予定です。彼は65歳ですが，今でも泳ぎが得意です」 大人２人とシニア１人なので，180×２＋150＝510ドル。 (37)「この女性は合計でいくら払う必要があるか」 「私は小学校の教師です。特別講座がおもしろそうなので，生徒10人をこのツアーに連れていきたいと思います。彼らは11歳です。集合写真はいりません」 団体の条件に該当する生徒10人なので，30ドル×10＝300ドル。彼女自身は引率なので無料。 (38)「このツアーの参加者全員が持ってくるべきものは何か」―③「タオル」 一番下にある注意書きの３つ目参照。 (39)「どの説明が正しいか」―④「天気が悪い場合，別の日のツアーに参加することができる」 一番下にある注意書きの２つ目参照。 ①「特別なダイビングスキルがないと，このツアーには参加できない」 ②「専門家の手助けがないと，イルカは海で生き残れない」 ③「大人１人が180ドル払えば，その人はBBQランチを食べて楽しむことができる」

B≪全訳≫ニュー・スター・スニーカーV05／1500評価／通常価格：50ドル／カートに追加／＃１ベ

ストセラー／本スニーカーは実用的でスタイリッシュ。一日中履くのに理想的です。／ギャラクシーショッピングの会員なら，通常価格の10％オフでご購入いただけます。／まだ会員でない方は，まずこちらをクリックして，会員登録してください。会員になるにはたった５分しかかかりません。IDカードとクレジットカードの詳細情報が必要です。／サイズ　✓＝在庫あり　×＝在庫なし／インチ　６ ７ ８ ９ 10／在庫 ✓×✓✓×／レビュー／マイケル：これはとても気に入っています。ジョギングをしているときもとても快適です。私は疑いなくこの靴をおすすめします。見た目や感触が大好きです。／デイビッド：この靴はジーンズによく合います。心地よくフィットします。ソールはかなり柔らかいので，短時間履くには大丈夫ですが，激しいスポーツには向きません。激しいスポーツをすると，足首を痛めるのではないかと心配です。／アン：サイズ８でこの１足を買いました。履いた感じは少し小さいようです。最初の数回は気に入っていましたが，これを履いて走った後，きつすぎると思いました。次はワンサイズ大きいものを選びます。

＜解説＞(40)「ギャラクシーショッピングの会員はこのスニーカー１足にいくら支払うか」―②「45ドル」　通常価格50ドルの10％(５ドル)オフなので，50－５＝45ドル。　(41)「レビューによると，このスニーカーを買わない方がいいのは誰か」―③「激しいスポーツが大好きな人」　デイビッドはレビューで，激しいスポーツをすると足首を痛めるかもと心配している。　(42)「アンは次回どのサイズを注文するか」―④「９サイズ」　８サイズを買ったがきつかったので，次はワンサイズ大きいものを選ぶつもりである。　(43)「どの説明が正しいか」―①「この靴には1000以上の評価が寄せられている」　1500の評価がある。　②「マイケルはこの靴について否定的な感情を抱いている」　③「この靴の全サイズが現在在庫切れになっている」　④「クレジットカードがなくてもギャラクシーショッピングの会員になることができる」

8〔長文読解―内容一致―説明文〕

A≪全訳≫❶サメは４億年以上も我々の海で生きている。サメには，体長22cmのドワーフ・ランタンシャークから18mのジンベエザメまで，さまざまな形や大きさがある。サメは長い年月を生きることができる。400年も生きるものだっているのだ。多くのサメが食物連鎖の頂点にいる。彼らは他の動物を殺して食べることで生きている。サメは食物網のバランスや海の健康を保っているので，重要な存在である。❷不幸なことに，魚の乱獲や水質汚染，気候変動による危険のためにサメの生息数は減少している。彼らは普通赤ちゃんを２，３頭しか産まない。これはつまり，サメの数はすぐには増えないということだ。ときには誤って漁業の網に捕らえられてしまうこともある。またサメのヒレのスープはアジアで人気の料理なので故意に捕らえられることもある。過去，外洋の海域はサメにとって安全な場所だったのだが，大型の漁船なら釣ることができた。海洋保護区(MPAs)が，サメを含む海の生物を保護するために20世紀に設立された。しかし，その区域は海岸に近いところだけであり，海の数パーセントにすぎない。近年は，多くの国々が2030年までに海の30％を保護するために協力することに同意している。

＜解説＞(44)「サメが食物連鎖において重要なのは，(　　)からである」―②「食物網のバランスを保っている」　第１段落最終文参照。　(45)「サメの数が減少しているのは，(　　)からである」―④「サメのヒレがある地域で人気の食べ物だ」　第２段落第５文参照。　(46)「今日では，(　　)」―③「外洋の区域はサメにとって安全な場所ではない」　第２段落第６文参照。

B≪全訳≫❶山は，その中で生きる植物や動物，人間といった生き物を抱える生態系である。山はそこで生きる人々によってさまざまな方法で利用されている。野菜の栽培に利用されている山の地域もあれば，家畜を育てるのに利用されている地域もある。水や木材のような天然資源を得るために山を利用する人々もいる。しかし，その土地で使われない資源もある。例えば，木は大都市の家をつくるのによく利用される。❷悲しいことに，豪雨や強風，山火事といった問題が山の環境を傷つけることもある。山を健全に保つために，人々は山にとって危険なことを理解し，それらに対処するために答えを見つけなければならない。山は人間が使う資源が豊富なだけでなく，自然それ自体のためにもとても重要なのだ。

＜解説＞「メモ／山は植物，動物，人間から成り立つ(47)生態系である。／山で作物を栽培する人もいれば，動物(48)を飼育する人もいる。／山は地元の人のためだけでなく，(49)大都市の人々のためにも豊かな資源を供給してくれる。／人間は山を傷つける(50)問題に対処しなければならない」 (47)第1段落第1文参照。(be) made up of ～で「～で成り立っている」という意味を表す。 (48)第1段落第3文参照。 raise「～を栽培する，飼育する」 (49)第1段落最後の2文参照。 (50)第2段落第1，2文参照。

9 〔長文読解―適語(句)選択―ディベート〕

≪全訳≫家で食事をするのはレストランで食事をするよりもいい。❶私はこの意見に賛成です。家で食事をする方がレストランで食事をするよりもいいと思います。❷第一に，油や塩の量を調節しやすいので，油分や塩分を減らした食事をつくることができて，よりヘルシーです。そのうえ，おなかがいっぱいだと感じるちょうどよい量の食べ物を料理することができます。レストランでは，ときには量が多すぎて食べ物を残すこともあります。❸第二に，家で食事をするのはずっとくつろげます。楽な服を着て，食べながら映画を見たりお気に入りの音楽を聴いたりできます。さらに，他のお客さんのことを気にする必要もありません。好きなように大声で話したり笑ったりできるのです。❹レストランで食事するのは，友達と一緒に食べたり，特別なイベントを祝ったりして楽しむことができるので楽しいと言う人もいます。それでも，私は家で食事をする方がいいと思っています。

＜解説＞(51)'it is ～ to …'「…することは～だ」の形式主語構文。becauseの後も同じ形。油分や塩分を控えめにできるということは，「よりヘルシー」だということ。 (52)文末のto feel fullは「おなかいっぱいになるのに」という意味。おなかを満たすのにちょうどの「十分な」量をつくることができるということ。 (53)楽な服装で映画を見たり音楽を聴いたりしながら食べられるので，家での食事は「よりくつろがせる」ものである。 (54)家での食事は他人を「気にする」必要もない。 (55)レストランでの食事は友達などと食べることを「楽しめる」。enjoy ～ing「～して楽しむ」の形。stop ～ing「～するのをやめる」 give up ～ing「～するのをやめる」 avoid ～ing「～しないようにする」

数学解答

1 (1) -1　(2) 11　(3) $(x-2y)(a-b)$　(4) $x=\dfrac{3\pm\sqrt{3}}{2}$　(5) 63°　(6) $\dfrac{1}{4}$　(7) $108\,\mathrm{cm}^2$　(8) 2022

2 (1) 25　(2) $y=-5x$　(3) $y=-4x+5$　(4) $y=-\dfrac{5}{2}x+5$

3 (1) $\angle\mathrm{ABC}=60^\circ$，$\angle\mathrm{DO'K}=45^\circ$　(2) $\sqrt{3}$　(3) $\dfrac{4}{3}\pi$　(4) $\dfrac{8\sqrt{2}}{3}$

4 (1) 30個　(2) 56個　(3) 25個　(4) 21

1〔独立小問集合題〕

(1)＜数の計算＞与式$=\left(\dfrac{4-3}{12}\times6+1\right)\times\dfrac{25}{9}\div\left(\dfrac{1}{3}-8+\dfrac{7}{2}\right)=\left(\dfrac{1}{12}\times6+1\right)\times\dfrac{25}{9}\div\dfrac{2-48+21}{6}=\left(\dfrac{1}{2}+1\right)\times\dfrac{25}{9}\div\left(-\dfrac{25}{6}\right)=\dfrac{3}{2}\times\dfrac{25}{9}\times\left(-\dfrac{6}{25}\right)=-\dfrac{3\times25\times6}{2\times9\times25}=-1$

(2)＜数の計算＞$\left(\sqrt{4^2\times3}-\dfrac{6\times\sqrt{3}}{\sqrt{3}\times\sqrt{3}}-1\right)(\sqrt{3^2\times3}+1-\sqrt{3})=\left(4\sqrt{3}-\dfrac{6\sqrt{3}}{3}-1\right)(3\sqrt{3}+1-\sqrt{3})=(4\sqrt{3}-2\sqrt{3}-1)(2\sqrt{3}+1)=(2\sqrt{3}-1)(2\sqrt{3}+1)=(2\sqrt{3})^2-1^2=12-1=11$

(3)＜式の計算—因数分解＞与式$=(x-2y)a-bx+2by=a(x-2y)-b(x-2y)$として，$x-2y=A$とすると，与式$=aA-bA=A(a-b)$となる。$A$をもとに戻して，与式$=(x-2y)(a-b)$である。

(4)＜二次方程式＞解の公式より$x=\dfrac{-(-6)\pm\sqrt{(-6)^2-4\times2\times3}}{2\times2}=\dfrac{6\pm\sqrt{12}}{4}=\dfrac{6\pm2\sqrt{3}}{4}=\dfrac{3\pm\sqrt{3}}{2}$となる。

(5)＜平面図形—角度＞右図1のように，弦ACと弦BDの交点をEとする。弦ACは円Oの直径なので，∠ABCは半円の弧に対する円周角であり，$\angle\mathrm{ABC}=90^\circ$となる。よって，△ABCの内角の和より，$\angle\mathrm{ACB}=180^\circ-(48^\circ+90^\circ)=42^\circ$である。また，$\overset{\frown}{\mathrm{AB}}:\overset{\frown}{\mathrm{CD}}=2:1$より，$\angle\mathrm{ACB}:\angle\mathrm{CBD}=2:1$となるから，$\angle\mathrm{CBD}=\dfrac{1}{2}\angle\mathrm{ACB}=\dfrac{1}{2}\times42^\circ=21^\circ$となる。したがって，△BCEで内角と外角の関係より，$\angle\mathrm{AEB}=21^\circ+42^\circ=63^\circ$となり，$\alpha=63^\circ$である。

図1

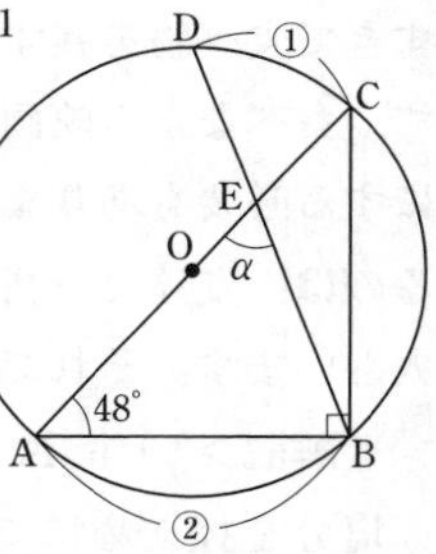

(6)＜確率—さいころ＞2個のさいころを同時に投げるとき，出る目の組は全部で$6\times6=36$(通り)ある。このうち，目の積が奇数になるのは，2個とも奇数の目が出るときで，奇数の目は1，3，5の3通りだから，$3\times3=9$(通り)ある。よって，求める確率は$\dfrac{9}{36}=\dfrac{1}{4}$となる。

(7)＜空間図形—面積＞三角柱の展開図は，右図2のようになる。各点A～Fを定め，点Aと一致する点をA′，A″，点Dと一致する点をD′，D″とする。△ABCで三平方の定理より，$\mathrm{AB}=\sqrt{\mathrm{BC}^2-\mathrm{AC}^2}=\sqrt{5^2-3^2}=\sqrt{16}=4$となるから，$\triangle\mathrm{ABC}=\triangle\mathrm{DEF}=\dfrac{1}{2}\times4\times3=6$である。また，長方形A′D′D″A″で，$\mathrm{A'A''}=4+5+3=12$となるので，〔長方形A′D′D″A″〕$=8\times12=96$である。よって，三角柱の表面積は$6\times2+96=108(\mathrm{cm}^2)$となる。

図2

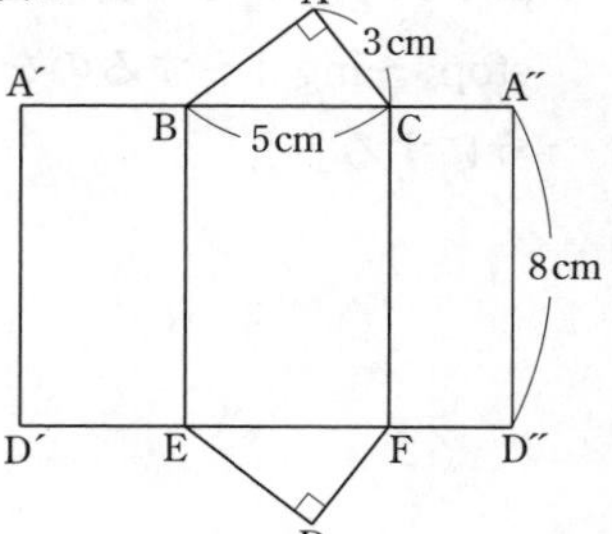

(8)＜数の計算＞$x^2-4x+6=(x-2)^2+s$より，$s=x^2-4x+6-(x-2)^2$，$s=x^2-4x+6-(x^2-4x+4)$，$s=2$となる。また，$s^{11}-s^4-s^3-s=s^{11}-s^3-s^4-s=s^3(s^8-1)-s(s^3+1)=s^3(s^4+1)(s^4-1)-s(s^3+1)$となる。これに$s=2$を代入すると，与式$=2^3(2^4+1)(2^4-1)-2(2^3+$

$1)=8\times17\times15-2\times9=2040-18=2022$ となる。

2〔関数—関数 $\boldsymbol{y=ax^2}$ と一次関数のグラフ〕

≪基本方針の決定≫(4)　まず，△AOBの面積を求める。

(1)＜座標＞右図のように，点Aは放物線 $y=x^2$ 上にあり，x 座標は -5 なので，y 座標は $y=(-5)^2=25$ である。

(2)＜直線の式＞(1)より，A$(-5,\ 25)$ である。右図で，直線AOは原点Oを通る直線なので，その式を $y=ax$ として，点Aの座標から，$x=-5$，$y=25$ を代入すると，$25=a\times(-5)$ より，$a=-5$ となる。よって，直線AOの式は $y=-5x$ である。

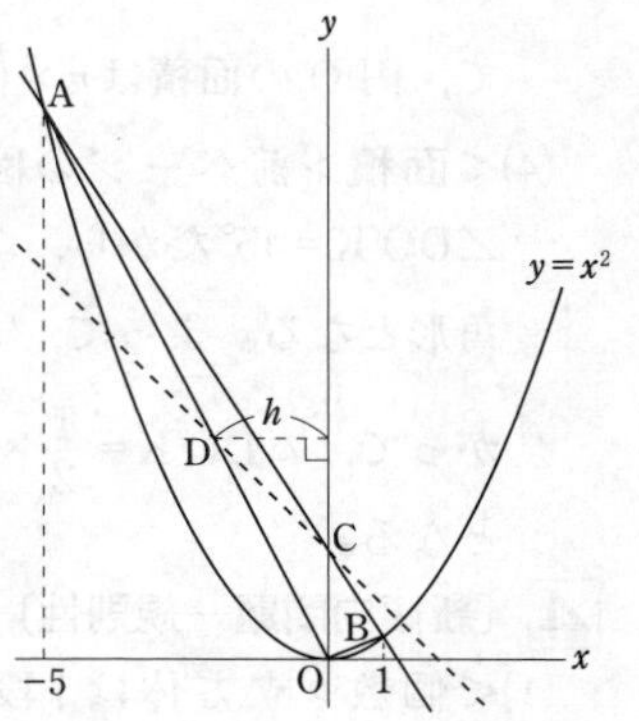

(3)＜直線の式＞右図で，点Bは放物線 $y=x^2$ 上にあり，x 座標は1なので，$y=1^2=1$ より，B$(1,\ 1)$ である。これとA$(-5,\ 25)$ より，直線ABの傾きは $\frac{1-25}{1-(-5)}=-4$ となる。よって，その式を $y=-4x+b$ として，点Bの座標から，$x=1$，$y=1$ を代入すると，$1=-4\times1+b$，$b=5$ となるから，直線ABの式は $y=-4x+5$ である。

(4)＜直線の式＞右上図で，(3)より，直線ABの切片は5だから，C$(0,\ 5)$ である。△AOB＝△AOC＋△BOCと考え，△AOCと△BOCの底辺をOC＝5とすると，△AOCの高さは点Aの x 座標より5，△BOCの高さは点Bの x 座標より1となる。よって，$\triangle\mathrm{AOB}=\frac{1}{2}\times5\times5+\frac{1}{2}\times5\times1=\frac{25}{2}+\frac{5}{2}=15$ となるから，点Cを通り△AOBの面積を2等分する直線と辺AOとの交点をDとすると，〔四角形OBCD〕$=\frac{1}{2}\times\triangle\mathrm{OAB}=\frac{1}{2}\times15=\frac{15}{2}$ となる。これより，$\triangle\mathrm{BOC}=\frac{5}{2}$ だから，△DOC＝〔四角形OBCD〕$-\triangle\mathrm{BOC}=\frac{15}{2}-\frac{5}{2}=5$ である。△DOCの底辺をOCとしたときの高さを h とすると，△DOCの面積について，$\frac{1}{2}\times5\times h=5$ が成り立ち，$h=2$ となる。よって，点Dの x 座標は -2 であり，点Dは(2)より直線 $y=-5x$ 上にあるので，y 座標は $y=-5\times(-2)=10$ となる。したがって，D$(-2,\ 10)$，C$(0,\ 5)$ より，直線CDの傾きは $\frac{5-10}{0-(-2)}=-\frac{5}{2}$ であり，切片は5だから，求める直線の式は $y=-\frac{5}{2}x+5$ となる。

3〔平面図形—円〕

≪基本方針の決定≫(1)　中心角は弧の長さに比例する。　(4)　正八角形を合同な8個の三角形に分け，特別な直角三角形の辺比を利用して，1個の三角形の面積を求める。

図1

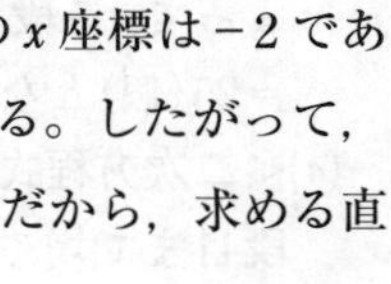

(1)＜角度＞右図1のように，半径AO，COを引くと，円周上の各点は円周を3等分する点なので，$\overset{\frown}{\mathrm{CA}}$ は円周の $\frac{1}{3}$ であり，$\angle\mathrm{AOC}=360°\times\frac{1}{3}=120°$ となる。よって，円周角と中心角の関係より，$\angle\mathrm{ABC}=\frac{1}{2}\angle\mathrm{AOC}=\frac{1}{2}\times120°=60°$ である。また，右下図2で，円周上の各点は円周を8等分する点なので，$\angle\mathrm{DO'K}=360°\times\frac{1}{8}=45°$ である。

図2

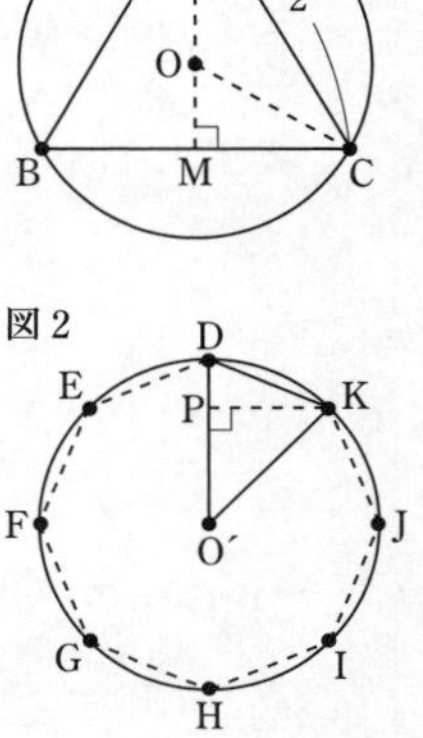

(2)＜面積＞右上図1で，△ABCは正三角形だから，辺BCの中点をMとすると，AM⊥BCであり，△ACMは，3辺の比が $1:2:\sqrt{3}$ の直角三角形となる。よって，$\mathrm{AM}=\frac{\sqrt{3}}{2}\mathrm{AC}=\frac{\sqrt{3}}{2}\times2=\sqrt{3}$ より，$\triangle\mathrm{ABC}=\frac{1}{2}\times2\times\sqrt{3}=\sqrt{3}$ となる。

(3)＜面積＞右上図1で，△OACは二等辺三角形で，$\angle\mathrm{AOC}=120°$ だから，∠OCA

$=(180°-120°)\div2=30°$となる。これと$\angle BCA=60°$より，$\angle OCB=60°-30°=30°$である。また，円の中心Oは弦BCの垂直二等分線AM上にあるから，△OMCは3辺の比が$1:2:\sqrt{3}$の直角三角形である。よって，$CM=\dfrac{1}{2}BC=\dfrac{1}{2}\times2=1$より，$OC=\dfrac{2}{\sqrt{3}}CM=\dfrac{2}{\sqrt{3}}\times1=\dfrac{2}{\sqrt{3}}$となる。したがって，円Oの面積は$\pi\times\left(\dfrac{2}{\sqrt{3}}\right)^2=\dfrac{4}{3}\pi$となる。

(4)＜面積＞前ページの図2で，八角形DEFGHIJKは8個の合同な三角形に分けられる。(1)より$\angle DO'K=45°$だから，△DO′Kで，点Kから辺DO′に垂線KPを引くと，△KO′Pは，直角二等辺三角形となる。よって，(3)より$KO'=\dfrac{2}{\sqrt{3}}$だから，$KP=\dfrac{1}{\sqrt{2}}\times KO'=\dfrac{1}{\sqrt{2}}\times\dfrac{2}{\sqrt{3}}=\dfrac{2}{\sqrt{6}}$である。したがって，$\triangle DO'K=\dfrac{1}{2}\times\dfrac{2}{\sqrt{3}}\times\dfrac{2}{\sqrt{6}}=\dfrac{\sqrt{2}}{3}$より，〔八角形DEFGHIJK〕$=8\triangle DO'K=8\times\dfrac{\sqrt{2}}{3}=\dfrac{8\sqrt{2}}{3}$となる。

4〔新傾向問題―規則性〕

(1)＜個数＞立方体は1段目が$1^2=1$(個)，2段目が$2^2=4$(個)，3段目が$3^2=9$(個)と増えていく。よって，4段目まで立方体を増やしたとき，立方体は全部で$1^2+2^2+3^2+4^2=30$(個)となる。

(2)＜規則性＞それぞれの立方体の色が塗られた面の数を，段ごとに調べると右図のようになり，1段目は5個，2段目は$2+3\times3=11$(個)，3段目は$0\times1+1\times2+2\times3+3\times3=17$(個)，4段目は$0\times4+1\times4+2\times5+3\times3=23$(個)となる。よって，色が塗られた面の総数は$5+11+17+23=56$(個)である。

1段目

5

2段目

2	3
3	3

3段目

2	1	3
1	0	2
3	2	3

4段目

2	1	1	3
1	0	0	2
1	0	0	2
3	2	2	3

(3)＜規則性＞右上図より，2つの面に色が塗られた立方体は，1段目が0個，2段目が1個，3段目が3個，4段目が5個となり，2段目の1個から，1段増えるごとに2個増えていることがわかる。よって，5段目は7個，6段目は9個となるので，2つの面に色が塗られた立方体は$1+3+5+7+9=25$(個)となる。

(4)＜二次方程式の応用＞(3)より，2つの面に色が塗られた立方体の総数は，1段目が0個，立方体を2段目まで増やした後は$0+1=1$(個)，3段目まで増やした後は$0+1+3=4$(個)，4段目まで増やした後は$0+1+3+5=9$(個)，5段目まで増やした後は$0+1+3+5+7=16$(個)，6段目まで増やした後は25個となる。つまり，1段増やすごとに，$0=(1-1)^2$，$1=(2-1)^2$，$4=(3-1)^2$，$9=(4-1)^2$，$16=(5-1)^2$，$25=(6-1)^2$となることから，n段目まで増やした後の2つの面に色が塗られた立方体の総数は$(n-1)^2$個と表せる。よって，$(n-1)^2=400$が成り立ち，これを解くと，$n-1=\pm20$，$n=1\pm20$より，$n=21$，-19となり，$n>0$だから，$n=21$である。

国語解答

一　問一　4　問二　1　問三　3
問四　2　問五　3　問六　1
問七　4　問八　1　問九　2
問十　3　問十一　2　問十二　2
問十三　1　問十四　2
問十五　3　問十六　4
問十七　2　問十八　1
問十九　1　問二十　2，4
問二十一　2　問二十二　3

二　問一　1　問二　2　問三　2
問四　1　問五　4　問六　1
問七　3　問八　2　問九　1
問十　4　問十一　2，4

三　問一　2　問二　4　問三　3
問四　2　問五　1　問六　4
問七　3　問八　4

四　問一　A…3　B…4
問二　1，3　問三　4　問四　3

一〔小説の読解〕出典；あさのあつこ『みどり色の記憶』（『１日10分のぜいたく』所収）。

問一＜語句＞「はしたない」は，つつしみがなく，下品で，見苦しい，という意味。

問二＜文章内容＞「どんな有名店のケーキより，真奈たちとくすくす笑ったり，おしゃべりしたりしながら，口いっぱいに頬張ったパンのほうがずっとおいしい」ので，千穂は，母が買ってくる「有名な店の高価なケーキ」を，それほどおいしいとは思えないのである。

問三＜表現＞Ⅰ.「もう一度，ほかほかの食パンにかじりつきたい」と考えたせいか，千穂のおなかが，高い音を立てて鳴ってしまった。　Ⅱ. 大きな樹の卵形の葉は，風が吹くと，お互いに触れ合って，軽くて優しい音を奏でた。　Ⅲ. 千穂は，樹に登って街を見渡すたびに，胸が高鳴った。

問四＜慣用句＞「涼しい顔」は，ここでは，自分には関係がないかのように澄ましているさまを表す。

問五＜漢字＞「かぶり」は，漢字で「頭」と書く。

問六＜文章内容＞真奈は，自分がパン職人になりたいと思っていることを，「まだ誰にも言って」いなかった。担任の教師が進路の選択についての話をした後，真奈は，親友の千穂に，初めて，自分の希望を打ち明けたのである。

問七＜心情＞高校受験は，「ただの試験」ではなく，生徒たちの「将来につながる選択をするということ」である。進路選択には，「自分の意志が必要」であり，担任の教師は，一人ひとりの生徒に，「自分は将来，何がしたいのか，あるいはどんな人間になりたいのか」をじっくり考え，「自分の将来を自分自身で選択するという意志をもってもらいたい」と望んでいたのである。

問八＜語句＞「反芻」は，牛などの動物が，一度飲み込んだ食物を再び口に戻して，よくかんでからまた飲み込むこと。転じて，繰り返して考えたり，味わったりすること。

問九＜文章内容＞真奈の父は，パン職人としての仕事に一心に打ち込み，父がつくったパンを，「お客さん」は「すごく嬉しそうな顔して買いに来てくれる」のである。そのような父の生き方を見て，真奈は，「すごくいいな」と思ったのである。

問十＜文章内容＞担任の教師は，昼食の前に，「自分の将来を自分自身で選択するという意志をもってもらいたい」と言った。その話を聞いた後に，真奈が言った，パン職人になりたいという言葉には，真奈自身の確かな「意志」があったのである。

問十一＜心情＞真奈はしっかりと自分の将来を考えているのに，千穂は，絵描きになりたいという夢を，母にも話していなかったし，真奈に対して断言することもできなかった。真奈を立派だと思う反面，自分は駄目な人間だと感じ，千穂は，悔しさから「唇を噛んだ」のである。

問十二＜表現＞「塾に行くこと」は，代々医者の家に生まれた一人娘である千穂が，周囲の期待どおりに医者を目指すという，堅実な将来を選ぶことを表している。一方，「公園に行くこと」は，母が自分のことを思ってくれていたことを思い出させるとともに，千穂が，絵描きになりたいという夢を諦めずに，あえて困難な道を選ぶことを表している。

問十三＜表現＞「街は夕暮れの光の中で，淡い金色に輝いていた」のである。「金色の風景」は，夕日を浴びた街の風景のことである。

問十四＜心情＞子どもの頃の千穂は，大樹に登って「金色の風景」を見るたびに，胸がドキドキし，緑の香りをかぐたびに幸せな気持ちになって，「絵を描く人になりたい」と思った。子どもだった千穂は，自分に才能があるのか，絵を描くことで生活が成り立つのかなどの「理屈」は考えなかったのである。

問十五＜語句＞「大仰」は，大げさなこと。

問十六＜心情＞千穂は，代々医者の家に生まれた一人娘だったので，「母からは，開業医の父の跡を継ぐために，医系コースのある進学校を受験するように言われて」いた。そんな母に，「芸術科のある高校に行きたい」などと言っても，はねつけられるに違いないと思っていたので，千穂は，母には，そのことを言い出せなかったのである。

問十七＜慣用句＞「一笑に付す」は，まともに取り上げる価値もないとして，笑って問題にしない，という意味。

問十八＜表現＞千穂は，心の中で，母は自分の気持ちなどわからないし，わかろうともせずに，何でもかんでも押しつけてくるとつぶやいた。しかし，すぐにそう断言していいのかと，自分自身で疑問に思ったのである。「ざわざわと葉が揺れた」という表現には，千穂の心の揺らぎが表されている。

問十九＜慣用句＞「血相を変える」は，怒りや驚きなどのために，顔色や顔つきが変わる，という意味。ここでは，樹から落ちた千穂のことを心配し，動揺して，母の顔色が変わっていたのである。

問二十＜心情＞樹に登って金色の風景を見たことで，千穂は，やはり自分が「絵を描くことに関わる仕事」がしたいと思っていることに気がついた（2…◯）。そして，子どもの頃，自分が樹から落ちたときのことを思い出し，母が，間違いなく自分のことを愛していると確信した（4…◯）。そのため，千穂は，自分が医者以外の道を選んだとしても，母は，自分を嫌いになったりしないだろうと確信して，自分の望みを母に打ち明けようと，決意したのである。

問二十一＜表現技法＞「樹」を人間になぞらえた表現である。人間ではないものを人間になぞらえる表現技法を，「擬人法」という。

問二十二＜文章内容＞千穂は，「緑の香り」にひかれて，大樹に登ったことがきっかけとなって，自分が本当に絵描きになりたいと思っていることに気づき，また，母が自分を抱きしめてくれた，子どもの頃の記憶を思い出した。それによって，千穂は，絵描きになりたいという夢を母に語る決心をした。「もう一度，深くその香りを吸い込んで」みることで，千穂は，自分の意志で，自分の将来へと一歩踏み出す決意を固めようとしたのである。

二 〔論説文の読解―文化人類学的分野―日本文化〕出典；榎本博明『〈自分らしさ〉って何だろう？』。

≪本文の概要≫アメリカ人は堂々と自己主張ができるのに，日本人はなぜうまく自己主張ができないのか。それは，日本人とアメリカ人では自己のあり方が違っていて，コミュニケーションの法則が全く違うからである。コミュニケーションの最も重要な役割は，アメリカでは，相手を説得し，自分の主張を通すことだが，日本では，お互いの気持ちを結びつけ，良好な場の雰囲気をつくり出すことである。欧米では，自己は，社会的文脈から切り離された独自の存在と見なされるのに対して，日本では，自己は，社会的文脈と深く結びついており，その影響を強く受けると見なされる。このような日本人の自己のあり方は，「人間」という言葉にも表れている。本来，「人間」とは，世の中を意味する言葉だったが，誤って「人」という意味で用いられるようになった。このような誤用が定着したのは，日本文化に，「人＝人間関係」という見方が根づいていたからである。日本人にとって，自分とは，相手との関係に応じて変えなければならないものである。だから，人のことが気になるのである。

問一＜語句＞「グローバル化」は，経済・文化など人間の諸活動が地球規模で行われ，まとまっていく現象のこと。

問二＜接続語＞A．「アメリカ人にとって，コミュニケーションの最も重要な役割は，相手を説得し，自分の意見を通すこと」であり，他方で，「日本人にとって，コミュニケーションの最も重要な役割」は，「お互いの気持ちを結びつけ，良好な場の雰囲気を醸し出すこと」である。　B．日本人にとって，コミュニケーションは「強烈な自己主張によって相手を説き伏せることではない」ので，日本人は，「自己主張のスキルを磨かずに育つことになる」のである。　C．「だれかのために」というような「人の意向や期待を気にする日本人的な心のあり方は，『他人の意向を気にするなんて自主性がない。』とか『自分がない』などと批判されること」がある。

問三＜文章内容＞日本人のコミュニケーションにとって大切なものは，「相手の意向や気持ちを汲み取る」うえで役に立つ「相手の気持ちを察する共感性」である。

問四＜文章内容＞「自分のため」にがんばるとは，まず自分自身が喜びや達成感を感じるために，何事かをがんばるということである（1…◯）。

問五＜文章内容＞欧米的価値観では，「個人の自己は他者や状況といった社会的文脈から切り離され，そうしたものの影響を受けない独自な存在」であり，「個人の行動は本人自身の意向によって決まる」とされるのである。欧米人は，「個としての自己」を生きており，「自分のしたいことをすればいいし，自分の言いたいことを言えばいい」という価値観を持って生きているのである。

問六＜文章内容＞「日本人の他者志向を未熟とみなす」のは，「欧米的な価値観に染まった見方」である。そういう見方をする人は，「相手を説得し，自分の意見を通すこと」が大切だとする，アメリカ人的な考え方をしているのである。

問七＜文章内容＞「日本人の他者志向を未熟」とするのは「欧米流」であり，人間の成熟度を測る基準に，「他者との絆を強化し，他者との絆を自分の中に取り込んでいく」ことを「ひとつの発達の方向性とみなす」ような，日本的な価値観があってもいいと東は考えているのである。

問八＜文章内容＞日本人は，「個としての自己を生きているのではなく，関係性としての自己を生きて」いる。「関係性としての自己は，相手との関係に応じてさまざまに姿を変え」て，「その場その場の関係性にふさわしい自分になる」のである。

問九＜文章内容＞欧米人は，「相手が何を思い，何を感じているか」に関係なく，「自分の思うこと」を言い，「自分が正しいと考えること」を主張する。しかし，日本人は，「相手の意見や要求を汲み取り，それを自分の意見や要求に取り込みつつ，こちらの意向を主張しなければならない」ので，「こんなこと」，つまり，欧米人の言うような自己主張は言えないのである（1…×）。

問十＜文章内容＞「人間」という言葉は，「もともとは『人の間』，言い換えれば『人間関係』を意味する言葉だったのに，誤って『人』の意味に使われるようになった」のである。

問十一＜要旨＞「『だれが何と言おうと，私はこう考える』『僕はこう思う』と自分を押し出していく欧米社会では視線恐怖があまり見られない」のである（2…◯）。「人間」という言葉を「人」という意味で用いるのは誤りだが，そのような誤用が定着したのは，日本文化に「『人＝人間関係』というような見方が根づいて」いたからである（4…◯）。

三 〔古文の読解—説話〕出典；『宇治拾遺物語』巻第九ノ六。

≪現代語訳≫「ここに呼び出して，連れてまいりました」と，家来が申し上げたので，以前のように，

(郡司を)伏せさせて，(押さえつけるために郡司の)尻と頭に立つ人，鞭を準備して，(郡司を)打つ人を用意して，先に，二人の人が(郡司を)引っ張って，出てきたのを見ると，頭髪に黒髪も交じらず，とても白く，年老いていた。(それを)見て，鞭でたたいて罰しようとすることがかわいそうに思われたので，(大隅守は)何か理由をつくって，郡司を許してやろうと思ったが，口実にできることはなかった。過ちを，片端から尋ねたが，(郡司は)ただ高齢を言い訳にして，答える。どうやって，この郡司を許そうかと思って，(大隅守が)「お前はとんでもない悪党だな。歌をよむことはできるのか」と言うと，(郡司は)「あまり上手にはよめませんけれども，およみいたしましょう」と申したので，(大隅守に)「それならばよんでみよ」と言われて，間もなく，震える声で，口に出した。／年を取って，頭に雪が降り積もったかのように，頭髪は白くなっても(寒くはありませんが)，霜のような笞《しもと》を見るだけで，恐ろしさに体が冷たくなってしまいました。／と言ったので，(大隅守は)とても情趣深いと思い，感動して(郡司を)許してやった。／人はどんな場合でも風流の心は持つべきである。

問一＜古文の内容理解＞A．家来の誰かが，郡司を連れてまいりましたと報告した。　B・C・D．郡司を許そうと思い，大隅守が，お前はとんでもない悪党だな，歌をよむことはできるのかと，郡司に尋ねた(…B)。それに対して，郡司は，あまり上手にはよめませんけれども，およみいたしましょうと答えた(…C)。大隅守は，それならばよんでみよと命じた(…D)。

問二＜古文の内容理解＞「打ず」は，打ちたたく，という意味。「む(ん)」は，意志を表す助動詞。大隅守は，鞭で打ちたたこうとするのはかわいそうに思ったのである。

問三＜古文の内容理解＞郡司は，年老いて，頭髪は真っ白になっていた。大隅守は，その様子を見て，かわいそうになったので，何か理由をつくって許してやろうと思ったのである。

問四＜古文の内容理解＞郡司は，ただ高齢を言い訳にして答えたのである。年を取っているので，前にやったことを忘れてしまったという返事は，高齢を口実にした言い訳である。

問五＜現代語訳＞「てむ」は，可能であることを推量する意味を表す。「歌はよみてんや」は，歌をよむことはできるのか，という意味。

問六＜現代語訳＞「はかばかし」は，本格的で，しっかりしている，という意味。「はかばかしからず候へども」は，本格的で立派なものではありませんが，という意味。

問七＜和歌の内容理解＞郡司は，真っ白になった頭髪を「雪」に見立てて，「笞」と「霜」を掛け，罰を受ける恐ろしさを身も凍るようだとする歌をよんだ。大隅守は，その場で技巧を凝らした歌をよんだ郡司の才能に感心して，その罪を許したのである。

問八＜古文の内容理解＞大隅守は，罪を犯した郡司の和歌に感心して，その罪を許してやった。この話の語り手は，人間というものは，どんなときでも，風流を理解する気持ちを持つべきだと考えているのである。

四〔国語の知識〕

問一＜漢字＞A．「陶酔」と書く。1は「透明」，2は「沸騰」，4は「灯油」。　B．「卑下」と書く。1は「悲しく」，2は「避けなければ」，3は「被る」。

問二＜敬語＞1．相手に対して，「食べる」の尊敬語「召し上がる」が，正しく用いられている。「作りました」は，丁寧語であるが，間違いではない。　2．「拝見する」は，謙譲語なので，相手の動作に用いるのは誤り。　3．「坊ちゃん」に対して，尊敬語「れる」が，正しく用いられている。　4．「お呼びになる」は，尊敬語なので，話者の身内である「受付の者」の動作に用いるのは誤り。

問三＜慣用句＞「油を売る」は，無駄話をして，仕事を怠ける，という意味。

問四＜四字熟語＞「自業自得」は，自分がした悪い行いの報いが自分に返ってくる，という意味。

2021年度　東海大学付属相模高等学校

【英　語】（50分）〈満点：100点〉

（注意）試験開始後すぐに，放送によるリスニングテストがあります。

■リスニングテストの音声は，当社ホームページで聴くことができます。（当社による録音です）

再生に必要なIDとアクセスコードは「収録内容一覧」のページに掲載しています。

1　（リスニング問題）放送を聞き，応答として最も適切なものを選び，番号で答えなさい。質問と応答は問題用紙には印刷されていません。放送は一度だけ流れます。

（例題）When is your birthday ?

①　It's rainy today.　②　I'll buy a cake for you.

③　You're welcome.　④　It's April 10th.

正解は，④です。

(1)

①　②　③　④

(2)

①　②　③　④

(3)

①　②　③　④

(4)

①　②　③　④

(5)

①　②　③　④

2　（リスニング問題）会話を聞き，質問の答えとして最も適切なものを選び，番号で答えなさい。放送は一度だけ流れます。

(6) What will the woman buy ?

①　A green shirt.　②　A yellow shirt.

③　A medium-sized shirt.　④　A green shirt and a blue shirt.

(7) What happened to the woman ?

①　Her alarm clock was broken.　②　She had an appointment.

③　She got up late this morning.　④　She slept on the train.

(8) What do the speakers want to do ?

①　They want to play tennis together.

②　They want to watch the new drama.

③　They want to talk to the tennis coach.

④　They want to play video games on TV.

(9) How does the boy feel about the new student in class ?

①　He looks very outgoing.　②　He feels very sick.

③　He looks like a nice person.　④　He is very loud.

(10) What was the man surprised about ?

① The trains weren't late.
② He got wet from the rain.
③ There were many people on the train.
④ He couldn't use his car.

※＜**リスニング問題放送原稿**＞は英語の問題の終わりに付けてあります。

3 次の会話の流れに沿って，空所に入る最も適切な文を選択肢から選び，番号で答えなさい。各選択肢は，一度しか使うことができません。

Mike and Ken are talking in the classroom after the summer vacation.

Mike： Hey, Ken. (11)
Ken ： Great. Actually, I went to Hawaii during the summer vacation.
Mike： Wow. Did you go there to relax at the beach？
Ken ： (12) I went there to study English. I stayed with the Smith family.
Mike： Ah, I remember your brother also stayed with them last year.
Ken ： (13) They are a really nice family.
Mike： Did you learn English a lot from them？
Ken ： I learned a lot of English phrases from them.
Mike： Did you go shopping in the famous shopping mall？
Ken ： Yes. I didn't use English so much when I was talking with clerks, though.
Mike： (14) The shop clerks were Hawaiians, right？
Ken ： Yes, but a lot of customers come from Japan, so they talked to me in Japanese.
Mike： I see. So, where's my souvenir？
Ken ： I totally forgot to buy one for you.
Mike： Really？ You should go back to Hawaii and get one, Ken！
Ken ： (15) Here you are.
Mike： Thank you so much！

① Why didn't you？
② You have a good memory.
③ It depends on you.
④ How have you been？
⑤ Not Exactly.
⑥ I was just kidding.

4 空所に入る最も適切な語を選び，番号で答えなさい。

(16) A： Where are you, Yuka？ It's almost 7 pm.
B： Sorry, mom. I'm ( ) my way home. I will be home in 5 minutes.
① in ② at ③ of ④ on

(17) A： How do you usually go to school？
B： I usually go to school on ( ).
① foot ② bike ③ walk ④ train

(18) A： Could you ( ) your shoes off here？

B : Sure. Can I leave them here ?

① put ② send ③ go ④ take

(19) A : My phone has (　　) out of battery.

B : Would you like to use my charger ?

① taken ② run ③ turned ④ used

(20) A : Tomoki is (　　) from school again.

B : Oh, what happened to him ? Did he get sick ?

① absent ② far ③ free ④ angry

5 次の各文の空所に入れる語(句)として最も適切なものを選び，番号で答えなさい。

(21) My girlfriend (　　) be angry because she hasn't replied to my messages.

① must ② must not ③ can ④ can't

(22) Jane (　　) very busy when she entered high school.

① is ② has been ③ was ④ will be

(23) When I got home, my sister (　　) a video game.

① plays ② played ③ is playing ④ was playing

(24) I won't go to the beach (　　) it is rainy tomorrow.

① if ② before ③ after ④ so

(25) Playing soccer always (　　) me feel good.

① goes ② watches ③ makes ④ gets

6 ①～⑤の語(句)を並べ替えて対話文を完成させるとき，(26)～(35)に入る語(句)を選び，番号で答えなさい。文頭に来る語(句)も小文字になっています。

1. Teacher : (　　)(　　)(26)(27)(　　) yet ?

Student : Of course, I have.

〔① the essay ② you ③ writing ④ have ⑤ finished〕

2. Student : What (28)(　　)(　　)(29)(　　) English ?

Teacher : It is called a zebra in English.

〔① called ② animal ③ is ④ this ⑤ in〕

3. Staff : Hello. How may I help you ?

Customer : (　　)(30)(　　)(　　)(31) tickets, please ?

〔① two ② I ③ have ④ can ⑤ concert〕

4. You : Could you (　　)(　　)(32)(　　)(33) to the Enoshima Aquarium ?

Stranger : Sure, no problem.

〔① me ② to ③ get ④ how ⑤ tell〕

5. Teacher : I remember your older brother is really tall. He is over 190 cm, right ?

Student : Yes. He (　　)(34)(　　)(35)(　　) family.

〔① my ② tallest ③ in ④ the ⑤ is〕

7　　　　　　　　　　A

ポスターを読み，質問に対する解答として最も適切なものを選び，番号で答えなさい。

FITNESS CLASS SCHEDULE

	Monday	Tuesday	Wednesday	Thursday	Friday	Saturday	Sunday
10:00AM-11:00AM	Yoga (Beginner)	Zumba	No Class	Yoga (Advanced)	No Class	Zumba	Zumba
6:00PM-7:00PM	Running Session	No Class	Yoga (Beginner)	Zumba	Running Session	Cross Fit	Yoga (Advanced)

CLASS INFORMATION

Yoga Beginner: Focus on relaxing by slowly stretching and making poses.

Advanced: An active program for building your muscles and getting fit.

Running Session: Run in the park in a group of 5-6 people. You can make many good friends.

Zumba: A fun dancing exercise using various styles of Latin American music.

Cross Fit: The hardest training of all classes. It helps improve health and performance.

1. You have to book one day before the class.
2. Each class is held in Studio A. Only the running session is in the park.
3. Bring water and a towel.

(36) Which person should join the Running Session ?

① Mike
② Lisa
③ Jason
④ Amanda

(37) If you want to train hard, which class is the best ?

① Yoga Beginner
② Running Session
③ Zumba
④ Cross Fit

(38) Which statement is true ?

① Zumba class is held in Studio A.
② You can book the class on that day.
③ Water is given by the instructors.
④ Yoga Beginner class is held only in the morning.

B

Ben と Jack のメッセージを読み，質問に対する解答として最も適切なものを選び，番号で答えなさい。

Ben

Hi Jack, are you still free tomorrow?

16:50

Jack

Hey Ben, I'm sorry that I didn't reply to the last message sooner. Yeah sure, what time shall we meet?

20:20

Ben

It's okay. I need to do some work in the morning. How about meeting at 1 pm in Shinjuku and having lunch together?

20:26

Jack

Sounds good.
Do you know any good restaurants?

20:30

Ben

I know some. How about Italian or French? What kind of food would you like to eat?

20:33

Jack

Well… I don't mind. I'm not picky.

20:34

Ben

Okay, I will book an Italian restaurant then. They have really good pizza and wine.

20:40

Jack

Cool! Thanks a lot. I'm looking forward to it. See you tomorrow!

20:41

(39) Why did Ben send a message to Jack ?

① To have dinner together.
② To say sorry.
③ To decide a plan.
④ To find a new job.

(40) At 20 : 34, what did Jack mean when he wrote, “I don’t mind.” ?

① He didn’t know any good restaurants.
② He thought any food was fine.
③ He didn’t want to eat lunch together.
④ He wanted to decide a restaurant.

C

レシピを読み，質問に対する解答として最も適切なものを選び，番号で答えなさい。

Easy Oven Recipes

The World’s Best Lasagna

Ingredients

300g	sausage meat	2 cans	tomato sauce
200g	beef	1/2 cup	water
1/2	onion	12	lasagna noodles
2	garlic cloves	200g	cheese
		a little	salt
		a little	pepper

Instruction

1. Cut onions and garlic into small pieces.
2. Cook sausage meat, beef, onions and garlic cloves over a medium heat, then add a little salt and pepper.
3. Add the tomato sauce and water, heat over a low heat for one hour.
4. Prepare lasagna noodles in boiling water for 10 minutes while cooking the meat sauce.
5. Spread the meat sauce in the bottom of a baking dish. Arrange 4 noodles over the meat sauce. Spread the cheese. Repeat this two times.
6. Bake in the oven for 30 minutes. Serve hot.

***** ***Reviews and Comments*** **

@Jenny ★★★★★ *January 15, 2020*
I love this recipe. This was my second time making it, so I added other ingredients: spinach, mushrooms and eggplants. It turned out well.

@William ★★★★ *October 21, 2019*
I made it for my wife on her birthday. She really loved it. I don't usually cook, but I could do it. So, this recipe is good for beginners.

(41) What should you do while you are cooking the meat sauce ?

① Cut vegetables.　② Boil lasagna noodles.
③ Spread cheese in a baking dish.　④ Bake the lasagna.

(42) How long do you bake the lasagna in the oven ?

① ten minutes　② half an hour　③ one hour　④ two hours

(43) According to the reviews, who is this recipe best for ?

① vegetarians　② small children
③ elderly people　④ beginners of cooking

8

A

ロボットに関する記事を読み，下線部に入る最も適切な語句を選択肢から選び，番号で答えなさい。

A New Zealand company has developed a robotic dolphin. It looks and moves like a real dolphin. The company, Edge Innovations, designed the robot so people can experience sea life without real animals. The robotic dolphin can swim and dive on its own, or a human can control it with a remote controller. The company showed some people how the robot swam in a pool, but they didn't notice it was a robot.

The robotic dolphin will cost about 27 million US dollars. It is more expensive than keeping a real dolphin. However, a designer of the robot says that by replacing real dolphins with robotic ones, people will not have to worry about the health and safety of real dolphins in marine parks in the future. According to a researcher, real dolphins in the wild can live 30 to 50 years, but the dolphins in parks live for only about 13 years on average.

The company has made robotic animals for famous amusement parks and some famous movies. The company says that it will make other robotic animals such as sharks and sea dragons in the future.

(44) The company, Edge Innovations, has made a robot. It ＿＿＿＿＿.

① can move like a real animal　② can help people's lives
③ can experience sea life　④ can save real dolphins in a pool

(45) Real dolphins in marine parks ＿＿＿＿＿.

① can live 30 or more years
② are more expensive to keep than robotic dolphins
③ live a shorter life than the ones in the wild

④ cost about 30 million US dollars

(46) Some robotic animals ＿＿＿＿＿.

① are eaten by sharks in the sea
② like to stay in the deep sea
③ eat sea dragons as their food
④ were made for well-known movies

B

あるプロジェクトに関する記事を読み，空所に入る最も適切な語句を選択肢から選び，番号で答えなさい。

Some solar-powered balloons were sent up into the sky in Kenya in 2020. The balloons were developed by a US company, Loon. They float 20 kilometers above the earth and bring mobile Internet service to various areas. According to a report, about 45% of houses in the world don't have any access to the Internet. Most of those people access the Internet with mobile devices. However, about 60% of people in rural sub-Saharan Africa can't connect to mobile Internet.

In this project, 35 balloons will go up into the sky in South America and fly to Kenya. Loon's CEO says that each balloon can stay in the sky for 100 days and provide Internet access to people over an area of 11,000 km^2. Thanks to the balloons, people can make voice and video calls or browse the web.

The balloons were first used for emergencies during an earthquake in Peru in 2017. In Kenya, people use Loon's Internet as a regular service through the local communication company, Telkom Kenya.

Loon has a plan to start the same service in Mozambique.

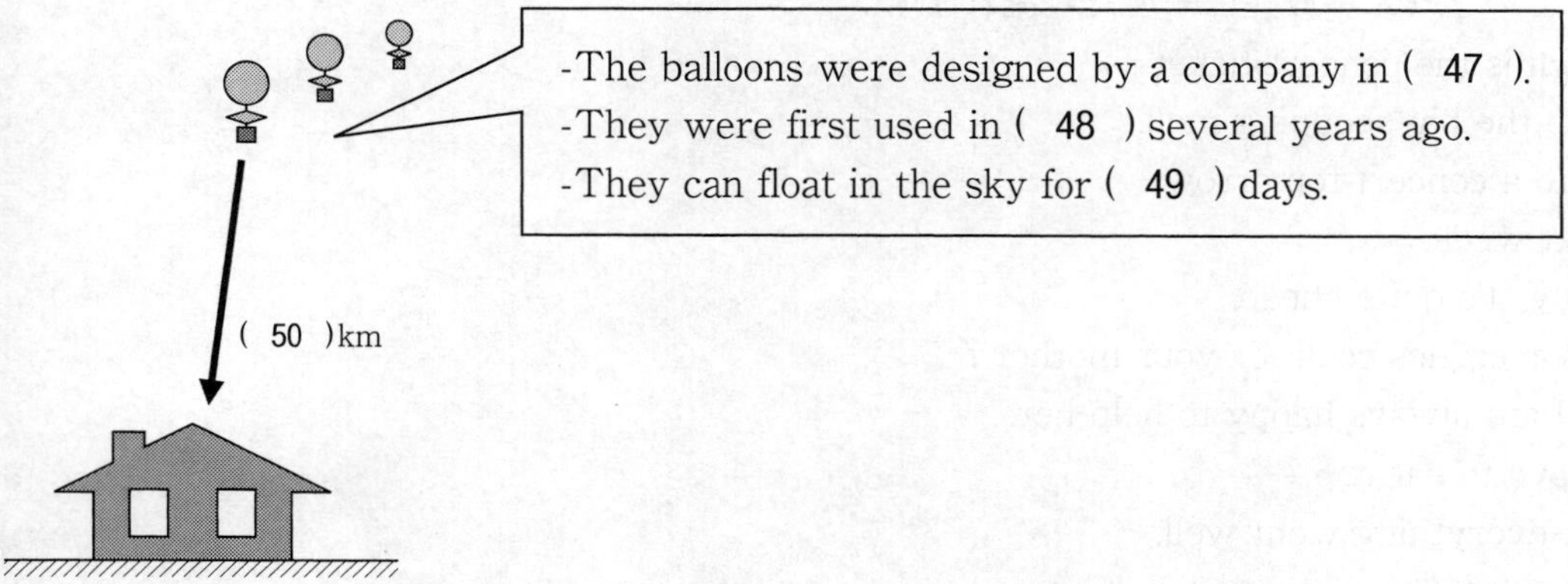

① the US	② Kenya	③ Peru	④ Mozambique
⑤ 5	⑥ 20	⑦ 100	⑧ 11,000

9 以下の論題についてディベートをするために原稿を書いています。空所に入る最も適切な語句を選び，番号で答えなさい。

It is better to live in the countryside than to live in the city.

I agree with the statement. I believe that living in the countryside is better than living in the city.

First of all, it is safer than the city. Less people live in the countryside and there are (51). Some people don't lock the doors even at night. We can live a peaceful life.

In addition, we can stay healthy if we live in nature. The air is so clean that it (52). Living in the countryside is good for our health.

Next, the cost of living is cheaper than the city. We need a lot of money to live in the city because it is (53) to rent a house in the city. We can rent a large house in the countryside at the same cost.

Some people say that it is more (54) to live in the city because offices or schools are often closer. It is true, but thanks to online services, we have more chances to work or study (55), so we don't have to live close to offices or schools.

In conclusion, living in the countryside is better than living in the city.

(51)	① bigger shops	② fewer crimes	③ higher buildings	④ more doors
(52)	① relaxes us	② tires us	③ is noisy	④ is expensive
(53)	① dangerous	② safe	③ expensive	④ cheap
(54)	① excited	② boring	③ famous	④ convenient
(55)	① slowly	② remotely	③ friendly	④ beautifully

＜リスニング問題放送原稿＞

1 放送を聞き，応答として最も適切なものを選び，番号で答えなさい。質問と応答は問題用紙には印刷されていません。放送は一度だけ流れます。

(1) How much is the concert ticket ?
① Next to the big shopping mall.
② I'll go to a concert tomorrow.
③ By next week.
④ Actually, it's quite cheap.

(2) Do you sometimes cook for your mother ?
① Yeah, I am always happy to help her.
② Oh, I love to eat it.
③ I think everything went well.
④ Well, I want some.

(3) Would you like to have some more water ?
① I don't like to wash my car.
② Yes. I drank orange juice.
③ Thank you, I sure do.
④ Really ? I love to go swimming.

(4) How often do you play tennis ?
① I really like to play it with my brother.
② OK, I'll play faster.
③ Oh, just about twice a week.
④ No, I'm better at tennis than basketball.

(5) Mr. Smith said that he is going to leave school next month.　He's my favorite teacher.

① He usually leaves school at 5 pm.

② I'm sorry to hear that.

③ We should go to school with him.

④ He left this school last year.

2 　会話を聞き，質問の答えとして最も適切なものを選び，番号で答えなさい。放送は一度だけ流れます。

(6) A： How can I help you ?

B： Hi I'm looking for a yellow shirt.

A： Please come this way.　Here are our shirts.　Unfortunately, we don't have that color.

B： Do you have any in a small size ?

A： Yes, here is a blue one and a green one.

B： Great !　I'll take both of them.

Q： What will the woman buy ?

(7) A： Hey Susan, what happened ?　You are usually on time !

B： Hi James.　I had a problem this morning.　I did not set my alarm clock last night.

A： Oh, I see.　So you overslept !

B： Yes, I always wake up at 6：00 but today I woke up 1 hour late.

Q： What happened to the woman ?

(8) A： Did you see the new TV drama last night ?　It is a big hit now.

B： Really ?　Is that the one about the tennis player and his coach ?

A： Yes, that's the one !　I'm really looking forward to watching it next week !

B： Oh, I want to see it, too !　I'll try and catch it next time.

Q： What do the speakers want to do ?

(9) A：Boy　B：Girl

A： Did you hear about the new student in our class ?

B： Yes, I did.　I was sick yesterday, so I didn't have a chance to meet him yet.　What's he like ?

A： He looks like a very kind person, but his voice is so quiet that I couldn't hear him very well.

B： I see.　I look forward to meeting him soon !

Q： How does the boy feel about the new student in class ?

(10) A：Man　B：Woman

A： I usually come to work by car, but this morning my wife needed it so I had to take the train. You always come to work by train, right ?

B： Yeah, it was raining very hard this morning, so it was very crowded on the Odakyu line ! Could you get to work today without any trouble ?

A： Yes, I was fine, but I was surprised the trains weren't late.　I really thought they would be late.

B： Me too . . .

Q： What was the man surprised about ?

【数　学】 (50分) 〈満点：100点〉

(注意)　1．分数の形で解答する場合，それ以上約分できない形で答えなさい。

2．根号を含む形で解答する場合，根号の中に現れる自然数が最小となる形で答えなさい。また，根号を含む分数の形で解答する場合，分母に根号を含まない形で答えなさい。

1　次の各問いに答えよ。

(1)　$\left\{\frac{2}{5}\times\left(\frac{1}{3}-\frac{1}{2}\right)+\frac{17}{15}\div 2\right\}\times\left\{\frac{5}{3}-\left(2\div\frac{2}{5}-2^2\right)\right\}$ を計算せよ。

(2)　$\left(1-\frac{2}{\sqrt{2}}+\sqrt{18}\right)(1-\sqrt{8})$ を計算せよ。

(3)　$(x-2y)a+x^2-4y^2$ を因数分解せよ。

(4)　2次方程式 $3x^2-4x-2=0$ を解け。

(5)　$\sqrt{\frac{96}{n}}$ が自然数になるような最小の自然数 n を求めよ。

(6)　右の図において，α を求めよ。ただし，点Oは円の中心である。

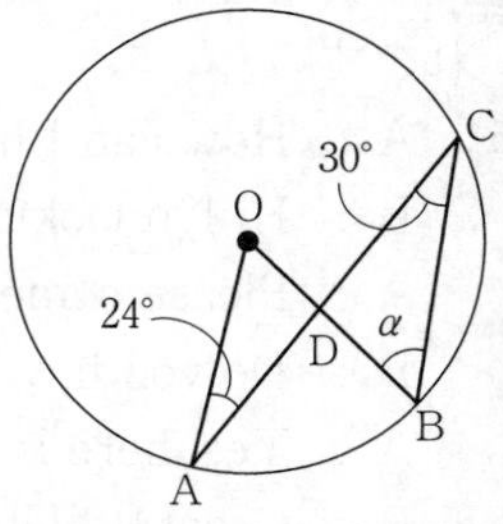

(7)　大小2個のさいころを同時に投げるとき，大きいさいころの目の数が小さいさいころの目の数で割り切れる確率を求めよ。

(8)　$x=-\left(-\frac{8}{3}a^2\right)^3\div\frac{1}{9}(-8a^3)^2$ のとき，$2\sqrt{\frac{2}{x}}$ の値を求めよ。

2　右の図のように，2点A，Bは放物線 C：$y=\frac{1}{3}x^2$ と直線 l の交点で，x 座標はそれぞれ3，-2 である。このとき，次の各問いに答えよ。

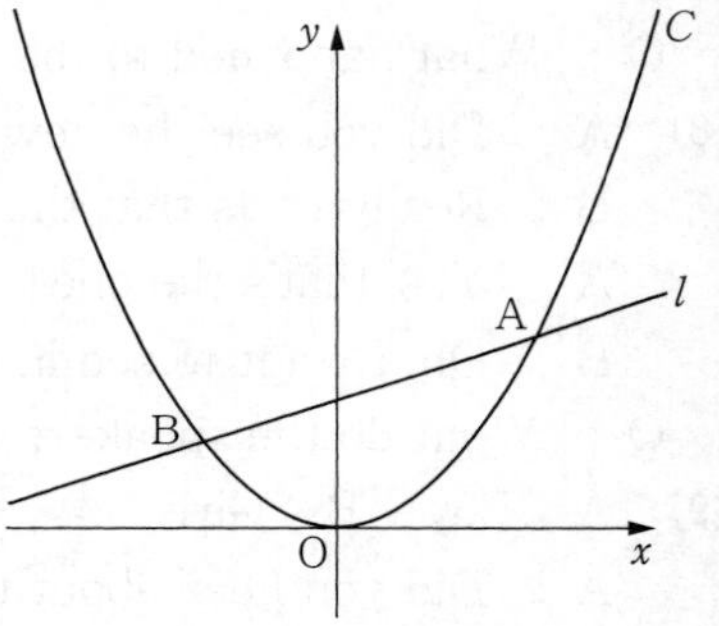

(1)　点Bの y 座標を求めよ。

(2)　放物線 C について，$-2\leqq x\leqq 3$ における y の変域を求めよ。

(3)　直線 l の式を求めよ。

(4)　放物線 C 上に x 座標が1である点Pをとるとき，四角形ABOPの面積を求めよ。

3　右の図のように，AD＝15の平行四辺形ABCDにおいて，辺ADを2：3に分ける点をPとし，対角線ACと線分BPの交点をQとする。このとき，次の各問いに答えよ。

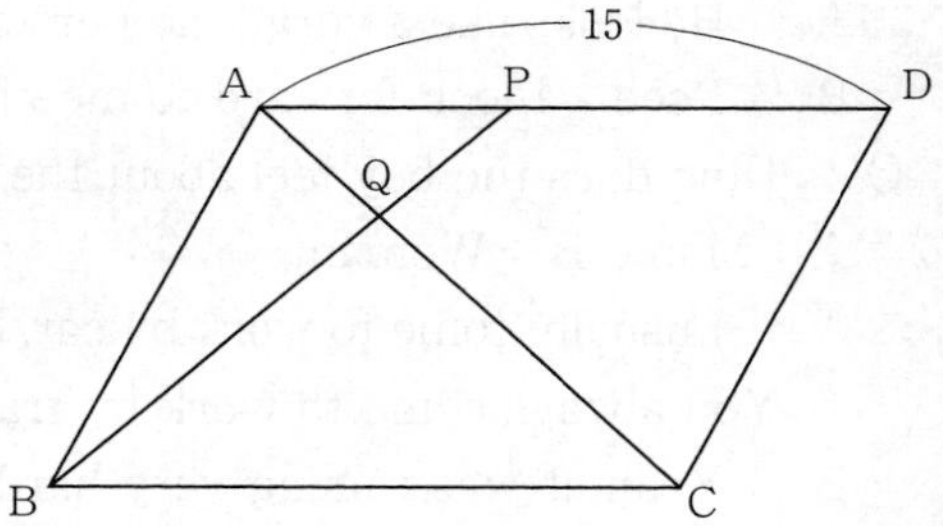

(1)　線分APの長さを求めよ。

(2)　AQ：QCを最も簡単な整数比で表せ。

(3)　対角線ACの中点をOとするとき，AQ：QOを最も簡単な整数比で表せ。

(4)　辺AB上にBC∥RQとなるような点Rをとる。平行四辺形ABCDの面積が140であるとき，△OQRの面積を求めよ。

4　各位が０から９までの10個の整数で表される数を10進数といい，各位が０と１の２個の整数で表される数を２進数という。右の表は，10進数と２進数のそれぞれについて，０から１ずつ増やしたときのものである。このとき，次の各問いに答えよ。

10進数	２進数
0	0
1	1
2	1 0
3	1 1
4	1 0 0
5	1 0 1
6	1 1 0
7	1 1 1
8	1 0 0 0
9	1 0 0 1
1 0	1 0 1 0
⋮	⋮
1 3	㋐
⋮	⋮
㋑	1 0 0 0 0
⋮	⋮

(1)　㋐にあてはまる２進数を答えよ。

(2)　㋑にあてはまる10進数を答えよ。

(3)　１，2^1，2^2，2^3，…の和を利用して，10進数を２進数に変換する方法がある。例えば，10進数の10と15をそれぞれ１，2^1，2^2，2^3，…の和で表すと，

$10=8+2=2^3+2^1$　　$15=8+4+2+1=2^3+2^2+2^1+1$

2^3，2^2，2^1，１を２進数にすると1000，100，10，１であるから，

$1000+10=1010$　　$1000+100+10+1=1111$

となり，10進数の10と15はそれぞれ1010，1111という２進数に変換される。この方法を用いて10進数の100を２進数に変換し，その２進数を答えよ。

(4)　10100110のように１と０が４個ずつある２進数のうち，最大の数と最小の数の差を求めよ。ただし，先頭の位は０でないものとし，10進数または２進数のどちらで答えてもよいものとする。

A　あいつの□にかけた態度は本当に気にくわないなあ。次の試合では必ず□をあかしてやるぞ。　解答番号42

1　目　2　鼻　3　耳　4　舌

B　□穴に入らずんば□子を得ず、と言うね。本当に手に入れたいなら頑張りなさい。　解答番号43

1　狐《こ》　2　熊《ゆう》　3　狸《り》　4　虎《こ》

問四　次のA・Bの慣用句の意味として適切なものをそれぞれ一つずつ選び、番号をマークしなさい。

A　一目《いちもく》置く…彼は君の素質に**一目置いている**ようだ。　解答番号44

1　非常に驚く　2　敬意を払《はら》う
3　とても憧《あこが》れる　4　嫌悪を抱く

B　一矢《いっし》を報いる…彼の在籍《ざいせき》するチームにせめて**一矢を報い**たい。　解答番号45

1　わずかながらも反撃や攻撃を加えること
2　相手をせき立てて窮地《きゅうち》に追い込むこと
3　勢いをつけて地位や順位を逆転させること
4　少しずつそのレベルや能力に近づくこと

問五　次の三つの四字熟語の空欄□に当てはまる数字をすべて足すとその合計はいくつになるか。適切なものを一つ選び、番号をマークしなさい。　解答番号46

・□朝□夕（わずかな時間の意）
・□転□倒《とう》（幾度も転んだり倒《たお》れたりしてもがき苦しむこと）
・□里霧《む》中（物事に迷って思案にくれるさま）

1　12　2　18
3　22　4　26

問六　次にあげたA～Dの語を数えるときに使うことば（助数詞）は何か。その組み合わせとして適切なものを一つ選び、番号をマークしなさい。　解答番号47

A　短歌　B　手紙　C　写真　D　魚

	A	B	C	D
1	歌	句	個	体
2	編	組	組	群
3	首	通	葉	尾
4	句	枚	台	匹

問七　次の各文のうち、適切な敬語表現を用いているものを一つ選び、番号をマークしなさい。　解答番号48

1　私が本日の案内をご担当する田中でいらっしゃいます。
2　お分かりにくいでしょうから、よくご覧になってください。
3　では、あなたが提出された三点の書類を拝見いたします。
4　このお鞄につきましてはご自身でお持ちいたしますか。

3　BとC　4　AとD

問五　傍線部④「つれなく過ぎて嗜む人」は、最終的にどうなるか。適切なものを次の中から一つ選び、番号をマークしなさい。　解答番号35

1　人々に崇拝《すうはい》され、万人を従える存在になる。
2　人々の手本となり、師範としてふさわしい存在になる。
3　人々に勇気を与え、民衆を明るい未来へと導く存在になる。
4　人々から認められて、並ぶものがいない存在になる。

問六　傍線部⑤「堪能の嗜まざる」の具体的な例として適切なものを次の中から一つ選び、番号をマークしなさい。　解答番号36

1　政治家として打ち出した政策が失敗する。
2　先輩から与えられた、やりたくない仕事を放置する。
3　自分のサッカーの才能を信じて、練習をなおざりにする。
4　自身の営業ノルマを達成したあと、休暇を満喫《まんきつ》する。

問七　傍線部⑥「不堪の聞こえもあり、無下の瑕瑾もありき」の現代語訳として、適切なものを次の中から一つ選び、番号をマークしなさい。　解答番号37

1　ヘタクソだという評判もあり、あまりにひどい欠点もあった。
2　人の話を聞かないこともあり、何も学ぼうとしない時期もあった。
3　不動の人気もあり、世の人々に絶対的な影響力もあった。
4　ひどい暴言を吐かれることもあり、何もかも上手くいかなかった。

問八　傍線部⑦「放埒せざれば」の現代語訳として、適切なものを次の中から一つ選び、番号をマークしなさい。　解答番号38

1　言いふらさなければ
2　気ままにふるまわなければ
3　頼りにしなければ
4　贅沢《ぜいたく》をしなければ

四

次のそれぞれの設問に答えなさい。（解答はすべて解答用紙にマークしなさい）

問一　次の文章は二人の作家について述べたものである。空欄 A ・ B に入る作家名として適切なものを後の語群からそれぞれ一つずつ選び、番号をマークしなさい。

> 現代の若者たちにもその名を知られる作家 A は、明治の文豪として盛んに作品を発表した。英文学を学んだ彼は、母校である東京大学で英文科の教師として教壇に立っている。代表作は『吾輩は猫である』『坊っちゃん』『こころ』など数多い。
>
> 日本や中国の古典を題材として優れた短編小説をたくさん発表した B は、 A に『鼻』の出来栄えを激賞されたことに感激して弟子入りを申し出た。その後、『羅生門』や『蜘蛛の糸』、『トロッコ』など精力的に発表したが、若くして自ら命を絶った。

A　　解答番号39
1　石川啄木　2　正岡子規
3　森鷗外　4　夏目漱石

B　　解答番号40
1　志賀直哉　2　芥川龍之介
3　太宰治　4　川端康成

問二　十二支の四番目・七番目・十番目の組み合わせとして正しいものはどれか。適切なものを次の中から一つ選び、番号をマークしなさい。　解答番号41

1　子・戌・丑　2　未・亥・辰
3　寅・巳・申　4　卯・午・酉

問三　次のA・Bの空欄□に入る共通した語はどれか。適切なものをそれぞれ一つずつ選び、番号をマークしなさい。

とうまく共存する方法やまわりの人に従ってもらう方法など、工夫しなければならないことがある。

5　権限によらないリーダーシップの考え方は、多様な問題を抱える現代において、社会人として誰もが学び身に着けるべき基本的なスキルである。

三

次の文章を読んで、後の設問に答えなさい。（解答はすべて解答用紙にマークしなさい）

能をつかんとする人（一芸を身につけようとする人は）、「よくせざらんほどは、なまじひに（うかつに）人に知られじ。うちうちよく習ひ得て（習得してから）さし出でたらんこそ、いと心にくからめ」と常に言ふめれど（言うようだが）、①かくいふ人、一芸も習ひ得ることなし。

②いまだ※堅固《けんご》かたほなるより、③上手の中に交りて、毀《そし》り笑はるる（けなされ笑われる）にも恥ぢず、④つれなく過ぎて（平気で押し通して）嗜《たしな》む人、天性、その骨《こつ》（素質）なけれども、道になづまず、妄《みだ》りにせずして（その道にとどまらず、いい加減にしないで）、年を送れば、⑤堪能《かんのう》の嗜まざるよりは、終《つひ》に（最後には）上手の位にいたり、徳たけ、人に許されて、双《ならび》なき名を得る事なり。

天下の物の上手といへども、始めは、⑥不堪《ふかん》の聞こえもあり、無《む》下《げ》の瑕瑾《かきん》もありき。されども（しかし）、その人、道の掟《おきて》正しく、これを重くして（これを大切にして）、⑦放埒《はうらつ》せざれば、世のはかせにて、万人《ばんにん》の師となる事、諸道かはるべからず。

※　堅固…「まるで」「いっこうに」という意味の副詞。

問一　この文章は兼好法師の随筆の一部である。この作品の序段の冒頭《ぼうとう》部を次の中から一つ選び、番号をマークしなさい。　解答番号 31

1　徒然なるままに、日ぐらし、硯に向かひて、……
2　祇園精舎の鐘の声、諸行無常の響きあり。
3　今は昔、竹取の翁といふものありけり。
4　春はあけぼの。やうやう白くなりゆく山際、……

問二　傍線部①「かくいふ人」はどのようなことを言ったか。適切なものを次の中から一つ選び、番号をマークしなさい。　解答番号 32

1　技能をよく習得してから人前で披露《ひろう》した方が良いだろう。
2　人に知られないように努力を重ねることが、正しい努力である。
3　上手な人に習って技能を磨けば、人々から認められるであろう。
4　芸を磨くことは、人の芸を盗むことになり、人の恨《うら》みを買う行為《こうい》である。

問三　傍線部②「いまだ堅固かたほなるより」の現代語訳として、適切なものを次の中から一つ選び、番号をマークしなさい。　解答番号 33

1　まだ、まったく未熟なときから
2　まだ、それほど強い信念を持たないときから
3　まだ、十分に我慢強くないときから
4　まだ、少しも自分の考えを持たないときから

問四　傍線部③「上手の中に交りて」の具体的な例の組み合わせとして適切なものを後の中から一つ選び、番号をマークしなさい。　解答番号 34

A　自分よりもレベルの高い選手が多く所属するサッカークラブで練習をする。
B　日本代表選手であったコーチの教えを受ける。
C　高校生であるにもかかわらず、大学生日本代表に招集される。
D　全国大会常連校のクラブと、合同練習をする。

1　AとC　2　BとD

に、責任をとり謝罪すること。

問五 傍線部③「こうした考え方」とはどういう考え方か。適切なものを一つ選び、番号をマークしなさい。 解答番号25

1 権限のない人にリーダーシップを求めるとともに、責任も負わせるという考え方
2 権限もなく責任もとれない人のリーダーシップは、いっさい認めないという考え方
3 権限のない人のリーダーシップはいっさい認めないが、責任だけは負わせるという考え方
4 権限のない人のリーダーシップを認めながら、成功した時は権限者の手柄《てがら》になるという考え方

問六 傍線部④「躊躇《ためら》(う)」の意味として、適切なものを一つ選び、番号をマークしなさい。 解答番号26

1 あれこれ迷い決心できない
2 どう対処してよいかわからずうろたえる
3 気持ちがせいていらだつ
4 気が動転して考えることができない

問七 傍線部⑤「モチベーション」の意味として、適切なものを一つ選び、番号をマークしなさい。 解答番号27

1 可能性　2 行動力
3 意欲　4 自分らしさ

問八 傍線部⑥「権限によらないリーダーシップは機能しづらくなってしまいます」とあるが、そうなってしまうのはどのような場合か。適切なものを二つ選び、番号をマークしなさい。 解答番号28

1 自分の店の売上向上に強い責任を感じている店長が、アルバイトの一人ひとりに目を配って、言葉遣《づか》いなど細かいところまで指示を徹底《てってい》する。
2 細かいサインなどを出さず選手がその場で判断してプレーをする方針でシーズンを戦ったが、結果を残せなかった責を負って監督《かんとく》が辞任した。
3 リーダーが寛容な態度で励ますので、メンバーはそれぞれが能力を発揮できる場面で、前例にとらわれず自分の考えたプランを提案・実行している。
4 クラスの生徒指導はそれぞれの担任の考えでするのが良いというのが学校の方針なので、クラスの生徒が問題を起こさないようにする責任は担任にある。

問九 傍線部⑦「不可能になってしまいます」とあるが、どのようなときにそうなってしまうのか。適切なものを一つ選び、番号をマークしなさい。 解答番号29

1 わがままを言う人のせいで、グループ内に対立が起きてしまうとき
2 権限を持たない人同士が、互いに従おうとせず協力しないとき
3 互いに遠慮《えんりょ》し、意見を譲《ゆず》り合って、自主的な行動がとれなくなってしまうとき
4 権限のある人から、指示に従わないと罰《ばつ》を与えると脅《おど》されているとき

問十 この文章で筆者が述べていることと合致しているものを、次の中から三つ選び、番号をマークしなさい。 解答番号30

1 権限によらないリーダーシップによって、チームの誰もが交代でリーダーとなって指示を出すようになり、社会の変化に即座に対応することができる。
2 サーバント・リーダーシップによって、リーダーは部下のために尽くし、すべての権限や責任を部下にゆだねることで、自由な提案を促《うなが》すことができる。
3 「帝王《ていおう》学」を学ぶことで、みんながバラバラに自分勝手な行動をとってしまうことを防ぎ、権限によらないリーダーシップを実現させることができる。
4 権限によらないリーダーシップを実行するには、既存の権限

果がうまくいこうが失敗しようが、その結果に対する責任も負う。「責任は私が負う。だから、君たちは自分たちが『これだ』と思うことをまずは自由に提案してみなさい」と言える権限者。これが、権限によらないリーダーシップを奨励《しょうれい》する組織の権限者に求められるあり方なのだと私は考えるのです。

ただ、ここまで [B] 的な権限者がいる組織や団体なら別ですが、多くの場合、「権限がない」という状況は、権限がある場合に比べて、人に従ってもらうということが簡単ではありません。

権限者によるリーダーシップであれば、リーダーに権限があるがゆえに、まわりの人たちは「この人には従わなくてはならない」という心理が働きやすくなります。また、従わないと罰《ばつ》を受ける場合もありますから、なおさら従わざるを得ないという面もあるでしょう。

[Y]、権限によらないリーダーシップの場合、権限がないので、まわりの人たちには従う義務が発生しません。そのため、「なんで、あなたの言うことをきかなくてはならないの?」と思われてしまう可能性が多々あります。

そうなってしまえば、目標に向かってお互いに影響し合って、結果を出していくということが、そもそも⑦不可能になってしまいます。みんながバラバラの方向を向き、自分勝手な行動をとってしまうようになってしまっては、グループは混乱してしまうばかりで、リーダーシップがまったく機能していない、「何人かの人が単に居合わせているだけの状態」になってしまいます。

そうした事態を生じさせないようにするためにも現在、さまざまな学者などによって研究され、高校や大学などの教育現場、さらには企業《きぎょう》の研修等で実施されている権限によらないリーダーシップを学ぶ必要があります。それは、従来のように、一握りの、グループのトップに立つべき人が学ぶ「帝王《ていおう》学」としてのリーダーシップではありません。一人ひとりが、社会で生きる基本スキルとして身につけておくべきリーダーシップです。

（日向野幹也『高校生からのリーダーシップ入門』ちくまプリマー新書より）

問一 [X]・[Y] に入る適切な語を次の中からそれぞれ一つ選び、番号をマークしなさい。 X…解答番号19 Y…解答番号20

1 従って　2 それとも　3 なぜなら　4 一方

問二 [A]・[B] に入る適切な語を次の中からそれぞれ一つ選び、番号をマークしなさい。 A…解答番号21 B…解答番号22

1 消極　2 流動　3 理想　4 感情

問三 傍線部①「そんなリーダーシップ」とはどのようなリーダーシップか。適切なものを一つ選び、番号をマークしなさい。 解答番号23

1 権限を持つ者が、グループに、変化に応じた積極的な行動をとらせるリーダーシップ
2 特定の者が、変化に応じてグループを引っ張り、目標を達成するリーダーシップ
3 変化に気づいた者が、自律的・主体的に行動して、周囲に影響を与えるリーダーシップ
4 カリスマ性を持った者が、グループを自律的・主体的に従わせるリーダーシップ

問四 傍線部②「『責任を負う』という役割」の具体例として、適切なものを一つ選び、番号をマークしなさい。 解答番号24

1 首相が、自分が任命した大臣の汚職が発覚した時に、任命した責任をとって辞任すること。
2 社長が、ある社員の健康状態が悪化した時に、会社の責任であるとして謝罪すること。
3 部活のキャプテンが、後輩が忘れ物をした時に、連帯責任として一緒に罰《ばつ》を受けること。
4 先生が、生徒が考え実行したクラスの企画《きかく》で事故が起きた時

これこそが権限によらないリーダーシップの姿であり、自分では意識していなくても、意外に身近なところで実践《じっせん》されています。たとえば学校行事などで、クラスや有志で本当に一丸となってゴールに向かって取り組んでいるときなども、自然にこうした権限によらないリーダーシップが発揮されているのです。

先に挙げた例を読み、みなさんの頭の中にはもうひとつの疑問が浮かんでくるかもしれません。

それは、会社組織などを中心とした現実の多くのグループにおいては、「すでに権限を与えられている人」が存在しており、そうした権限と、権限によらないリーダーシップは共存し得るのか、という疑問です。実際、会社などの組織には、社長とか部長とかいった「権限者」が必ずいますので。

答えは、「共存できる」です。

組織等の中にすでに存在している「権限者」と権限によらないリーダーシップは決して対立するものではなく、互いに補完し合うものです。権限によらないリーダーシップの実践を促進《そくしん》するために、権限者には新しい役割があるのです。それは、権限を持たない人がリーダーシップを発揮しやすくするために「支援《しえん》にまわること」と、さらに、彼らの結果に対して②「責任を負う」という役割です。

このとき、とくに見逃されがちなのが、「責任を負う」です。「権限」と「責任」はつねにセットです。権限を行使する場合、そこには責任を伴います。

それゆえに、権限によらないリーダーシップを組織内で実践しようとすると、「権限もなく、責任もとれないくせに、リーダーシップを主張するとは何事か！」という発想をする人が必ずいます。逆に、権限のない人に対してリーダーシップを求めると同時に、責任も負わせるというケースはしばしば起こります。

これらはいずれも、権限によらないリーダーシップが持つポジティブな効果を台無しにするパターンです。

たとえば、前者は権限によらないリーダーシップを完全に否定しています。そのため、③こうした考え方が定着している組織では、従来型の一握りの権限者のリーダーシップに頼らざるを得ません。その結果、先述したように、時代や状況の変化にスピーディーに対応できなくなる可能性があります。

後者の場合は、権限によらないリーダーシップへの期待を掲《かか》げているものの、それを実践《じっせん》する人が出ないという状況に遭遇《そうぐう》する可能性が高いでしょう。なぜなら、万が一失敗した場合、「責任は自分がすべて負わなければいけないのだ」という状況がプレッシャーとなり、多くの人がリーダーシップを自ら発揮することに④躊躇《ためら》ってしまいかねないからです。

しかも、権限者の中には、成功すればその手柄《てがら》を自分のものにし、うまくいかなければその責任を実行者に負わせるという、とんでもないタイプも存在します。こういう人が自分の上司だったりすると、権限のない人たちの中で「リーダーシップを発揮しよう」という⑤モチベーションは低くなるばかりです。

権限のない人にリーダーシップを発揮してもらえるように支援《しえん》し、最終的な責任は自ら引き受ける。これが、権限によらないリーダーシップがきちんと機能する組織において、権限者が担うべき一つの役割です。というより、権限者がそのように行動してくれないと、⑥権限によらないリーダーシップは機能しづらくなってしまいます。

1970年代に、アメリカのリーダーシップ研究者、ロバート・グリーンリーフ博士が「サーバント・リーダーシップ」という考え方を提唱しました。これは「部下のために尽くすリーダーシップ」というものです（「サーバント」とは英語で「召使《めしつかい》・使用人」という意味）。

私は、このサーバント・リーダーシップという立ち位置は、権限によらないリーダーシップでの、権限者の新しい役割を表現していると考えます。

つまり、権限がない人のリーダーシップを支援し、さらには、結

二 次の文章は、日向野幹也『高校生からのリーダーシップ入門』の一部である。これを読んで、後の設問に答えなさい。（解答はすべて解答用紙にマークしなさい）

> リーダーシップとは、「何らかの成果を生み出すために、他者に影響を与えること」を言う。実現したい「成果」があるとき、その達成のために、周囲を巻き込み頼るといったことが欠かせないのである。
>
> これまで、リーダーシップとは力のある一握りの人が持つ才能・能力で、その他大勢を引っ張っていくという形をとっていた。しかし、インターネットの出現などにより「変化」のスピードが速くなり、変化の種類も多様になった現代において、従来型の「権限によるリーダーシップ」ではその問題に対応しきれなくなってきている。現代社会の抱える問題の多くは、様々な要因が複雑に絡《から》み合っていて、その解決には多様なアイデアが必要なのだ。

こうした時代の流れの中で登場したのが、この本のテーマである「権限によらないリーダーシップ」です。つまり、従来型のように特定の人が権限のあるリーダーとなって、グループを引っ張っていくのではなく、そこに参加する一人ひとりが、権限を持たないままリーダーシップを発揮していくという形です。

［X］、チームを引っ張っていく人はつねに同じではなく、「このときはAさん、このときはBさん」という具合に交代していきます。つまり、リーダーが［A］的に代わっていくのです。

となると、そこに参加するメンバーは誰もがリーダーシップを発揮する機会があるわけですから、自ずとそこでの行動は自律的・主体的なものになります。グループが掲《かか》げる目標を達成するために、自分には何ができるかを自覚し、実際に行動していく。単に命令に従って行動するのではなく、積極的にそのグループに関わり、目標達成に何が必要かを自律的・主体的に考え、動いていくのです。

このように、参加するメンバー全員が自律的・主体的であれば、自ずと世の中の変化に対してすばやく対応できるグループになっていきます。なぜなら、従来型のように権限やカリスマ性を持つ固定化したリーダーが変化に気づくのを待つのではなく、気づいた人が、たとえその人に権限がなくても、グループが変化に対応できるように促《うなが》していくことが可能だからです。

気づいた人がまず考えて行動する。そうしたことがしやすく、また起こしやすいグループであれば、変化にも即座に対応していけるのです。

ここでひとつの疑問が、みなさんの頭の中に浮かぶかもしれません。「①そんなリーダーシップは本当に可能なのだろうか」と。答えは明白です。可能です。というより、みなさんも日々の生活の中で知らず知らずのうちに経験しているはずです。

たとえば、道を歩いているときなどに、目の前で人が倒《たお》れたり、具合が悪そうな様子でしゃがみこんだ人がいたりするという場面に遭遇《そうぐう》したことはありませんか？ 状況はさまざまだと思いますが、これまでの人生において、似たような光景に一度や二度は、出くわしたことがあるのではないでしょうか。

そのようなとき、そこに居合わせた人たちは、誰に命令されるでもなく、互いに言葉をかけ合いながらその人を救護するために行動します。倒《たお》れた人に声をかけたり、救急車を呼ぶように誰かに頼んだり、頼まれた人はすぐに電話で救急車を呼んだりといった行動を取ったりするものです。

これは、この救護に関わる人たち一人ひとりがリーダーシップを発揮している状態です。そこにいた誰かひとりがリーダーとなって命令し、まわりの人の行動を促《うなが》しているのではありません。そこに居合わせた人一人ひとりが、状況に応じて必要と思われる行動を取り、それがまわりの人たちの行動に影響し合い、「倒れた人を救護する」という結果に結びついていくのです。

5 しっかり者の歌子が、折田くんの靴《くつ》のことで泣いていること。

問十三　傍線部⑫「おねえちゃん、おかあさんにいってもいいよ」と言ったのはなぜか。適切なものを次の中から一つ選び、番号をマークしなさい。　解答番号13

1 歌子にとって折田くんは大切な人だったのではないかとわかり、自分はもしかすると大変なことをしてしまったのかもしれないと思ったから。

2 自分が隠した歌子の友だちの靴のうち、折田くんの靴だけが最後まで見つからなかったことで得意げになり、心が満たされたから。

3 歌子がずっと泣いているのを見て、自分にはこの状況をどうにもできないと判断し、おかあさんに助けてもらいたいと思ったから。

4 いつもしっかりしている歌子が泣いているのを初めて見たチヅルは、早くおかあさんに言わないと怒られると思ったから。

問十四　傍線部⑬「いいよ、もう」と言ったときの歌子の様子を説明したものとして適切なものを次の中から一つ選び、番号をマークしなさい。　解答番号14

1 友だちの靴《くつ》を隠すなんてひどいとチヅルに対して怒りの気持ちもあったが、許してあげようと思っている。

2 今さら折田くんの靴が見つかったって遅いと内心思っており、投げやりな気持ちになり落ち込んでいる。

3 今さらおかあさんにチヅルがしたことを話しても、折田くんに嫌われた事実はかわらないとすねている。

4 チヅルのことなんかは眼中になく、とにかく今は折田くんの靴が見つかったことにホッとしている。

問十五　傍線部⑭「そんな荒々しい気持ち」の説明として適切なものを次の中から一つ選び、番号をマークしなさい。　解答番号15

1 自分に対する理不尽《りふじん》な仕打ちをどうしても許すことができないと感じ、それに対して仕返しをしたい気持ちがある。

2 自分の思い通りになることは何ひとつないじゃないかと強い不満を感じ、何かに乱暴を働きたい気持ちでいる。

3 自分にとって大事な何かが失われて、それはもう取り戻せなくなったのだと感じ、ひどく嘆《なげ》かわしく思っている。

4 どうしても負けられない競争に自分は勝つことができなかったのだと思い知らされ、自分はダメだと思い込んでいる。

問十六　傍線部⑧「おねえちゃんなんかきらいだ！」、⑮「おねえちゃんなんか、きらいだ」とあるが、それぞれの場面でのチヅルの気持ちとして適切なものを、次の中から一つずつ選び、番号をマークしなさい。　⑧…解答番号16　⑮…解答番号17

1 歌子がなぜ急に自分のことが嫌いになったのか理解できず、イライラしている。

2 歌子はきっと、もうこれまでのようには自分に寄り添ってくれないのだと理解した。

3 歌子に対する対抗心を燃やして、冷淡に扱われても決して泣くまいと思っている。

4 歌子の気持ちは、いくら考えてももう理解できるようにはならないとあきらめた。

問十七　傍線部⑯「チヅルは歯をくいしばり、足を踏んばって、いつまでもいつまでも力をこめて、お米をとぎ続けた」とあるが、このときのチヅルの様子を説明したものとして適切なものを、次の中から一つ選び番号をマークしなさい。　解答番号18

1 むしゃくしゃした気持ちを発散させている。

2 謝罪の気持ちを必死に伝えようとしている。

3 淋《さび》しさになんとか耐《た》えようとしている。

4 腹立たしさを無理に抑えようとしている。

掛ける余裕《よゆう》もない。

問六　傍線部⑤「熱いお湯をのんだように、喉から胸にかけてのあたりが、カッと焼けるようだった」とあるが、このときのチヅルの気持ちとして適切なものを次の中から一つ選び、番号をマークしなさい。　解答番号6

1　ささいなことで自分を叱った歌子に対する怒り
2　選挙のことばかり考えている歌子に対する不満
3　うるさくしたせいで嫌がられてしまったという後悔
4　歌子に見捨てられてしまったかのようなショック

問七　傍線部⑥「たかぶっていた気分がすうっと鎮まってゆくようだった」とあるが、このときのチヅルの気持ちとして適切なものを次の中から一つ選び、番号をマークしなさい。　解答番号7

1　お母さんに怒られた今のチヅルの気持ちを歌子がわかってくれたことと、味方だと言ってくれたことに対する嬉しさからほっとしている。
2　歌子があんなに怒るのはひどいよねと言ってくれたおかげで、お母さんに対する激しい怒りから解放され、晴れ晴れしている。
3　歌子が自分の味方だということがわかり、お母さんに対する恐怖から解放され、もうお母さんなんて怖くないと強がっている。
4　歌子のやさしい言葉を聞いて、それまでの気持ちの混乱が収まり、自分のしたことを冷静に省みられるようになった。

問八　傍線部⑦「そういうこと」の指し示す内容として適切なものを次の中から一つ選び、番号をマークしなさい。　解答番号8

1　チヅルが熱を出した時、歌子が自分の掌で冷やしてくれたこと。
2　チヅルが歌子のことを、ずっと前から好きだったこと。
3　チヅルが叱られた時、歌子が優しい言葉をかけてくれたこと。
4　チヅルが寝つかれない時、歌子が布団に入ってきてくれたこと。

問九　傍線部⑨「上目づかいに歌子を睨んでいる」とあるが、このときのチヅルの気持ちとして適切なものを次の中から一つ選び、番号をマークしなさい。　解答番号9

1　歌子に対する嫌悪感が湧《わ》いてきて、もう歌子にどう思われようと知るものかと、投げやりになっている。
2　歌子がどういう気持ちでいるのか、チヅルのしたことをどう思っているのか、探り出そうとしている。
3　歌子がウソ泣きをしているのではないか、チヅルをわなに掛けるつもりなのではないかと疑っている。
4　歌子がなぜ自分を叱ろうとしないのか、もうチヅルのことはどうでもいいのかと、ひどく怒っている。

問十　傍線部⑩「あっけにとられてしまった」とあるが、「あっけにとられる」の意味として適切なものを次の中から一つ選び、番号をマークしなさい。　解答番号10

1　少しも気にせず、けろりとしていること。
2　手応えがなく、張り合いがないこと。
3　意外なことに突然出会って、ひどく驚くこと。
4　あまりにもひどくて、あきれ果てること。

問十一　空欄 Ⅲ に当てはまる語として適切なものを次の中から一つ選び、番号をマークしなさい。　解答番号11

1　せかせか　2　どうどう
3　もたもた　4　おずおず

問十二　傍線部⑪「折田くんに違いないと思えてきた」理由として適切でないものを次の中から一つ選び、番号をマークしなさい。　解答番号12

1　今年になって、歌子が自分で電話を取ることがあったこと。
2　対策本部の男子の中で、折田くんがリーダー格であったこと。
3　歌子がメモも見ずに電話をかけた先が、折田くんであったこと。
4　折田くんに電話で何度も謝りながら、涙声になっていること。

⑭そんな荒々しい気持ちは初めてで、胸が苦しくなって、涙が浮かんでくるほどだった。

(⑮おねえちゃんなんか、きらいだ。折田もきらいだ!)

⑯チヅルは歯をくいしばり、足を踏んばって、いつまでもいつまでも力をこめて、お米をとぎ続けた。

(『短編伝説 愛を語れば』集英社文庫より)

問一 空欄《くうらん》 I ・ II に当てはまる語句の組み合わせとして適切なものを次の中から一つ選び、番号をマークしなさい。 解答番号1

1 I=心配そうに　II=ぷりぷりと怒っている

2 I=面白そうに　II=どぎまぎしてうろたえている

3 I=困ったように　II=ぐずぐずと渋《しぶ》っている

4 I=嬉しそうに　II=にこにこと笑っている

問二 傍線《ぼうせん》部①「とたんにチヅルはわくわくした」とあるが、このときのチヅルの気持ちとして適切でないものを次の中から一つ選び、番号をマークしなさい。 解答番号2

1 中学校の生徒会選挙は、本物の選挙みたいですごいなあと感心している。

2 おねえちゃんにとっては立候補は特別なことではないのだと驚いている。

3 ウチに選挙対策本部の人たちが集まってくるのだと楽しみに思っている。

4 おねえちゃんが生徒会の書記になれたら私も鼻が高いぞと期待している。

問三 傍線部②「選挙タイサク本部」とあるが、これがカタカナ表記になっていることから読み取れることとして適切なものを次の中から一つ選び、番号をマークしなさい。 解答番号3

1 「対策」という漢字が思い浮かばないチヅルは、「タイサク本部」の意味を誤解しているかもしれないこと。

2 「対策」という漢字も書けないチヅルは、優等生の歌子とは対照的な、勉強嫌いの子どもであること。

3 「タイサク」という語の意味も考えないままに、何となくすごいと思い込んでいるチヅルの軽率さ。

4 「対策」という漢字も思い浮かばないまま、言葉の響きだけで「すごい」と思っているチヅルの幼さ。

問四 傍線部③「やけっぱちのようにぼりぼりと食べた」とあるが、このときのチヅルの様子を説明したものとして適切なものを次の中から一つ選び、番号をマークしなさい。 解答番号4

1 お友達に用意したお菓子をぜんぶ食べてしまって、おねえちゃんを困らせてやろうと嫌がらせをしている。

2 お菓子を食べたらひどく怒られることはわかっていたが、もうどうにでもなれという気持ちになっている。

3 イライラする気持ちを抑えるために、怒られるとは深く考えもせず、無意識にセンベイに手を出している。

4 どうにかしておねえちゃんの気を引かなくてはならないと、切羽《せっぱ》詰まって向こう見ずに振る舞っている。

問五 傍線部④「歌子はうわずった声でいって」とあるが、このときの歌子の様子を説明したものとして適切なものを次の中から一つ選び、番号をマークしなさい。 解答番号5

1 以前チヅルが母に怒られたときは味方になってやれたが、自分のお菓子が食べられてみるとそうもできず、歌子は怒りを抑えられずにいる。

2 別に本当に腹を立てたわけでもなかったが、うるさくつきまとうチヅルを追い払《はら》うために、歌子はあえて意地悪なことを言っている。

3 友だちを迎える準備で忙《いそが》しいのにうるさくつきまとうチヅルに腹を立てて、歌子はチヅルが傷つくような言葉を、ぶつけてしまっている。

4 歌子は大切な友だちを迎えることで頭がいっぱいで、自分の口にした言葉がチヅルを傷つけるかもしれないことなど、気にには、男子もいた。立候補するのがおねえちゃんで、選挙タイサク本部に男子がいることに、チヅルはびっくりする。
　歌子と友だちは、二階で楽しそうにおしゃべりをしていた。チヅルは玄関に五人分の靴《くつ》があるのを見ているうちに、憎《にく》たらしくなってきて、それらの靴をみんな裏口などに運んで隠す。そのまま外に遊びに行ってしまったが、暗くなってから、歌子が怒っているのではと心配しながら帰ってきた。

　家に帰ってみると、電気がついておらず、まだ清子も帰っていないようで、それはホッとしたが、歌子もいないようで、わけがわからなかった。

　電気をつけて、ぼんやりと茶の間のソファにすわっていると、カタンと物音がして、二階から歌子がおりてきた。歌子の目は真っ赤で、今まで泣いていたようだった。

　てっきり叱られると思って身構えていたチヅルはびっくりして、⑨上目づかいに歌子を睨《にら》んでいると、

「チヅル、折田くんの靴、どこにやったのさ。折田くんのだけ見つからなくて、折田くん、上靴はいて帰ったんだよ」

　というなり、歌子は茶の間にすわりこんで、わっと泣きだしてしまった。

　チヅルは⑩あっけにとられてしまったが、すぐに我にかえって、あわてて家をとびだし、裏の畑のトマトの木の下につっこんであった男子の運動靴をひっぱりだした。

　内心では、やっぱり、ここのは見つからなかったかと得意な気持ちも少しはあったが、それよりも歌子が泣いているのが驚きで、とてものことに、ザマァミロとは思えなくなってしまっていた。歌子が泣いているのをみるのは、チヅルは初めてだったのだ。

「おねえちゃん、これ……」

　まだすすり泣いている歌子に、[Ⅲ]と靴をさしだすと、歌子は何度も手の甲で頬《ほお》をこすってから、出窓においてある電話機の受話器をとった。

　メモもなにも見ずに、歌子はダイヤルをまわして、どこかに電話をかけた。

「折田くん、うん、あたし、植野。靴みつかったから。明日、学校にもってくから。うん。他の靴、あるの？　うん。ごめんね」

　歌子は何度も何度もごめんねといい、最後には涙声になって、電話のむこうの折田くんになだめられているようだった。

　チヅルはふと、月に一度くらい電話をかけてきていたのは、この折田くんではないかという気がしてきた。

　今までは、友だちが電話をかけてくるというゼータクにびっくりして、まさか相手が男子だとは想像もしていなくて、当然、クラスの女子だろうと思いこんでいたのだけれど、この時ふいに、きっと、電話は⑪折田くんに違いないと思えてきたのだった。

「⑫おねえちゃん、おかあさんにいってもいいよ」

　歌子が電話をきってから、謝るつもりでそういうと、

「⑬いいよ、もう」

　歌子は怒っているふうでもなく、ただ気が抜けたようにいって、のっそりと二階に上がっていった。ただもう、折田くんの靴《くつ》がみつかったことにホッとして、ほかのことはなにも考えられないみたいだった。

　今日は、歌子がお米をとぐ当番だったのだが、台所の流し場をみると、お米がといでなかった。

　チヅルはおわびのつもりで、歌子の代わりにとぐことにして、米《こめ》櫃《びつ》からお米を三合もってきて、シャッシャッと慣れた手つきでお米をとぎながら、ふと、

（おねえちゃんは、折田くんが好きなのかもしれない。チヅルよりも、好きなのかな）

　と思った。

　そのとたん、どうしようもない淋《さび》しさがどうっと風のように押しよせてきて、チヅルはわけもなく大声をあげたくなった。

いつもだったら、食べていいといわれてないお菓子は食べないのだけれど、なんとなく、おもしろくない気分だったので、チヅルは思いきってガラス戸をあけて、うす焼きセンベイを五、六枚つかんで、③やけっぱちのようにぼりぼりと食べた。

二階からおりてきた歌子は、茶ダンスの前にすわりこんでセンベイを食べているチヅルを見て、

「チヅル、あたしが買ってきたお菓子、かってに食べちゃダメじゃない！」

とどなった。

「きてくれるみんなのために買ったのに。お母さんにいいつけるよ」

④歌子はうわずった声でいって、チヅルを押しのけて、茶ダンスの中のお菓子鉢を取りだし、さっさと二階にもっていこうとする。

階段を五、六段のぼったところで、

「チヅル、外に遊びにいっといでよ。友だちがきても、浮かれあがって、話に入ってきたらダメだよ。みんな、だいじな用事でくるんだから」

きびきびといって駆《か》けあがっていった。

チヅルはぽかんと見上げていたが、ふいに目じりに涙《なみだ》が浮かんできた。

（おねえちゃんは、チヅルより選挙のほうがだいじなんだ）

と思うと、⑤熱いお湯をのんだように、喉から胸にかけてのあたりが、カッと焼けるようだった。

小学生になったばかりの頃《ころ》、チヅルは、お客さん用に買ってあったお菓子を勝手に食べて、母の清子からひどく怒られたことがあった。清子は「チヅルは泥棒《どろぼう》になったんだから、お父さんに警察に連れて行ってもらう」といって、チヅルの両手を柱にしばりつけた。チヅルは「もう、しないよォ」といって泣いて謝ったが、ぜんぜん許してもらえず、外が薄暗くなって、泣きすぎて体が熱くなってきたころ、やっと許してもらえた。

その夜は、ご飯を食べても吐きそうなほど気分が悪くて、すぐに寝てしまったけれど、目がさえてぜんぜん寝つかれないでいると、隣の布団で寝ていた歌子が、ごそごそとチヅルの布団に入ってきて、

「お母さんはきっと、ムシのいどころが悪かったんだよ。あんなに怒るのは、ひどいよね。おねえちゃんは、チヅルの味方だからね」

耳元に息を吹きかけるように小声でささやいて、そうっと手を握ってくれた。

泣き疲れて、すこし発熱しはじめていたチヅルには、ひんやりしたおねえちゃんの掌《てのひら》はふわふわと気持ちよくて、⑥たかぶっていた気分がすうっと鎮《しず》まってゆくようだった。

チヅルはおねえちゃんが前から好きだったけれど、⑦そういうことがあって、ますます好きになっていて、それからは清子に叱られても、おねえちゃんが味方だと思うと、あんまり悲しくなくなり、泣かなくなっていたのだった。

（なのに、おセンベ食べたくらいで、おかあさんにいいつけるっていった）

チヅルは見捨てられたような惨《みじ》めな気持ちになり、息がとまりそうだった。

おねえちゃんは中学生になってから、二階に部屋をもらって、ただでさえ、かまってくれなくなっていたのに、今はかまうどころか、チヅルが嫌いになったんだとしか思えなかった。

（いいんだ。チヅルだって、⑧おねえちゃんなんかきらいだ！）

チヅルは茶の間のソファにとびのって、ソファの背にしがみつくようにして、涙をこらえた。

やってきた歌子の友だちは、チヅルに気づきもせず、居間を通って二階に上がっていった。その四、五人の友だちの中

二〇二一年度 東海大学付属相模高等学校

【国 語】（五〇分）〈満点：一〇〇点〉

一 次の文章は、氷室冴子「おねえちゃんの電話」という小説の一部である。これを読んで、後の設問に答えなさい。（解答はすべて解答用紙にマークしなさい）

> 小学生のチヅルは、近所の家にはまだない電話が自分の家にあることが自慢だ。電話がかかってくると、いつも飛びつくようにして、チヅルが受話器を取るのだった。
> けれど今年になって少し異変が起きた。中学生になったおねえちゃんの歌子に、学校の友だちから、ときどき電話がかかってくるようになった。歌子は、その時だけは「チヅル、とらなくていいから。あたしだよ、あたし！」といって、すました顔で受話器をとるのだった。

「あたし、こんど、生徒会の書記に立候補することになったよ」

とおねえちゃんの歌子がいい出したのは、夏休みがおわり、学校が始まってすぐのことだった。

お盆がおわると同時に、みじかい夏休みもおわってしまうのだが、チヅルはまだ夏休みボケで、学校にいってもボーッとしていることが多かったから、歌子が書記に立候補すると聞いて、

（中学校は、休みがおわったらすぐに選挙なんかするのか。いそがしいなァ）

とびっくりしてしまった。

「そうか。書記か。そういうのは、一年生が出ていいのかい」

オトーサンが［ Ｉ ］いい、ご飯をよそっていた母の清子も、

「一年生のうちから、あんまり目立つことすると、まずいんじゃないの」

と面倒臭《めんどうくさ》そうにいいながら、顔はすっかり、［ Ⅱ ］のだった。

そういうのは、もうまったく、歌子が小学校の卒業式で答辞を読むことになったときとおなじ態度だった。

「あしたから、推薦《すいせん》人や選挙対策本部の人たち、ウチに集まることになったから」

と歌子はなんでもないことのようにいい、①とたんにチヅルはわくわくした。

②選挙タイサク本部というのがいかにも本式の感じがして、やっぱり中学校はちがうとすっかり感心させられてしまった。

翌日、チヅルは掃除当番をおえるなり、家にとんで帰った。

いつものようにハイシャ車庫や材木置き場で遊ぶどころではなくて、なんとしても選挙タイサク本部というのを見てみたいのだった。

家に帰ってみると、歌子のほうが先に帰ってきていた。

二階の部屋を掃除しているらしく、何度も階段を上りおりしては、忙《いそが》しそうにしていて、チヅルなんか目に入っていないようだった。

なんとか歌子の興味をひきたくて、茶の間のソファに寝そべったり、でんぐり返りをしたり、逆立ちをしたりしてもてんでダメで、そのうち歌子がカルピスをつくり出したので、チヅルは思いあまって、台所と茶の間をしきるガラス引き戸によりかかって、

「おねえちゃん、チヅルのもつくって」

と甘ったれた声でいった。

カルピスが欲しいのはほんとだったが、それよりも歌子にかまってほしいのだった。

「なに、ほしいの？ 自分でつくんなさいよ。あたし、忙《いそが》しいんだから」

歌子はあっさりといって、お盆にカルピスのはいったコップをのっけて二階にいってしまった。

悔しくてブスふくれていると、ふと台所の茶ダンスの中に、うす焼きセンベイがお菓子鉢《ばち》にはいっているのが見えた。

2021年度／東海大学付属相模高等学校

英語解答

1 (1) ④ (2) ① (3) ③ (4) ③
(5) ②

2 (6) ④ (7) ③ (8) ② (9) ③
(10) ①

3 (11) ④ (12) ⑤ (13) ② (14) ①
(15) ⑥

4 (16) ④ (17) ① (18) ④ (19) ②
(20) ①

5 (21) ① (22) ③ (23) ④ (24) ①
(25) ③

6 1 (26)…⑤ (27)…③
2 (28)…③ (29)…①
3 (30)…② (31)…⑤
4 (32)…④ (33)…③
5 (34)…④ (35)…③

7 A (36)…③ (37)…④ (38)…①
B (39)…③ (40)…②
C (41)…② (42)…② (43)…④

8 A (44)…① (45)…③ (46)…④
B (47)…① (48)…③ (49)…⑦ (50)…⑥

9 (51) ② (52) ① (53) ③ (54) ④
(55) ②

1・**2**〔放送問題〕解説省略

3〔対話文完成―適文選択〕

≪全訳≫❶夏休み明けに，マイクとケンは教室で話している。❷マイク(M)：やあ，ケン。$_{11}$元気にしてた？❸ケン(K)：元気だったよ。実は，夏休みの間にハワイに行ったんだ。❹M：へえ。ハワイに行ったのは浜辺でリラックスするため？❺K：$_{12}$正確にはそうじゃないかな。英語を勉強するためだよ。スミスさん一家のところでホームステイをしたんだ。❻M：ああ，君のお兄さん[弟]もそこで去年ホームステイをしたのを覚えてるよ。❼K：$_{13}$記憶力がいいね。本当にすてきな家族だよ。❽M：彼らから英語をたくさん学んだ？❾K：英語の表現をたくさん学んだよ。❿M：有名なショッピングモールに買い物に行った？⓫K：うん。店の人と話をしているときは，英語をあまり使わなかったけどね。⓬M：$_{14}$どうして使わなかったの？ 店の人はハワイの人たちだよね？⓭K：そうだけど，日本から来るお客さんが多いから，彼らは僕に日本語で話しかけてきたんだ。⓮M：なるほど。それで，僕のお土産はどこだい？⓯K：君にお土産を買ってくるのをすっかり忘れてたよ。⓰M：ウソだろ？ ハワイに戻ってお土産を買ってくるべきだね，ケン！⓱K：$_{15}$ほんの冗談だよ。はい，どうぞ。⓲M：ありがとう！

(11)夏休み明けの会話の切り出しとして，相手に元気だったかと尋ねる④が適する。 (12)ハワイにはリラックスしに行ったのかと尋ねたマイクに対し，ケンは英語の勉強をするためだと答えているのだからマイクの発言を否定する⑤が適する。 (13)直前でマイクは，ケンの兄〔弟〕も去年ホームステイしたことを覚えていると言っているので，マイクの記憶力を褒める②が適する。 have a good memory「記憶力がいい」 (14)ケンがハワイでお店の人と話す際，あまり英語を使わなかったと聞き，マイクはケンがハワイのお店で英語を使わなかった理由を尋ねたのである。 (15)続くやり取りから，ケンはマイクにお土産を買うのを忘れたと言ったが，実は買ってきていたことがわかる。したがって，自分の発言が冗談だという⑥が適する。 kid「冗談を言う，からかう」

4〔対話文完成―適語選択〕

(16)A：どこにいるの，ユカ？ もう夜の7時よ。／B：ごめんなさい，お母さん。家に向かっているところよ。5分で家に着くわ。／on ～'s way home「家に帰る途中に〔で〕」

(17)A：ふだんどうやって通学する？／B：ふだんは徒歩通学だよ。／on foot「徒歩で」

(18)A：ここで靴を脱いでいただけますか？／B：もちろんです。ここに靴を置いたままでかまいませんか？／take ～ off〔take off ～〕「～を脱ぐ」

(19)A：電話のバッテリーが切れちゃった。／B：私の充電器を使う？／run out of ～「～を使い果たす，切らす」

(20)A：トモキはまた学校を欠席だね。／B：あれ，何かあったかな？　病気にでもなった？／be absent from ～「～を欠席する」

5〔適語(句)選択〕

(21) must は「～に違いない」という'推定'を表せる。　「僕のガールフレンドは怒っているに違いない，というのも，僕のメッセージに返信してくれないからだ」

(22) when 以下に合わせて過去形にする。　「高校に入学したとき，ジェーンはとても忙しかった」

(23)過去の時点で play という動作が進行中だったことを表す過去進行形が適切。　「私が帰宅したとき，姉〔妹〕はテレビゲームをしていた」

(24)「明日は雨だ」と「私はビーチに行かない」という内容をつなぐ語として，if「もし～なら」が適切。　「明日もし雨なら，私はビーチに行かない」

(25)'make＋目的語＋動詞の原形…'「～に…させる」　「サッカーをすることは，いつも私の気分をよくさせる」

6〔対話文完成―整序結合〕

1．先生：「エッセーはもう書き終えましたか」／生徒：「もちろん，書き終えました」／語群や生徒の返答から，現在完了の疑問文で'Have/Has＋主語＋過去分詞？'と並べ，これに finish ～ing「～するのを終える」を組み合わせるとわかる。　Have you finished writing the essay yet？

2．生徒：「この動物は英語で何と呼ばれていますか」／先生：「それは英語で zebra と呼ばれています」／'call＋*A*＋*B*'「*A* を *B* と呼ぶ」の受け身形('be動詞＋過去分詞')で，*B* を疑問詞 what に置き換えて What is this animal called と並べる。最後は in English「英語で」とする。　What is this animal called in English？

3．店員：「こんにちは。ご用件をお伺いします」／客：「コンサートのチケットを2枚お願いします」／相手に'許可'を求める'Can I＋動詞の原形...？'「～してもいいですか」を使う。後半は two concert tickets とまとめればよい。　Can I have two concert tickets, please？

4．あなた：「江ノ島水族館への行き方を教えてもらえませんか」／見知らぬ人：「もちろん，いいですよ」／'依頼'を表す Could you ～？「～してくれませんか」と'tell＋人＋物事'「〈人〉に〈物事〉を教える」を組み合わせる。'物事'には'how＋to不定詞'「～の仕方，方法」を当てはめる。「〈場所〉に到着する」は'get to＋場所'。　Could you tell me how to get to the Enoshima Aquarium？

5．先生：「あなたのお兄さんが本当に背が高いことを私は覚えています。お兄さんは190cm を超えていましたよね」／生徒：「はい。兄は家族の中で最も背が高いです」／He is と始め，'the＋最上級＋in ～'の形で the tallest in my family と続ける。　He is the tallest in my family.

7 〔長文読解―英問英答〕

A≪全訳≫フィットネス教室の予定／月曜日／火曜日／水曜日／木曜日／金曜日／土曜日／日曜日／午前10時―午前11時／ヨガ(初心者)／ズンバ／クラスなし／ヨガ(上級者)／クラスなし／ズンバ／ズンバ／午後６時―午後７時／ランニングセッション／クラスなし／ヨガ(初心者)／ズンバ／ランニングセッション／クロスフィット／ヨガ(上級者)／クラス情報／ヨガ／初心者／ゆっくりと身体全体を伸ばしてポーズを取り，リラックスすることを目的とします。／上級者／筋肉をつけて健康になるためのアクティブなプログラムです。／ランニングセッション／５～６人のグループで公園を走ります。いい仲間がたくさんできます。／ズンバ／さまざまなスタイルのラテンアメリカ音楽を用いた楽しいダンスエクササイズです。／クロスフィット／全てのクラスの中で最も厳しいトレーニングです。健康と運動パフォーマンスを高めるのに役立ちます。／１．予約はクラスの前日までになります。／２．各クラスはＡスタジオで実施されます。ランニングセッションのみ，公園で行います。／３．水とタオルをご持参ください。

(36)「誰がランニングセッションに参加した方がいいか」―③「ジェイソン」　「クラス情報」の「ランニングセッション」より，「他の人たちと一緒に運動をして楽しんでいる」と言うジェイソンが当てはまる。　(37)「厳しいトレーニングをしたいのなら，どのクラスが最も適しているか」―④「クロスフィット」　「クラス情報」の「クロスフィット」参照。　(38)「正しい内容の文はどれか」―①「ズンバのクラスはＡスタジオで行われる」　最後の注意書きの２番目参照。

B≪全訳≫❶ベン(Ｂ)：やあ，ジャック，まだ明日は暇かい？　16：50❷ジャック(Ｊ)：やあ，ベン，最後にもらったメッセージにもっと早く返信せずにごめん。ああ，もちろんさ，何時に会おうか？　20：20❸Ｂ：大丈夫。午前中に少し仕事をする必要があるんだ。午後１時に新宿で会って一緒にお昼を食べないか？　20：26❹Ｊ：いいね。どこかいいレストランを知ってる？　20：30❺Ｂ：いくつか知ってるよ。イタリア料理かフランス料理はどうかな？　どんな料理が食べたい？　20：33❻Ｊ：ああ…何でもいいよ。細かいことは気にしないんだ。　20：34❼Ｂ：わかった，それならイタリア料理のレストランを予約するよ。ピザとワインが本当においしいんだ。　20：40❽Ｊ：いいね！　ありがとう。楽しみにしてるよ。じゃあ明日！　20：41

(39)「なぜベンはジャックにメッセージを送ったのか」―③「予定を決めるため」　２人のやり取りは，翌日の予定を決める内容となっている。　(40)「20：34に『何でもいい』と書いたとき，ジャックは何を伝えようとしたか」―②「彼はどんな料理でもいいと思った」　「どんな料理が食べたいか」という質問に対しI don't mind「気にしない」と答えているので，どんな料理でもかまわないということだとわかる。　picky「えり好みする，気難しい」

C≪全訳≫簡単なオーブン料理／世界最高のラザニア／材料／ひき肉300g／トマトソース２缶／牛肉200g／水２分の１カップ／タマネギ２分の１個／ラザニア12枚／ニンニク２片／チーズ200g／塩少々／コショウ少々／つくり方／１．タマネギとニンニクを細かく切る。／２．ひき肉，牛肉，タマネギ，ニンニクを中火でいため，それから塩とコショウを少し加える。／３．トマトソースと水を加え，弱火で１時間煮込む。／４．ミートソースをつくっている間に，ラザニアを沸騰したお湯に入れ10分間ゆでる。／５．ミートソースを耐熱皿の底に広げる。ラザニアを４枚ミートソースの上にのせる。チーズを広げる。この手順を２回繰り返す。／６．オーブンに入れて30分焼く。熱いうちに食卓に並べる。／レビューとコメント／@ジェニー★★★★★／2020年１月15日／このレシピ大好き。これをつくったのは２回目だったから，他の材料，今回はホウレン草，マッシュルーム，ナスを加えてみたの。おいしく料理できたわ。／@ウィリアム★★★★／2019年10月21日／妻の誕生日につくったんだ。妻はとても気に入ってくれた。ふだんは料理しないけど，僕でもつくれたよ。だから，この料理は初心者にお勧めだね。

(41)「ミートソースを料理している間，何をするべきか」―②「ラザニアをゆでる」　「つくり方」の４.参照。　(42)「オーブンではどれくらいラザニアを焼くか」―②「30分」　「つくり方」の６.参照　(43)「レビューによると，この料理は誰に最もお勧めか」―④「料理の初心者」　ウィリアムのコメント参照。

8〔長文読解総合〕

[A]＜内容一致―説明文＞≪全訳≫❶あるニュージーランドの会社がロボットイルカを開発した。それは本物のイルカの姿をし，本物のように動く。エッジ・イノベーションズというその会社は，本物の動物がいなくても，人々が海洋生物の経験をすることができるようにこのロボットを設計した。このロボットイルカは自ら泳いだり潜ったりもできるし，人間がリモコンで操作することもできる。この会社は，ロボットがプールでどのように泳ぐかを一部の人々に公開したが，それを見た人たちはそれがロボットだとは気づかなかった。❷ロボットイルカの値段はおよそ2700万ドルになるだろう。それは本物のイルカを飼育するよりも値段が高い。しかしながら，ロボットの設計者は本物のイルカをロボットイルカに代えることで，人々は将来，海洋公園にいる本物のイルカの健康状態と安全のことを心配する必要がなくなるだろうと言う。ある研究者によると，野生の本物のイルカは30年から50年間生きることができるが，海洋公園のイルカは平均しておよそ13年しか生きることができない。❸この会社は，有名な遊園地といくつかの有名な映画のためにロボット動物をつくった。この会社は将来サメやシードラゴンのような他のロボット動物をつくると言っている。

(44)「エッジ・イノベーションズという会社はロボットをつくった。それは(　　)」―①「本物の動物のように動くことができる」　第１段落第１，２文参照。　(45)「海洋公園にいる本物のイルカは(　　)」―③「野生のイルカより寿命が短い」　第２段落最終文参照。　(46)「いくつかのロボット動物は(　　)」―④「有名な映画のためにつくられた」　第３段落第１文参照。

[B]＜適語選択―説明文＞≪全訳≫❶2020年，太陽電池式気球が数機，ケニアの空に上げられた。気球は，ルーンというアメリカの企業によって開発された。気球は地上から20キロの高さを飛行し，モバイルインターネットサービスをさまざまな地域に提供する。ある報告によれば，世界の家庭の約45%がインターネットにアクセスできない。そういった人々のほとんどは，モバイル機器を使ってインターネットにアクセスする。しかし，サハラ砂漠の南に位置するアフリカの田舎に住む人々の約60%は，モバイルインターネットに接続できない。❷このプロジェクトでは，35機の気球が南アメリカで空に上がり，ケニアまで飛行する予定だ。ルーンの最高経営責任者は，それぞれの気球が空に100日間浮遊し，１万1000km^2の地域に住む人々にインターネットアクセスを提供できると言う。気球のおかげで，人々は音声通話やビデオ通話をしたり，ウェブを閲覧したりできる。❸気球は，2017年にペルーで起きた地震の際の緊急事態に最初に使われた。ケニアでは，人々はルーン社のインターネットをテレコム・ケニアという地元の通信会社を通じ，通常のサービスとして使っている。❹ルーン社には，

モザンビークで同じサービスを始める計画がある。

(47)「気球は(　　)の企業によって設計された」―①「アメリカ」　第1段落第2文参照。　(48)「気球は数年前に(　　)で最初に使われた」―③「ペルー」　第3段落第1文参照。　(49)「気球は(　　)日間，空を漂うことができる」―⑦「100」　第2段落第2文参照。　(50)「(　　)km」―⑥「20」　第1段落第3文参照。

9〔長文読解―適語(句)選択―ディベート〕

≪全訳≫「都会で暮らすより，田舎で暮らす方がいい」❶私はこの意見に賛成です。私は都会で暮らすより，田舎で暮らす方がいいと思います。❷まず初めに，田舎は都会よりも安全です。田舎で暮らす人の方が少ないので，犯罪の数も少ないです。夜でさえドアに鍵を掛けない人もいます。安心して生活を送ることができます。❸さらに，自然の中で暮らせば健康でいられます。空気がとてもきれいなので，私たちをリラックスさせてくれます。田舎で暮らすことは，健康にいいのです。❹次に，生活費が都会よりも安いです。都会で家を借りると高くつくので，都会で生活するにはたくさんのお金が必要です。田舎では，同じ費用で大きな家を借りることができます。❺会社や学校が家に近いことが多いので，都会で暮らした方がより便利だと言う人たちもいます。それは事実ですが，オンラインサービスのおかげで，在宅勤務をしたり遠隔学習をしたりする機会が増えているので，会社や学校の近くで暮らす必要はありません。❻結論として，田舎で暮らすことは都会で暮らすことよりも良いのです。

(51)都会よりも田舎の方が安全だと考える理由が入る。したがって，人口が少なければ犯罪発生件数も少ないという意味になる②が適切。　crime「犯罪」　(52)「空気がとてもきれいなので」に続く内容として，リラックスできるという①が適切。　‘so ～ that …’「とても～なので…」　(53)お金が話題になっており，直前の文では田舎暮らしは生活費が安いと述べているので，都会で家を借りるのはexpensive「値段が高い」とする。　‘It is ～ to …’「…することは～だ」　(54)都会の利点を述べた部分。because 以下に，都会では会社や学校が家から近いとあり，これはconvenient「便利な」ことだといえる。　(55)会社や学校の近くで暮らす必要がないと考える理由が入る。remotelyは「遠隔で，リモートで」という意味で，work remotelyは「在宅勤務する」，study remotelyは「遠隔学習する」といった意味になる。

2021年度／東海大学付属相模高等学校

数学解答

1 (1) $\frac{1}{3}$　(2) -7

(3) $(x-2y)(a+x+2y)$

(4) $x=\frac{2\pm\sqrt{10}}{3}$　(5) 6　(6) 54°

(7) $\frac{7}{18}$　(8) $\sqrt{3}$

2 (1) $\frac{4}{3}$　(2) $0 \leqq y \leqq 3$

(3) $y=\frac{1}{3}x+2$　(4) 6

3 (1) 6　(2) 2：5　(3) 4：3

(4) $\frac{30}{7}$

4 (1) 1101　(2) 16　(3) 1100100

(4) 105〔1101001〕

1〔独立小問集合題〕

(1)＜数の計算＞$\frac{2}{5}\times\left(\frac{1}{3}-\frac{1}{2}\right)+\frac{17}{15}\div 2=\frac{2}{5}\times\left(\frac{2}{6}-\frac{3}{6}\right)+\frac{17}{15}\times\frac{1}{2}=\frac{2}{5}\times\left(-\frac{1}{6}\right)+\frac{17}{30}=-\frac{2}{30}+\frac{17}{30}=\frac{15}{30}=\frac{1}{2}$，$\frac{5}{3}-\left(2\div\frac{2}{5}-2^2\right)=\frac{5}{3}-\left(2\times\frac{5}{2}-4\right)=\frac{5}{3}-(5-4)=\frac{5}{3}-1=\frac{5}{3}-\frac{3}{3}=\frac{2}{3}$だから，与式$=\frac{1}{2}\times\frac{2}{3}=\frac{1}{3}$となる。

(2)＜平方根の計算＞$\frac{2}{\sqrt{2}}=\frac{2\times\sqrt{2}}{\sqrt{2}\times\sqrt{2}}=\frac{2\sqrt{2}}{2}=\sqrt{2}$，$\sqrt{18}=\sqrt{3^2\times 2}=3\sqrt{2}$，$\sqrt{8}=\sqrt{2^2\times 2}=2\sqrt{2}$ だから，与式$=(1-\sqrt{2}+3\sqrt{2})(1-2\sqrt{2})=(1+2\sqrt{2})(1-2\sqrt{2})=1^2-(2\sqrt{2})^2=1-8=-7$ となる。

(3)＜因数分解＞与式$=(x-2y)a+x^2-(2y)^2=(x-2y)a+(x+2y)(x-2y)$として，$x-2y=M$とおくと，与式$=Ma+(x+2y)M=M(a+x+2y)$となる。$M$をもとに戻して，与式$=(x-2y)(a+x+2y)$である。

(4)＜二次方程式＞解の公式より，$x=\frac{-(-4)\pm\sqrt{(-4)^2-4\times 3\times(-2)}}{2\times 3}=\frac{4\pm\sqrt{40}}{6}=\frac{4\pm 2\sqrt{10}}{6}=\frac{2\pm\sqrt{10}}{3}$となる。

(5)＜数の性質＞$96=2^5\times 3$ より，$\sqrt{\frac{96}{n}}=\sqrt{\frac{2^5\times 3}{n}}$となるから，$\sqrt{\frac{96}{n}}$が自然数となるような最小の自然数 n は，$\frac{2^5\times 3}{n}=2^4$ となる n である。よって，$n=2\times 3$ より，$n=6$ である。

(6)＜図形―角度＞右図で，$\overset{\frown}{AB}$ に対する円周角と中心角の関係より，$\angle AOD=2\angle ACB=2\times 30°=60°$である。$\triangle OAD$で内角と外角の関係より，$\angle CDO=\angle OAD+\angle AOD=24°+60°=84°$となる。よって，$\triangle BCD$で内角と外角の関係より，$\alpha=\angle CDO-\angle DCB=84°-30°=54°$である。

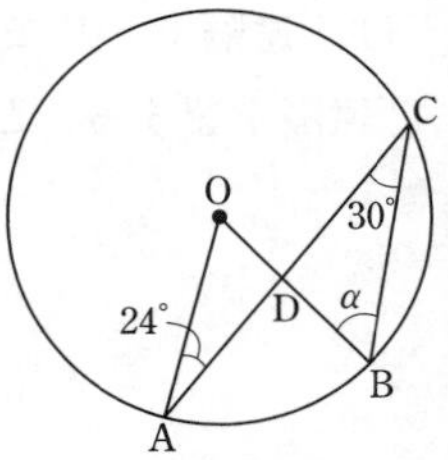

(7)＜確率―さいころ＞大小２個のさいころを同時に投げるとき，それぞれ６通りの目の出方があるから，目の出方は全部で$6\times 6=36$(通り)ある。このうち，大きいさいころの目の数が小さいさいころの目の数でわり切れるのは，大きいさいころの目の数が小さいさいころの目の数の倍数になるときだから，(大，小)＝(1，1)，(2，1)，(2，2)，(3，1)，(3，3)，(4，1)，(4，2)，(4，4)，(5，1)，(5，5)，(6，1)，(6，2)，(6，3)，(6，6)の14通りある。よって，求める確率は$\frac{14}{36}=\frac{7}{18}$である。

(8)＜式の値＞$x=-\left(-\frac{8^3}{3^3}a^6\right)\div\left(\frac{1}{9}\times 8^2a^6\right)=\frac{8^3}{3^3}a^6\div\frac{8^2}{3^2}a^6=\frac{8^3a^6\times 3^2}{3^3\times 8^2a^6}=\frac{8}{3}$となる。よって，$2\sqrt{\frac{2}{x}}=2\sqrt{2\div x}=2\sqrt{2\div\frac{8}{3}}=2\sqrt{2\times\frac{3}{8}}=2\sqrt{\frac{3}{4}}=2\times\frac{\sqrt{3}}{2}=\sqrt{3}$ となる。

2〔関数―関数 $y=ax^2$ と直線〕

(1)＜y 座標＞次ページの図で，点 B は放物線$y=\frac{1}{3}x^2$ 上にあり x 座標が-2 だから，$y=\frac{1}{3}x^2$ に $x=-2$

を代入して，y座標は$y=\frac{1}{3}\times(-2)^2=\frac{4}{3}$となる。

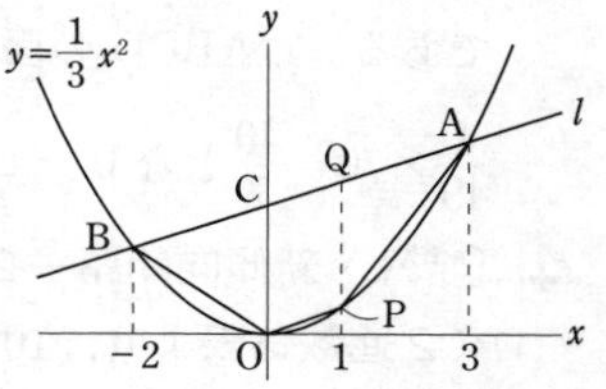

(2)＜yの変域＞右図の放物線$y=\frac{1}{3}x^2$について，xの変域$-2\leqq x\leqq 3$におけるyの値は，$x=0$のとき最小，$x=3$のとき最大となる。$x=0$のとき$y=0$，$x=3$のとき$y=\frac{1}{3}\times 3^2=3$だから，$y$の変域は，$0\leqq y\leqq 3$である。

(3)＜直線の式＞右上図で，(1)よりB$\left(-2,\ \frac{4}{3}\right)$，(2)よりA(3, 3)となるから，直線$l$の式を$y=ax+b$とすると，点Bを通ることから，$\frac{4}{3}=a\times(-2)+b$，$-2a+b=\frac{4}{3}$……①となり，点Aを通ることから，$3=a\times 3+b$，$3a+b=3$……②となる。①と②を連立方程式として解くと，②−①より，$3a-(-2a)=3-\frac{4}{3}$，$5a=\frac{5}{3}$，$a=\frac{1}{3}$となり，これを②に代入すると，$3\times\frac{1}{3}+b=3$，$b=2$となる。よって，直線lの式は，$y=\frac{1}{3}x+2$である。

(4)＜面積＞右上図で，直線lとy軸との交点をCとすると，直線lの切片よりC(0, 2)で，OC＝2となる。また，点Pは放物線$y=\frac{1}{3}x^2$上にあり，x座標が1だから，$y=\frac{1}{3}\times 1^2=\frac{1}{3}$より，P$\left(1,\ \frac{1}{3}\right)$となる。これより，直線OPの傾きは，$\frac{1}{3}\div 1=\frac{1}{3}$である。(3)より，直線$l$の傾きも$\frac{1}{3}$だから，OP∥$l$となる。点Pを通り$y$軸に平行な直線と直線$l$との交点をQとする。PQ∥OCより，四角形PQCOは平行四辺形で，PQ＝OC＝2となる。▱PQCOは，底辺をOCとすると，点Pのx座標より，高さは1だから，▱PQCO＝2×1＝2である。△AQPは，底辺をPQとすると，2点A，Pのx座標より，高さは3−1＝2，△BOCは，底辺をOCとすると，点Bのx座標より，高さは2となるから，△AQP$=\frac{1}{2}\times 2\times 2=2$，△BOC$=\frac{1}{2}\times 2\times 2=2$である。よって，四角形ABOPの面積は，▱PQCO＋△AQP＋△BOC＝2＋2＋2＝6である。

3 〔平面図形—平行四辺形〕

≪基本方針の決定≫(3)　AQ，QOの長さをそれぞれACを用いて表す。

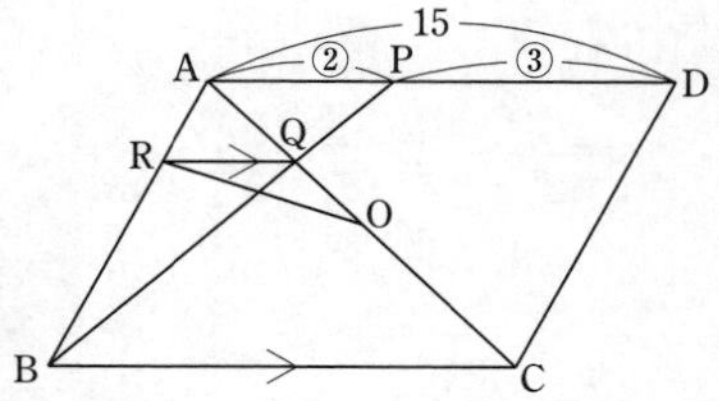

(1)＜長さ＞右図で，AD＝15，AP：PD＝2：3だから，AP$=\frac{2}{2+3}$AD$=\frac{2}{5}\times 15=6$である。

(2)＜長さの比—相似＞右図で，AP∥BCより，△QPA∽△QBCだから，AQ：QC＝AP：CBとなる。(1)よりAP＝6，平行四辺形の対辺よりCB＝AD＝15だから，AP：CB＝6：15＝2：5となり，AQ：QC＝2：5である。

(3)＜長さの比＞右上図で，点Oは対角線ACの中点だから，AO$=\frac{1}{2}$ACである。また，(2)よりAQ：QC＝2：5だから，AQ$=\frac{2}{2+5}$AC$=\frac{2}{7}$ACである。よって，QO＝AO−AQ$=\frac{1}{2}$AC$-\frac{2}{7}$AC$=\frac{3}{14}$ACとなるので，AQ：QO$=\frac{2}{7}$AC：$\frac{3}{14}$AC＝4：3である。

(4)＜面積—相似＞右上図で，△ARQ，△OQRの底辺をそれぞれAQ，QOと見ると高さが等しいから，面積の比は底辺の比と等しくなる。よって，(3)より，△ARQ：△OQR＝AQ：QO＝4：3となるから，△OQR$=\frac{3}{4}$△ARQとなる。また，RQ∥BCより△ARQ∽△ABCであり，相似比がAQ：AC＝2：(2＋5)＝2：7だから，△ARQ：△ABC$=2^2:7^2=4:49$となる。したがって，△ARQ$=\frac{4}{49}$△ABC

である。▱ABCD の面積が 140 であるとき，△ABC $=\frac{1}{2}$ ▱ABCD $=\frac{1}{2}\times140=70$ だから，△ARQ $=\frac{4}{49}\times70=\frac{40}{7}$ となり，△OQR $=\frac{3}{4}\times\frac{40}{7}=\frac{30}{7}$ である。

4 〔特殊・新傾向問題―２進数〕

(1)＜２進数＞表より，10 進数の 10 は 2 進数の 1010 だから，1 ずつ増やすと，10 進数の 11 は 2 進数では 1011 となり，10 進数の 12 は 2 進数では 1100 となる。よって，10 進数の 13 は，2 進数では 1101 である。

(2)＜10進数＞2 進数の 1101 から 1 ずつ増やすと，1110，1111，10000，……となる。(1)より，2 進数の 1101 が 10 進数の 13 だから，2 進数の 1110 は 10 進数の 14，2 進数の 1111 は 10 進数の 15 であり，2 進数の 10000 は，10 進数の 16 となる。

(3)＜２進数＞$100=64+32+4=2^6+2^5+2^2$ である。2 進数にすると，2^6 は 1000000，2^5 は 100000，2^2 は 100 だから，10 進数の 100 は，2 進数では $1000000+100000+100=1100100$ となる。

(4)＜最大の数と最小の数の差＞1 と 0 が 4 個ずつある 2 進数で，最大の数は 11110000 だから，10 進数では，$2^7+2^6+2^5+2^4$ である。また，最小の数は 10000111 だから，10 進数では，2^7+2^2+2+1 である。よって，最大の数と最小の数の差は，10 進数では，$(2^7+2^6+2^5+2^4)-(2^7+2^2+2+1)=2^6+2^5+2^4-2^2-2-1=64+32+16-4-2-1=105$ である。$105=64+32+8+1=2^6+2^5+2^3+1$ だから，2 進数では，$1000000+100000+1000+1=1101001$ となる。

═読者へのメッセージ═

4では 2 進数を扱いました。10 進数を 2 進数に変換するとき，その数を 2 でわり，その後は商を 2 でわることを繰り返すことで求めることができます。例えば，10 進数の 105 は，右図のように，商が 1 になるまで 2 でわることを繰り返し，商と余りを矢印の順に左から並べると，2 進数の 1101001 となります。

2)105
2)52 … 1
2)26 … 0
2)13 … 0
2)6 … 1
2)3 … 0
1 … 1

2021年度／東海大学付属相模高等学校

国語解答

一　問一　4　問二　4　問三　4
問四　2　問五　4　問六　4
問七　1　問八　3　問九　2
問十　3　問十一　4　問十二　2
問十三　1　問十四　4
問十五　3　問十六　⑧…3　⑮…2
問十七　3

二　問一　X…1　Y…4
問二　A…2　B…3　問三　3
問四　4　問五　2　問六　1
問七　3　問八　1，4　問九　2
問十　1，4，5

三　問一　1　問二　1　問三　1
問四　4　問五　4　問六　3
問七　1　問八　2

四　問一　A…4　B…2　問二　4
問三　A…2　B…4
問四　A…2　B…1　問五　3
問六　3　問七　3

一〔小説の読解〕出典；氷室冴子『おねえちゃんの電話』。

問一＜心情＞生徒会の書記に一年生が立候補してもいいのかと，オトーサンは，うれしそうに言った(…Ⅰ)。母の清子も，一年生のうちから，あまり目立つことをするのはまずいのではないかと面倒くさそうに言ったが，顔は笑顔になっていた(…Ⅱ)。「歌子が小学校の卒業式で答辞を読むことになったとき」も，喜んだ両親は，同じような態度を取っていたのである。

問二＜心情＞中学校の生徒会の選挙には，「選挙対策本部」というものがあると聞いて，チヅルは，「いかにも本式の感じがして，やっぱり中学校はちがうとすっかり感心させられ」(1…○)，翌日から，「推薦人や選挙対策本部の人たち」が家にやってくると思うだけで，「わくわく」した(3…○)。また，歌子が，立候補や生徒会の選挙のことを「なんでもないことのように」言ったので，チヅルは驚いた(2…○)。

問三＜表現＞チヅルは，「タイサク」が「対策」であることはわかっていなかったが，言葉の響きだけで，「いかにも本式の感じ」がすると思っていた。「タイサク」というカタカナ表記は，チヅルが，まだ子どもであることを表している。

問四＜文章内容＞チヅルは，歌子にかまってほしかったが，歌子は，忙しそうに振る舞っていて，全くチヅルの相手をしてくれなかった。ふてくされたチヅルは，「やけ」になって，怒られるのを承知のうえで，うす焼きセンベイをぼりぼりと食べたのである。

問五＜文章内容＞以前，チヅルは，お客さん用に買ってあったお菓子を勝手に食べて，母に厳しくしかられたことがあった。そのため，歌子に，お菓子を食べたことを母に言いつけると言われて，チヅルは傷ついた。ふだんの歌子なら，絶対にそんなことを言わなかったのだが，このときの歌子は，友達を迎えることに気持ちが高ぶっていて，チヅルを思いやる余裕を失っていたのである。

問六＜心情＞チヅルは，歌子は自分より選挙の方が大事なのだと思うと，「目じりに涙が浮かんで」きた。歌子にとって，自分はもうどうでもいい存在なのかもしれないと感じて，チヅルは，悲しくなったのである。

問七＜心情＞チヅルは，母にしかられ，厳しい罰を受けたために，「泣き疲れて，すこし発熱しはじめて」いた。そんなとき，歌子が，手を握って自分は「チヅルの味方」だと言ってくれたので，チヅルは，歌子は自分の気持ちをわかってくれていると思い，安心したのである。

問八＜指示語＞チヅルが母にしかられたとき，歌子がチヅルをなぐさめてくれたことで，チヅルは，歌子を「ますます好きになって」いたのである。

問九＜心情＞歌子の友達の靴を隠したことで，チヅルは，「てっきり叱られると思って身構えていた」が，二階から下りてきた歌子の目が真っ赤で，「今まで泣いていたようだった」のを見て，びっくりした。そして，歌子の心情と，自分がしたいたずらをどう思っているのかを見極めようとして，チヅルは，「上目づかいに歌子を睨んで」いたのである。

問十＜語句＞「あっけにとられる」は，予想外のことに出会って，驚きあきれる，という意味。

問十一＜表現＞チヅルは，「まだすすり泣いている歌子」に，おそるおそる靴を差し出した。

問十二＜文章内容＞今年になって，学校の友達から電話がかかってくると，歌子は，自分で受話器を取るようになった(1…○)。歌子は，「メモもなにも見ずに」，折田くんの家に電話をかけた(3…○)。折田くんの靴が見つからなかったために，歌子は，泣いていた(5…○)。歌子は，電話で折田くんに何度も謝り，「最後には涙声になって」いた(4…○)。これらのことから，チヅルは，「月に一度くらい電話をかけてきていた」のは，折田くんではないかと思ったのである。

問十三＜心情＞歌子は「折田くんが好きなのかもしれない」と，チヅルは推測した。そうだとすると，自分が折田くんの靴を隠したことは，単なるいたずらでは済まされないと思い，チヅルは，罰を受ける覚悟を示そうとして，歌子に，「おかあさんにいってもいいよ」と言ったのである。

問十四＜心情＞歌子は，「折田くんの靴がみつかったことにホッとして，ほかのことはなにも考えられないみたい」であった。歌子は，折田くんのことで頭がいっぱいで，チヅルのことなど考える余裕はなかったのである。

問十五＜心情＞歌子が，自分より折田くんのことを好きなのかもしれないと考えると，「どうしようもない淋しさがどうっと風のように押しよせてきて，チヅルはわけもなく大声をあげたく」なった。大好きな姉との関係が決定的に変化してしまい，二度ともとには戻らないように感じて，チヅルは，喪失感と同時に，激しい感情の高ぶりを覚えたのである。

問十六＜心情＞⑧歌子にしかられて，チヅルは「見捨てられたような惨めな気持ちになり，息がとまりそう」だった。チヅルには，歌子は「チヅルが嫌いになったんだとしか思えなかった」が，その理由もわからなかったため，チヅルは，悔しまぎれに，自分も負けずに歌子を嫌いになってやろうと思って，「涙をこらえた」のである。　⑮歌子は自分よりも折田くんのことが好きなのかもしれないと思い，チヅルは，歌子との関係が変わってしまったことに気がついた。そのさびしさや悲しみを打ち消すように，チヅルは，歌子は嫌いだと自分に言い聞かせたのである。

問十七＜心情＞チヅルは，自分よりも折田くんのことを好きになった歌子に激しいさびしさを感じ，「歯をくいしばり，足を踏んばって，いつまでもいつまでも力をこめて，お米をとぎ続け」ることで，その感情をこらえようとしていたのである。

二〔論説文の読解―社会学的分野―現代社会〕出典；日向野幹也『高校生からのリーダーシップ入門』「リーダーシップとは何だろう？」。

≪本文の概要≫「権限によらないリーダーシップ」とは，そこに参加する一人ひとりが，権限を持たないまま，リーダーシップを発揮していくというものである。メンバーは，誰もがリーダーシップを発揮する機会があるので，そこでの行動は自律的・主体的なものになり，世の中の変化に対してすばやく対応できるグループになっていく。そのようなリーダーシップは，特に珍しいものではなく，日常的に発揮されている。この権限によらないリーダーシップは，すでに権限を与えられている人の権限と，共存することもできる。ただし，その際に，「権限者」が，権限を持たない人を支援し，結果に対して責任を負うように行動しないと，権限によらないリーダーシップは機能しづらくなる。また，多くの場合，「権限がない」という状況では，人に従ってもらうことが簡単ではない。皆がバラバラな方向を向き，勝手な行動を取らないように，一人ひとりが，権限によらないリーダーシップを学び，身につけるようにするべきである。

問一＜接続語＞Ｘ．グループに「参加する一人ひとりが，権限を持たないままリーダーシップを発揮していく」ので，「チームを引っ張っていく人はつねに同じでは」なく，状況に応じて交代するのである。　Ｙ．「権限者によるリーダーシップ」であれば，周りの人たちは，リーダーに従わなくてはならないという心理がはたらくが，他方，「権限によらないリーダーシップの場合，権限がないので，まわりの人たちには従う義務が発生」しない。

問二＜表現＞Ａ．チームを引っ張っていく人が「つねに同じではなく，『このときはＡさん，このときはＢさん』という具合に交代して」いくということは，リーダーが，絶えず次々に「代わっていく」ということである。　Ｂ．「権限がない人のリーダーシップを支援し，さらには，結果がうまくいこうが失敗しようが，その結果に対する責任も負う」ような，理想にぴったりと当てはまる「権限者がいる組織や団体なら別」だが，「多くの場合，『権限がない』という状況は，権限がある場合に比べて，人に従ってもらうということが簡単では」ない。

問三＜指示語＞世の中の変化に気づいたメンバーが「たとえその人に権限がなくても」自律的・主体的に行動し，「グループが変化に対応できるように促していく」ようなリーダーシップが，本当に可能だろうかという疑問が，生じるかもしれない。

問四＜文章内容＞権限を持たない「生徒」が「考え実行したクラスの企画」で，事故が起きたときに，権限者である「先生」が責任を負うのは，「権限を持たない人がリーダーシップを発揮」した結果に対して，権限者が「責任を負う」という役割の具体例として適切である（４…○）。

問五＜指示語＞前者の「『権限もなく，責任もとれないくせに，リーダーシップを主張するとは何事か！』という発想」の定着した組織では，「一握りの権限者のリーダーシップに頼らざるを得」ない。

問六＜語句＞「躊躇う」は，心が迷って，行動に移る決心がつかない，という意味。

問七＜語句＞「モチベーション」は，何かをするための動機になるもの。

問八＜文章内容＞「店長」が，「アルバイトの一人ひとり」にまで細かく指示をすると，アルバイトの人たちは，自律的・主体的にリーダーシップを発揮しづらくなる（１…○）。「生徒が問題を起こさないようにする責任」を，「学校」が「担任」に押しつけると，各担任は学校の意向を気にしてリーダーシップを発揮させづらくなる（４…○）。

問九＜文章内容＞「権限によらないリーダーシップの場合，権限がないので，まわりの人たちには従う義務が発生」しないため，「『なんで，あなたの言うことをきかなくてはならないの？』と思われてしまう可能性が多々」ある。このように，権限を持たない人が，お互いに相手の言うことに従わないと，「目標に向かってお互いに影響し合って，結果を出していくということが，そもそも不可能になって」しまうのである。

問十＜要旨＞「権限によらないリーダーシップ」によって，変化に気づいた人が交代でリーダーになることが可能になり，グループは，世の中の変化にも即座に対応していけるようになる（１…○）。「権限によらないリーダーシップ」を機能させるためには，組織等にいる「権限者」と共存したり，権限のない人の意見や指示に従ってもらう方法を考えたりする必要がある（４…○）。「権限によらないリーダーシップ」は，現代において，「一人ひとりが，社会で生きる基本スキルとして身につけておくべき」ものである（５…○）。

三〔古文の読解―随筆〕出典；兼好法師『徒然草』第百五十段。

≪現代語訳≫一芸を身につけようとする人は，「まだ上手にできない間は，うかつに人に知られないようにしよう。こっそりよく習得してから人前に出ることこそ，とても奥ゆかしいだろう」と常に言うようだが，こう言う人は，一芸も習得することはない。まだ，全く未熟なときから，上手な人の中に交じって，けなされ笑われても恥じず，平気で押し通して(芸に)親しむ人は，生まれつき，その素質がなくても，その道にとどまらず，いい加減にしないで，何年も励めば，芸事に優れているが励まない人よりは，最後には上手と言われる位置に至り，人格が円熟し，人に認められて，並ぶもののない名声を得ることである。／天下に知られる一芸の名人であっても，はじめは，ヘタクソだという評判もあり，あまりにひどい欠点もあった。しかし，その人が，道の決まりを正しく守り，これを大切にして，気ままに振る舞わなければ，世間の名人として，多くの人の師となることは，全ての道において変わりはない。

問一＜文学史＞この文章は，兼好法師の随筆『徒然草』の一節である。

問二＜古文の内容理解＞芸事を習っていて，まだ上手にできないうちは，人に知られないようにして，習得してから人前で披露しようと言う人は，結局，一芸も習得することはできないのである。

問三＜現代語訳＞「かたほ」は，不完全，不十分であるさま。まだ，全く不十分であるときから，という意味。

問四＜古文の内容理解＞作者は，まだ上手ではないときから，自分よりも上手な人の間に入って練習することが，上達への道だと述べている(A・D…○)。

問五＜古文の内容理解＞周りからけなされ笑われても，平気で押し通して芸事に励む人が，最終的には，名人と言われるようになり，人々から認められ，並びない名声を得るのである。

問六＜古文の内容理解＞「堪能」は，その道に優れた才能を持っている人のこと。「堪能の嗜まざる」は，才能があるのに，その道に励まない人，という意味。

問七＜現代語訳＞「不堪」は，芸に堪能ではない，つまり下手なこと。「無下」は，程度が劣っていること。「瑕瑾」は，欠点。下手だと言われることもあり，ひどい欠点もあった，という意味。

問八＜現代語訳＞「放埒」は，勝手気ままに振る舞うこと。勝手気ままに振る舞わなければ，という意味。

四〔国語の知識〕

問一＜文学史＞『吾輩は猫である』『坊つちゃん』『こころ』の作者は，夏目漱石である(…A)。他に，『それから』などの作品がある。『鼻』『蜘蛛の糸』『トロッコ』の作者は，芥川龍之介である(…B)。彼は，漱石の弟子(…A)。他に，『地獄変』などの作品がある。

問二＜古典の知識＞十二支は，「子・丑・寅・卯・辰・巳・午・未・申・酉・戌・亥」である。

問三．A＜慣用句＞「鼻にかける」は，自慢げなさま。「鼻をあかす」は，相手を出し抜いて，驚かせる，という意味。　B＜ことわざ＞「虎穴に入らずんば虎子を得ず」は，危険を冒さなければ，大きな成果は得られない，という意味。

問四＜慣用句＞A．「一目置く」は，自分より優れている相手に対して敬意を払う，という意味。
B．「一矢を報いる」は，相手の攻撃に対して，わずかではあっても反撃する，という意味。

問五＜四字熟語＞四字熟語は，「一朝一夕」「七転八倒」「五里霧中」である。

問六＜語句＞「短歌」は一首，二首，「手紙」は一通，二通，「写真」は一葉，二葉，「魚」は一尾，二尾と数える。

問七＜敬語＞1．自分に尊敬語「いらっしゃる」を用いるのは誤り。丁寧語を用いて，「田中です」というのが正しい(…×)。　2．「お分かりにくい」は，「分かりにくい」が相手を形容しているわけではないので誤り。「お」をとって「わかりにくい」とするのが正しい(…×)。　3．謙譲語「拝見する」が正しく用いられている(…○)。　4．相手の動作に謙譲語「いたす」を用いるのは誤り。尊敬語を用いて，「お持ちになりますか」が正しい(…×)。

2020年度 東海大学付属相模高等学校

【英　語】（50分）〈満点：100点〉

（注意）試験開始後すぐに，放送によるリスニングテストがあります。

■放送問題の音声は，当社ホームページ（https://www.koenokyoikusha.co.jp）で聴くことができます。
（当社による録音です）

1　（リスニング問題）放送の指示に従って，番号で答えなさい。放送は一度だけ流れます。

(1) What time does Sally's favorite program start ?
　① 6:00 PM　② 8:00 PM　③ 9:00 PM　④ 12:00 PM

(2) How old is Matt ?
　① 13　② 14　③ 15　④ 16

(3) What is Susan's favorite subject ?
　① Science　② Calligraphy　③ Math　④ History

(4) What did James order ?
　① Fried salmon　② Meatball soup
　③ A fresh salad　④ A pasta dish

(5) Where is the zoo ?
　① Next to the school　② Across from the hospital
　③ Right of the hospital　④ Between the school and the hospital

2　（リスニング問題）John と Kate の会話を聞き，番号で答えなさい。放送は二度流れます。

(6) When did Kate wake up this morning ?
　① 5:00 AM　② 6:30 AM
　③ On time　④ One hour later than usual

(7) How many tests does Kate have today ?
　① One　② Two　③ Three　④ Four

(8) How does John usually come to school ?
　① He rides a bike.
　② He walks to school.
　③ He rides a train.
　④ He rides a bus.

(9) How long did it take Kate to come to school today ?
　① 25 minutes　② 30 minutes
　③ 40 minutes　④ 45 minutes

(10) How will the weather be tomorrow ?
　① It will be rainy.
　② It will be sunny.
　③ It will be cloudy.
　④ They don't know now.

※＜**リスニング問題放送原稿**＞は英語の問題の終わりに付けてあります。

3 次の会話の流れに沿って，空所に入る最も適切なものを選択肢から選び，番号で答えなさい。
夏休み明けの教室で中学３年生のAkiraとクラスメートのMaryが話しています。

Akira : Hi, Mary, how was your summer vacation ?

Mary : Hi, Akira. It was great ! I went to Kyoto with my family.

Akira : Sounds good. What did you do there ?

Mary : I visited some temples. My (11) place was Kiyomizu temple.

Akira : It is (12) of the most famous temples in Japan ! Why did you like it ?

Mary : I enjoyed taking pictures and walking down the street to the temple. I took nice pictures of the temple. There were also many (13) to buy gifts.

Akira : That's nice. Did you buy anything there ?

Mary : I bought two cups for my grandparents. How about you ? What did you do during summer vacation ?

Akira : You know that I like watching and playing baseball. So, I went to Yokohama Stadium to see a baseball game with my friends.

Mary : Nice ! How was the game ?

Akira : It was (14). Then, my favorite team won.

Mary : Great. I think your team won because of your support.

Akira : I hope so. Anyway, we both (15) a good summer. I can't wait for next vacation.

(11) ① good ② beautiful ③ favorite ④ interesting
(12) ① one ② many ③ kind ④ best
(13) ① temples ② shops ③ stadiums ④ restaurants
(14) ① busy ② exciting ③ happy ④ sad
(15) ① played ② gave ③ made ④ had

4 次の⒃～⒇までの各組の空所に共通して入る語を，下の選択肢①～⑨の中から選び，番号で答えなさい。

⒃ Why don't you come (　　) me ? It's fun.
Is there a sushi restaurant (　　) an English menu around here ?

⒄ I am ready (　　) my English test.
Why were you late (　　) school ?

⒅ What do you think (　　) the 2020 Olympic Games ? Isn't it exciting ?
I sometimes go to Ueno Zoo to see pandas. How (　　) you ?

⒆ You should put (　　) a jacket before going out because it is snowing !
What is going (　　) in the world today ?

⒇ Since your dog is 15 years old, you should take good care (　　) it.
What kind (　　) sports would you like to do ?

① up	② to	③ like	④ on	⑤ for
⑥ about	⑦ by	⑧ with	⑨ of	

5 空所に入る最も適切な語を選択肢から選び，番号で答えなさい。

(21) A : It has been cold recently.
B : Yes, it's ( ) cold today. We need to wear a coat.
① enough ② especially ③ slowly ④ usually

(22) (On the phone)
A : Hi, Satoshi. Can I talk to you now ?
B : Sorry, I can't now. ( ) I call you back later ?
① Do ② Don't ③ Shall ④ Will

(23) (Looking at a photo)
A : Who is this woman ?
B : She is my ( ). She is my mother's older sister.
① aunt ② brother ③ sister ④ uncle

(24) A : What's that ?
B : It is a gift which I ( ) from my friends this morning.
① came ② felt ③ gave ④ received

(25) A : We are going on a school trip tomorrow, but please don't ( ) any snacks.
B : I understand, and I won't.
① be ② bring ③ do ④ put

6 次の２つの文が同じ意味になるように，空所に入る最も適切なものを選択肢から選び，番号で答えなさい。

(26) Anne can cook curry and rice.
＝Anne knows ( ) to cook curry and rice.
① what ② when ③ why ④ how

(27) Tetsuo can't speak English as well as Yumi.
＝Yumi can speak English ( ) Tetsuo.
① worse than ② good ③ better than ④ bad

(28) I don't understand your story.
＝I don't understand ( ) you said.
① when ② what ③ how ④ which

(29) You do not need to take an umbrella.
＝You don't ( ) to take an umbrella.
① buy ② make ③ have ④ use

(30) Kanagawa has 19 cities.
＝There ( ) 19 cities in Kanagawa.
① have ② are ③ had ④ were

(31) Nick is taller than any other boy in his class.
＝Nick is the tallest ( ) all the boys in the class.
① by ② at ③ on ④ of

(32) You should go to bed now.
＝It's ( ) for you to go to bed.
① time ② clock ③ hour ④ minute

(33) I like this cake which was made by my mother.

=I like this cake (　　) by my mother.

① making　② to make

③ made　④ makes

(34) Jeff plays the piano well.

=Jeff is good (　　) playing the piano.

① at　② of　③ into　④ on

(35) My foreign friend ate sushi for the second time.

=My foreign friend has (　　) sushi twice.

① eaten　② been　③ got　④ become

7 次の会話の流れに沿って，空所に入る最も適切な文を選択肢から選び，番号で答えなさい。

Jane and Sayaka are talking about Jane's friend.

Jane : My best friend, Lucy, is coming to Japan this winter !

Sayaka : Sounds exciting ! (36)

Jane : She likes painting, so I'll take her to some museums. You love art, too. (37)

Sayaka : Yes, I'd love to go with you. I have a few favorite museums.

Jane : That's great. Lucy is interested in Japanese animation.

Sayaka : Oh, really ? Then, Lucy will love one of the museums.

Jane : Which one ? (38)

Sayaka : No problem. Here, look at this map. It's not far from here.

Jane : Nice ! How long does it take to get there ?

Sayaka : About thirty minutes by train.

Jane : I see. By the way, do you paint, too ?

Sayaka : (39) It always makes me feel relaxed.

Jane : I agree. (40)

Sayaka : Me, too. See you then.

① I am looking forward to visiting the museum.
② Could you show us how to get there ?
③ What are you going to do with her ?
④ I do about twice a week.
⑤ I'll make a list of museums for you.
⑥ Would you like to come with us ?

8 次のような状況で，あなたなら何と言うでしょうか。①～⑤の語(句)を並べ替えて文を完成させ，(41)～(56)に入る語(句)を選び，番号で答えなさい。文頭に来る語も小文字になっています。

1．You are going to buy a birthday present for your brother. You want to buy a good present, but you have no idea what to buy.

You : I don't (　　)(　　)(41)(42)(　　).

① the most　② what　③ my brother　④ know　⑤ wants

2．Your friend has a plan to take a trip to Hokkaido.　You want to ask him a question.

You：(　　)(　　)(43)(　　)(44) for Hokkaido？

① you　② leave　③ are　④ when　⑤ going to

3．Your name is Masataka, but you like to be called "Masa".

You：I (　　)(45)(46)(　　)(　　) "Masa".

① to　② me　③ call　④ my friends　⑤ want

4．You like to speak English.　Through speaking English, you have made a lot of foreign friends.

You：It (　　)(　　)(47)(　　)(48) in English.

① is　② foreign people　③ talking　④ fun　⑤ with

5．You usually get up early in the morning, but this morning, you slept too much.

You：I (　　)(49)(　　)(50)(　　) home early this morning.

① able　② not　③ leave　④ to　⑤ was

6．You went to a park, but it was full of people.

You：(　　)(　　)(51)(　　)(52) in the park.

① many　② people　③ there　④ too　⑤ were

7．Your friend was looking for a book, and you found it on a shelf.　It was written about 20 years ago, but many people still like to read it.

You：The (　　)(53)(　　)(54)(　　) very popular.

① still　② on　③ the shelf　④ book　⑤ is

8．You were born in Yokohama, and you still live in Yokohama.

You：I (　　)(55)(　　)(56)(　　) I was born.

① have　② since　③ in　④ Yokohama　⑤ lived

9　A

盲導犬に関する英文を読み，質問に対する最も適切な答えを選択肢から選び，番号で答えなさい。

Do you know about guide dogs？　These dogs work for people who cannot see things or have some trouble seeing.　These people are 'blind'.　Guide dogs always walk with blind people and help them in their daily lives.　Blind people can spend their lives safely with guide dogs.　Training for guide dogs is difficult and takes a long time.

It takes about eighteen months to train a guide dog.　First, the dogs must learn house training from birth.　Next, the dogs must have real world guide dog training.　For the last stage of training, the guide dogs finally meet their 'partners' and they train together.

Blind people can go anywhere with guide dogs because they understand many different words.　For example, "supermarket", "restaurant", "hospital", and "go back home".　However, sometimes guide dogs don't listen to their partners.　This is because they feel it's dangerous to go to some places. They can listen to many kinds of sounds, and smell and see various things for their partner's safety. The dogs and their partners trust each other and they are best friends.

(57) The guide dogs need training ＿＿＿＿＿.

① for two weeks

② for twelve months

③ for a year and a half

④ for two years

(58) After the real world guide dog training, ＿＿＿＿＿.
① the dogs live in a dangerous place
② the dogs start to learn many words
③ the dogs train with other guide dogs
④ the dogs train with their partners

(59) A guide dog doesn't listen to their partner when ＿＿＿＿＿.
① the dog hears many sounds
② the dog sees many things
③ the dog goes back home
④ the dog thinks it is not safe

(60) What is the best title for this passage ?
① How to Train a Guide Dog
② How to Get On a Train
③ How to Live With Dogs Safely
④ How to Go to the Supermarket

B

オリンピックに関する記事を読み，質問に対する最も適切な答えを選択肢から選び，番号で答えなさい。(61)(62)は表を完成させなさい。

The Olympic Games are an important international sporting event. They are held every four years. The first "modern" Olympics were held in 1896 in Athens, Greece. The Olympic Games were canceled three times because of World War I and World War II. Europe has held the games many times, but only three Asian countries have hosted the games, Japan, South Korea and China. Tokyo hosted them in 1964. In 2020, Tokyo will host the Olympic Games for the second time. Tokyo, Japan and Helsinki, Finland were going to host the games in 1940 for the first time, but the games were canceled because of World War II. The next games in 1944, which the United Kingdom was going to host, did not happen for the same reason.

So far, Japan's most successful Olympics were in 1964 in Tokyo, and in 2004 in Athens. They won sixteen gold medals at both. Winning is good but practicing hard is the most important thing of all. Let's cheer for all the athletes in the summer of 2020.

Country	Host City	Years	(61)
Greece	Athens	1896, 1906, 2004	16
South Korea	Seoul	1988	4
China	Beijing	2008	9
Japan	Tokyo	(62), 2020	16

(61) Choose the best answer for the chart.
① The total number of athletes
② The total number of Japanese gold medals
③ The total number of Japanese supporters
④ The total number of events Japan joined

(62) Choose the best answer for the chart.
① 1936　② 1944　③ 1948　④ 1964

(63) Which is true？

① China was the second country that has hosted the Games in Asia.
② Only one country has canceled the Games.
③ Three Asian countries have hosted the Games.
④ Tokyo has hosted the Games three times.

(64) What is the writer's final message？

① Practicing hard is the most important thing.
② The first Olympic Games were important.
③ Winning is the most important thing in the Olympic Games.
④ The event shows us the importance of gold medals.

＜リスニング問題放送原稿＞

1

(1) Sally's favorite TV program will start after the 6 o'clock news program. The news program is two hours long.

What time does Sally's favorite program start？

① 6:00 PM　② 8:00 PM　③ 9:00 PM　④ 12:00 PM

(2) Matt and Johnny are best friends. Johnny is 13 years old. His sister is four years older than him. Matt is one year younger than Johnny's sister.

How old is Matt？

① 13　② 14　③ 15　④ 16

(3) This is Susan's favorite subject. In this subject you study about famous people and events from long ago to today.

What is Susan's favorite subject？

① Science　② Calligraphy　③ Math　④ History

(4) James and Lisa went to have dinner at an expensive restaurant. James ordered a meatball pasta. Lisa ordered a fried salmon.

What did James order？

① Fried salmon　② Meatball soup
③ A fresh salad　④ A pasta dish

(5) I will tell you how to get to the zoo from here. First, go down Main Street and turn right at the hospital. You'll see it across from the hospital.

Where is the zoo？

① Next to the school　② Across from the hospital
③ Right of the hospital　④ Between the school and the hospital

2

(A＝John, B＝Kate)

A：Hey Kate, how are you today？ You look tired！
B：Hi John. To be honest, I am not very good. I woke up one hour early this morning.
A：When do you usually wake up？
B：I always wake up at 6:00.
A：Wow that is early！ Why did you wake up so early？

B : Because I wanted to study for my tests today. I studied hard for my social studies and math tests.

A : That's too bad !

B : Also, I have a test in my science class today too !

A : Oh no ! You have a very busy day !

B : Yes, I do. How about you ? How are you feeling ?

A : I am also not so good.

B : Why is that ?

A : I usually come to school by bike, but this morning since it was raining so hard I had to walk all the way here ! I am totally wet !

B : It sure is raining a lot today !

A : Could you get to school today without any trouble ?

B : Well the trains were late, so it took 10 minutes longer than usual. I was thinking to take the bus . . .

A : How long does it usually take you to come to school ?

B : I usually take a train for 20 minutes and from the station I walk for 10 minutes on foot.

A : It sure took you a very long time to come to school today. Ah, it's still raining so much. Do you think we will have tennis practice today ?

B : I don't think so. I wonder if we will have our tennis match tomorrow too ! What's the weather forecast for tomorrow ?

A : I think it will rain.

B : Really ? I heard it will be sunny.

A : You heard something different to me. Let's wait and see what the weather will be tomorrow morning.

(6) When did Kate wake up this morning ?

① 5:00 AM ② 6:30 AM

③ On time ④ One hour later than usual

(7) How many tests does Kate have today ?

① One ② Two ③ Three ④ Four

(8) How does John usually come to school ?

① He rides a bike.

② He walks to school.

③ He rides a train.

④ He rides a bus.

(9) How long did it take Kate to come to school today ?

① 25 minutes ② 30 minutes

③ 40 minutes ④ 45 minutes

(10) How will the weather be tomorrow ?

① It will be rainy.

② It will be sunny.

③ It will be cloudy.

④ They don't know now.

【数　学】　(50分)　〈満点：100点〉

(注意)　1．分数の形で解答する場合，それ以上約分できない形で答えなさい。

2．根号を含む形で解答する場合，根号の中に現れる自然数が最小となる形で答えなさい。

また，根号を含む分数の形で解答する場合，分母に根号を含まない形で答えなさい。

1　次の各問いに答えよ。

(1)　$\frac{1}{2}\times(-2)^3\div(-2^4)+\left\{2-\left(\frac{1}{2}\right)^2\right\}$ を計算せよ。

(2)　$\sqrt{175}-\frac{42}{\sqrt{63}}-8\sqrt{14}\div\sqrt{8}$ を計算せよ。

(3)　$(3x+2)^2-(3x+1)(3x-1)-3x$ を計算せよ。

(4)　$x^3-5x^2-4x+20$ を因数分解せよ。

(5)　2次方程式 $3x^2-7x+2=0$ を解け。

(6)　連立方程式 $\begin{cases} x+2y=a+7 \\ -x+3y=a \end{cases}$ の解について，x の値が y の値の4倍であるとき，a の値を求めよ。

(7)　2個のサイコロを同時に投げるとき，2個とも奇数の目が出る確率を求めよ。

(8)　円すいの展開図において，おうぎ形の半径が10cm，円の直径が8cmであるとき，おうぎ形の中心角の大きさを求めよ。

2　AB＝7，BC＝5，CA＝3である△ABCにおいて，∠Aの二等分線と辺BCとの交点をDとする。また，頂点Cを通り直線ADと平行な直線と，辺ABのAを超える延長との交点をEとする。このとき，下の各問いに答えよ。

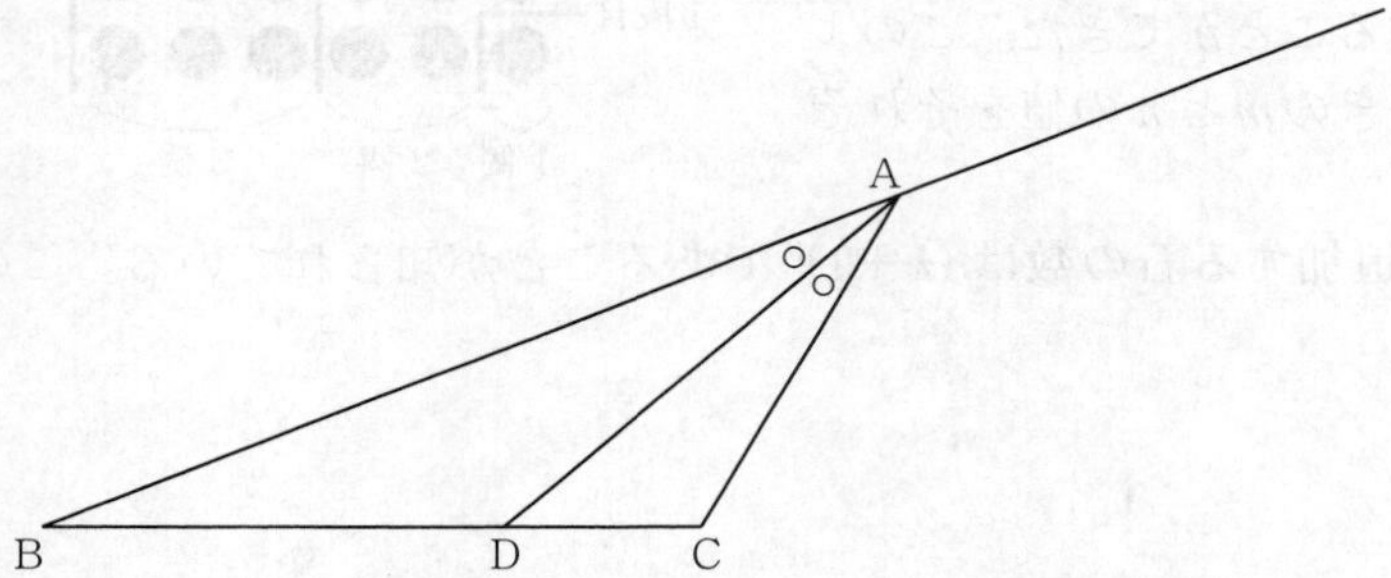

(1)　線分AEの長さを求めよ。

(2)　線分BDの長さを求めよ。

(3)　∠Bの二等分線と線分ADとの交点をIとするとき，AI：IDを最も簡単な整数比で表せ。

(4)　∠BIA＝150°のとき，∠BCAの大きさを求めよ。

3　右の図において，放物線Cは関数$y=\frac{1}{4}x^2$のグラフである。2点A，Bはx軸上を動く点で，同時に出発してから1秒経つごとに点Aは正の向きに2だけ，点Bは負の向きに1だけそれぞれ進む。また，x座標が点Aと常に等しいC上の点をDとし，直線BDとy軸との交点をEとする。点A(2，0)，点B(−5，0)を出発点とするとき，次の各問いに答えよ。

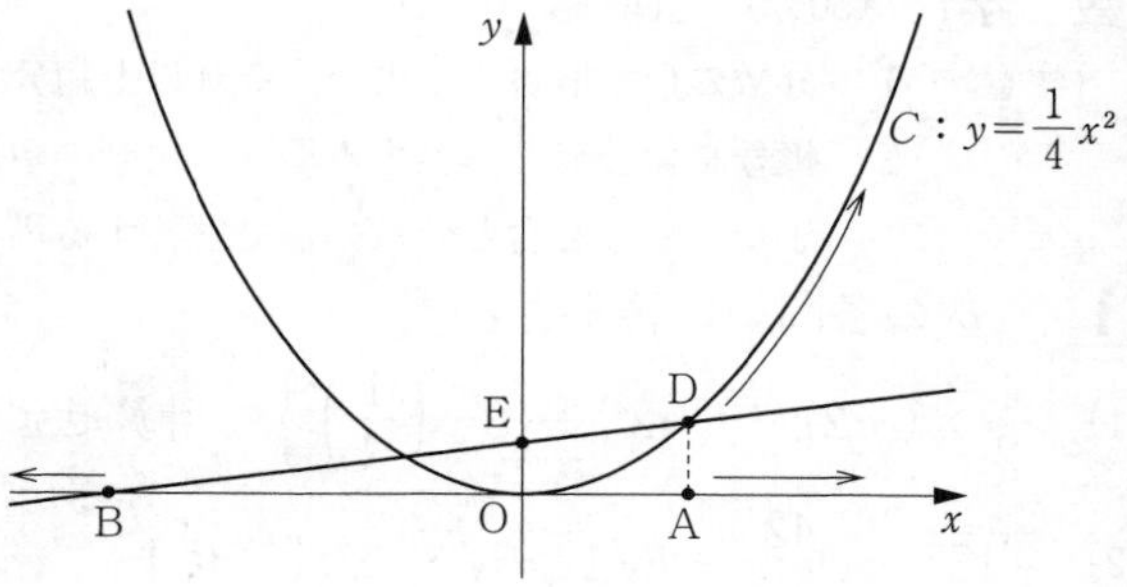

(1)　2点A，Bが出発点にあるときの点Dの座標を求めよ。

(2)　2点A，Bが出発してから1秒後の直線BDの式を求めよ。

(3)　$\angle$EBA＝45°になるのは，2点A，Bが出発してから何秒後か。

(4)　2点A，Bが出発してから△BOEと△BADの面積比が4：25になるとき，線分OEの長さを求めよ。

4　右の図のように，1段目，2段目，3段目，…と規則的に石を追加して正方形状に並べていく。このとき，次の各問いに答えよ。

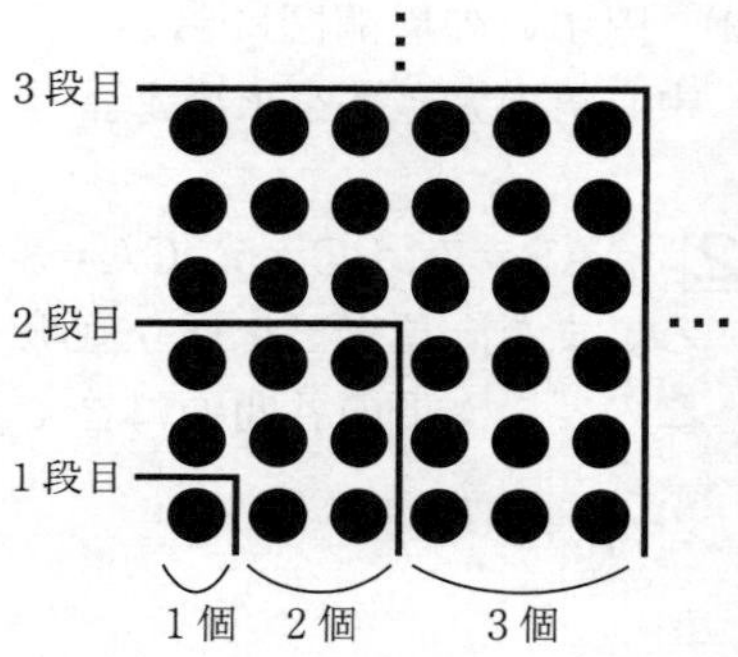

(1)　3段目から4段目を作るのに，追加する石は何個か。

(2)　5段目まで作ったとき，並ぶ石は全部で何個か。

(3)　2020個の石をすべて使って1段目から並べ，さらにm個の石を追加すると，ちょうどn段目まで作ることができた。このようなmとnのうち，mが最小となるときのmとnの値をそれぞれ求めよ。

(4)　k段目から$(k+1)$段目を作るのに追加する石の数は$(k+1)^3$であることが知られている。このことを用いて，次の式を計算せよ。

$1^3+2^3+3^3+4^3+5^3+\cdots+20^3$

四 次のそれぞれの設問に答えなさい。（解答はすべて解答用紙にマークしなさい）

問一 次の傍線部のカタカナを漢字に改める場合、適切なものをそれぞれ後の選択肢から一つ選び、番号をマークしなさい。

A 父は生前、小説家の○○さんとシンコウがあったようだ。 解答番号34

1 信仰　2 振興　3 親交　4 進行

B 利益をカンゲンする。 解答番号35

1 勘元　2 還元　3 換言　4 完減

問二 次の各文の中から、敬語の使い方として適切でないものを一つ選び、番号をマークしなさい。 解答番号36

1 お酢をかけて召し上がってください。
2 大変ごぶさたをいたしました。
3 そろそろ出かけましょうか。
4 先生がこれから参る予定です。

問三 作者名と作品名との組み合わせとして適切なものをそれぞれ一つ選び、番号をマークしなさい。

A 解答番号37

1 『枕草子』 紫式部
2 『徒然草』 兼好
3 『伊勢物語』 在原業平
4 『平家物語』 鴨長明

B 解答番号38

1 『たけくらべ』 樋口一葉
2 『坊っちゃん』 森鷗外
3 『羅生門』 太宰治
4 『走れメロス』 谷崎潤一郎

問四 次の慣用句の（ア）～（ウ）に当てはまる語の組み合わせとして適切なものを後の選択肢から一つ選び、番号をマークしなさい。 解答番号39

・青菜に（ア）
・手前（イ）
・（ウ）と鞭《むち》

　（ア）（イ）（ウ）
1 砂糖―醤油―飴《あめ》
2 醤油―砂糖―饅頭《まんじゅう》
3 塩 ―味噌―飴
4 味噌―塩 ―饅頭

問五 次のことわざの中から、他と意味が異なるものを一つ選び、番号をマークしなさい。 解答番号40

1 猫に小判　2 泣きっ面に蜂
3 豚に真珠　4 馬の耳に念仏

問六 次の文の傍線部と同じ意味の「られる」を含む文として適切なものを一つ選び、番号をマークしなさい。 解答番号41

妹は、難しい問題にもすぐ答えられるようになった。

1 弟の行く末が案じられる。
2 彼女は友人に助けられる。
3 自分で着物を着られる。
4 お客様がまもなく来られる。

問七 次の傍線部の故事成語の使い方として適切なものを一つ選び、番号をマークしなさい。 解答番号42

1 いい写真を撮るために推敲する。
2 何度も推敲して読書感想文を完成させた。
3 ユニフォームの推敲を任される。
4 長年推敲してやっと犯人を捕まえた。

問八 次の文の傍線部がかかる文節として適切なものを一つ選び、番号をマークしなさい。 解答番号43

私は、大空を大きな白いかもめがゆっくりと飛ぶのを見た。

1 かもめが　2 ゆっくりと
3 飛ぶのを　4 見た

1 清水寺の師の僧　2 負け侍　3 傍らにて聞く人
4 勝ちたる侍　5 妻

問三 傍線部③「謀るなりと痴に思ひて笑ひけるを」とあるが、どのように思って笑ったのか。適切なものを次の中から一つ選び、番号をマークしなさい。 解答番号27

1 勝ち侍を非難し続けるなんて往生際の悪い奴だと思って笑った。
2 負け侍を実に頭の回転が速い賢い男だと感心に思って笑った。
3 負け侍をまったく運のないおちぶれ者だと思って笑った。
4 勝ち侍をだますつもりだなと馬鹿馬鹿しく思って笑った。

問四 傍線部⑤「書きて渡さばこそ、受けとらめ」の現代語訳として適切なものを次の中から一つ選び、番号をマークしなさい。 解答番号28

1 (賭け物の証文を)書いて渡さなければ、受け取りたくない。
2 (賭け物の証文を)書いて渡してくれるならば、受け取ろう。
3 (賭け物の証文を)書いて渡せば、受け取ってもらえる。
4 (賭け物の証文を)書いて渡そうとしたら、受け取らなかった。

問五 傍線部⑥「をかしく思ひて」とあるが、どうして「をかしく思」ったのか。適切なものを次の中から一つ選び、番号をマークしなさい。 解答番号29

1 形のない二千度参りを喜んで受け取ろうとするなんて、なんと愚かな奴だ、と思ったから。
2 賭ける物がまったくないのに双六の勝負に挑むなんて、なんと馬鹿な奴だ、と思ったから。
3 三日も待って本当に二千度参りをもらいにくるなんて、なんと欲深い奴だ、と思ったから。
4 形がないとはいえ二千度参りを賭け物にしようだなんて、なんと失礼な奴だ、と思ったから。

問六 傍線部⑧「思ひかけぬたよりある妻まうけて」とあるが、これはどのようなことを表しているか。適切なものを次の中から一つ選び、番号をマークしなさい。 解答番号30

1 考えられないほど金持ちの縁がある女を妻にしたこと。
2 願掛けをする前から好きだった女と結ばれたこと。
3 大変信頼できる人から紹介された女を妻に迎えたこと。
4 以前から思い続けて恋文を贈っていた女と結婚したこと。

問七 傍線部⑨「誠の心をいたして受けとりければ」とあるが、これはどのようなことを表しているか。適切なものを次の中から一つ選び、番号をマークしなさい。 解答番号31

1 双六の勝負をしてまで、生侍のした二千度参りの功徳を手に入れようとしたこと。
2 生侍が清水寺への千度参りを、人まねだったとはいえ二回も成し遂げたということ。
3 信仰深く精進して証文なども整えてから二千度参りの権利を手に入れたこと。
4 相手の愚かさにつけいって二千度参りという業績を獲得しようとしたこと。

問八 本文の内容に合致しているものを次の中から一つ選び、番号をマークしなさい。 解答番号32

1 勝ち侍は、賭け事に強く、あらゆるものを双六などの勝負で手に入れてきた。
2 負け侍は、普段から信仰心が篤かったので、清水寺への千度参りを二回もした。
3 勝ち侍は、大変信心深い人だったので、清水寺のご加護を得ることができた。
4 負け侍は、初めから二千度参りという形のないものを賭け物にしようとした。

問九 本文は人から聞いた話などをまとめた「説話」に属する作品だが、同じ種類に属する作品として適切なものを次の中から一つ選び、番号をマークしなさい。 解答番号33

1 古事記　2 今昔物語集　3 源氏物語　4 方丈記

び、番号をマークしなさい。　解答番号22

1　身分制の考え方は近代の精神とは相反しているように見えるが、歴史的には身分制は近代国家の成立を準備するものだったと言える。

2　秀吉は自らの権力を強大なものにするために「刀狩り」を行ったと考えられているが、実は民衆のために近代的な社会を作ろうとしたのである。

3　「刀狩り」は、百姓の持つ武器を没収し幕府に抵抗できないようにするために行われたわけではなく、実際に百姓の武装解除をしたのでもなかった。

4　秀吉は、百姓たちの〈暴力への権利〉だけを規制したのであって、武士や大名たちの持つその権利を制限しようとは考えていなかった。

三

次の文章を読んで、後の設問に答えなさい。（解答はすべて解答用紙にマークしなさい）

今は昔、人のもとに宮仕へしてある※1生侍《なまざぶらひ》有りけり。する事のなきままに、※2清水《きよみづ》へ、人まねして、千度詣《まう》でを二度《ふたたび》したりけり。

其の後、いくばくもなくして、主《しう》のもとに有りける同じ様なる侍と、①双六《すぐろく》を打ちけるが、多く負けて、渡すべき物なかりけるに、いたく責めければ、思ひわびて、「②我、持ちたる物なし。只今たくはへたる物とては、清水に二千度参りたる事のみなんある。それを渡さん」と言ひければ、傍《かたは》らにて聞く人は、③謀《はか》るなりと痴《をこ》に思ひて笑ひけるを、此の勝ちたる侍、「いとよき事なり。渡さば、得ん」と言ひて、「いな、かくては受けとらじ。三日して、此のよし申して、④おのれ渡すよしの文《ふみ》⑤書きて渡さばこそ、受けとらめ」と言ひければ、「よき事なり」と契《ちぎ》りて、其の日より※3精進《しやうじん》して三日といひける日、「さは、いざ清水へ」と言ひければ、此の負け侍、「此の痴《し》れ物にあひたる」と⑥をかしく思ひて、悦《よろこ》びて連れて参りにけり。言ふままに文書きて、御前《おんまへ》にて師の僧よびて、事のよし申させて、「二千度参りつる事、⑦それがしに双六に打ちいれつ」と書きて取らせければ、受けとりつつ悦びて、ふし拝みてまかり出でにけり。

其の後、いく程なくして、此の負け侍、思ひかけぬ事にて捕へられて、※4獄《ひとや》に居にけり。取りたる侍は、⑧思ひかけぬたよりある妻まうけて、いとよく徳つきて、※5つかさなど成りて、楽しくぞありける。「目に見えぬ物なれど、⑨誠の心をいたして受けとりければ、仏、あはれとおぼしめしたりけるなんめり」とぞ人は言ひける。

（『宇治拾遺物語』より）

※1　生侍…若くて官位が低い侍のこと。
※2　清水…京都にある清水寺のこと。観音が本尊としてまつられている。
※3　精進…肉食を避け、身を清めること。
※4　獄…牢屋《ろうや》・牢獄のこと。
※5　つかさ…官職・職務のこと。

問一　傍線部①「双六」の意味として、適切なものを次の中から一つ選び、番号をマークしなさい。　解答番号23

1　黒色と白色の石を交互に盤上に並べて相手と対戦する陣地取りゲーム

2　対戦者がサイコロを振って出た目の分だけマスを進めてゴールを目指すゲーム

3　上の句の札を読んで下の句の札を取ることを繰り返して取り札の総数を競うゲーム

4　各役割を持った駒を使って相手の大将の駒を取ることを目指す対戦ゲーム

問二　傍線部②「我」・④「おのれ」・⑦「それがし」はそれぞれ誰のことか。適切なものを次の中から一つずつ選び、番号をマークしなさい。　解答番号24　解答番号25　解答番号26

4　秀吉は、百姓たちからすべての武器を奪おうとすれば強い抵抗にあうことはわかっていたので、日常的に携行できない武器であればとりあえずは見逃しておいたのである。

問六　傍線部⑤「〈暴力への権利〉を［A］させて、それを新しい統治権力へと［B］させる」の空欄に当てはまる語の組み合わせとして適切なものを次の中から一つ選び、番号をマークしなさい。　解答番号16

　［A］　［B］

1　放出―収納
2　遺棄―返還
3　却下―譲渡
4　放棄―委譲

問七　傍線部⑥「近代国家の形成の萌芽」とあるが、「萌芽」の意味として適切なものを次の中から一つ選び、番号をマークしなさい。　解答番号17

1　きっかけ・合図　　2　はじまり・きざし
3　予感・予想　　4　なりたち・完成

問八　傍線部⑦「けっして十分なものではありませんでした」とあるが、その根拠として筆者が挙げているものは何か。適切なものを次の中から一つ選び、番号をマークしなさい。　解答番号18

1　百姓のもとには鉄砲や鑓などの武器が残されていたこと・帯刀を禁じられたのは百姓だけだったこと
2　百姓たちの自衛の権利をすべて禁じてはいなかったこと・大名たちには領土の争いを暴力で解決する権利を認めていたこと
3　百姓たちの持つ小型の刀まですべて没収することができなかったこと・法律としてすべての者に暴力を禁じたわけではなかったこと
4　百姓たちの紛争解決のための暴力行使を禁じたに過ぎなかったこと・武士階級には暴力をもちいる権利が認められていたこと

問九　傍線部⑧「〈暴力への権利〉は統治権力のもとへと完全に一元化されたわけではなく」とあるが、「完全に一元化」するとは、具体的にはどうなることか。適切なものを次の中から一つ選び、番号をマークしなさい。　解答番号19

1　暴力を行使しようとする者はすべて統治権力のもとに集められること。
2　統治権力の行使する暴力のみが合法的なものとされる状態になること。
3　暴力が存在しない世界が実現し権力による平和な統治が行われること。
4　暴力に差を設けず、どんなささいな暴力も許されないものになること。

問十　傍線部⑨「これはひじょうに重要な論点です」とあるが、何が重要な論点なのか。適切なものを次の中から一つ選び、番号をマークしなさい。　解答番号20

1　身分制が、近代国家を準備するものだったということ。
2　刀狩りが、近世の身分制を生み出したということ。
3　刀狩りが、〈暴力への権利〉を規制するものだったということ。
4　身分制が、〈暴力への権利〉の有無の区別から始まったということ。

問十一　傍線部⑩「身分制は、近代に対立する古来の遺制」とあるが、ここで言う「近代」とはどのような時代を言うのか。適切なものを次の中から一つ選び、番号をマークしなさい。　解答番号21

1　合理的な考え方が基準となった時代
2　産業の機械化・工業化が進んだ時代
3　経済的な価値の重要性が増した時代
4　交通が盛んになり国際化が進んだ時代

問十二　この文章の内容に合致しているものを、次の中から二つ選

次の中から一つ選び、番号をマークしなさい。 解答番号11

1 秀吉は百姓の武器を没収して権力に抵抗できないようにすることを目論《もくろ》んだが、すべての武器を没収することはできなかった。

2 秀吉は百姓の武器を没収して権力に抵抗できないようにすることを目論んだが、武器を没収しても百姓たちの抵抗力は残った。

3 秀吉は百姓たちの持っていた鉄砲や鑓をそのままにして、もっぱら刀などを没収しただけだったので、百姓の力には実質的な変化はなかった。

4 秀吉は百姓たちが権力に抵抗する力を奪うことを目的にしたわけではないので、鉄砲や鑓まで含めたすべての武器を没収することはしなかった。

問二 傍線部②「百姓たちが周囲とのナワバリ争いや村の治安維持のために暴力を勝手にもちいるという状態を終わらせる」とあるが、秀吉がそのようにしたことの目的は何であったのか。適切なものを次の中から一つ選び、番号をマークしなさい。 解答番号12

1 暴力をもちいることができるのは統治権力者だけという状態にすること。

2 人々の間から私的な喧嘩を無くし平和な社会を実現すること。

3 自分の利害しか考えない百姓たちの間に社会正義を理解させること。

4 百姓たちに自分たちは統治される側だとはっきり認識させること。

問三 (1)・(2)の段落はどのようなことを例示したものか。それを説明したものとして適切なものを次の中から一つ選び、番号をマークしなさい。 解答番号13

1 秀吉が、百姓の問題だけでなく、一般に武力で紛争を解決することを嫌っていたこと。

2 秀吉が、「刀狩り」以外にも、それと同じ目的でいくつかの政策を行っていたこと。

3 秀吉が、自分が手にした権力を盾にして、様々な新しい政策を打ち出していたこと。

4 秀吉が、諸国を統一した軍事力を背景に、強大な権力を行使していたこと。

問四 傍線部③「刀とはいわば〈暴力への権利〉の象徴だった」とあるが、どういうことか。適切なものを次の中から一つ選び、番号をマークしなさい。 解答番号14

1 刀は、紛争は暴力によって解決されるべきだという信念を、いつでも実行に移すための具体的な備えであった、ということ。

2 刀は、それを持つ人が暴力を振るうことによって利益を得ていることを、証明するものであった、ということ。

3 刀は、他人が暴力的な行為を行うことを許さないという決意を、目に見える形で示すものであった、ということ。

4 刀は、それを持つ人が暴力を振るうことが認められていることを、目に見える形で示すものであった、ということ。

問五 傍線部④「日常的に携帯しづらい鉄砲や鑓は刀狩りのなかでそれほど熱心には没収されなかった」とあるが、それはなぜか。適切なものを次の中から一つ選び、番号をマークしなさい。 解答番号15

1 秀吉は、百姓たちが武器を携行して「いつでも暴力を行使するぞ」という態度を示すことをこそ禁止したかったのであり、持ち歩けない武器は問題にしなかったのである。

2 秀吉は、百姓たちが表面的に従順な態度を取っていればそれで満足であったのであり、実際に百姓たちが武力を保持しているかどうかまでは考えていなかったのである。

3 秀吉は、百姓たちが日常的に持ち歩いている武器が目についたためこれを禁止したのであり、それ以外にも彼らが武器を持っていることに気がつかなかったのである。

〈暴力への権利〉の一元化のうえになりたつ⑥近代国家の形成の萌芽を、ここに読み取ることができるでしょう。

もちろん、近代国家の形成といってもそれはあくまでも萌芽にすぎません。

実際、秀吉は刀狩りをつうじて百姓たちの〈暴力への権利〉を制限しようとしましたが、それは〈暴力への権利〉の独占という観点からみると⑦けっして十分なものではありませんでした。

たとえば百姓たちは刀狩りのあとも脇差を差すことは認められていました。また旅行や火事といった非常の場合は帯刀することも認められていました。自衛のために最低限の武装をする権利は、刀狩り以降も民衆のもとに残されたのです。

刀狩りによって、紛争を解決するために百姓たちがみずから暴力をもちいることは禁止されましたが、自己の身を守るために武装し暴力をもちいる権利は、まだまだ民衆のもとに大幅に残されたわけですね。

それからもう一つ、刀狩りにおいて帯刀権を禁止されたのはあくまでも百姓の身分だけだった、という点にも注意しなくてはなりません。武士たちはひきつづき帯刀することが認められました。

刀狩りが実現しようとしたことは、せいぜい武士の身分と百姓の身分を帯刀権の有無によって区別して、百姓たちの〈暴力への権利〉を違法化するというところまででした。つまり、刀狩りにおいては⑧〈暴力への権利〉は統治権力のもとへと完全に一元化されたわけではなく、「帯刀してもよい身分(＝武士)」と「帯刀してはいけない身分(＝百姓)」とを区別することで社会における〈暴力への権利〉が制限されたに過ぎなかったのです。

たしかに秀吉は大名たちの〈暴力への権利〉についても、境界紛争における彼らの武力行使を禁じることでそれを制限しようとしました。しかし、それでもやはり武士の身分にはそれぞれの領地を治めるための〈暴力への権利〉がそのまま残されたのであり、この点からいうと、〈暴力への権利〉が統治権力のもとへと一元化されるという状態は、まだまだ実現されるというにはほど遠かったのです。それが法制度的に実現されるには、明治政府が一八七六年に布告した帯刀禁止令まで待たなくてはなりませんでした。

とはいえ、このことは逆にいうなら、近世の身分制は社会における〈暴力への権利〉を帯刀権の有無によって規制しようとした結果として生まれたということにほかなりません。

事実、秀吉が刀狩りをするまでは、農民と武士の区別というのはそれほどはっきりしたものではありませんでした。多くの百姓は兵も農もともに兼ねていたのです。

そうしたなか秀吉は、刀狩りをつうじて、〈暴力への権利〉を「もつ身分」と「もたない身分」に人びとを区別し、それによって近世の身分制をつくりだしました。つまり、身分をつうじてであれ〈暴力への権利〉を社会的に規制し、大幅に禁止しようとしたという点で、近世の身分制は近代国家の前提となるものだったのです。

⑨これはひじょうに重要な論点です。

私たちはふつう近世の身分制を近代に対立するものとして考えています。学校の授業でもそのように教わりますね。しかしその見方は一八〇度転換されなくてはなりません。近世の⑩身分制は、近代に対立する古来の遺制などではなく、近代的な〈暴力への権利〉の独占を準備する前提的な制度だったのです。

要するに秀吉の刀狩りは、いろいろと不十分なところはあったとはいえ、近代国家の形成にむかう最初の実効的なステップなのでした。刀狩りには、百姓を統治権力に対して抵抗できなくするという目的とは根本的に異なるロジックが、すなわち人びとが保持していた〈暴力への権利〉を規制しながら、統治権力のもとにそれを統合していくというロジックが働いていたのです。

(萱野稔人『暴力はいけないことだと誰もがいうけれど』河出書房新社より)

問一 傍線部①「実際のところはどうもそうではなかったらしいのです」とあるが、実際はどうであったというのか。適切なものをぱら刀の没収だけが熱心におこなわれました。

ちなみに、当時の百姓たちの村には、いまの私たちが想像するよりはるかに多くの鉄砲が所持されていました。これは現代の私たちが抱いている通念とはまったく逆で、鳥獣を狩猟したり、害獣を駆除したりするために、かなりの量の鉄砲が村にはあったのです。にもかかわらず、それらの鉄砲は刀狩りではあまり熱心に没収されなかったのです。

藤木氏はいまあげた書物のなかで、刀狩りの実態をものがたるとても印象的なエピソードを紹介しています。

刀狩りから五〇年ほど経った一六三七年に、九州の島原でキリスト教徒の民衆を中心とした大規模な百姓一揆がおこりました。いわゆる島原の乱です。この一揆はけっきょく徳川幕府によって鎮圧されたのですが、そのときに押収された百姓たちの武器は、鉄砲三二四挺《ちょう》、刀・脇差《わきざし》一四五〇腰《こし》にのぼりました。すなわち、刀狩りから五〇年経った時点でもなお、これだけの武器が百姓たちの手元にはあったということです。

刀狩りが実際には百姓を武装解除したわけではないということを、このエピソードはよく示していますよね。

では、豊臣秀吉は何のために刀狩りをおこなったのでしょうか。

それは、②百姓たちが周囲とのナワバリ争いや村の治安維持のために暴力を勝手にもちいるという状態を終わらせるためでした。すなわち、百姓たちがみずからの判断で暴力をもちいることを禁止し、彼らのあいだで何か問題があれば、統治権力が彼らにかわってそれを裁定し解決するという状態を確立するために、刀狩りはなされたのです。

(1) 実際、藤木氏が指摘しているように、秀吉は刀狩りと並行して、村同士が紛争解決のためにみずから武力をもちいることを、私的な喧嘩《けんか》として厳しく規制しようとしました。これは村の「喧嘩《けんか》停止《ちょうじ》令《れい》」と呼ばれ、その判例がいくつも残されているそうです。

(2) また、これと同じように秀吉は、大名たちが領土の境界をめぐる紛争をみずから武力によって解決することを「私戦」として退けて、秀吉の統治権力が大名たちの紛争を直接裁定するという新しい紛争解決の方法を示しました。

つまり、刀狩りというのは、百姓や大名たちが保持していた〈暴力への権利〉を制限し、統治権力のもとへとそれを統合するという政策の一環としてなされたのです。秀吉は、百姓や大名たちがみずから暴力をもちいて紛争解決をおこなうことを禁止して、自分の政府だけが暴力をもちいてそれぞれの紛争を処理したり、さまざまな決定をくだすようにしたわけですね。刀狩りもそうした目的のもとでなされたのです。

刀というのは、当時もっとも身近で重要な武器でした。その刀を携帯するということは、すなわち「何か犯罪や紛争があったらみずから暴力をもちいてそれに対処するぞ」ということをまわりに示すという意味をもっていました。③刀とはいわば〈暴力への権利〉の象徴だったんですね。

その刀を百姓たちが携帯することを、秀吉は刀狩りをつうじて禁止しようとしたのです。だからこそ、④日常的に携帯しづらい鉄砲や鎧は刀狩りのなかでそれほど熱心には没収されなかったんですね。刀狩りの目的はあくまでも、百姓たちのもとに保持されていた〈暴力への権利〉を制限することにあったのであり、けっして百姓たちから武器そのものを奪うことにはなかったのです。

刀狩りが目指していた方向というのは、したがって、百姓がみずから武装することで保持していた、自力で紛争解決する権利やものごとを決定する権利を、天下統一を果たした統治権力のもとへ吸収することだったといえるでしょう。

藤木氏がさまざまな資料をつうじて実証的に示したように、統治権力に抵抗できないよう百姓を武装解除することが刀狩りの目的だったのではありません。百姓たちに⑤〈暴力への権利〉を［ A ］させて、それを新しい統治権力へと［ B ］させることが、その課題だったのです。

問十　傍線部⑨「ぼくは教室の後ろに向かって歩きだす」とあるが、いじめはいけないことだと知っていながらもそれを止められなかった「ぼく」が、そうできるようになったのはなぜか。適切なものを次の中から一つ選び、番号をマークしなさい。解答番号10

1　たくさんの人からおじいちゃんの思い出話を聞き、おじいちゃんが正義感の強い人物だったと知ったことで、自分もおじいちゃんのようになりたいと思い、自分がヤマダからどんな仕返しを受けたとしても、いじめを止めなければと思ったから。

2　たくさんの人からおじいちゃんの思い出話を聞き、感情豊かなおじいちゃんの一面を知ったことで、人は見た目以上に様々なことを感じていて、いじめを受けても感情を表に出さなかったスドウも、実は悲しんでいるのだと気づいたから。

3　たくさんの人からおじいちゃんの思い出話を聞き、今まで知らなかったおじいちゃんの一面を知ったことで、目には見えない人の気持ちを思いやれるようになり、いじめられているスドウの悲しさに深く共感できるようになったから。

4　たくさんの人からおじいちゃんの思い出話を聞き、おじいちゃんが自分をとてもかわいがってくれていたのを知ったことで、今度は自分が人に愛情深く接したいと思うようになり、誰からも味方をしてもらえないスドウを助けたいと思ったから。

二

次の文章は、萱野稔人『暴力はいけないことだと誰もがいうけれど』の一節です。これを読んで、後の設問に答えなさい。

（解答はすべて解答用紙にマークしなさい）

> 「国家」とは何か。筆者は、それは「暴力を合法的にもちいることができる唯一の存在」だと言う。ここで言う「暴力」とは、「物理的な実力」のことで、市民にはそういう力の行使は許されていないが、国家だけが、例えば「警察力」というような形で、他人の身体を拘束するなどの「暴力」の行使が許されているのである。国家とは〈暴力への権利〉を独占する存在である。
>
> では、そのような国家はどのようにして形成されてきたのか。それは理論的には、次のような経緯をたどると考えられる。はじめのうち人びとはそれぞれに〈暴力への権利〉を持っていた。しかし、何らかの理由でその権利を放棄しなければならないような状況が生まれ、その権利が次第に独占されることで、国家が形成されてきた、というわけである。

では、実際のところはどうだったのでしょうか。中世社会においていまだ各自のもとに保持されていた〈暴力への権利〉はどのようにして国家のもとへと統合されていったのでしょうか。

日本の場合をみてみましょう。

日本において〈暴力への権利〉の独占につながる最初の契機となったのは豊臣秀吉による「刀狩り」です。

豊臣秀吉は一六世紀末に織田信長の後継者として戦国の世を平定し、九州から東北までの地を統一しました。その秀吉によって刀狩りが発令されたのは一五八八年です。

一般に刀狩りは、百姓（つまり一般の民衆）を幕府に抵抗できない無力な存在にするためになされたものだと考えられています。つまり豊臣秀吉は、戦国大名たちによって割拠されていた諸国を統一し、それによって統合した軍事力を背景に、刀狩りによって民衆からことごとく武器を没収し、彼らを統治権力に抵抗できないようにした、と考えられているわけですね。

しかし、藤木久志氏の研究（『刀狩り――武器を封印した民衆――』岩波新書）によると、①実際のところはどうもそうではなかったらしいのです。

たとえば、秀吉のだした刀狩令では、あらゆる武器の所持がことごとく禁止されていたのですが、刀狩りの実際の現場では、鉄砲や鑓《やり》といった重要な武器の没収にはほとんど関心がよせられず、もっきな人はわからないんだろう。

2 自分はクラスの誰より物知りなのに、どうしてカワムラさんは振り向いてくれないんだろう。

3 ウンチクならいくらでも話せるのに、どうしてカワムラさんに好きな人を聞く勇気はないんだろう。

4 どうしてカワムラさんは、思わせぶりな態度ばかりで好きな人を教えてはくれないんだろう。

問四 傍線部④「別のネタで騒がしくなった」とはどういうことか。適切なものを次の中から一つ選び、番号をマークしなさい。 解答番号4

1 ヤマダとスドウの白熱したプロレスごっこに、みんなの興奮が最高潮になっている。

2 プロレスごっこでヤマダがスドウに反則技をして、みんながやじを飛ばしている。

3 プロレスごっこの中でスドウがいじめられているのを、みんなが面白がっている。

4 プロレスごっこにあっさり負けてしまいそうなスドウを、みんなが応援している。

問五 A に入る語として適切なものを次の中から一つ選び、番号をマークしなさい。 解答番号5

1 ため息　2 哀れみ　3 冗談　4 喜び

問六 傍線部⑤「ヤマダを怒らせたあとに待ち受けているヤッカイなこと」として、適切でないものを次の中から一つ選び、番号をマークしなさい。 解答番号6

1 『風の又三郎』のように転校しなければならなくなること。

2 自分がスドウの代わりにいじめられそうになるということ。

3 ヤマダの中学生の兄貴が仕返しにやってくるということ。

4 ヤマダにはクラスに子分がたくさんいて人間関係がうまくいかなくなること。

問七 傍線部⑥「そんなの、ひきょうな言い訳だよ」とあるが、なぜ「ひきょう」だというのか。適切なものを次の中から一つ選び、番号をマークしなさい。 解答番号7

1 いじめはよくないことだと知っていながら、それをやめさせるためにヤマダに強く言う勇気が出せないでいるから。

2 スドウが悲しんでいることを知っていながら、自分に害が及ばないことを優先して、スドウの気持ちには目をつぶっているから。

3 自分の行為が間違っているとわかっていながら、それを「知ることによってもたらされたことだ」と正当化しようとしているから。

4 ほんの少し勇気を出せばできるはずのことを、『風の又三郎』でなければできないことだとわざと大げさに考えているから。

問八 傍線部⑦「そんなこと」の指し示す内容として適切なものを次の中から一つ選び、番号をマークしなさい。 解答番号8

1 どんなに元気であっても人はいつかは死ぬということ。

2 大切に思っている人が今にも死にそうであるということ。

3 人はどうなったら死んでしまうのかということ。

4 知っている人の死がとてもつらいということ。

問九 傍線部⑧「ほんとうはそんなことしなくても忘れないよ、絶対に」とあるが、ここに用いられている表現上の効果の説明として、適切なものを次の中から一つ選び、番号をマークしなさい。 解答番号9

1 程度を表す言葉をあとから付け加えることで、おじいちゃんが死んでしまった強い悲しみを強調している。

2 程度を表す言葉をあとから付け加えることで、おじいちゃんの思い出を大切に思う気持ちを強調している。

3 文の最後を省略し余韻を残すことで、おじいちゃんへの深い愛情を強く感じられるようにしている。

4 文の最後を省略し余韻を残すことで、おじいちゃんへの感謝の思いを強く感じられるようにしている。

プが負けると機嫌が悪くなったということも……初めて聞く話ばかりで、その一つひとつが胸にすうっと染《し》み込んでいく。

もっと知りたい。もっともっと、おじいちゃんのことを知りたい。友だちに話して自慢するためじゃなく、「すごいなあ、よく知ってるなあ」と先生をびっくりさせるためでもなく、おじいちゃんとはもう二度と会えないから、おじいちゃんのことを、もっと知りたい。

「おじいちゃんの思い出、忘れるなよ」

お父さんがぼくの肩に手を載せて言った。「みんなが覚えてれば、みんなの思い出の中におじいちゃんはずうっといるんだから」と涙ぐんでつづけた。

「……忘れないってば」

ぼくは言った。家に帰ったら、新しい『きおくノート』をつくろう、そこにおじいちゃんの思い出をたくさん書こう、と決めた。

でも――。
⑧ほんとうはそんなことしなくても忘れないよ、絶対に、と心の中でおじいちゃんに声をかけた。
おじいちゃんのお葬式を終えて、ひさしぶりに登校した。六年二組の教室は、ぼくが学校を休む前となにも変わっていない。カワムラさんはあいかわらず女子で集まっておしゃべりしているし、ヤマダはあいかわらず教室の後ろでスドウをいじめている。

でも――。

ぼくはおじいちゃんとお別れをした。たくさん泣いて、親戚《しんせき》からおじいちゃんの思い出話をたくさん聞いて、たくさん覚えた。ぼくが生まれたという電話を受けたとき、おじいちゃんは受話器を放り投げてバンザイをしてくれたんだと、初めて知った。

ぼくは変わった。自分でもうまく言えないけど、どこかが、なにかが、変わったんだと思う。

カワムラさんをちらりと見た。カワムラさんの六年生の思い出にぼくがたくさん出てくればいいな、と思う。これからの思い出の中にも、ずうっと、いつも、ぼくがいるといいのにな。

「やめてくれよお、痛い痛い痛いって……」

ヤマダにヘッドロックをかけられたスドウが、泣きべそをかきながら声をあげた。ぼくは知っている。スドウの悲しさと悔しさを知っている。そして、自分がなにをしなければいけないかも、ちゃんと。
⑨ぼくは教室の後ろに向かって歩きだす。
がんばれ、とおじいちゃんが言ってくれた。

（重松　清『きみの町で』新潮文庫より）

問一　傍線部①「ウンチク」の言葉の意味として適切なものを次の中から一つ選び、番号をマークしなさい。　解答番号1

1　ある分野について蓄えた知識。
2　物事を正しく見きわめる良識。
3　これまで経験したことの記憶。
4　知っていることについての暗唱。

問二　傍線部②「本を読んで新しいことを知るのは、ほんとうに楽しい」のはなぜか。適切なものを次の中から一つ選び、番号をマークしなさい。　解答番号2

1　たくさんの知識を披露して、カワムラさんにアピールできるから。
2　たくさんの知識を披露して、クラスのみんなに自慢できるから。
3　いろんなことを調べると、クラスのみんなが喜んでくれるから。
4　いろんなことを調べると、『きおくノート』が増えていくから。

問三　傍線部③「ちょっと悔しい」とあるが、この時の「ぼく」の気持ちとして適切なものを次の中から一つ選び、番号をマークしなさい。　解答番号3

1　なんでも知っている自分なのに、どうしてカワムラさんの好だったら意味がないじゃないか……。

でも――。

ぼくだって、そうだ。いじめがよくないことは知っている。勇気を持っていじめを止めなければいけないことも知っている。目の前でスドウがいじめられているのも見ているし、スドウがとても悲しんでいることだって、ちゃんと知っている。

だけど、なにもしていない。スドウを取り囲んでプロレスの技をかけるヤマダたちに、他の友だちと一緒に「ひでーっ」「残酷ーっ」と声をかけることはあっても、それは[A]交じりの口調で、あいつらは逆にウケてるんだと勘違いして、よけい張り切って、授業が始まるチャイムが鳴るまでやめない。

「そんなことやめろよ！」と、なぜ強く言えないんだろう。ヤマダを怒らせたら、今度は自分がスドウの身代わりになってしまいそうだから――？　よけいなことを言うと自分があぶない、と知っているから――？

ときどき思う。もしもぼくが『風の又三郎』みたいな転校生だったら。ある日突然教室にやってきて、すぐにまた別の学校に転校してしまう、そんな立場だったら。

ヤマダに「やめろよ！」と言うだろう。無視されたら、つかみかかってでもやめさせるだろう。ヤマダには子分がたくさんいるというクラスの人間関係や、ヤマダを怒らせると中学生の兄貴まで仕返しにくるという事情をなにも知らなければ、最初に胸に抱いた勇気や正義感を、そのまま、なんの迷いやためらいもなくぶつけられるだろう。どうせまたすぐに転校してしまうのだから、「いま」の憤《いきどお》りだけでまっすぐ行動できるだろう。

でも、ぼくは、ヤマダのいろいろなことを知っているから。⑤ヤマダを怒らせたあとに待ち受けているヤッカイなことも、想像できるから。

知れば知るほど、臆病になる。先生は「知識を増やすことで、生きる知恵を育てなさい」と言う。いじめに知らん顔をするのも、生きる知恵のひとつなんだろうか。
⑥そんなの、ひきょうな言い訳だよ――ということだって、ぼくは知っているけど。
学校から帰ると、お母さんがこわばった顔で教えてくれた。田舎の病院に入院しているおじいちゃんの具合が急に悪くなったのだという。

翌朝、学校を休んで、飛行機でお父さんのふるさとに向かった。

病室のベッドに横たわったおじいちゃんは、夏休みに会ったときの元気な笑顔が嘘のように、痩《や》せて骨と皮だけになっていた。顔に酸素マスクをかぶせられて、声をかけても返事をしないし、目も開けない。

おじいちゃんは死んでしまうんだろうか。

知っているひとが亡くなるのは、これが初めてだ。心臓が動かなくなるのが死ぬことなんだというのはわかっているけど、おじいちゃんを見つめていると、心拍数とか、脳波とか、血圧とか、⑦そんなことはぜんぶ忘れてしまった。

もう、おじいちゃんと会えなくなる。

おじいちゃんとセミ捕りをしたり、たき火をしたり、トランプをしたり、一緒におもちをついたり……そんなことがぜんぶ、もうなにもできなくなるんだと思うと、胸が急に熱いものでいっぱいになった。

おじいちゃんがいなくなる。いままでいたのに、いなくなる。いなくなったあとは、もう二度と、会えない。

おばあちゃんはおじいちゃんの手をさすりながら、涙まじりに昔の思い出を話していた。ぼくの知らない、お父さんがまだ子どもの頃の話を、たくさん。

おじいちゃんが泳ぎが得意だったことを初めて知った。お父さんに野球を教えたのがおじいちゃんだったことも、歌がへただったことも、シジミの味噌《みそ》汁が大好物だったことも、ナイターで広島カー

二〇二〇年度
東海大学付属相模高等学校

【国語】（五〇分）〈満点：一〇〇点〉

一 次の文章は、重松清「ぼくは知っている」の全文です。これを読んで、後の設問に答えなさい。（解答はすべて解答用紙にマークしなさい）

六年二組の①ウンチク王――が、ぼくのあだ名だ。

いろいろなことをたくさん、ぼくは知っている。図書室の本をかたっぱしから読んで、テレビで気になった言葉があるとすぐに百科事典やインターネットで調べて、覚えたことは忘れないようにノートに書きつける。『きおくノート』と名付けたそのノートは、三年生のときからつけはじめて、もう八冊目になった。暇なときにはそれをぱらぱら読み返して、忘れていた事柄を見つけると「あぶない、あぶない」と記憶にきちんと刻み直す。

おかげで、ぼくはクラスの誰よりも物知りになった。戦国時代の武将の名前や、星座にまつわる神話、画数がたくさんある漢字については、担任の先生よりもくわしい。

たったいまも、豊臣秀吉が天下統一した頃の全国各地の「国」と「大名」の名前を北から順にすべて諳《そら》んじて、昼休みの教室を「おおーっ」とどよめかせたばかりだ。

うれしかった。②本を読んで新しいことを知るのは、ほんとうに楽しい。

でも――。

ぼくは教室の隅をちらりと見る。

女子が数人集まっておしゃべりをしている。その中に、カワムラさんもいる。

ぼくはカワムラさんが好きだ。五年生で初めて同じクラスになってから、ずっと。

カワムラさんはどうなんだろう。ときどき「カワムラさんもオレのこと好きなのかな？」と思って胸がときめくけど、「やっぱりオレのことはなんとも思ってないのかなあ……」と落ち込んでしまうときだって多い。

カワムラさんの気持ちがわかればいいのに。心の中をこっそり覗《のぞ》き込んで、好きな男子が誰なのか知ることができるといいのに。

図書室のどの本にも、カワムラさんの心の中は出ていない。戦国時代のことはなんでも知っているぼくなのに、同じ教室にいるカワムラさんの気持ちはナゾのままだ。

それが③ちょっと悔しい。

ぼくのウンチク披露が終わると、昼休みの教室は、④別のネタで騒がしくなった。教室の後ろで、ヤマダたちがスドウを相手にプロレスごっこを始めたのだ。

六年二組には、とても残念で嫌なことだけど、いじめがある。男子の一部――ヤマダのグループが、スドウをしつこくからかったり教科書に落書きをしたり、無理やりプロレスごっこに付き合わせて泣かせたりする。

いじめはよくない。

そんなの、誰でも知っている。ヤマダたちだって、学級会で「みんな仲良く」というクラス目標が決まったときには、手を挙げて賛成していた。なのに、あいつらはスドウをいじめる。先生はいつも「いじめはひきょう者のすることだ」「いじめるのは人間として恥ずかしいことだ」と言っていて、ヤマダたちもそれをよく知っているはずなのに、いじめをやめない。

スドウもスドウだ。「いじめに遭ったら、一人で悩まずに、すぐに先生や親に相談しなさい」と言われていて、自分でもわかっているはずなのに、先生にはなにも言わない。きっと、お父さんやお母さんにも黙っているのだろう。知っていても、それを実行しないん

2020年度／東海大学付属相模高等学校

英語解答

1 (1) ②　(2) ④　(3) ④　(4) ④　(5) ②

2 (6) ①　(7) ③　(8) ①　(9) ③　(10) ④

3 (11) ③　(12) ①　(13) ②　(14) ②　(15) ④

4 (16) ⑧　(17) ⑤　(18) ⑥　(19) ④　(20) ⑨

5 (21) ②　(22) ③　(23) ①　(24) ④　(25) ②

6 (26) ④　(27) ③　(28) ②　(29) ③　(30) ②　(31) ④　(32) ①　(33) ③　(34) ①　(35) ①

7 (36) ③　(37) ⑥　(38) ②　(39) ④　(40) ①

8
1 (41)…③　(42)…⑤
2 (43)…①　(44)…②
3 (45)…④　(46)…①
4 (47)…③　(48)…②
5 (49)…②　(50)…④
6 (51)…④　(52)…②
7 (53)…②　(54)…⑤
8 (55)…⑤　(56)…④

9
A (57)…③　(58)…④　(59)…④　(60)…①
B (61)…②　(62)…④　(63)…③　(64)…①

1・**2**〔放送問題〕解説省略

3〔対話文完成―適語選択〕

≪全訳≫❶アキラ(A)：やあ，メアリー，夏休みはどうだった？❷メアリー(M)：こんにちは，アキラ。よかったよ！　家族と京都に行ったの。❸A：いいね。そこで何をしたの？❹M：お寺を巡ったの。私のお気に入りの場所は清水寺だったよ。❺A：それは日本で最も有名なお寺の1つだね！　どうしてそこが好きになったの？❻M：写真を撮ったり，お寺まで道を歩いたりするのが楽しかったの。お寺のすてきな写真を撮ったわ。お土産を買うお店もたくさんあったよ。❼A：それはいいね。そこで何か買った？❽M：祖父と祖母のためにコップを2つ買ったよ。あなたはどうだった？　夏休みの間は何をしたの？❾A：僕が野球を見たり，したりするのが好きなのは知ってるよね。だから友達と横浜スタジアムに野球の試合を見に行ったんだ。❿M：いいわね！　試合はどうだった？⓫A：興奮する試合だったよ。そして僕の大好きなチームが勝ったんだ。⓬M：すごいね。あなたの応援のおかげでチームが勝ったんだと思うよ。⓭A：そうだといいな。とにかく，2人ともよい夏を過ごしたんだね。次の休みが待てないな。

(11)この後でアキラがWhy did you like it？「どうしてそこが好きになったの？」と尋ねているので，favorite「お気に入りの，大好きな」が適切。　(12)'one of the＋最上級＋複数名詞'「最も～な…の1つ」の形。　(13)to buy gifts「お土産を買う(ための)」とあるのでshops「店」が適切。このto buyは形容詞的用法のto不定詞。　(14)Then, my favorite team won.「そして大好きなチームが勝った」とつながるので，It(＝the game)はexciting「興奮するような，ワクワクするような」であったと考えられる。　(15)have a good summerで「よい夏を過ごす」となる。同様の例としてhave a good time「楽しい時を過ごす」がある。

4〔適語選択―共通語〕

(16)上：「～と一緒に」という意味を表す。　「私と一緒に来ない？　楽しいよ」　下：「～がある，～

を持っている」という意味を表す。　「この辺りに英語メニューがあるすし屋はありますか？」

(17)上：be ready for ～「～の準備ができている」　「私は英語のテストの準備ができている」
下：be late for ～「～に遅れる」　「なぜ学校に遅れたのですか？」

(18)上：think about ～「～について考える，思う」　「2020年のオリンピック大会についてどう思いますか？　わくわくしませんか？」　下：How about ～？「～はどうですか？」　「私はときどき上野動物園にパンダを見に行きます。あなたはどうですか？」

(19)上：put on ～「～を着る」　「雪が降っているので，出かける前にジャケットを着た方がいいよ！」　下：be going on「起こっている，進行中である」　「今日，世界では何が起こっていますか？」

(20)上：take care of ～「～の世話をする」　「あなたの犬は15歳だから，よく世話した方がいいよ」
下：what kind of ～「どんな種類の～」　なお，a kind of は「～の一種，ある種の～」という意味。　「どんな種類のスポーツをしたいですか？」

5〔対話文完成―適語選択〕

(21)A：最近寒いね。／B：うん，今日は特に寒いね。コートを着る必要があるね。∥today と言っているので especially「特に」が適切。

(22)(電話で)／A：やあ，サトシ。今話せるかな？／B：ごめん，今はできないんだ。後でかけなおそうか？∥Shall I ～？は「(私が)～しましょうか？」と相手のために申し出る表現。

(23)(写真を見ながら)／A：この女性は誰？／B：彼女は私の伯母さんよ。私の母のお姉さんなの。∥「母親の姉」だから aunt「伯母」になる。uncle は「伯父」。

(24)A：それは何？／B：今朝，私の友達からもらった贈り物だよ。∥from my friends「友達から」とあるので，「私」は received「受け取った」のである。

(25)A：明日は遠足に出かけますが，おやつは持ってこないでください。／B：わかりました，持っていきません。∥文の内容から bring「～を持ってくる」が適切。

6〔書き換え―適語(句)選択〕

(26)「アンはカレーライスをつくることができる」→「アンはカレーライスのつくり方を知っている」
'how to＋動詞の原形'「～の仕方，方法」で書き換える。

(27)「テツオはユミほど上手に英語を話せない」→「ユミはテツオより上手に英語を話せる」　上は'not as ～ as …'「…ほど～ではない」の形。下では比較級を用いて書き換えるが主語が Yumi なので，「ユミの方が上手」とする。　good/well－better－best　bad/ill－worse－worst

(28)「あなたの話がわからない」→「あなたの言ったことがわからない」　what には先行詞を含む関係代名詞としての用法があり，「(～する)こと，もの」という意味を表す。

(29)「傘を持っていく必要はない」　don't need to ～「～する必要がない」≒don't have to ～

(30)「神奈川県には19の市がある」　There is/are ～「(…に)～がある，いる」の構文で書き換える。
上に合わせて現在形の are を選ぶ。

(31)「ニックはクラスのどの男子よりも背が高い」→「ニックはクラスの男子の中で一番背が高い」
上は'比較級＋than any other＋単数名詞'「他のどの～より…」の構文。これを下では最上級を使って書き換える。一般に，最上級の文で「～の中で」を表すとき，'～'が主語の属する複数名詞または数詞なら of を，'範囲'を表す単数名詞なら in を用いる。

(32)「あなたはもう寝た方がよい」→「あなたが寝る時間だ」 'it is time＋(for＋人＋) to ～'「〈人〉が～するべき時だ」で書き換える。

(33)「私は母によってつくられたこのケーキが好きだ」 上は関係代名詞 which を用いて先行詞 this cake を修飾している形。これを下では分詞の形容詞的用法を用いて書き換える。ケーキは「つくられる」ものなので，過去分詞である made が適切。過去分詞の made が by my mother という語句を伴って前の名詞を修飾する'名詞＋過去分詞＋語句'の形。

(34)「ジェフはピアノを上手に弾く」→「ジェフはピアノが得意だ」 be good at ～ing「～するのが得意だ」で書き換える。

(35)「私の海外の友達は２回すしを食べた」→「私の海外の友達は２回すしを食べたことがある」 下には has があるので，現在完了('have/has＋過去分詞...')の'経験'用法で書き換える。

7 〔対話文完成―適文選択〕

≪全訳≫❶ジェーンとサヤカはジェーンの友達について話している。❷ジェーン(J)：私の親友のルーシーが，この冬日本に来るの！❸サヤカ(S)：それはわくわくするね！ (36)彼女と何をするつもりなの？❹J：彼女は絵を描くのが好きだから，美術館に連れていくつもり。あなたも芸術が好きだよね。(37)私たちと一緒に来ない？❺S：うん，ぜひ一緒に行きたいな。いくつかお気に入りの美術館があるの。❻J：それはいいね。ルーシーは日本のアニメに興味があるの。❼S：わあ，そうなの？ そしたら，ルーシーはその美術館の１つを気に入ると思うな。❽J：どの美術館？ (38)そこへの行き方を教えてくれる？❾S：いいよ。ほら，この地図を見て。ここから遠くないの。❿J：いいね！ そこまで行くのにどれくらい時間がかかる？⓫S：電車で30分くらいだよ。⓬J：なるほど。ところで，あなたも絵を描くの？⓭S：(39)週に２回くらい描くよ。いつもリラックスした気分にしてくれるの。⓮J：わかるな。(40)美術館に行くのを楽しみにしてるね。⓯S：私も。じゃあ，そのときにね。

(36)この後ジェーンが，絵を描くのが好きな友達を美術館に連れていくと答えているので，サヤカはジェーンの予定をきいたのだと考えられる。 (37)サヤカがこの後 I'd love to go with you と答えているので，ジェーンはサヤカを誘ったのだとわかる。Would you like to ～？は「～しませんか」というていねいな'勧誘'を表す表現。 (38)サヤカがこの後地図を見せていることから，ジェーンは美術館への行き方を尋ねたのだとわかる。Could you ～？は「～してくれませんか」という'依頼'を表す表現。ここでの get は「着く」という意味。 (39)ジェーンの do you paint, too？という質問の返答となるのは④だけ。I do about twice a week. の do は paint の代わりのはたらきをしている。 (40)この後のサヤカの Me, too. という返答は，ジェーンの「楽しみ」という発言を受けていると考えられる。 be looking forward to ～ing「～することを楽しみにしている」

8 〔整序結合〕

1．状況：「あなたは自分の兄〔弟〕に誕生日プレゼントを買う予定だ。いいプレゼントを買いたいが，何を買っていいかわからない」 I don't の後に動詞の原形 know を置く。その後に'疑問詞＋主語＋動詞...'という間接疑問の形で what my brother wants the most とまとめると，「私は，兄〔弟〕が何を一番欲しがっているのかわからない」という内容の文ができる。 I don't know what my brother wants the most.

2．状況：「あなたの友達は，北海道へ旅行する計画がある。あなたは彼に質問したい」 疑問詞 When を始めに置き，最後は leave for Hokkaido「北海道に出発する」とつなげる。残りは are you going to「～するつもりですか？」とまとまり,「あなたはいつ北海道に出発するつもりですか？」という内容の文ができる。 When are you going to leave for Hokkaido ?

3．状況：「あなたの名前はマサタカだが,『マサ』と呼ばれたい」 want があるので,'want＋人＋to＋動詞の原形'「〈人〉に～してほしい」の構文を使って, want my friends to call me とまとめると「友達に『マサ』と呼んでほしい」という内容の文になる。call me "Masa" は'call＋A＋B'「AをBと呼ぶ」の形。 I want my friends to call me "Masa".

4．状況：「あなたは英語を話すことが好きだ。英語を話すことを通じて，たくさんの外国の友達ができた」 talk with ～ で「～と話す」という意味になるので, talking with foreign people とまとめる。残りは It is fun とまとめ talking の前に置くと，この It が talking 以下を受ける形式主語(主語が長くなるのを避けるために形式的に置かれる it)となり,「外国の人と話すことは楽しい」という内容の文になる。 It is fun talking with foreign people in English.

5．状況：「あなたは朝たいてい早く起きるが，今朝は寝すぎた」 語群に able があることから be able to ～「～できる」の形を考える。not もあるので否定形にして was not able to leave とまとめると「今朝は早く家を出ることができなかった」という内容の文になる。 I was not able to leave home early this morning.

6．状況：「あなたは公園に行ったが，そこは人でいっぱいだった」 There is/are ～「～がいる，ある」の構文にする。too は形容詞を修飾して「あまりにも～すぎる」という意味を表すので, too many people「とてもたくさんの人」とまとめる。すると,「公園にはとてもたくさんの人がいた〔人が多すぎた〕」という内容の文になる。 There were too many people in the park.

7．状況：「あなたの友人は本を探していて，あなたはそれを棚で見つけた。その本は約20年前に書かれたが，まだ多くの人が好んで読んでいる」 主語を The book とする。本は棚の上にあるのだから，この後に on the shelf を続ける。この後は is very popular とまとまるが, still が残っていて，副詞の still は be動詞の後に置かれるのが一般的なので is still very popular とする。すると「棚の本はまだ人気である」という内容の文になる。 The book on the shelf is still very popular.

8．状況：「あなたは横浜で生まれて，まだ横浜に住んでいる」 生まれてからずっと横浜にいる状況なので,'have/has＋過去分詞…'の現在完了('継続'用法)で表す。since は「～以来」の意味なので I was born の前に置く。すると「私は生まれて以来ずっと横浜に住んでいる」という内容の文になる。 I have lived in Yokohama since I was born.

9〔長文読解総合〕

Ⓐ **＜長文読解─内容一致・英問英答─説明文＞≪全訳≫**❶盲導犬について知っているだろうか。これらの犬は，物が見えない人や，見ることが不自由な人のために働く。こうした人々は「目が見えない」。盲導犬はいつも目の見えない人と一緒に歩き，日常生活において彼らを助ける。目の見えない人は盲導犬と一緒にいれば安全に生活することができる。盲導犬を訓練することは難しく長い時間がかかる。❷盲導犬を訓練するには約18か月かかる。まず犬は，生まれると家の中での訓練を学ばなくてはならない。次に，実世界での盲導犬の訓練を受けなければならない。訓練の最終段階で，盲導犬はついに「パートナー」と会い，一緒に訓練を受ける。❸盲導犬は多くのさまざまな言葉を理解するので，目の見えない人は盲導犬と一緒にどこにでも行くことができる。例えば「スーパーマーケッ

ト」「レストラン」「病院」「家に帰る」といった言葉だ。しかし，盲導犬がパートナーの言うことを聞かないこともある。それは場所によっては行くのが危険だと感じるからだ。盲導犬はパートナーの安全のために，いろいろな音を聞いたり，においをかいだり，さまざまなものを見たりすることができる。犬とパートナーは互いを信頼しており，親友である。

(57)「盲導犬は(　　)訓練が必要である」―③「１年半の間」　第２段落第１文参照。'It takes＋時間＋to ～' で「～するのに(時間が)…かかる」という意味。eighteen months「18か月」は a year and a half「１年半」。　(58)「実世界での盲導犬の訓練の後，(　　)」―④「犬はパートナーと一緒に訓練を受ける」　第２段落最終文参照。they train together の they は the guide dogs と their 'partners' を受けている。　(59)「盲導犬は，(　　)ときパートナーの言うことを聞かない」―④「そこが安全ではないと思う」　第３段落第３，４文参照。第４文の it's dangerous「危険である」を言い換えると it is not safe「安全ではない」となる。　(60)「この文章の最も適切なタイトルはどれか」―①「盲導犬の訓練の仕方」　本文の内容に合うのは①のみ。③「犬とともに安全に暮らす方法」は，単に「犬」となっている点で不適切。

B＜長文読解―内容一致・英問英答―説明文＞≪全訳≫❶オリンピック大会は，重要な国際スポーツイベントだ。大会は４年ごとに開催される。最初の「近代」オリンピックは1896年にギリシャのアテネで開催された。オリンピック大会は，第一次世界大戦と第二次世界大戦のため，３回中止された。ヨーロッパは何度も大会を開催してきたが，アジアでは日本，韓国，中国の３か国のみが開催している。東京は1964年に開催した。2020年は，東京での２度目のオリンピック大会開催となる。1940年に日本の東京とフィンランドのヘルシンキが初めて大会を開催する予定だったが，第二次世界大戦のため中止になった。その次の1944年の大会はイギリスが開催することになっていたが，同じ理由で実現しなかった。❷これまでのところ，日本にとって最も成績が良かったオリンピックは1964年の東京大会と，2004年のアテネ大会だった。日本は両大会で金メダルを16個獲得した。勝つことはいいことだが，一生懸命練習することが全ての中で最も重要である。2020年の夏には全ての選手のために応援しよう。

国	開催都市	年	日本の金メダル総数
ギリシャ	アテネ	1896，1906，2004	16
韓国	ソウル	1988	4
中国	北京	2008	9
日本	東京	1964，2020	16

(61)「表に入る最も適切なものを選べ」―②「日本の金メダル総数」　第２段落第１，２文参照。1964年東京大会と2004年アテネ大会でどちらも16個獲得した。　(62)「表に入る最も適切なものを選べ」―④　第１段落第６文参照。　(63)「どれが正しいか」―③「アジアの３つの国が大会を開催したことがある」　第１段落第５文参照。日本，韓国，中国の３か国である。　(64)「筆者の最終的なメッセージは何か」―①「一生懸命練習することが最も重要である」　第２段落終わりから２文目参照。大会は勝負の場でもあるが，the most important of all「全ての中で最も重要」であるのは practicing hard「一生懸命練習すること」だと述べている。

2020年度／東海大学付属相模高等学校

数学解答

1 (1) 2　(2) $-\sqrt{7}$　(3) $9x+5$
(4) $(x+2)(x-2)(x-5)$
(5) $x=2,\ \frac{1}{3}$　(6) -1　(7) $\frac{1}{4}$
(8) 144°

2 (1) 3　(2) $\frac{7}{2}$　(3) $2:1$　(4) 120°

3 (1) (2, 1)　(2) $y=\frac{2}{5}x+\frac{12}{5}$
(3) 3秒後　(4) $\frac{288}{5}$

4 (1) 64個　(2) 225個
(3) $m=5$, $n=9$　(4) 44100

1〔独立小問集合題〕

(1)＜数の計算＞与式$=\frac{1}{2}\times(-8)\div(-16)+\left(2-\frac{1}{4}\right)=\frac{1\times8}{2\times16}+\left(\frac{8}{4}-\frac{1}{4}\right)=\frac{1}{4}+\frac{7}{4}=\frac{8}{4}=2$

(2)＜平方根の計算＞$\sqrt{175}=\sqrt{5^2\times7}=5\sqrt{7}$, $\frac{42}{\sqrt{63}}=\frac{42}{\sqrt{3^2\times7}}=\frac{42}{3\sqrt{7}}=\frac{14}{\sqrt{7}}=\frac{14\times\sqrt{7}}{\sqrt{7}\times\sqrt{7}}=\frac{14\sqrt{7}}{7}=2\sqrt{7}$, $8\sqrt{14}\div\sqrt{8}=8\sqrt{14}\div\sqrt{2^2\times2}=8\sqrt{14}\div2\sqrt{2}=\frac{8\sqrt{14}}{2\sqrt{2}}=4\sqrt{7}$ より，与式$=5\sqrt{7}-2\sqrt{7}-4\sqrt{7}=-\sqrt{7}$ である。

(3)＜式の計算＞与式$=9x^2+12x+4-(9x^2-1)-3x=9x^2+12x+4-9x^2+1-3x=9x+5$

(4)＜因数分解＞与式$=x^2(x-5)-4(x-5)$として，$x-5=A$ とおくと，与式$=x^2A-4A=(x^2-4)A=(x+2)(x-2)A$ となる。Aをもとに戻して，与式$=(x+2)(x-2)(x-5)$である。

(5)＜二次方程式＞解の公式より，$x=\frac{-(-7)\pm\sqrt{(-7)^2-4\times3\times2}}{2\times3}=\frac{7\pm\sqrt{25}}{6}=\frac{7\pm5}{6}$となるから，$x=\frac{7+5}{6}=2$, $x=\frac{7-5}{6}=\frac{1}{3}$ である。

(6)＜連立方程式の応用＞$x+2y=a+7$……①，$-x+3y=a$……②とする。①，②の連立方程式の解について，xの値がyの値の4倍であることから，$y=k$とすると，$x=4k$と表される。これらを①，②に代入すると，①より，$4k+2k=a+7$, $6k=a+7$……③となり，②より，$-4k+3k=a$, $-k=a$, $k=-a$……④となる。④を③に代入して，$6\times(-a)=a+7$, $-7a=7$より，$a=-1$となる。

(7)＜確率—サイコロ＞2個のサイコロを同時に投げるとき，目の出方は全部で$6\times6=36$(通り)ある。このうち，2個とも奇数の目が出るのは，ともに1，3，5のいずれかの目が出るときで，それぞれ目の出方は3通りだから，$3\times3=9$(通り)ある。よって，求める確率は $\frac{9}{36}=\frac{1}{4}$ である。

(8)＜図形—角度＞右図のように，円錐の側面を展開したおうぎ形をOAB，底面の円の中心をPとする。$\overset{\frown}{AB}$は円Pの周の長さに等しいから，$\overset{\frown}{AB}=8\pi$である。また，半径が10cmの円の周の長さは$2\pi\times10=20\pi$である。よって，おうぎ形OABは半径10cmの円の$\frac{8\pi}{20\pi}=\frac{2}{5}$だから，$\angle AOB=360°\times\frac{2}{5}=144°$となる。

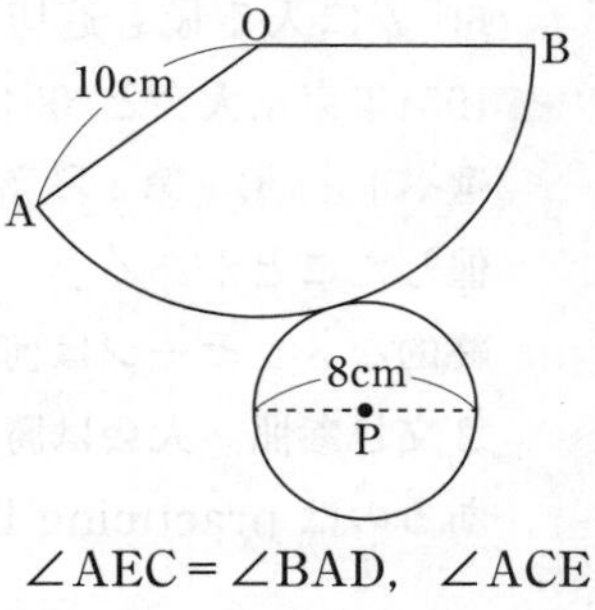

2〔平面図形—三角形〕

(1)＜長さ＞次ページの図で，AD∥ECより，同位角，錯角は等しいから，∠AEC＝∠BAD，∠ACE＝∠CADとなり，∠BAD＝∠CADだから，∠AEC＝∠ACEである。よって，AE＝AC＝3となる。

(2)＜長さ＞次ページの図で，AD∥ECだから，(1)より，BD：DC＝BA：AE＝7：3となる。よって，$BD=\frac{7}{7+3}BC=\frac{7}{10}\times5=\frac{7}{2}$ である。

⑶＜長さの比＞右図で，⑵より，BD：DC＝BA：AE であり，⑴より，∠BAD＝∠CAD のとき，BA：AC＝BA：AE だから，BD：DC＝BA：AC が成り立つ。同様にして，∠ABI＝∠DBI だから，AI：ID＝AB：BD が成り立つ。AB：BD＝7：$\frac{7}{2}$＝2：1 だから，AI：ID＝2：1となる。

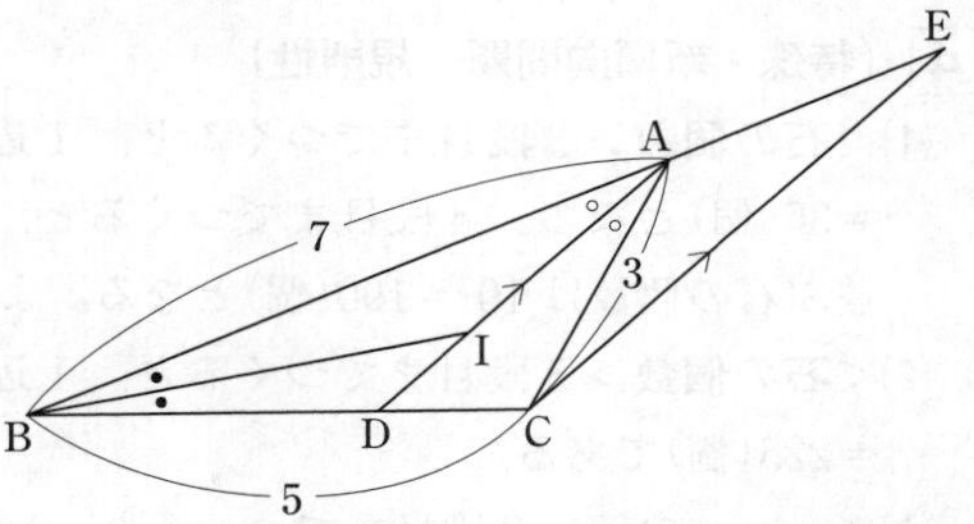

⑷＜角度＞右上図で，∠BAI＝∠CAD＝a，∠ABI＝∠DBI＝b とする。∠BIA＝150°のとき，△ABI で内角の和は180°だから，∠BAI＋∠ABI＋∠BIA＝180°より，$a+b+150°=180°$，$a+b=30°$ である。よって，∠BAC＋∠ABC＝2∠BAI＋2∠ABI＝$2a+2b=2(a+b)=2\times30°=60°$ だから，△ABC で，∠BCA＝180°－(∠BAC＋∠ABC)＝180°－60°＝120°となる。

3 〔関数―関数 $y=ax^2$ と直線〕

≪基本方針の決定≫⑶　AB＝AD である。　⑷　△BOE∽△BAD である。

⑴＜座標＞点Aが出発点にあるとき，A(2，0)だから，点Dの x 座標は2である。点Dは放物線 $y=\frac{1}{4}x^2$ 上の点だから，$y=\frac{1}{4}\times2^2=1$ より，D(2，1)である。

⑵＜直線の式＞右図で，点Aの x 座標は1秒ごとに2増加するから，1秒後の点Aの x 座標は $2+1\times2=4$ となり，A(4，0)である。よって，点Dの x 座標は4だから，$y=\frac{1}{4}\times4^2=4$ より，D(4，4)となる。また，点Bは点(－5，0)を出発点として，1秒ごとに x 座標が1減少するから，1秒後の点Bの x 座標は $-5-1\times1=-6$ となり，B(－6，0)となる。このとき，直線BDの傾きは $\frac{4-0}{4-(-6)}=\frac{2}{5}$ だから，その式は $y=\frac{2}{5}x+k$ とおけ，点Bを通るから，$0=\frac{2}{5}\times(-6)+k$，$k=\frac{12}{5}$ となる。したがって，直線BDの式は $y=\frac{2}{5}x+\frac{12}{5}$ である。

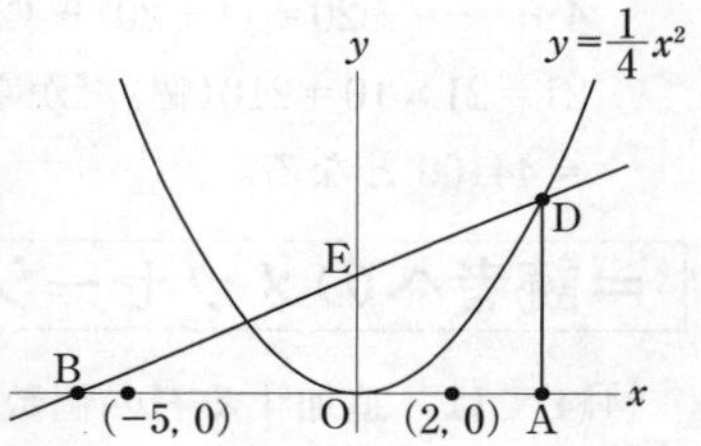

⑶＜時間＞右上図で，2点A，Bが出発して t 秒後に，∠EBA＝45°になるとする。このとき，△ABDは直角二等辺三角形だから，AB＝AD である。点Aの x 座標は $2t$ 増加し，点Bの x 座標は t 減少するから，t 秒後の2点A，Bの x 座標は，それぞれ，$2+2t$，$-5-t$ となり，A($2+2t$，0)，B($-5-t$，0)となる。よって，AB＝$(2+2t)-(-5-t)=3t+7$ と表せる。また，点Dの y 座標は $y=\frac{1}{4}\times(2+2t)^2=t^2+2t+1$ となるから，AD＝t^2+2t+1 である。したがって，$3t+7=t^2+2t+1$ が成り立つ。これを解くと，$t^2-t-6=0$，$(t+2)(t-3)=0$　$\therefore t=-2$，3　$t>0$ だから，$t=3$ であり，出発してから3秒後である。

⑷＜長さ―相似＞右上図で，OE∥AD より，△BOE∽△BAD だから，面積比が4：25のとき，相似比は $\sqrt{4}:\sqrt{25}=2:5$ である。2点A，Bが出発して t 秒後に面積比が4：25になるとすると，⑶と同様に考えて，B($-5-t$，0)より，OB＝$0-(-5-t)=t+5$ であり，AB＝$3t+7$ と表される。OB：AB＝2：5だから，$(t+5):(3t+7)=2:5$ が成り立ち，$5(t+5)=2(3t+7)$ より，$t=11$ となる。⑶より，AD＝$t^2+2t+1=11^2+2\times11+1=144$ となり，OE：AD＝2：5だから，OE＝$\frac{2}{5}$AD＝$\frac{2}{5}\times144=\frac{288}{5}$ である。

4 〔特殊・新傾向問題─規則性〕

(1)**＜石の個数＞** 3段目までつくると，1辺には $1+2+3=6$(個)の石が並ぶから，並ぶ石の個数は $6^2=36$(個)となる。4段目までつくると，1辺に並ぶ石の個数は4個増えて $6+4=10$(個)となり，並ぶ石の個数は $10^2=100$(個)となる。よって，追加する石の個数は，$100-36=64$(個)である。

(2)**＜石の個数＞** 5段目までつくると，1辺には $10+5=15$(個)の石が並ぶから，並ぶ石の個数は $15^2=225$(個)である。

(3)**＜m，nの値＞** 8段目までつくると，$1+2+3+\cdots\cdots+8=36$ より，並ぶ石の個数は $36^2=1296$(個)，9段目までつくると，$36+9=45$ より，並ぶ石の個数は $45^2=2025$(個)だから，$2025-2020=5$ より，2020個の石にさらに5個の石を追加するとちょうど9段目までつくることができる。よって，$m=5$，$n=9$ である。

(4)**＜式の値＞** k 段目から $k+1$ 段目をつくるのに追加する石の個数は $(k+1)^3$ 個だから，1段目から2段目をつくるのに追加する石の個数は 2^3 個，2段目から3段目をつくるのに追加する石の個数は 3^3 個，……となり，19段目から20段目をつくるのに追加する石の個数は 20^3 個となる。$1^3=1$ で，1段目までつくったときの並ぶ石の個数は1個だから，$1^3+2^3+3^3+4^3+\cdots\cdots+20^3$ は，20段目までつくったときの並ぶ石の個数を表す。20段目までつくったとき，1辺に並ぶ石の個数は $1+2+3+4+\cdots\cdots+20=(1+20)+(2+19)+(3+18)+(4+17)+\cdots\cdots+(10+11)=21+21+21+21+\cdots\cdots+21=21\times10=210$(個)だから，並ぶ石の個数は $210^2=44100$(個)となり，$1^3+2^3+3^3+4^3+\cdots\cdots+20^3=44100$ となる。

＝読者へのメッセージ＝

4(4)では，追加する石の個数と並ぶ石の個数の関係を利用しました。追加する石の個数と並ぶ石の個数の関係は，$1^3+2^3+3^3+\cdots\cdots+(k-1)^3+k^3=\{1+2+3+\cdots\cdots+(k-1)+k\}^2$ のように表すことができます。この等式が成り立つことは高校で学習します。

国語解答

一　問一　1　問二　2　問三　1
問四　3　問五　3　問六　1
問七　3　問八　3　問九　2
問十　3

二　問一　4　問二　1　問三　2
問四　4　問五　1　問六　4
問七　2　問八　3　問九　2
問十　1　問十一　1
問十二　1，3

三　問一　2
問二　②…2　④…2　⑦…4
問三　4　問四　2　問五　1
問六　1　問七　3　問八　3
問九　2

四　問一　A…3　B…2　問二　4
問三　A…2　B…1　問四　3
問五　2　問六　3　問七　2
問八　3

一〔小説の読解〕出典；重松清『ぼくは知っている』(『きみの町で』所収)。

問一＜語句＞「ウンチク(蘊蓄)」とは，深く研究して，蓄えた知識のこと。

問二＜文章内容＞「たったいまも，豊臣秀吉が天下統一した頃の全国各地の『国』と『大名』の名前を北から順にすべて諳んじて，昼休みの教室を『おおーっ』とどよめかせたばかり」だった。自分が身につけた知識を披露して，みんなを驚かせることができるので，「ぼく」は，「本を読んで新しいことを知る」のが楽しいのである。

問三＜心情＞「ぼく」は，五年生のときから，ずっとカワムラさんのことが好きだったが，カワムラさんが「ぼく」のことをどう思っているのか，好きな男子が誰なのかといったことは，何もわからなかった。「ぼく」は，「なんでも知っている」のに，カワムラさんの気持ちを知ることはできないのが，「ちょっと悔しい」のである。

問四＜文章内容＞「別のネタ」とは，「教室の後ろで，ヤマダたちがスドウを相手にプロレスごっこを始めた」ことである。同級生たちは，それを見て，おもしろがったり，声をかけたりして，騒いでいたのである。

問五＜文章内容＞「ぼく」は，ヤマダに，「他の友だちと一緒に『ひでーっ』『残酷ーっ』と声をかけること」はあったが，それは，半ばふざけた口調だった。そのため，ヤマダは，「逆にウケてるんだと勘違い」して，授業が始まるチャイムが鳴るまで「プロレスごっこ」をやめないのである。

問六＜文章内容＞ヤマダを怒らせると，「自分がスドウの身代わりになって」しまうかもしれない(2…○)，「ヤマダには子分がたくさんいる」ために，クラスで孤立するかもしれない(4…○)，ヤマダの「中学生の兄貴」が「仕返しにくる」かもしれないのである(3…○)。『風の又三郎』のように，すぐに転校できれば，このような「ヤッカイなこと」を気にする必要はない(1…×)。

問七＜文章内容＞「いじめに知らん顔をする」のは間違ったことなのに，「ぼく」は，それを「生きる知恵のひとつ」だと思おうとしていた。一方で，それが「ひきょうな言い訳」にすぎないことも，「ぼく」は，知っていたのである。

問八＜指示語＞「ぼく」は，物知りなので，「心臓が動かなくなるのが死ぬことなんだというのはわかって」いたし，その際に，心拍数や脳波や血圧がどうなるかということも知っていた。しかし，「おじいちゃんを見つめている」うちに，「ぼく」は，どういう状態になれば人は死ぬのかといった知識を「ぜんぶ忘れてしまった」のである。

問九＜表現＞「ほんとうはそんなことしなくても忘れないよ」という「ぼく」の心情を述べた後に，「絶対に」という言葉がつけ加えられている。普通とは語順を逆にする倒置法を用いることによって，おじいちゃんのことを忘れないという「ぼく」の決意が，強調されている。

問十＜文章内容＞「ぼく」は，おばあちゃんや親戚から，おじいちゃんの思い出話をたくさん聞いて，自分がおじいちゃんの人生のごく一部しか知らなかったことに気づいた。それによって，人間には，さまざまな側面があり，誰もその全てを知ることはできないとわかったのである。そのことに気づいた「ぼく」は，いじめられている「スドウの悲しさと悔しさ」が，表に出ている以上に深いということを理解したために，いじめを止めようと決意することができたのである。

二〔論説文の読解─政治・経済学的分野─政治〕出典；萱野稔人『暴力はいけないことだと誰もがいうけれど』。

≪**本文の概要**≫刀狩令では，あらゆる武器の所持が禁止されていたが，鉄砲や鑓の没収は行われず，もっぱら刀の没収だけが熱心に行われた。それは，刀が，いわば〈暴力への権利〉の象徴だったからである。刀狩りは，百姓や大名たちが保持していた〈暴力への権利〉を制限し，統治権力のもとにそれを統合するという政策の一環としてなされたのである。近代国家の形成の前兆を，ここに読み取ることができるだろう。ただし，この政策は，決して十分なものではなく，自衛のために最小限の武装をする権利は，民衆にも残されたし，武士たちは，引き続き帯刀することが認められた。つまり，刀狩りにおいては，「帯刀してもよい身分」と「帯刀してはいけない身分」とを区別することで，社会における〈暴力への権利〉が制限されたにすぎなかったのである。とはいえ，それを逆にいうと，近世の身分制は，社会における〈暴力への権利〉を帯刀の有無によって規制しようとした結果として生まれたということである。近世の身分制は，近代的な〈暴力への権利〉の独占を準備する前提的な制度だったのである。

問一＜文章内容＞「一般に刀狩りは，百姓(つまり一般の民衆)を幕府に抵抗できない無力な存在にするためになされたものだ」と考えられているが，「どうもそうではなかった」らしい。その根拠として，「刀狩りの実際の現場では，鉄砲や鑓といった重要な武器の没収にはほとんど関心がよせられず，もっぱら刀の没収だけが」熱心に行われていたことが挙げられている。

問二＜文章内容＞秀吉は，「統治権力」だけが暴力を行使することができるようにするために，「百姓たちがみずからの判断で暴力をもちいることを禁止」したのである。

問三＜文章内容＞秀吉は，「村同士が紛争解決のためにみずから武力をもちいること」や，「大名たちが領土の境界をめぐる紛争をみずから武力によって解決すること」を禁じ，統治権力が紛争を直接裁定する状態を確立しようとした。このように，秀吉は，刀狩り以外にも，「〈暴力への権利〉を制限し，統治権力のもとへとそれを統合するという政策」を推し進めていたのである。

問四＜文章内容＞「刀を携帯するということは，すなわち『何か犯罪や紛争があったらみずから暴力をもちいてそれに対処するぞ』ということをまわりに示すという意味をもって」いたのである。つまり，刀を持つ者は，暴力を振るう権利を持ち，それを誇示していたのであり，そういう意味で，刀は，「〈暴力への権利〉の象徴」だったのである。

問五＜文章内容＞秀吉は，百姓たちが武器を日常的に携帯して，自分たちには暴力を行使する権利があるという態度を周りに示すのを禁止したかったのであって，百姓たちから武器そのものを奪おうとしたわけではない。だからこそ，日常的に携帯できる刀の没収が，熱心に行われたのである。

問六＜文章内容＞「刀狩りが目指していた方向」は，「百姓がみずから武装することで保持していた，自力で紛争解決する権利やものごとを決定する権利を，天下統一を果たした統治権力のもとへ吸収することだった」のである。百姓たちに〈暴力への権利〉を捨てさせて(…A)，「それを新しい統治権力」へと譲り渡させることが(…B)，刀狩りの「課題」だったのである。

問七＜語句＞「萌芽《ほうが》」は，芽を出すこと。転じて，物事が始まること。その兆し。

問八＜文章内容＞「百姓たちは刀狩りのあとも脇差を差すことは認められて」おり，「非常の場合は帯刀することも認められて」いた。さらに，大名たちが「私戦」を禁じられていたとはいえ，「武士たちはひきつづき帯刀することが認められ」ていた。このように，「刀狩りが実現しようとしたことは，せいぜい武士の身分と百姓の身分を帯刀権の有無によって区別して，百姓たちの〈暴力への権利〉を違法化するというところまで」だったので，「〈暴力への権利〉の独占という観点からみるとけっして十分なものではなかった」のである。

問九＜文章内容＞〈暴力への権利〉を統治権力のもとに「完全に一元化」するとは，統治権力が「暴力を合法的にもちいることができる唯一の存在」になり，それ以外の暴力を全て非合法化するということである。

問十＜指示語＞〈暴力への権利〉の規制を目指したという点で，「近世の身分制は近代国家の前提となるものだった」という説は，「ひじょうに重要な論点」なのである。

問十一＜文章内容＞私たちは，生まれによって，職業や人生が決定されてしまう，非合理的な身分制度が，近世には残っていたととらえるのである。一方「近代」とは，自分の才能によって，職業を選び，人生を切り開いていくことができる，自由で合理的な考え方が一般的になった時代ととらえられている。

問十二＜要旨＞刀狩りは，百姓を「幕府に抵抗できない無力な存在にするためになされた」わけではなく，その目的は，「百姓たちのもとに保持されていた〈暴力への権利〉を制限することにあったのであり，けっして百姓たちから武器そのものを奪うことにはなかった」のである(3…○)。「私たちはふつう近世の身分制を近代に対立するものとして考えて」いるが，近世の身分制は，「近代的な〈暴力への権利〉の独占を準備する前提的な制度だった」のである(1…○)。

三〔古文の読解―説話〕出典；『宇治拾遺物語』巻第六ノ四。

≪現代語訳≫今となっては昔のこと，ある人のところにお仕えしている若くて官位が低い侍がいた。することもなかったので，清水寺へ，人のまねをして，千度詣でを二回した。／その後，間もない頃に，主人のところにいた同じような侍と双六を打ったが，ひどく負けて，(その代価として)渡せる物もなかったので，(勝った侍が)とても非難したので，困って，「私は，持っている物もない。今蓄えているものとしては，清水寺に二千度お参りしたことくらいだ。それを渡そう」と言ったので，そばで聞いていた人は，(負けた侍が)だまそうとしているなと察し馬鹿だと思って笑ったが，この勝った侍は，「とてもいいことだ。渡すなら，受け取ろう」と言って，「いや，このようには受け取るまい。三日たって，この事情を申し上げて，お前が渡すという内容の文書を，書いて渡してくれるならば，受け取ろう」と言ったので，(負けた侍は)「それはいいことだ」と約束をして，(勝った侍は)この日から精進して三日たった日に，「それでは，さあ清水寺へ」と言ったので，この負けた侍は，「(よくもまあ)こんな馬鹿者に出会えたものだ」とおかしく思って，喜んで(清水寺へ)連れ立ってお参りした。(勝った侍の)言うとおりに文書を書いて，(仏の)御前で導師の僧を呼んで，事の次第を申し上げて，「二千度お参りしたことを，誰それに双六で渡した」と書いて渡したところ，(勝った侍は)受け取りながら喜んで，伏し拝んで退出したのだった。／その後，それほどもたたずに，この負けた侍は，思いがけないことで捕らえられて，牢屋に入れられた。(二千度参りを)取った侍は，思いがけないつてのある妻をめとって，運もとてもよくなり，官位も得て，楽しく暮らした。「目に見えないものではあるが，真心をもって受け取ったので，仏が，感心だとお思いになったのだろう」と人は言ったのだった。

問一＜古語＞「双六」は，「すごろく」と読む。ここでの「双六」は，盤上に白黒十五個ずつのコマを並べて，二個のサイコロの目によってコマを進め，早く敵陣に入った者を勝ちとする盤双六のことである。「振り出し」から始まって，「上がり」で終わる紙双六は，江戸時代にできたものである。

問二＜古文の内容理解＞②双六で勝った侍が，負けたのに何も支払わない侍をひどく責めたので，負けた侍は，私は，持っている物もない，と言った。　④負けた侍が，二千度参りしたことを渡すという内容の文書を書いて渡せば，受け取ろう，と勝った侍は言った。　⑦負けた侍は，二千度参りしたことを勝った侍に引き渡すと書いて，その文書を勝った侍に渡した。

問三＜古文の内容理解＞双六で負けた侍は，代価として，清水寺に二千度お参りしたことを渡そうと提案した。そばでそれを聞いていた人は，負けた侍が，勝った侍をだまそうとしているのだなと察したが，それにしても馬鹿げたやり方だと思って笑ったのである。

問四＜現代語訳＞未然形に接続の「ば」は，もし〜なら，という意味になる。「め」は，意志を表す助動詞「む」の已然形。書いて渡すならば，受け取ろう，という意味。

問五＜古文の内容理解＞勝った侍が，双六の勝ち分として二千度参りを喜んで受け取ろう，と言ったので，負けた侍は，こんなものを受け取るとは何という愚か者だろう，とおかしく思ったのである。

問六＜古文の内容理解＞「たよりある」は，有力者と縁故がある，という意味。勝った侍は，妻をめとったが，その妻は，思ってもみなかった有力者との縁故があったのである。

問七＜古文の内容理解＞負けた侍から二千度参りを受け取る前に，勝った侍は，三日間精進し，さらに，正式な書類を書かせてから，二千度参りを謹んで受け取っている。勝った侍は，仏に対して敬意を払い，真心を尽くして，二千度参りを受け取ったのである。

問八＜古文の内容理解＞勝った侍は，仏を厚く信仰していたので，仏は，それを感心だと思って，加護を与えたのである。

問九＜文学史＞『今昔物語集』は，平安時代末期に成立した説話集で，編者は不明。『古事記』は，奈良時代の史書。『源氏物語』は，平安時代中期の物語で，作者は紫式部。『方丈記』は，鎌倉時代前期の随筆で，作者は鴨長明。

四〔国語の知識〕

問一＜漢字＞A.「親交」は，親しい交際のこと。　B.「還元」は，もとに戻すこと。

問二＜敬語＞「先生」は目上の存在なので，「来る」の尊敬語「いらっしゃる」などを用いる。

問三＜文学史＞A.『枕草子』の作者は，清少納言。『伊勢物語』『平家物語』は，いずれも作者は不明。　B.『坊っちゃん』の作者は，夏目漱石。『羅生門』の作者は，芥川龍之介。『走れメロス』の作者は，太宰治。

問四＜慣用句＞「青菜に塩」は，元気がない様子のたとえ。「手前味噌《みそ》」は，自分で自分を褒めること。「飴と鞭」は，ある場合には優しく，ある場合には厳しく接して，うまく相手を指導または支配すること。

問五＜ことわざ＞「猫に小判」「豚に真珠」は，貴重なものでも，価値がわからないものに与えたのでは意味がないことのたとえ。「馬の耳に念仏」は，どんなに立派な言葉でも，その価値がわからない相手に言って聞かせたのでは無駄なことのたとえ。「泣きっ面に蜂」は，不運が重なることのたとえ。

問六＜品詞＞「答えられる」と「着られる」の「られる」は，可能を表す助動詞である。「案じられる」の「られる」は自発，「助けられる」の「られる」は受け身，「来られる」の「られる」は尊敬を表す助動詞。

問七＜故事成語＞「推敲《すいこう》」は，詩や文章をよりよいものにするために，よく考え，つくり直して，練り上げること。

問八＜文の組み立て＞「私」は，大きな白いかもめがゆっくりと「大空を」「飛ぶのを」見た。

2019年度　東海大学付属相模高等学校

【英　語】（50分）〈満点：100点〉

（注意）試験開始後すぐに，放送によるリスニングテストがあります。

■放送問題の音声は，当社ホームページ（http://www.koenokyoikusha.co.jp）で聴くことができます。（当社による録音です）

1　（リスニング問題）放送の指示に従って，番号で答えなさい。放送は一度だけ流れます。

(1) What's Jane's favorite day of the week ?

① Tuesday　② Wednesday　③ Friday　④ Saturday

(2) How much was the shirt ?

① $12　② $15　③ $20　④ $25

(3) Who has a birthday in summer ?

① Jessy　② Tom　③ Lisa　④ Mark

(4) What is it ?

① Volleyball　② Basketball　③ Tennis　④ Soccer

(5) What is it ?

① A shower　② A fridge

③ A washing machine　④ A dishwasher

2　（リスニング問題）Kentaro と Maya の会話を聞き，番号で答えなさい。放送は二度流れます。

(6) Where did Maya go this year ?

① France　② Germany

③ Spain　④ The U.K.

(7) Who did Maya go with on her trip this year ?

① Kentaro　② Her classmates

③ Her family　④ Her friends

(8) What did Maya give Kentaro ?

① Chocolate　② Cookies

③ Coffee　④ Tea

(9) What does Maya think is the most important thing about traveling ?

① Traveling teaches her how to use her English.

② Traveling teaches her how to think about the world.

③ Traveling teaches her how to eat different foods.

④ Traveling teaches her how to make friends.

(10) What is Kentaro's dream ?

① To become a reporter and travel to other countries.

② To travel with Maya to other countries.

③ To become a doctor and help people in other countries.

④ To become a pilot and fly to other countries.

※**＜リスニング問題放送原稿＞**は英語の問題の終わりに付けてあります。

3　次の会話の流れに沿って，空所に入る最も適切なものを選択肢から選び，番号で答えなさい。
Brown 先生と中学3年生の Kenta が話をしています。

Mr. Brown : Kenta, do you have any hobbies ?

Kenta : Yes. My hobby is playing tennis. I practice at a tennis school.

Mr. Brown : How often do you practice tennis ?

Kenta : Once or twice a week. I don't have time to practice on (11), so I usually practice on Saturdays or Sundays. How about you, Mr. Brown ? What's your hobby ?

Mr. Brown : My hobby is cooking. I like to cook Japanese food.

Kenta : Sounds interesting. What dishes do you like to cook ?

Mr. Brown : I can cook many (12) of Japanese dishes, but I like to cook *nabe* dishes. It's healthy to cook *nabe* because it has a lot of meat and vegetables.

Kenta : I like to eat *nabe*. I like *sukiyaki* very much.

Mr. Brown : Oh, *sukiyaki*. I cook *sukiyaki* every winter.

Kenta : That's great. How did you learn to cook Japanese dishes ?

Mr. Brown : I often watch cooking (13) on TV. Then, I try making it myself. Do you cook, Kenta ?

Kenta : Not really. I can cook only curry and rice. I make it when my mother works and is (14).

Mr. Brown : That's all ? Japanese students should cook by themselves more.

Kenta : You are right, Mr. Brown. I will try.

Mr. Brown : Good, Kenta. Cooking is lots of (15)! See you later.

Kenta : Yes. See you, Mr. Brown.

(11) ① anytime ② Monday ③ weekdays ④ weekends

(12) ① cooks ② food ③ menu ④ kinds

(13) ① books ② pictures ③ programs ④ subjects

(14) ① busy ② fine ③ excited ④ nice

(15) ① cheap ② fun ③ happy ④ terrible

4　次の(16)～(20)までの各組の空所に共通して入る語を，あとの選択肢①～⑨の中から選び，番号で答えなさい。

(16) He spoke ( ) English, so he couldn't talk with foreign tourists.
Look at the ( ) cat. It's so cute.

(17) You can see a tall tower on your ( ). It's the Yokohama Landmark Tower.
I ( ) home at six this morning because I had morning practice.

(18) You can come with us ( ) stay at home.
Hurry up, ( ) you will be late for school.

(19) I usually come to school ( ) train.
I know the coffee shop ( ) my office.

(20) How ( ) did he pay for the T-shirt ?
He is ( ) taller than his sister.

①　by　　②　for　　③　a little　　④　little　　⑤　much
⑥　left　　⑦　or　　⑧　small　　⑨　side

5　空所に入る最も適切な語を選択肢から選び，番号で答えなさい。

(21)　A：　How often do you go to the library ?
　　B：　I go there (　　) a week.
①　one　　②　once　　③　many　　④　lot

(22)　A：　This cake is delicious.　Can I have (　　) piece ?
　　B：　Yes, here you are.
①　other　　②　more　　③　another　　④　most

(23)　A：　Excuse me, where is the cafe ?
　　B：　It is (　　) the bank and the drugstore.
①　between　　②　among　　③　across　　④　next

(24)　A：　I'm so busy today.　Could you (　　) me a hand ?
　　B：　Sure, what do you want me to do ?
①　borrow　　②　help　　③　put　　④　give

(25)　A：　What is your brother's name ?
　　B：　He is Timothy, but we (　　) him Tim.
①　call　　②　name　　③　listen　　④　say

6　次の２つの文が同じ意味になるように，空所に入る最も適切なものを選択肢から選び，番号で答えなさい。

(26)　That restaurant is very famous in this town.
　　＝That restaurant is (　　) to everyone in this town.
①　liked　　②　known　　③　kind　　④　visited

(27)　I saw the movie for the second time.
　　＝I have (　　) the movie twice.
①　looked　　②　taken　　③　seen　　④　gone

(28)　Akiko became sick a week ago and she is still sick.
　　＝Akiko has (　　) sick for a week.
①　been　　②　become　　③　became　　④　had

(29)　My sister can drive a car.
　　＝My sister knows (　　) to drive a car.
①　way　　②　who　　③　how　　④　what

(30)　Jane was happy when she heard the news.
　　＝Jane was happy (　　) hear the news.
①　on　　②　from　　③　of　　④　to

(31)　Her father was so old that he couldn't climb Mt. Fuji.
　　＝Her father was (　　) old to climb Mt. Fuji.
①　too　　②　much　　③　so　　④　many

(32) My mother likes to cook.

=My mother is fond of (　　).

① cook　② to cook　③ cooking　④ cooked

(33) I know the student who is making a speech over there now.

=I know the student (　　) a speech over there.

① will make　② to make　③ making　④ makes

(34) Wow! We have never seen such a tall tree in this forest.

=This is the (　　) tree in this forest.

① shortest　② tallest　③ shorter　④ taller

(35) Taro studied as hard as possible to pass the test.

=Taro studied as hard as (　　　) to pass the test.

① he does　② he did

③ he will　④ he could

7 次の会話の流れに沿って，空所に入る最も適切な文を選択肢から選び，番号で答えなさい。選択肢は一度しか使えません。

Ali and Hanako are talking about spring vacation.

Ali　　: Have you planned for spring vacation yet?

Hanako : No, not yet. (　36　)

Ali　　: I'm going to visit my grandparents.

Hanako : Sounds good. (　37　)

Ali　　: They are in Toronto, Canada.

Hanako : Really? My uncle lives there, too. (　38　)

Ali　　: For about two weeks. Have you visited Toronto before?

Hanako : Yes. (　39　)

Ali　　: Where did you go?

Hanako : Well . . . I went to many good places. I liked the CN Tower. It's the tallest in Canada.

Ali　　: How tall is it?

Hanako : It is about 550m.

Ali　　: Wow! (　40　) Thank you.

Hanako : You're welcome.

① I want to see it.

② How long will you stay there?

③ I have been there three times.

④ Where do they live?

⑤ You have never been there.

⑥ How about you?

8 次のような状況で，あなたなら何と言うでしょうか。①～⑤の語を並べ替えて文を完成させ，(41)～(56)に入る語を選び，番号で答えなさい。文頭に来る語も小文字になっています。

1．You are looking at a picture of Tokyo Skytree.　You ask your classmates when it was built.

You : Does anybody (　　) (　　) (41) (42) (　　)?

① when　② built　③ know　④ Tokyo Skytree　⑤ was

2．You heard that your friend Kenta went to many foreign countries when he was in junior high school.　So you will ask him a question.

You : Kenta, how (　　) countries (　　) (43) (44) (　　)?

① you　② to　③ many　④ been　⑤ have

3．You want to go out to a park now, but you can see a big, dark cloud in the sky.

You : It (　　) (45) (　　) (46) (　　) soon.

① to　② going　③ raining　④ is　⑤ start

4．You are studying math.　You have almost finished, but it is taking a lot of time to do the last difficult question.

You : This question (　　) (　　) (47) (48) (　　) the other questions.

① than　② more　③ is　④ much　⑤ difficult

5．You wrote a letter to a friend in the U.S. yesterday, but it wasn't easy because your dictionary was broken.

You : I (　　) (49) write (　　) (50) (　　).

① without　② had　③ a letter　④ a dictionary　⑤ to

6．Your mother often makes *gyoza*.　You like to eat it very much.

You : I like (　　) (51) (52) (　　) (　　).

① *gyoza*　② mother　③ my　④ made　⑤ by

7．You are listening to a song with your friends.　Everyone likes it.

You : This is (　　) (　　) (53) (54) (　　).

① happy　② the song　③ everybody　④ makes　⑤ which

8．Today you are going to eat dinner with your family.　You are doing your homework now to finish it by dinner.

You : I want (　　) (　　) (55) (56) (　　) dinner.

① to　② eating　③ my homework　④ before　⑤ finish

9 A

ブラジルに関する英文を読み，質問に対する最も適切な答えを選択肢から選び，番号で答えなさい。

Brazilian food is like Brazil itself.　It's a rich mix of many things from many places.　Some dishes are like dishes from Portugal.　That is because many people from Portugal moved to Brazil about 300 years ago.　However, some dishes come from local people and are not like any dishes in Europe.　The flavors are special to Brazil.

Brazilian cooks are lucky.　They can get excellent fish from the ocean.　They can get good meat from the farms.　And they can get all kinds of tropical fruits and vegetables.　These fruits and vegetables give Brazilian dishes their special, delicious taste.

Brazil is a large country.　Each area has its own history, culture, and traditions, and so each area also has its own way of cooking. If you are in Rio de Janeiro, for example, you should try the *feijoada*. It is a very rich mix of different meats with black beans. Brazilians usually eat it on Saturdays and Sundays. It's not a dish to eat in a hurry.

After your meal, you must try a Brazilian coffee, or *cafezinho*. The Brazilians have a special machine for making coffee, and their coffee is special, too. It's not like American coffee or Italian coffee. It's Brazilian, and it's very good.

(57) Brazilian cooks are lucky because ＿＿＿＿＿.
① they are from Portugal
② they can get many delicious foods
③ they have a special machine
④ the food is healthy

(58) The history and traditions are ＿＿＿＿＿.
① different in different parts of Brazil
② similar all over Brazil
③ different from those in Argentina
④ very old

(59) Brazilians usually eat *feijoada* ＿＿＿＿＿.
① at a restaurant
② at the beach
③ during the week
④ on the weekends

(60) Which is the best title for this passage ?
① *Feijoada* and *Cafezinho* : Special Brazilian Foods
② The History of Brazilian Foods
③ Brazilian Foods : A Special Mix of Flavors and Cultures
④ Brazilian and Portuguese Dishes

B

動物に関する記事を読み，質問に対する最も適切な答えを選択肢から選び，番号で答えなさい。(61)(62)は，表を完成させなさい。

Dolphins are really smart animals and it's quite interesting to learn some facts about them. Scientists say that there are 45 different kinds of dolphins, and five of them are river dolphins. The smallest dolphin is called Maui's dolphin. It is only 1.2 meters long and 40kg. It is as light as a small human child. The largest dolphin is the killer whale, and it is 9.5 meters long and around 10 tons. Most dolphins are black or gray. Killer whales are black and white. The most well-known dolphin is the bottlenose dolphin. It's easy to see a bottlenose dolphin, and they are usually gray in color. Bottlenose dolphins live up to 40 years, while killer whales can live up to 80 years. Dolphins are mammals, this means that baby dolphins drink milk from their mothers. When they are older, dolphins eat fish and squid. They sleep for about eight hours a day. However, to stay safe dolphins do not let 100% of their brain sleep. They keep 50% of their brain active when they sleep. Also, they can swim up to 260 meters under the sea. Dolphins can stay up to 15 minutes under water, but they cannot breathe in the water.

Name	Maui's Dolphin	Killer Whale	Bottlenose Dolphin
(61)	1.2m / 40kg	9.5m / around 10t	2 ～ 4 m / around 500kg
Color	light gray with lines	(62)	gray
Lifespan	20 years	80 years	40 years

(61) ① Length ② Weight
③ Size ④ Time

(62) ① gray ② black or gray
③ black or white ④ black and white

(63) Which is true ?
① Dolphins live in rivers and oceans.
② Maui's dolphin is the most popular dolphin because it is small.
③ Killer whales can't live longer than other kinds of dolphins.
④ Dolphins can breathe under water and stay there for 15 minutes.

(64) What do dolphins do to stay safe ?
① They eat lots of fish and squid.
② They rest only 50% of their brain while sleeping.
③ They swim 260 meters under the sea.
④ Their mothers give them milk.

＜リスニング問題放送原稿＞

1

(1) Hi, I'm Jane. Can you guess my favorite day of the week ? It's the day after Thursday and two days before Sunday.
What's Jane's favorite day of the week ?
① Tuesday ② Wednesday ③ Friday ④ Saturday

(2) John went shopping. He bought a bag for $25, a shirt for $15, and a cap for $20.
How much was the shirt ?
① $12 ② $15 ③ $20 ④ $25

(3) Jessy, Tom, Lisa, and Mark are all 15 years old. Jessy's birthday is in October, Tom's birthday is in January, Lisa's birthday is in August, and Mark has a birthday in March.
Who has a birthday in summer ?
① Jessy ② Tom ③ Lisa ④ Mark

(4) This is a sport. There are many players on a team. They try to hit the ball over the net with their hands. They don't use a racket.
What is it ?
① Volleyball ② Basketball ③ Tennis ④ Soccer

(5) This is something you can find in a kitchen. It has a door and is something that cleans your dishes and cups after you eat.
What is it ?
① A shower ② A fridge
③ A washing machine ④ A dishwasher

2 (A=Kentaro B=Maya)

A : Hi, Maya, how are you ?

B : Hey, Kentaro ! I'm great. I just got back from a trip.

A : Sounds fun. Do you like traveling ?

B : Yeah, I love it. Last year I went to France and Spain with my classmates. It was really fun because I made a lot of new friends.

A : How cool. Where did you go this year ?

B : I wanted to go to Germany, but my family didn't want to go there. Instead, we went to the U.K. Here, I brought you a present.

A : Wow ! Thanks. What is this ? Is it chocolate ? Wait, is it coffee ?

B : Well, it is something you drink, but it's not coffee. It's tea. In England, people often have tea with cookies.

A : Oh, I see. It's so cool that you can travel a lot. I think traveling teaches you how to eat many different foods from around the world.

B : You're right. Also, traveling teaches me how to use my English and how to make friends. But I think the most important thing is that traveling teaches me how to think about the world.

A : You're very lucky. I want to travel to other countries with you someday.

B : Yeah, that'll be fun. It's my dream to become a pilot. Maybe I can fly the plane we take.

A : Great idea ! My mom wants me to become a doctor and help people. I really want to help people, but my dream is to become a reporter. I want to travel the world and tell peoples' stories.

B : That's awesome ! Good luck with your dream.

A : Thanks. You too !

(6) Where did Maya go this year ?

① France ② Germany

③ Spain ④ The U.K.

(7) Who did Maya go with on her trip this year ?

① Kentaro ② Her classmates

③ Her family ④ Her friends

(8) What did Maya give Kentaro ?

① Chocolate ② Cookies

③ Coffee ④ Tea

(9) What does Maya think is the most important thing about traveling ?

① Traveling teaches her how to use her English.

② Traveling teaches her how to think about the world.

③ Traveling teaches her how to eat different foods.

④ Traveling teaches her how to make friends.

(10) What is Kentaro's dream ?

① To become a reporter and travel to other countries.

② To travel with Maya to other countries.

③ To become a doctor and help people in other countries.

④ To become a pilot and fly to other countries.

【数　学】 (50分) 〈満点：100点〉

（注意） 1．分数の形で解答する場合，それ以上約分できない形で答えなさい。

2．根号を含む形で解答する場合，根号の中に現れる自然数が最小となる形で答えなさい。

また，根号を含む分数の形で解答する場合，分母に根号を含まない形で答えなさい。

1 次の各問いに答えなさい。

(1) $-2^2-\left\{1.5^2-\left(\frac{5}{2}-\frac{3}{4}\right)\right\}\div\left(-\frac{1}{2}\right)^3$ を計算せよ。

(2) $2a^2+a-2ab-b$ を因数分解せよ。

(3) $\left(\sqrt{12}-\frac{3}{\sqrt{3}}+\frac{\sqrt{27}}{6}\right)^2$ を計算せよ。

(4) $a+b=-4$，$a-b=2$ のとき，x と y についての連立方程式 $\begin{cases} ax+y=6 \\ bx-y=-2 \end{cases}$ を解け。

(5) 2次方程式 $2x^2-5x+1=0$ を解け。

(6) $18a$ と84の最小公倍数が1260となるような a のうち，最小の a を求めよ。

(7) 大小2つのサイコロを投げるとき，出た目の和が8の約数になる確率を求めよ。

(8) 底面の直径が12cmで，高さが8cmである円すいの表面積を求めよ。ただし，円周率を π とする。

2 次の図において，放物線①は関数 $y=ax^2$ $(a<0)$ のグラフである。点Aは放物線①上の点で，その座標が$(-2,\ -1)$であるとき，あとの各問いに答えよ。

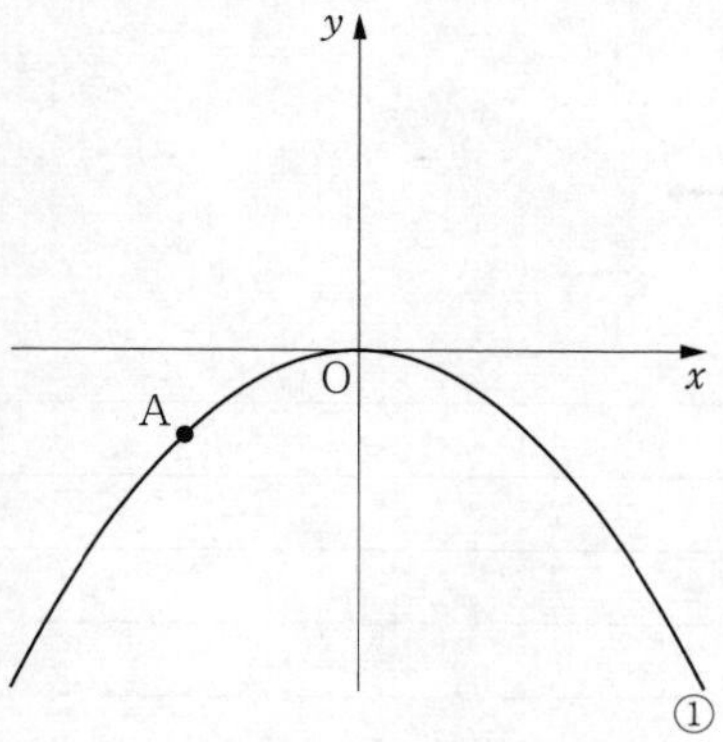

(1) a の値を求めよ。

(2) 点Aを通り，y 切片が3である直線 l の方程式を求めよ。

(3) 直線 l と x 軸との交点をBとし，点Cの座標を$(2,\ 0)$，点Dの座標を$(2,\ -1)$とするとき，四角形ABCDの面積を求めよ。

(4) 放物線①上の x 座標が $\frac{1}{2}$ である点を通り，直線 l と平行な直線を m とする。また，直線 m と直線 $y=-1$ との交点をE，直線 m と x 軸との交点をFとする。四角形EFCDの面積を S，四角形ABFEの面積を T とするとき，$S:T$ を最も簡単な整数比で表せ。

3　図のように，線分 OX に接する３つの円 P，Q，R が，点 L，M で接している。線分 OX と円 P，Q，R との接点をそれぞれ S，T，U とし，点 L，Q，M は線分 PR 上にある。このとき，次の各問いに答えよ。

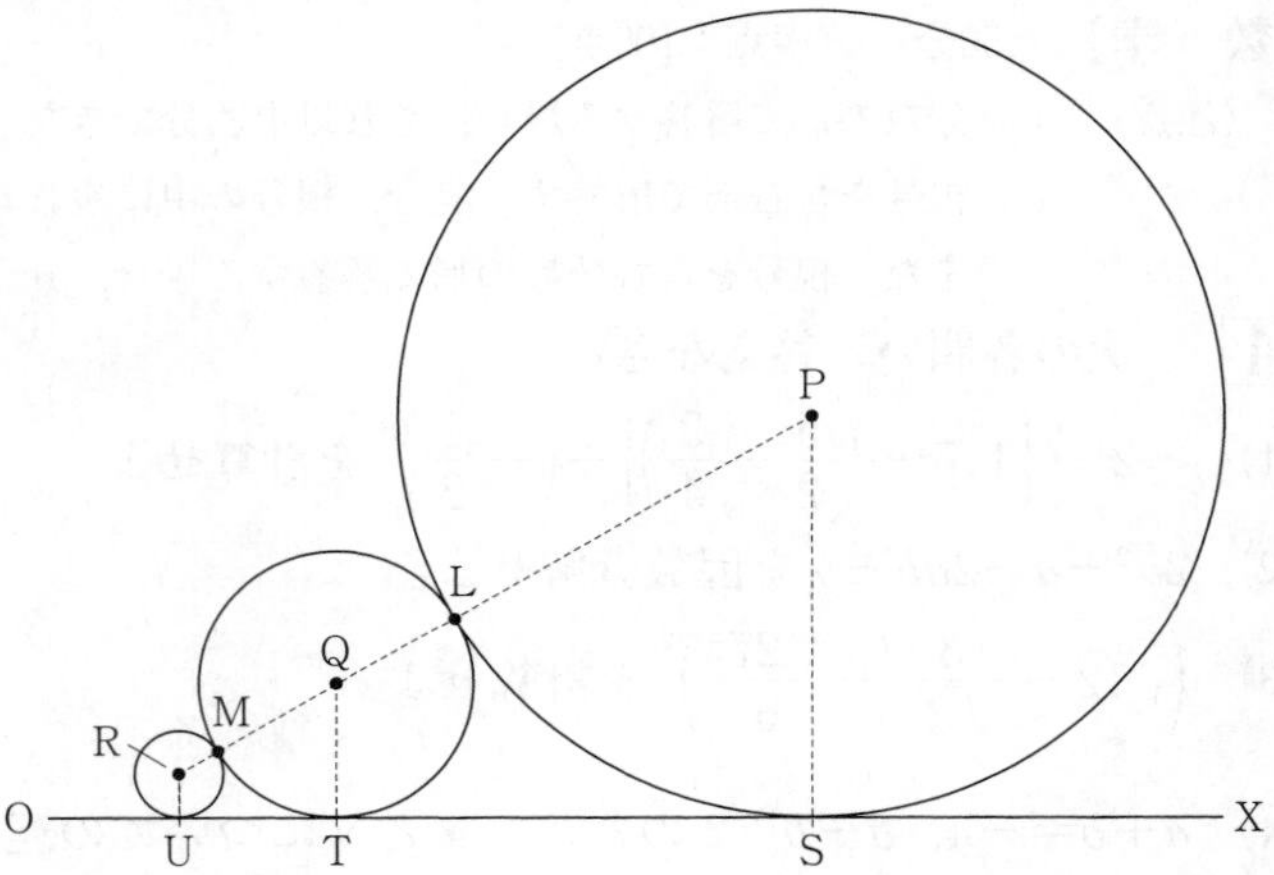

(1)　円 P，Q の半径をそれぞれ 6，2 とし，点 Q から線分 PS へ下ろした垂線と線分 PS との交点を H とするとき，次の①，②，③を求めよ。

①　線分 PQ の長さ

②　線分 QH の長さ

③　△STL の面積

(2)　円 P，R の半径をそれぞれ21，3 とするとき，円 Q の半径を求めよ。

4　正方形のタイルがたくさんある。タイルはすべて同じ大きさで白と黒の２種類がある。図１のような規則に従って白と黒のタイルを交互に並べて，それらの枚数を表１にまとめていく。このとき，あとの各問いに答えよ。

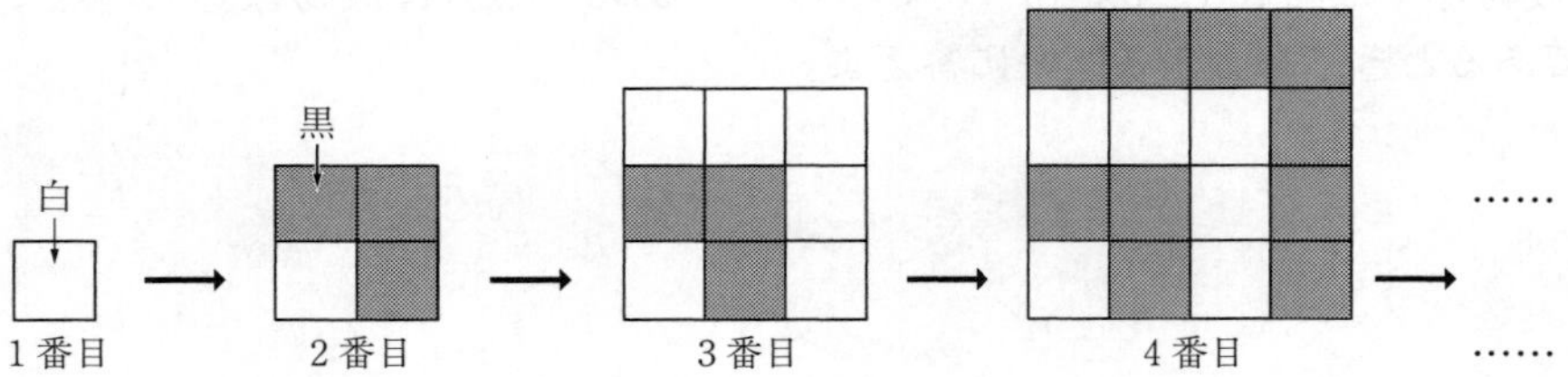

図１

	1番目	2番目	3番目	4番目	5番目	
白の枚数	1	1	6			
黒の枚数	0	3	3			
合計枚数	1	4	9			

表１

(1)　４番目と５番目について，表をうめよ。

(2)　５番目から６番目を作るとき，何色のタイルを何枚並べればよいか。

(3)　７番目に並ぶ白と黒のタイルのうち，どちらの色のタイルが何枚多いか。

(4)　29番目に並ぶ白と黒のタイルはそれぞれ何枚か。

問五　次のことわざの中から、意味が異なるものを一つ選び、番号をマークしなさい。　解答番号44

1　猿も木から落ちる　　2　河童の川流れ
3　ミイラ取りがミイラになる　　4　弘法も筆の誤り

問六　次の会話文の空欄に当てはまる四字熟語として適切なものを後の選択肢から一つ選び、番号をマークしなさい。　解答番号45

Aさん「四月からいよいよ高校生になります。入学式の新入生代表に選ばれ、部活動ではレギュラーメンバーになれそうです。これからも勉強と部活動を頑張ります。」
Bさん「それはすごい。君の未来はまさに（　　）だね。」

1　温故知新　　2　不言実行
3　一石二鳥　　4　前途洋々

問七　次の文を単語で区切った場合、いくつに分けられるか。後の選択肢から一つ選び、番号をマークしなさい。　解答番号46

休 み の 日 は 本 を 読 ん で 過 ご し ま す。

1　八　　2　九　　3　十　　4　十一

問八　「増加」と同じ構成の熟語として適切なものを次の中から一つ選び、番号をマークしなさい。　解答番号47

1　善悪　　2　親友　　3　不穏　　4　巨大

問九　旧暦十月の異名として適切なものを次の中から一つ選び、番号をマークしなさい。　解答番号48

1　長月　　2　師走　　3　神無月　　4　水無月

1 大きく見えれば　2 大きく見えると
3 大きく見えたら　4 大きく見えたので

問三 傍線部③「心得て」とはどういうことか。その説明として適切なものを次の中から一つ選び、番号をマークしなさい。 解答番号32

1 事態を理解したということ。
2 心をつかんだということ。
3 経験があるということ。
4 快く引き受けるということ。

問四 傍線部④「これ」が指すものとして適切なものを次の中から一つ選び、番号をマークしなさい。 解答番号33

1 近くの水　2 犬自身
3 くわえている肉　4 重欲心の輩

問五 傍線部⑤「取らんとす」の現代語訳として適切なものを次の中から一つ選び、番号をマークしなさい。 解答番号34

1 取ろうとする　2 取らせようとする
3 取らないようにする　4 取るまいとする

問六 [A] に入る語として適切なものを次の中から一つ選び、番号をマークしなさい。 解答番号35

1 一つ　2 二つ　3 三つ　4 四つ

問七 傍線部⑥「かう」を現代仮名遣いに直したものとして適切なものを次の中から一つ選び、番号をマークしなさい。 解答番号36

1 きょう　2 けう　3 こう　4 きう

問八 この本文の主題として適切なものを次の中から一つ選び、番号をマークしなさい。 解答番号37

1 一度失敗すると、同じ失敗は繰り返さないものだ。
2 欲ばりすぎると、かえって思わぬ損をするものだ。
3 他人が持っているものは、何でも良く見えるものだ。
4 二つの欲望は、同時にはかなえられないものだ。

四 次のそれぞれの設問に答えなさい。（解答はすべて解答用紙にマークしなさい）

問一 次の傍線部のカタカナを漢字に改める場合、適切なものを後の選択肢から一つ選び、番号をマークしなさい。

A 比較タイショウする。 解答番号38

1 対称　2 対象　3 対照　4 対症

B 三年間のホショウをつける。 解答番号39

1 保証　2 保障　3 補償　4 補障

問二 次の各文の中から、敬語の使い方として適切なものを一つ選び、番号をマークしなさい。 解答番号40

1 建物の中をご案内いたしますので、受付までお越しください。
2 担当が来ますので、こちらの資料を拝見してお待ちください。
3 料理をたくさん作ったので、遠慮せずにいただいてください。
4 私がお借りになった本を読み終わったので、返却いたします。

問三 作品名と作者名との組み合わせとして適切なものをそれぞれ一つ選び、番号をマークしなさい。

A 解答番号41

1 『人間失格』 芥川龍之介
2 『吾輩は猫である』 森鷗外
3 『伊豆の踊子』 川端康成
4 『山椒魚《さんしょううお》』 夏目漱石

B 解答番号42

1 『源氏物語』 清少納言
2 『方丈記』 鴨長明
3 『土佐日記』 紫式部
4 『おくのほそ道』 小林一茶

問四 次の慣用句の空欄に当てはまる語として適切なものを後の選択肢から一つ選び、番号をマークしなさい。 解答番号43

人を（　）で使う

1 あご　2 目　3 口　4 鼻

論しないではいられなかっただろうということ。

3　もしメイが家族の苦境を救うためにどれほど自分を犠牲にしているかを知ったら、シェール夫人もヒルダもこれ以上冷酷な仕打ちはできなかったはずだということ。

4　もしメイが自分の誇りを傷つけられたことをどれほどつらく思っているかを口にしたら、シェール夫人もヒルダも驚いてしまって少しは反省しただろうということ。

問十六　傍線部⑯「これが最後の打撃だった」とあるが、それはなぜか。適切なものを次の中から一つ選び、番号をマークしなさい。　解答番号28

1　自分の謝罪によって家族の追放がほんとうに取り消されることになるのかどうか心配で、大きな不安にさいなまれていたのに、従僕から掛けられた言葉は、面白半分の野次馬的な興味からのものにすぎなかったから。

2　自分が信念を曲げてあえてしたことが何の効果も生まなかったことに打ちひしがれていたところへ、従僕から興味本位で事の成否を尋ねられ、まるで自分の敗北をはっきり認めろと迫られているように感じたから。

3　シェール夫人らの前に頭を下げるという屈辱的な行為をあえてするつらさに何とか耐えていたのに、周囲からは生意気な娘がその高慢な鼻を折られた小気味よい事件くらいにしか見られていないことを改めて突きつけられたから。

4　シェール夫人たちのような身分の高い人たちには自分たちのような身分の低い者の苦しみなどわからないのだと情けなく思っていたところへ、自分と同じような身分の者からもまったく同情のない言葉を掛けられたから。

問十七　傍線部⑰「大いにほめられていい……自慢しようとは思わなかった」とあるが、それはなぜか。適切なものを次の中から一つ選び、番号をマークしなさい。　解答番号29

1　大変な困難を克服したとは言うものの、その困難の原因はそもそも自分がした軽率な失態にあったことをよくわかっていたから。

2　家族が家を失わなかったことはよかったけれども、彼らは正しい考えを持つための好機を逸したのではないかと疑っていたから。

3　追放の宣告が取り消されたことは家族のためには良かったが、秘書の仕事に戻ってみれば、それはどうでもいいようなことに感じられたから。

4　家族のために良いことをしたとは思うものの、それをするために自分の信念を曲げたことについては、それを恥とする思いがあったから。

三

次の文章を読んで、後の設問に答えなさい。（解答はすべて解答用紙にマークしなさい）

ある犬、肉《ししむら》をくはへて河を渡る。まん中ほどにて①その影水に映りて②大きに見えければ、「わがくはゆる所の肉より大きなる」と③心得て、④これを捨ててかれを⑤取らんとす。かるがゆへに、［A］ながら是を失ふ。

そのごとく、重欲心の輩《ともがら》は、他の財《たから》をうらやみ、事にふれて貪《むさぶ》る程に、たちまち天罰を⑥かうむる。わが持つ所の財をも失ふ事ありけり。

（『伊曾保物語』より）

問一　傍線部①「その影水に映りて」とあるが、ここでの「影」と同じ意味で使われているものを次の中から一つ選び、番号をマークしなさい。　解答番号30

1　彼の人生には影がある　　2　障子に人の影がうつる

3　月影がさえる　　4　影ながら応援する

問二　傍線部②「大きに見えければ」の現代語訳として適切なものを次の中から一つ選び、番号をマークしなさい。　解答番号31

1　周囲のものを見下すようなえらそうな顔
2　もうどうでもいい、面倒くさいという顔
3　恨みを晴らすことができてすっきりした顔
4　おおらかで細かいことにこだわらない顔

問十一　傍線部⑪「悪意のある微笑」とあるが、このときの召し使いたちの心のうちを説明したものとして適切なものを次の中から一つ選び、番号をマークしなさい。　解答番号 23

1　自分たちが受けてきた恩義も忘れてお嬢さまにたてついたことは道徳的に許されないことだと怒りを感じ、憎悪を感じている。
2　これまで仕事もせずに門番小屋に住まわせてもらっていたロケット一家のことを妬ましく思っていたので、いい気味だと感じている。
3　教育を受けたことを鼻にかけてご立派なことを言ってみても、結局はこうして頭を下げることになるのだとばかにしている。
4　召し使いとして仕える中で溜まったうっぷんを晴らすよい機会がきたと考えて、メイをどうやっていたぶってやろうかと考えている。

問十二　傍線部⑫「自分がおかした粗——粗忽の罪のお——おわびがしたいのだといった」とあるが、ここで使われている「——」という記号の効果について述べたものとして適切なものを次の中から一つ選び、番号をマークしなさい。　解答番号 24

1　自分の不始末が招いたこの事態を一刻も早く元に戻さなければと焦るメイが、そのためにかえってなかなか言葉が出てこない状態になっていたことを表現している。
2　女中頭という自分よりも身分が高い人から非難めいた冷たい目で見られることで、メイがいつもの自信をすっかり失ってしまっていたことを表現している。
3　メイは日ごろは人に命令する立場であったために、このように身を低くして丁寧な言葉遣いをすることには慣れていなかったということを表現している。
4　自分のしたことが過ちであったとは思っていないメイが、それを認めるような言葉を口にすることに、心理的な抵抗を感じていることを表現している。

問十三　傍線部⑬「金属的な声」とはどのような声か。適切なものを次の中から一つ選び、番号をマークしなさい。　解答番号 25

1　周囲のものを突き刺すような鋭い声
2　何の感情も込めずに発する冷たい声
3　強い緊張感をともなっている固い声
4　意識的に上品に振る舞う気取った声

問十四　傍線部⑭「二つの衝動」とは何か。適切なものを次の中から一つ選び、番号をマークしなさい。　解答番号 26

1　頭を下げてでも追い出し命令を取り消させたい衝動と、シェール家が権力をかさに着て父母を理不尽に罰することへの怒りの衝動
2　シェール夫人らを言い負かして屈服させたい衝動と、それをやり遂げることのあまりの困難さに逃げ出したくなる衝動
3　自分の家族の陥った困難を何としても救ってやりたいという衝動と、自分のプライドが傷つくことを避けようとする衝動
4　自分のしたことを誤りであったと認めてしまいたい衝動と、自分は少しも間違っていないはずだと言い張りたい衝動

問十五　傍線部⑮「これが爆発したら、……その冷酷な得意顔を失ったはずである」とあるが、これはどのようなことを意味しているか。適切なものを次の中から一つ選び、番号をマークしなさい。　解答番号 27

1　もしメイがシェール家の考え方がいかに間違っているかを滔々《とうとう》と述べ立てたら、シェール夫人もヒルダも反論すらできず、ひどく悔しがることになっただろうということ。
2　もしメイが自分の方が正しいのだと主張したら、シェール夫人もヒルダも黙っていることはできなくなり、むきになって反

2　他人に対して親切にすることがどんな時にでも一番大事なことだとする考え

3　身を低くして謙虚な態度を取ることが人としての最も大切な道徳だとする考え

4　人との争いを嫌い、多少曲がったことでも受け入れて争いを避けるべきだという考え

問四　傍線部④「些細な面倒を振りすてる人のように」とあるが、このときのメイの心情を説明したものとして適切なものを次の中から一つ選び、番号をマークしなさい。　解答番号16

1　シェール嬢の肩をもってメイの非を言い立てる母親に腹を立て、悲しい気持ちになっている。

2　自分が軽い気持ちでしたことで母親を怒らせたことを済まなく感じ、償いたいと思っている。

3　自分のしたことが大問題であるかのように言う母親の態度を、ばかげたことだと感じている。

4　自分の失敗は小さな問題なのだから、それほど気にする必要はないと思いこもうとしている。

問五　傍線部⑤「お前は、あたしたちを家から追い出してくれたんだよ」とあるが、ここで使われている「くれる」と同じ使い方のものを次の中から一つ選び、番号をマークしなさい。　解答番号17

1　残った飯は、その辺の犬どもにくれてやった。

2　先生は、ぼくらをその宴席に招いてくれた。

3　まったく、何ということをしてくれたんだ。

4　こいつは親のかたきだ。どうしてくれようか。

問六　傍線部⑥「気概」の意味として正しいものを次の中から一つ選び、番号をマークしなさい。　解答番号18

1　他人の親切に感謝する気持ち

2　しみじみと胸にしみる思い

3　困難に負けない強い気性

4　こだわらない広い気持ち

問七　傍線部⑦「お前にはどうすることもできないんだよ、メイ」とあるが、このときの父親の考えを説明したものとして適切なものを次の中から一つ選び、番号をマークしなさい。　解答番号19

1　メイの振る舞いによって困った問題が起きてしまったが、その解決はもはやメイの手には負えないだろうと考えている。

2　困った事態が起きてしまったが、それは運命とでも言うべきもので、誰かのせいだというような問題ではないと考えている。

3　メイのきつい性格がもたらした困った事態ではあるが、娘をそのように育ててしまった自分にも責任があると考えている。

4　困ったことになったとは思いながら、しかしそれは必ずしもメイが悪かったからだとは言えないと考えている。

問八　傍線部⑧「シェール嬢との□戦」とあるが、これは引用本文の冒頭の、シェール嬢とメイの言い争いのことを指している。□に当てはまる漢字一字を次の中から一つ選び、番号をマークしなさい。　解答番号20

1　弁　　2　舌　　3　口　　4　宣

問九　傍線部⑨「自分の家族の者たちの卑屈な態度」とは具体的にはどのような態度のことか。適切なものを次の中から一つ選び、番号をマークしなさい。　解答番号21

1　家を追い出されてしまうかもしれない事態にひどいショックを受けて取り乱してしまい、何も考えられなくなっている態度

2　どちらが正しく、どちらが間違っているのかも考えずに、とにかく許しを請うて門番小屋にいさせてもらおうとする態度

3　自分たちがこれまでしてきたことの責任は棚に上げて、何もかもメイの責任であるかのようにメイひとりを責める態度

4　どう対処すればこの事態が好転するかを考えようともせず、この先の不幸がもう決まってしまったかのように考える態度

問十　傍線部⑩「横柄な顔」とはどのような顔のことか。適切なものを次の中から一つ選び、番号をマークしなさい。　解答番号22

なるのではあるまいかという、恐るべき考えがひょいと起こったからである。

「奥方さま――お願いでございます――わたくしの父と母とをお許しいただけませんでございましょうか。あの人たちをよそへお出しにならないでくださいまし。わたくしどもは、みんな心からご恩にきます。もしお広いお気持ちで――」

「もうわかりました」とシェール夫人がハッキリといった。「お前さんは、一ときも早く門番小屋からいなくなる方がいいんだということだけ、いっておきましょう。それから、二度と屋敷の門をくぐらないほうが、お前さんのためだということをね。もうお帰り」

ロケット嬢は引きさがった。そとには従僕が待っていた。彼はニヤリと彼女を見てヒソヒソ声で聞いた。「どうだった?」だが、メイにとっては、⑯これが最後の打撃だった。彼女は相手をすりぬけて駈け出した。廊下で道がわからなくなって、涙を流しながら夢中であちらこちらと走りまわったすえ、一人の女中に案内してもらってやっと広いところへ出た。ところきらわず逃げ出して、彼女はついにもの静かな庭の片隅へはいりこんだ。そこで彼女は木立のなかにかくれ、小鳥と兎だけの見ている前で、心の苦痛のいえるまで泣きつくしたのであった。

彼女は夕方の汽車でロンドンへ帰ったが、自分のやったことを家族の者たちには打ち明けてこなかった。そして、結果が多少不確実なのを、まだ心配していた。一日二日のちに、ベッツィが、追放の宣告が取り消しになり、平和が、蔦《つた》のからんだ門番小屋にふたたび返ってきたという、うれしいたよりを書いてよこした。ロケット嬢は、そのころまでには、ほとんど自尊心を取りもどしていた。そして秘書の仕事にいそがしかったので、やっと一筆、祝いの言葉を走り書きしてやれたにすぎなかった。彼女は、⑰大いにほめられていい仕事をなしとげたような気がしていたのだが、これまでになく、それを自慢しようとは思わなかった。

(『家族だからって、わからないこともある。』くもん出版より)

＊前日、メイが帰って来た直後にも、ヒルダが自転車のベルを鳴らしたのに、一家の誰も気づかずに、ヒルダを怒らせたことがあった。

問一　傍線部①「はね返すように胸をそらせて」とあるが、ここから読み取れるメイの性格はどのようなものか。適切なものを次の中から一つ選び、番号をマークしなさい。　解答番号13

1　一度受けた恥辱《ちじょく》を忘れず、チャンスがあればそれを晴らそうとする誇りを持つ。

2　自分の認めない権威には決して服従せず、堂々とした態度が取れる強さを持つ。

3　周囲の人々よりも自分は優れているという自覚があり、居丈《いたけ》高《だか》な態度を取る。

4　相手がきつい態度で接してくると、思わず反発してしまう気の強さがある。

問二　傍線部②「奇妙な微笑がシェール嬢の真っ赤な唇をゆがませた」とあるが、このときのシェール嬢の気持ちを説明したものとして適切なものを次の中から一つ選び、番号をマークしなさい。　解答番号14

1　そんなことを言ったら大変なことになるとも知らずにいるメイを哀れんでいる。

2　自分の召し使いのようなものだと思っていた相手から言い返されて屈辱を感じている。

3　思いがけない反撃にあって戸惑ってしまい、どうしていいかわからないでいる。

4　メイが自分に挑んできたのだと思い、それなら受けて立とうと闘志を燃やしている。

問三　傍線部③「まア、気がちがったんだよ、この子は!」とあるが、ここに見える母親の考えを説明したものとして適切なものを次の中から一つ選び、番号をマークしなさい。　解答番号15

1　身分の上下は動かせないものであり、それに従って生きることを当然とする考えな冷たい態度で、彼女の早口で、とぎれがちな言葉を聞いた。メイは、奥方にお目にかからせてはいただけないであろうかとたのんだ。⑫自分がおかした粗――粗忽《そこつ》の罪のお――おわびがしたいのだといった。あれは家の者たちのまるで知らないことだ。いや、むしろ遺憾に思っていることなのだ。それなのに彼らは重く罰せられようとしているのだと申しのべた。

「お助けくだすったら、奥さま、心から感謝いたします――ほんとうに、わたくし、――」

彼女の言葉はくずれて泣き声に変わりそうであった。その「奥さま」という言葉は実にやっとの思いで彼女の口から出たのだ。その言葉の響きで両の耳をぐわんとなぐられたような気がした。

「女中部屋へ行って待っていらっしゃい」女中頭は考えていたが、やがてそう仰《おお》せられるのだ。「どういうことになるかうかがってみてあげましょう」

そこでロケット嬢は指図どおりにした。彼女は女中部屋でじろじろ見られながら、そのくせ話はしかけられずに、長い長い間すわっていた。いっそ立ちあがって逃げ出そうかと思ったことも、一度や二度ではなかった。いくたびか彼女のくすぶっている怒りはあやうく燃えあがろうとした。だが彼女は父親の蒼ざめた、苦悩にひしがれた顔を思い出した。そしてすわりつづけていた。

十一時少し過ぎに、従僕が彼女のそばへ来てそっけなくいった。

「奥方のとこへ行くんだよ。ついておいで」メイは心細さと心配にふるえながら、同時にまた、今にも首をもたげそうな自尊心に燃え立ちながらついていった。途中のことは何も知らず、気がついたときには、彼女は広い部屋の中にいた。そこには、あのふたりの婦人がすわっていたが、しばらくの間はふたりして何かの世間話を平然とつづけていた。やがて、年上の婦人が自分の前に立っている女に気がついたらしい様子だった。

「ロケットの姉娘だね」

ああ、シェール夫人の⑬金属的な声！　それがどのくらい、その娘の自尊心を傷つけたかを知ることができたなら、さぞかし夫人は満足したことであったろうに！

「はい、奥方さま――」

「どうしてわたくしに会いたいの」

「わたくし、昨晩の失礼を――奥方さまに――ほんとうに心から――おわび申し上げたいのでございます――」

「ほう、なるほどね！」聞き手が、さげすむように口をはさんだ。「正気にかえって結構でした。だがね、おわびはお嬢さまに申し上げなければ駄目ですよ――娘に聞く気があるかどうかは、知りませんけれどね」

メイはこれを予想していた。今が彼女の試練のもっとも苦しい瞬間であった。顔を真っ赤にして、彼女は若いほうの女に向かった。

「お嬢さま、昨日申し上げましたことをどうぞお許しください――わたくしの不作法を――わたくしの失礼をどうぞお許し願います――」

もう声がいうことを聞かなかった。のどのつまる音がしはじめた。シェール嬢はちょっとの間、苦しむ顔と姿に目をそそいでいたが、やがて母親にいった――

「あんなこと、わたくしにはなんでもございませんのよ。そう申し上げましたじゃございませんの。もうこの人、部屋から出してやったらいかが？」

メイ・ロケットは、いったんこうと思い立ったら、かならずそれをやりとげるべき宿命をになっていた。ところが、宿命だけが（それは今の場合、⑭二つの衝動のうちの一つが、かろうじて他の衝動にうち勝っていることを意味しているのであるが）もう一息というところで、彼女の激情の爆発を抑えていた。⑮これが爆発したら、シェール夫人もヒルダ・シェールも、おそらく愕然《がくぜん》としてその冷酷な得意顔を失ったはずである。沈黙のなかで、メイの血はごうごうと耳もとで音を立てた。彼女はめまいのためによろめいた。

「帰っていいよ」とシェール夫人がいった。

しかし、メイは動けなかった。自分が屈辱を受けたことが無駄にあたしがあの人たちの気をわるくしたというだけのことで、あんたたちを追い出すような卑劣なやつらだったら、向こうのやり方を、こっちでどう思うかってことを、うんといってやって、もう、そんなろくでもない人に使われずにすむのを、ありがたいと思うぐらいの⑥気概があってもいいと思うわ。お父さん、あんたはどう思って？　さア、あたし、ほんとのわけを話してあげるわ」

彼女は母と妹の泣き声と、ときどき飛びだしてくるあきれ声とを聞きながら、その日の午後の出来事を物語った。おりから腰の痛みが出していたロケットは、返事をする前に体をしゃんとのばしかけたが、うめき声といっしょに力なくかがみこんだ。

「⑦お前にはどうすることもできないんだよ、メイ」彼はやっといった。「お前の生まれつきなんだからな。気をもむな。おれがエドウィンさまに会ってみよう。たぶんおれのいうことを聞いてくれるだろうよ。面倒を起こすなア女ときまっているんだ。エドウィンさまに会っていただけるようにしなくちゃ――」

腰の痛みが急にさしこんできたので、彼は突然言葉をきって、うめいたり、泣きごとをいったり、不平をつぶやいたりした。メイは母親からまた攻撃されないうちに居間へ退いて、ひどくみじめな気持ちで一時間をそこで過ごした。言葉もかけず戸をたたく音だけで夕飯を知らされたけれども、彼女はぜんぜん食欲がなかったし、それにまた、家族の団欒《だんらん》に加わりたくないと思った。間もなくドアがあいて、父がのぞきこんだ。

「くよくよするなよ、お前」彼は小さな声でいった。「あしたの朝、おれがエドウィンさまにお目にかかるからな」

メイは返事をしなかった。彼女はなんとなく自分のしたことを後悔はしながら、同時にまた、⑧シェール嬢との□戦を思い出していい気持ちになっていた。そして、⑨自分の家族の者たちの卑屈な態度を、軽蔑したいような気がしていた。ほんとうに追い出されるなどということは、どうしたってなさそうに思われた。シェール夫人とヒルダとはロケット一家をうんとおどしておいて、あとから⑩横柄な顔で許すつもりにちがいないのだ。自分はどっちにしろ、ぐずぐずせずにロンドンへ帰って、このうえ面倒を引き起こさないことにしよう。とにかく彼女が門番小屋へ来たのはまずかった。ここは彼女のような精神、彼女のような学識を備えた人間の来る場所ではない。

翌朝、彼女は荷造りをした。彼女を町へ運んでくれるはずの列車は十時半に出る。朝飯のあとで、彼女は馬車を頼みに村へ出ていった。母は、ほとんど彼女に口をきかなかったし、ベッツィはいつもうらめしそうに涙を流していた。門番小屋へ帰るとき、彼女は、父親が足もとあぶなく並木路をおりてくるのを見かけたので、そばへ歩みよって、嘆願の結果を聞いてみた。ロケットはエドウィン卿に会いはしたけれども、自分の追放の宣告が、確定的なことを聞いてきたにすぎなかった。従男爵はいうのだ。気の毒には思うが、自分には口が出せない。問題はシェール夫人の手中にある。そして夫人は、自分の娘に加えられた侮辱に対しては、どんな申し開きも言い訳も、ぜったいに聞くことをこばんでいる。

「もう駄目だ。おれたちは出てゆかなければならないんだ。だがくよくよするなよ、お前、くよくよするじゃないぞ」そういって、老園丁は、大きな努力をしてきたために、蒼《あお》ざめ、ふるえていた。

そのとき、恐ろしさがメイ・ロケットをとらえた。彼女には、はじめて自分のしたことがわかったのだ。彼女の心は自責の苦しみのためにおののいた。目は助けを求めるかのごとくに、あらぬ方をながめまわした。ちょっとためらっていたと思うと、彼女は、できるだけの速力で、並木路を屋敷の方へのぼりはじめていた。

奉公人の出入り口へ姿を現して、彼女は女中頭に会わせてもらいたいとたのんだ。むろん、彼女の話は召し使いたち全部に知れわたっていたので、五六人の者がすぐに集まってきて、いくらかずつ⑪悪意のある微笑をたたえて、じろじろ顔を見た。ロケット嬢にとってはそれはつらい瞬間であったが、彼女はよく忍んで、やっと目的の会見までこぎつけた。女中頭は見さげるような、非難するようた。ちょうどそこへ、シェール嬢が自転車で帰って来て、「門を開けてちょうだい！」と叫んだが、メイはそ知らぬふりをして、自分はそのままわきの小門から入った。

シェール嬢は自転車をおりてはいってきた。そしてメイ(そのときには門番小屋の戸口にいた)に向かって、おこった声できびしくいった。

「あけておくれといったのが聞こえなかったの」

「まさかわたくしにおっしゃったのだとは、思いませんでした」①はね返すように胸をそらせて、ロケット嬢は答えた。「たれかあなたのお召し使いの人でもお見かけになったのだと存じました」

②奇妙な微笑がシェール嬢の真っ赤な唇をゆがませた。それっきり一言もいわずに、彼女は自転車に乗って楡《にれ》の並木路《みち》を走りのぼっていった。

ところが、ロケットのかみさんがこの衝突を見、やりとりの言葉を聞いてしまったのだ。彼女はあわてた。

「なんだってあんなバカなまねをしたんだい、お前は。いいかい、あたしは自分で駈《か》け出していって、あけようと思ったんだよ。そしたらお前がそこに見えたから、むろん、お前がしてくれると思ったのさ。あたしたちがお嬢さんをおこらせたのは、＊二日のうちにこれで二度目だよ。よくも自分の身分が忘れられたもんだね、あんなことをいったりしたりするなんて！　③まア、気がちがったんだよ、この子は！」

「あたし、ここでは、しっくりやってゆけそうもありませんわ、お母さん」というのがメイの返事だった。「ここは、あたしのいるべき場所じゃなかったのね。あしたの朝、かえることにしますわ。そうしたらもう心配はないでしょう」

ロケット嬢は、④些細《ささい》な面倒を振りすてる人のように、そういった――彼女は一大事が起こりかけていることを知らなかったのである。なん分かたってから、ロケットのかみさんは、娘の無礼をかしこまってわびてこようと思って、屋敷の方へのぼっていった。十五分ほど待たされてから女中頭の前へ通されたが、その申し渡しははなはだ容易ならぬものであった。

「ロケットさん、申し上げにくいのですが、門番小屋をあけていただかなきゃなりませんよ。でも、奥方は二か月猶予してくださるということです。お給金は月払いなんだから、ほんとは一か月だけ待ってあげればいいところなんですけどねえ。いくらかのお手当は出るでしょうと思いますが、それはいずれあとからお話があることでしょう。門番小屋は、十月の末までには、新しくはいる人に差し支えのないようにしておいてくださいよ」

気の毒な女は、あやうく倒れるところだった。言い訳をしようにも、嘆願をしようにも声が出なかった――せきあげてくる涙で息がつまってしまったのだ。彼女は、あとさき見ずに部屋の入り口までたどり着き、それから屋敷の出口へでた。

「ぜんたいどうしたっていうのです」メイは居間へ引っこんでいたのだが、悲しそうにわめき立てるみなの声を聞いて、そこからさけんだ。

彼女は台所へ出てきてその出来事を聞いた。

「これでお前は気がすんだことだろうよ！」涙をこぼしながら、おこって母親はどなった。「⑤お前は、あたしたちを家から追い出してくれたんだよ――不足のない住み家を取りあげてくれたんだよ――うぬぼれた、思いあがったお前の心は、これでさぞ満足なことだろうね。たくらんだってこれまでのものさ。とんだお世話さまだったね！　あたしたちは、お前さんよりは身分が低いのさ、そうだとも。お前さんの足で踏みつけられる泥みたいなものだよ！　これでお前のお父っつぁんは、どこだか知れないとこへ行って、このうえなしのみじめな死にざまをすることだろうし、お前の妹は奉公に出なけりゃなるまいしさ、このあたしは――」

「お聞きなさい、お母さん！」娘はわめいた。目はきらめき、全身の神経はピンと張りつめていた。「シェール一家の人たちが、ただ

店員は箸を添えたのか。適切なものを次の中から一つ選び、番号をマークしなさい。 解答番号8

1 親切な店員さんとして評価されたいと思ったから。
2 箸を添えるのはコンビニとして当然のルールだと思ったから。
3 お客さんがあくまでも遠慮したのだろうと思ったから。
4 箸を添えても不都合ではないと言われたと思ったから。

問七 本文中の空欄 Ⅲ ・ Ⅳ に当てはまる語はそれぞれ何か。次の組み合わせの中から適切なものを一つ選び、番号をマークしなさい。 解答番号9

Ⅲ — Ⅳ
1 さらに —なるほど
2 とにかく—やはり
3 むしろ —もちろん
4 まるで —かなり

問八 傍線部③「はい、ナシで大丈夫です」とそのまま答える表現を何というか。適切なものを次の中から一つ選び、番号をマークしなさい。 解答番号10

1 手の平を返す　2 オウム返し
3 尻馬に乗る　4 鶴の一声

問九 本文中の空欄 Ⅴ に入る言葉は何か。適切なものを次の中から一つ選び、番号をマークしなさい。 解答番号11

1 感謝と拒絶　2 表現と姿勢
3 口調と表情　4 誠意と努力

問十 本文に書かれている内容と合致しているものはどれか。適切なものを次の中から一つ選び、番号をマークしなさい。 解答番号12

1 普段使い慣れている言葉であっても表現に工夫してみる必要が十分にある。
2 「結構です」ときっぱり断られると人は意外と傷つきやすいものである。
3 普段から意思疎通が図られている家族や親族では曖昧な表現でも言いたいことが通じる。
4 「結構だ」の代わりに「大丈夫だ」を使うことは本来の日本語の表現として正しくない。

二

次の文章は十九世紀のイギリスの作家ギッシングの「門番の娘」（吉田甲子太郎訳）の一部です。これを読んで、後の設問に答えなさい。（解答はすべて解答用紙にマークしなさい）

ロケット一家は、長年ヘンリ卿《きょう》のお屋敷の門番小屋に暮らしてきた。屋敷の園丁頭を務めていたロケットは、今では健康が衰えて働くことはできなくなっていたが、ヘンリ卿の跡を継いだエドウィン・シェール卿も、ロケット一家をそのままにおいてくれていた。

ロケット家の長女メイは優れた知性を持っていたため、両親は多少心配しながらも、高等教育を受けることを許した。メイは今では、婦権拡張のために働く女性の秘書となって、ロンドンにいる。進歩的な価値観を身につけたメイは、両親やメイの妹（ベッツィ）にとっては理解しにくい異質な存在となっていた。

二年ぶりに門番小屋に帰って来たメイは、都会で身につけた生活習慣を持ち込んで、さっそく家族をまごつかせる。翌日メイは、近くに住む、身分のある婦人の屋敷を訪ねた。その婦人は「進歩的」なものが好きで、メイの話を喜んで聞いていたが、そこへ、エドウィン卿の娘ヒルダ・シェール嬢が現れる。門番小屋の娘がそんなところにいることが気に入らないシェール嬢は、メイが経済的には豊かではなく、進歩的な若い女性に人気のある自転車を買えないことをあてこすり、メイに恥をかかせる。

メイは怒りにうちふるえて、婦人の屋敷を辞して家に帰っの場面ではそうではなかった。

①この「大丈夫だ」について話したら、大学生から経験談が寄せられた。親戚の家での食事の際、おばさんが「お代わりは？」と尋ねた。学生が「大丈夫です」と答えると、「それでは意味がよくわからない。要るか要らないかはっきり言いなさい」と注意されたという。別の学生は、コンビニで「お箸はおつけしますか」と聞かれ、「大丈夫です」と答えた。それなのに、②箸が添えられていた。

辞退するときの「大丈夫だ」が、いつでもどこでも誰にでも通用するわけではないということだ。おばさんに、「もう要りません」と言いにくいなら、「もう十分いただきました。ごちそうさまでした」と言えばよい。コンビニの箸に関しては、「いいえ、要りません」とはっきり伝えたほうが［Ⅲ］親切だ。

「大丈夫だ」は「妥当だ」の意味でも用いられるが、買い物の際、近ごろ必ずといっていいほど発せられる「ポイントカードはお持ちですか」ではなく「ポイントカードはナシで大丈夫ですか」と聞かれたことがある。「あなたはポイントカードを提示していないが、所有していない、もしくは使用しないと解釈してよろしいか」と問うているわけだ。

私の使用する日本語の表現には、この場面での返答としての「③はい、ナシで大丈夫です」はない。私は店員に、「ポイントカード持ってないんです」と答えた。

では、「お茶でもいかがですか」という親切な申し出を、「結構だ」も「大丈夫だ」も使わずに断ることはできるのか。［Ⅳ］できる。たとえば、「ありがとうございます。でもすぐに失礼いたしますので」のような言い方がある。

そして、表現と同じぐらい、いや、おそらくそれ以上に大切なのが、［　Ⅴ　］だ。せっかくの提案を辞退して申し訳ない、心づかいありがとう、という気持ちを声や顔で表すのである。「大丈夫だ」を皆が使っているからと安易に模倣するのではなく、自分で表現を工夫してみることを提案したい。

（野口恵子『失礼な敬語　誤用例から学ぶ、正しい使い方』光文社新書より）

問一　本文中の空欄［Ⅰ］に入る言葉は何か。適切なものを次の中から一つ選び、番号をマークしなさい。　［解答番号1］

1　曖昧に言葉を濁す　　2　やんわりとたしなめる
3　きちんと謝罪する　　4　きっぱりと拒絶する

問二　本文中の空欄［Ⅱ］に入る言葉は何か。適切なものを次の中から一つ選び、番号をマークしなさい。　［解答番号2］

1　動詞　　2　形容動詞　　3　副詞　　4　形容詞

問三　本文中の1～6の「結構な」「結構です」という表現は(1)「すばらしい」・(2)「妥当だ」・(3)「必要としない」のどれに当たるか。適切なものを1～6の中からそれぞれ二つずつ選び、番号をマークしなさい。（作問の都合上、実際の順番とは変えてあります）［(1)は解答番号3・(2)は解答番号4・(3)は解答番号5］

問四　本文中の店員と客との対応ア～カを正しい流れになるように並べ替えるとどうなるか。適切なものを次の中から一つ選び、番号をマークしなさい。　［解答番号6］

1　カ―エ―オ―イ―ウ―ア
2　エ―ア―イ―オ―ウ―カ
3　エ―カ―ア―ウ―イ―オ
4　カ―イ―ウ―エ―オ―ア

問五　傍線部①「この『大丈夫だ』」はどういう意味で「大丈夫だ」と言っているのか。適切なものを次の中から一つ選び、番号をマークしなさい。　［解答番号7］

1　出されなくても十分足りていますよ。
2　少し破れていますがちゃんと使えますよ。
3　偽札ではありません。ちゃんと本物ですね。
4　お気遣いありがとうございます。当方では千円札はそろっています。

問六　傍線部②「箸が添えられていた」とあるが、なぜコンビニの

二〇一九年度 東海大学付属相模高等学校

【国語】（五〇分）〈満点：一〇〇点〉

一 次の文章を読んで、後の設問に答えなさい。（解答はすべて解答用紙にマークしなさい）

人の好意を断るときや辞退するときに、「大丈夫です」が使われている。「お茶でもいかがですか」に対して、「大丈夫です」と答えるのだ。「今、飲んできたので」とか「すぐ帰りますので」とかいった言葉が続くこともある。

教科書的なやりとりなら、「お茶でもいかがですか」「はい、いただきます。ありがとうございます」「いいえ、結構です」なのだが、このような場面で「結構です」を使う人は減ってきている。「いいえ、要りません」などと違って、「いいえ、結構です」は丁寧に断るときの言い方なのだが、［ Ⅰ ］ときにも使われることから、辞退の表現としての使用が避けられる傾向にある。

［ Ⅱ ］「結構だ」は、「すばらしい」「妥当だ」「必要としない」など複数の意味を持つため、外国人日本語学習者の中には適切な使い分けができない者もいる。日本人の場合は、よくわからないときや言いにくいときは、ほかの表現に変えたりして、使用を避ける。丁寧に断るときの「結構です」が「大丈夫です」に変わったのもそのためだろう。

「すばらしい」「妥当だ」「必要としない」の意味の「結構だ」の例文をそれぞれ二つずつ挙げておく。

1 「検査はすべて終了しましたので、お帰りになって結構です」

2 「そんなに文句ばっかり言うんなら、もう手伝ってくれなくて結構です」

3 「それは結構な話じゃないか。お受けしなさい」

4 「いいえ、結構です。間に合ってます」

5 「結構なお点前《てまえ》でございます」

6 「通路側の席が空いていなければ、窓側でも結構です」

上品そうな女性がこの三つの「結構だ」を続けざまに使用する様子を想像してみた。

ア 「かしこまりました。あ、申し訳ございません。現在残っておりますのは、BとCだけでございました。失礼いたしました」

イ 「承知いたしました。あ、大変申し訳ございません。Bもなくなってしまったようで」

ウ 「では、Bで結構ですわ」

エ 「お客様、デザートはいかがでしょうか。本日はA、B、C、D、E、五種類のスイーツをご用意いたしました」

オ 「あら、そうなんですか。じゃあ、デザートはもう結構です」

カ 「まあ、結構ですこと。それでは、Aをいただけますか」

上品そうな女性も、しまいには怒りを込めて拒否している。この、「もう要らない」を意味する「結構だ」のイメージが強いため、やんわり断るときに採用されたのが「大丈夫だ」なのだろう。

あるとき、二千数百円という金額の買い物をした。財布から千円札を三枚取り出してレジに並んでいたが、よく見ると、ぴったり支払えるだけの硬貨があった。自分の番になったとき、その小銭と、手にしていた千円札三枚をそのまま渡してしまった。お札を一枚返してくれながら、レジの人が、「この千円は大丈夫です」と言った。「必要ない」の婉曲《えんきょく》表現としての「大丈夫だ」がここでも使われたわけだ。「このお札は大丈夫だ」と聞くと、「破れているけれど使用可能だ」とか、「偽札ではない」の意味かと思ってしまうが、こ

英語解答

1 (1) ③　(2) ②　(3) ③　(4) ①　(5) ④

2 (6) ④　(7) ③　(8) ④　(9) ②　(10) ①

3 (11) ③　(12) ④　(13) ③　(14) ①　(15) ②

4 (16) ④　(17) ⑥　(18) ⑦　(19) ①　(20) ⑤

5 (21) ②　(22) ③　(23) ①　(24) ④　(25) ①

6 (26) ②　(27) ③　(28) ①　(29) ③　(30) ④　(31) ①　(32) ③　(33) ③　(34) ②　(35) ④

7 (36) ⑥　(37) ④　(38) ②　(39) ③　(40) ①

8
1 (41)…④　(42)…⑤
2 (43)…①　(44)…④
3 (45)…②　(46)…⑤
4 (47)…②　(48)…⑤
5 (49)…⑤　(50)…①
6 (51)…④　(52)…⑤
7 (53)…④　(54)…③
8 (55)…③　(56)…④

9
A (57)…②　(58)…①　(59)…④　(60)…③
B (61)…③　(62)…④　(63)…①　(64)…②

1・**2**〔放送問題〕解説省略

3〔対話文完成─適語選択〕

≪全訳≫❶ブラウン先生（B）：ケンタ，何か趣味がありますか？❷ケンタ（K）：はい。僕の趣味はテニスをすることです。テニススクールで練習しています。❸B：どのくらいの頻度で練習していますか？❹K：週に1回か2回です。平日に練習する時間がないので，たいてい毎週土曜日か日曜日に練習しています。ブラウン先生はいかがですか？　趣味は何ですか？❺B：私の趣味は料理です。日本食をつくるのが好きです。❻K：興味深いですね。どんな料理をつくるのが好きですか？❼B：いろいろな種類の日本食をつくることができますが，鍋料理をつくるのが好きです。たくさんの肉や野菜が入るので，鍋料理は体にいいですね。❽K：僕は鍋料理を食べるのが好きです。すきやきがとても好きです。❾B：ああ，すきやき。私は毎年冬にすきやきをつくりますよ。❿K：いいですね。どのようにして日本食づくりを学んだのですか？⓫B：テレビで料理番組をよく見ます。そして，自分自身で試しにつくってみます。ケンタは料理をしますか？⓬K：あまりしません。カレーライスだけはつくれます。母が仕事をしていて忙しいときは，僕がつくります。⓭B：それだけですか？　日本の学生はもっと自分自身で料理するべきですね。⓮K：そのとおりですね，ブラウン先生。やってみます。⓯B：いいですね，ケンタ。料理はとても楽しいですよ！　また後で。⓰K：はい。ブラウン先生，さようなら。

(11)直後で，毎週土曜日か日曜日に練習すると言っているので，月曜日から金曜日，つまりweekdays「平日」には練習する時間がないと考えられる。　(12)第5段落でブラウン先生は料理が趣味だと言っているので，いろいろな種類の日本食をつくることができると推測できる。　'～ kind(s) of …'「～の〔な〕種類の…」　(13)「テレビで料理(　　)をよく見る」という部分なので，programs「番組」が適する。　(14)ケンタはカレーライスしかつくれないと言っているが，それでもつくるのは，母親が仕事をしていて「忙しい」ときだと考えられる。　(15)カレーライスしかつくれないケンタに，ブラウン先生は第13段落で日本の学生はもっと自分自身で料理するべきだと述べ，これに対してケンタは第14段落でやってみると答えている。これを受けてブラウン先生は料理の楽しさを伝えたと考えられるので，lots of fun「とても楽しい」とすればよい。

4〔適語選択─共通語〕

(16)上：「ほとんど～ない，少ししか～ない」という否定的な意味で用いられている形容詞。なお，a little は「少し～ある」。　「彼は英語がほとんど話せなかったので，外国人観光客と話すことができなかった」　下：「小さい」を表す形容詞。　「その小さいネコを見てごらん。とてもかわいいね」

(17)上：「左」を表す名詞。　「左に高い塔が見えます。それは横浜ランドマークタワーです」　下：「～を出る，出発する」を表す動詞 leave の過去形。　「私は朝の練習があったので，今朝6時に家を出た」

(18)上：「または」を表す接続詞。　「あなたは私たちと一緒に来てもいいし，または家にいてもいい」　下：「さもないと」を表す接続詞。‘命令文…，or ～’で「…しなさい，そうしないと～」という意味。　「急ぎなさい，そうしないと学校に遅れますよ」

(19)上：「～で，～によって」という‘交通手段’を表す前置詞。　「私はふだん電車で学校に来る」　下：「～のそばに〔の〕」を表す前置詞。　「私は職場のそばの喫茶店を知っている」

(20)上：How much ～?「いくら～？」は値段を尋ねるときの表現。　「彼はそのTシャツにいくら払ったか」　下：「ずっと」を表す副詞で，比較級を強めるのに用いられる。　「彼は姉〔妹〕よりずっと背が高い」

5 〔対話文完成―適語選択〕

(21)A：どのくらいの頻度で図書館に行きますか？／B：1週間に1度そこに行きます。∥How often ～?「どのくらいの頻度で～？」は‘頻度’を尋ねる表現なので，once「1度」が適切。

(22)A：このケーキおいしいね。もう1切れもらえる？／B：うん，どうぞ。∥あるものを挙げたうえで「もう1つ(別の)」という場合は another を用いる。続く piece が単数形であることも手がかりとなる。

(23)A：すみません，カフェはどこにありますか？／B：銀行とドラッグストアの間にあります。∥後ろに the bank and the drugstore とあるので，「(2つのもの)の間に〔で〕」を表す between が適する。　‘between *A* and *B*’「*A* と *B* の間に〔で〕」

(24)A：今日はとても忙しいです。手伝っていただけますか？／B：もちろんです。何をしたらよいですか？∥Bが「何をしたらよいですか」と答えているので，Aは手伝ってくれるよう頼んだのだと判断できる。give ～ a hand で「～を手伝う」。

(25)A：あなたのお兄〔弟〕さんの名前は何ですか？／B：ティモシーですが，私たちは彼をティムと呼びます。∥‘call＋*A*＋*B*’で「*A* を *B* と呼ぶ」。name は「名づける」という意味なので，ここでは適さない。

6 〔書き換え―適語(句)選択〕

(26)上は「あのレストランはこの町でとても有名である」という文。これを‘be動詞＋過去分詞’の受け身形を使って，「あのレストランはこの町でみんなに知られている」という文にする。　know－knew－known

(27)上は「私がその映画を見たのは2度目だ」という意味。これを「私はその映画を2回見た」と読み換え，現在完了(have/has＋過去分詞…)の‘経験’用法で表す。twice で「2回」。　see－saw－seen

(28)上は「アキコは1週間前に病気になって，今でも病気である」という文。これを「アキコは1週間病気である」と読み換え，現在完了(have/has＋過去分詞…)の‘継続’用法で表す。be動詞の過去分詞は been。become は「～になる」という意味で‘変化’を表すので，ここでは適さない。

(29)上は「私の姉〔妹〕は車を運転することができる」という文。これを「私の姉〔妹〕は車の運転の仕方を知っている」と読み換え，‘how to 〜’「〜の仕方，方法」で表せばよい。

(30)上は「ジェーンはその知らせを聞いたときうれしかった」という文。これを‘感情の原因・理由’を表すto不定詞の副詞的用法で「ジェーンはその知らせを聞いてうれしかった」と書き換える。

(31)上は‘so 〜 that＋主語＋cannot〔can't〕…’「とても〜なので―は…できない」の構文が用いられており，「彼女の父親はとても年をとっていたので，富士山に登れなかった」という意味。この構文は‘too 〜 to …’「…するには〜すぎる，〜すぎて…できない」の構文で書き換えられるので，下は「彼女の父親は年をとりすぎていたので，富士山に登れなかった」という意味になる。

(32) like to 〜「〜するのが好きだ」は be fond of 〜ingで書き換えられる。前置詞 ofの後なので，動詞は動名詞(〜ing)にする。　「私の母は料理をするのが好きだ」

(33)‘名詞＋主格の関係代名詞＋be動詞＋現在分詞...’は，‘名詞＋現在分詞...’という現在分詞の形容詞的用法で書き換えられる。　「私は今向こうでスピーチをしている生徒を知っている」

(34)上は‘have/has＋過去分詞...’という現在完了の‘経験’用法が用いられており，「わあ！　今までにこの森でこんなに高い木を見たことがないよ」という意味。これを下では「これはこの森で最も高い木だ」と読み換え，最上級を用いて表す。

(35) as 〜 as possibleは「できるだけ〜」という意味で，‘as 〜 as＋主語＋can〔could〕’で書き換えられる。ここでは過去形の文なので，couldを用いる。「タロウは試験に合格するため，できるだけ一生懸命に勉強した」

7 〔対話文完成―適文選択〕

≪全訳≫❶アリとハナコが春休みについて話している。❷アリ(A)：もう春休みの計画は立てた？❸ハナコ(H)：ううん，まだ。(36)あなたはどう？❹A：祖父母を訪問するつもりだよ。❺H：いいわね。(37)どこに住んでいらっしゃるの？❻A：カナダのトロントにいるんだ。❼H：本当？　私のおじもそこに住んでいるのよ。(38)どのくらいの間そこに滞在するの？❽A：２週間くらい。今までにトロントを訪れたことはある？❾H：ええ。(39)３回そこに行ったことがあるわ。❿A：どこに行ったの？⓫H：えっと，すてきな場所にたくさん行ったわ。ＣＮタワーが気に入ったわ。カナダで最も高いのよ。⓬A：高さはどのくらい？⓭H：だいたい550メートル。⓮A：わあ！　(40)見たいなあ。ありがとう。⓯H：どういたしまして。

(36)アリに春休みの計画を立てたかどうかを問われたハナコは自分の答えを伝え，続く第４段落ではアリが自分の春休みの予定を話している。したがって，ハナコは「あなたはどう？」ときき返したのだとわかる。　(37)第６段落のアリの返答から，ハナコが‘場所’を尋ねたのだと判断できる。　(38)続けてアリが「２週間くらい」という‘期間’を答えているので，How long 〜？「どのくらいの間〜？」という疑問文が適する。　(39)第８段落でアリは「今までにトロントを訪れたことはある？」と尋ねている。ハナコはこれにYes. と答えているので，現在完了の‘経験’用法でI have been there「そこに行ったことがある」と続ければよい。three timesは「３回，３度」。　(40)第11段落でハナコが述べたＣＮタワーについて，アリは高さを尋ねるなど興味を示しているので，「見たい」とするのが文脈上自然である。

8 〔整序結合〕

1．状況：「あなたは東京スカイツリーの写真を見ている。あなたはそれがいつ建てられたかクラスメイトに尋ねる」　まず，Does anybodyの後に動詞の原形knowを置く。その後に‘疑問詞＋主語＋動詞...’という間接疑問の形でwhen Tokyo Skytree was builtとまとめると，「東京スカイツリーがいつ建てられたか，誰か知ってる？」という内容の文ができる。　Does anybody know when Tokyo Skytree was built？

2．状況：「友人のケンタは中学校時代に多くの外国に行ったそうだ。そこであなたは彼に質問をするつもりだ」　まず‘how many＋複数名詞’とし，‘数’を尋ねる疑問文とする。この後には現在完了の疑問文で‘have/has＋主語＋過去分詞...’を続ける。have been to ～は「～に行ったことがある」という意味で，現在完了の‘経験’用法。すると，「ケンタ，君はいくつの国に行ったことがある？」という文ができる。 Kenta, how many countries have you been to?

3．状況：「あなたは今公園に出かけたいと思っているが，空には大きく暗い雲が見える」 Itは‘天候’を表す文の主語となっており，語群から「すぐに雨が降り始めるだろう」という文が推測できる。これを，‘未来’の出来事を表す‘be動詞＋going to ～’を用いて表せばよい。主語Itに続くbe動詞はisとなり，toの後には動詞の原形startがくる。start ～ingで「～し始める」。 It is going to start raining soon.

4．状況：「あなたは数学を勉強している。ほとんど終わったのだが，最後の難しい問題をやるのに多くの時間がかかっている」　まずThis questionの後にisを置く。語群から「～より難しい」という比較の文だと判断できるので，more difficult thanとまとめる。muchは比較級の直前に置き，比較級を強めるはたらきをする。できる文は「この問題はその他の問題よりずっと難しい」となる。 This question is much more difficult than the other questions.

5．状況：「あなたは昨日，アメリカにいる友人に手紙を書いたが，辞書が壊れていたので簡単ではなかった」　まず，主語のIに続く動詞のまとまりとして，had to ～「～しなければならなかった」を使い，had to writeとする。writeの目的語としてa letterを続け，without dictionary「辞書なしで」を最後に置くと，「私は辞書なしで手紙を書かなければならなかった」という文ができ，状況を説明できる。 I had to write a letter without a dictionary.

6．状況：「あなたのお母さんはよくぎょうざをつくる。あなたはそれを食べるのがとても好きだ」　まずI likeの後に*gyoza*を置く。この*gyoza*を‘名詞＋過去分詞...’という過去分詞の形容詞的用法で後ろから修飾すればよい。過去分詞madeの後にby my motherを続けてひとまとまりにすると，「私は母によってつくられたぎょうざが好きだ」という文ができる。 I like *gyoza* made by my mother.

7．状況：「あなたは友人と一緒に音楽を聴いている。みんなそれが好きだ」　This is ～「これは～」という始まりと語群から，This is the song「これは歌です」という文の骨組みをつくる。makesは‘make＋目的語＋形容詞’「～を…(の状態)にする」で用いると考え，makes everybody happy「みんなを幸せにする」とまとめる。このまとまりとthe songを，主格の関係代名詞whichでつなげればよい。 This is the song which makes everybody happy.

8．状況：「今日あなたは家族と一緒に夕食を食べる予定だ。あなたは今，夕食までに終わらせようと宿題をやっている」　語群から‘want＋to不定詞...’「～したい」を用いると判断してI want to finishと始め，finishの目的語としてmy homeworkを続ける。残った語を使ってbefore eating dinnerとすると，「私は夕食をとる前に自分の宿題を終わらせたい」という文ができる。このbeforeは「～の前に」という意味の前置詞として用いられているので，続く動詞は動名詞(～ing)になっている。 I want to finish my homework before eating dinner.

9〔長文読解総合〕

Ａ＜長文読解―内容一致・英問英答―説明文＞≪全訳≫**1**ブラジル料理はブラジルそのもののようだ。それはたくさんの場所からきたたくさんのものの豊かな調和である。料理の中には，ポルトガル料理に似ているものもある。これは，ポルトガルから多くの人たちが約300年前にブラジルに移住したからだ。しかし，地元の人たち発祥の料理もあり，それはヨーロッパのどの料理のようでもない。その風味はブラジル特有である。❷ブラジルの料理人は幸運だ。彼らは海から上等の魚を手に入れられる。彼らは農場からよい肉を手に入れられる。そして，彼らはあらゆる種類の熱帯の果物と野菜を手に入れることができる。これらの果物と野菜は，ブラジル料理に特別なうまみを与えている。❸ブラジルは大きな国だ。それぞれの地域がそれぞれの歴史，文化，伝統を持っているため，それぞれの地域にはそれぞれの料理法がある。例えば，もしあなたがリオデジャネイロに行ったら，「フェジョアーダ」を試してみるべきだ。それはさまざまな肉と黒豆が非常に豊かに調和したものである。ブラジル人はふだん毎週土曜日と日曜日にそれを食べる。それは急いで食べる料理ではない。❹食事の後，あなたはブラジルのコーヒーである「カフェジーニョ」を試してみなければならない。ブラジル人はコーヒーをつくるための特別な機械を持っていて，彼らのコーヒーもまた特別である。それはアメリカのコーヒーやイタリアのコーヒーとは異なる。それはブラジルのコーヒーで，とてもおいしい。

(57)「ブラジルの料理人は(　　)から幸運である」―②「彼らは多くのおいしい食べ物を手に入れることができる」　第２段落第２～４文参照。魚，肉，果物，野菜をまとめて食べ物としている。

(58)「歴史と伝統は(　　)いる」―①「ブラジルの異なる地域で異なって」　第３段落第２文参照。それぞれの地域がそれぞれの歴史と伝統を持っていると述べられている。　(59)「ブラジル人はふだん『フェジョアーダ』を(　　)食べる」―④「週末に」　第３段落最後から２文目参照。「毎週土曜日と日曜日に」と述べられている。　(60)「この文章の最も適切な題はどれか」―③「ブラジル料理：風味と文化の特別な調和」　第１段落第２文に，ブラジル料理は「たくさんのものの豊かな調和」だとある。また，第３段落第２文では，それぞれの地域がそれぞれの文化や料理法を持っている，と述べられている。special「特別な」という語が複数回見られることも手がかりになる。

Ⓑ＜長文読解―内容一致・英問英答―説明文＞≪全訳≫イルカは本当に頭のよい動物で，イルカについていくつかの事実を学ぶのはとてもおもしろい。科学者によると，45の異なる種類のイルカがいて，それらのうち５種類は川イルカである。最も小さいイルカはマウイイルカと呼ばれる。それは全長1.2メートルで体重40キロしかない。それは小さい人間の子どもと同じくらい軽い。最も大きいイルカはシャチで，全長9.5メートルで体重約10トンである。ほとんどのイルカは黒色か灰色だ。シャチは黒色と白色である。最もよく知られているイルカはバンドウイルカだ。バンドウイルカを見るのは簡単で，普通は灰色をしている。バンドウイルカは40歳まで生きるが，シャチは80歳まで生きることができる。イルカは哺乳類で，これはイルカの赤ん坊が母親からミルクを飲むということを意味する。大きくなると，イルカは魚やイカを食べる。１日約８時間眠る。しかし，安全でいるためにイルカは自分たちの脳の100％を眠らせはしない。眠っているとき，自分たちの脳の50％は活発なままにしておくのだ。さらに，それらは海底260メートルまで泳ぐことができる。イルカは水中に15分までいることができるが，水中で呼吸することはできない。

名前	マウイイルカ	シャチ	バンドウイルカ
(61)<u>大きさ</u>	1.2メートル／40キロ	9.5メートル／約10トン	２～４メートル／約500キロ
色	線の入った明るい灰色	(62)<u>黒色と白色</u>	灰色
寿命	20年	80年	40年

(61)全長と体重の両方が書かれているので，③「大きさ」が適切。　(62)第８文参照。　(63)「どれが正しいか」―①「イルカは川と海に生息している」　第２文参照。川イルカもいる。　(64)「安全でいるためにイルカは何をするか」―②「それらは眠っている間自分たちの脳の50％だけ休める」　最後から３，４文目参照。

数学解答

1 (1) 0　(2) $(a-b)(2a+1)$

(3) $\frac{27}{4}$　(4) $x=-1,\ y=5$

(5) $x=\frac{5\pm\sqrt{17}}{4}$　(6) 5　(7) $\frac{1}{4}$

(8) $96\pi\,\mathrm{cm}^2$

2 (1) $-\frac{1}{4}$　(2) $y=2x+3$　(3) $\frac{15}{4}$

(4) 11：13

3 (1) ① 8　② $4\sqrt{3}$　③ $6\sqrt{3}$

(2) $3\sqrt{7}$

4 (1) 下表　(2) 黒色を11枚並べる

(3) 白色が7枚多い

(4) 白…435枚　黒…406枚

	4番目	5番目
白の枚数	6	15
黒の枚数	10	10
合計枚数	16	25

1〔独立小問集合題〕

(1)＜数の計算＞与式$=-4-\left\{\left(\frac{3}{2}\right)^2-\left(\frac{10}{4}-\frac{3}{4}\right)\right\}\div\left(-\frac{1}{8}\right)=-4-\left(\frac{9}{4}-\frac{7}{4}\right)\times(-8)=-4-\frac{2}{4}\times(-8)=-4-(-4)=-4+4=0$

(2)＜因数分解＞与式$=a(2a+1)-b(2a+1)$として，$2a+1=A$とおくと，与式$=aA-bA=(a-b)A=(a-b)(2a+1)$となる。

(3)＜平方根の計算＞$\sqrt{12}-\frac{3}{\sqrt{3}}+\frac{\sqrt{27}}{6}=\sqrt{2^2\times3}-\frac{3\times\sqrt{3}}{\sqrt{3}\times\sqrt{3}}+\frac{\sqrt{3^2\times3}}{6}=2\sqrt{3}-\frac{3\sqrt{3}}{3}+\frac{3\sqrt{3}}{6}=2\sqrt{3}-\sqrt{3}+\frac{\sqrt{3}}{2}=\frac{4\sqrt{3}}{2}-\frac{2\sqrt{3}}{2}+\frac{\sqrt{3}}{2}=\frac{3\sqrt{3}}{2}$だから，与式$=\left(\frac{3\sqrt{3}}{2}\right)^2=\frac{9\times3}{4}=\frac{27}{4}$となる。

(4)＜連立方程式の応用＞$a+b=-4$……①，$a-b=2$……②とする。①，②をa，bの連立方程式として解くと，①＋②より，$a+a=-4+2$，$2a=-2$，$a=-1$となり，①－②より，$b-(-b)=-4-2$，$2b=-6$，$b=-3$となる。よって，連立方程式は，$-x+y=6$……③，$-3x-y=-2$……④となる。③＋④より，$-x+(-3x)=6+(-2)$，$-4x=4$　$\therefore x=-1$　これを③に代入して，$-(-1)+y=6$　$\therefore y=5$

(5)＜二次方程式＞解の公式より，$x=\frac{-(-5)\pm\sqrt{(-5)^2-4\times2\times1}}{2\times2}=\frac{5\pm\sqrt{17}}{4}$となる。

(6)＜整数の性質＞$1260=2^2\times3^2\times5\times7$だから，因数$2^2$，$3^2$，5，7を，$18a$，84のどちらかが持つように$a$を定めればよい。$18a=2\times3^2\times a$，$84=2^2\times3\times7$より，因数$2^2$，$3^2$，7を持っているので，因数5を$18a$が持つ。よって，最小の$a$は$a=5$である。

(7)＜確率―サイコロ＞大小2つのサイコロを投げるとき，それぞれ6通りの目の出方があるので，目の出方は全部で$6\times6=36$(通り)ある。このうち，出た目の和が8の約数になるのは，目の和が2，4，8になるときだから，(大，小)＝(1，1)，(1，3)，(2，2)，(2，6)，(3，1)，(3，5)，(4，4)，(5，3)，(6，2)の9通りある。よって，求める確率は$\frac{9}{36}=\frac{1}{4}$である。

図1

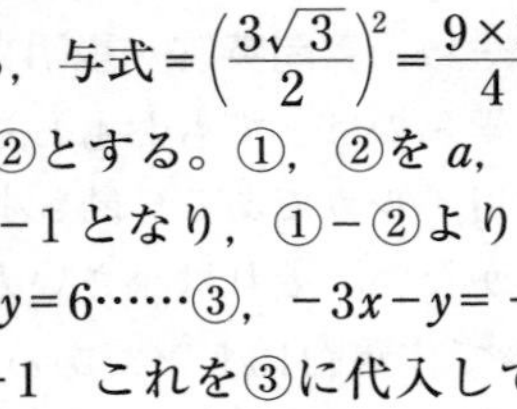

図2

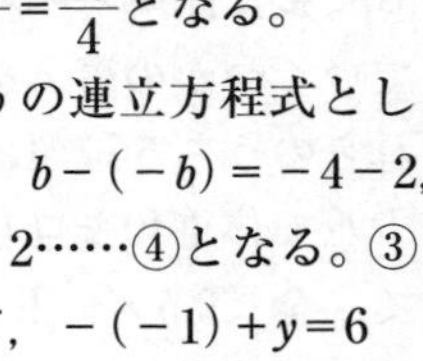

(8)＜図形―面積＞右図1で，円錐の頂点をA，底面の円の周上の点をB，中心をCとする。$\mathrm{BC}=\frac{1}{2}\times12=6$であり，$\angle\mathrm{ACB}=90^\circ$だから，△ABCで三平方の定理より，$\mathrm{AB}=\sqrt{\mathrm{BC}^2+\mathrm{AC}^2}=\sqrt{6^2+8^2}=\sqrt{100}=10$となる。よって，円錐の展開図は，右図2のようになる。おうぎ形ABB′の中心角をxとすると，$\overset{\frown}{\mathrm{BB'}}$

の長さと底面の円の周の長さは等しいから，$2\pi\times10\times\frac{x}{360^\circ}=2\pi\times6$ が成り立つ。これより，$\frac{x}{360^\circ}=\frac{3}{5}$となるから，おうぎ形ABB′の面積は，$\pi\times10^2\times\frac{x}{360^\circ}=\pi\times10^2\times\frac{3}{5}=60\pi$となる。また，底面積は$\pi\times6^2=36\pi$だから，表面積は$60\pi+36\pi=96\pi(\mathrm{cm}^2)$である。

2 〔関数―関数 $y=ax^2$ と直線〕

≪基本方針の決定≫(3)　四角形ABCDは台形である。　(4)　四角形ABFEは平行四辺形である。

(1)＜比例定数＞右図で，放物線$y=ax^2$上にA$(-2,\ -1)$があるので，$-1=a\times(-2)^2$より，$a=-\frac{1}{4}$となる。

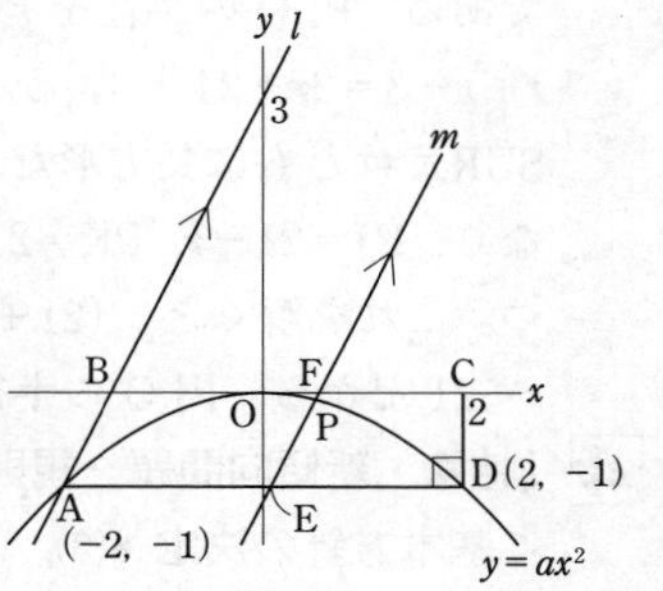

(2)＜直線の式＞右図で，直線lの切片が3より，直線lは点(0, 3)を通る。また，A$(-2,\ -1)$も通るので，傾きは$\frac{3-(-1)}{0-(-2)}=2$である。よって，直線lの式は$y=2x+3$である。

(3)＜面積＞右図で，A$(-2,\ -1)$，D$(2,\ -1)$より，線分ADはx軸に平行だから，四角形ABCDはBC∥ADの台形である。また，AD$=2-(-2)=4$となる。点Bは直線$y=2x+3$とx軸の交点だから，$0=2x+3$より，$x=-\frac{3}{2}$となり，B$\left(-\frac{3}{2},\ 0\right)$である。よって，BC$=2-\left(-\frac{3}{2}\right)=\frac{7}{2}$となる。2点C，Dの$y$座標より，台形ABCDの高さは$0-(-1)=1$である。したがって，求める面積は，〔四角形ABCD〕$=\frac{1}{2}\times\left(\frac{7}{2}+4\right)\times1=\frac{15}{4}$となる。

(4)＜面積比＞右上図で，放物線$y=-\frac{1}{4}x^2$上のx座標が$\frac{1}{2}$である点をPとすると，$y=-\frac{1}{4}\times\left(\frac{1}{2}\right)^2=-\frac{1}{16}$より，P$\left(\frac{1}{2},\ -\frac{1}{16}\right)$となる。直線$m$は直線$l$と平行で，(2)より，直線$l$の傾きは2だから，直線$m$の式は$y=2x+b$とおける。これが点Pを通るから，$-\frac{1}{16}=2\times\frac{1}{2}+b$より，$b=-\frac{17}{16}$となり，直線$m$の式は$y=2x-\frac{17}{16}$である。点Eは直線$m$と直線$y=-1$の交点だから，$-1=2x-\frac{17}{16}$より，$x=\frac{1}{32}$となり，E$\left(\frac{1}{32},\ -1\right)$である。よって，AE$=\frac{1}{32}-(-2)=\frac{65}{32}$である。AB∥EF，BF∥AEより，四角形ABFEは平行四辺形だから，$T=$〔四角形ABFE〕$=\frac{65}{32}\times1=\frac{65}{32}$となる。(3)より，四角形ABCDの面積は$\frac{15}{4}$だから，$S=$〔四角形EFCD〕$=\frac{15}{4}-\frac{65}{32}=\frac{55}{32}$となり，$S:T=\frac{55}{32}:\frac{65}{32}=11:13$である。

3 〔平面図形―円と直線〕

≪基本方針の決定≫(1)③　△PQHが特別な直角三角形であることに気づきたい。　(2)　点Q，点Rから線分PSに垂線を引いて，三角形の相似を利用する。

(1)＜長さ，面積＞①右図1で，円Pと円Qの接点Lは線分PQ上にあるので，PQ＝PL＋QL＝6＋2＝8である。　②図1で，直線OXは，円P，円Qの接線だから，PS⊥OX，QT⊥OXである。また，QH⊥PSだから，四角形STQHは長方形であり，HS＝QT＝2，PH＝PS−HS＝6−2＝4となる。よって，△PQHで三平方の定理より，QH$=\sqrt{\mathrm{PQ}^2-\mathrm{PH}^2}=\sqrt{8^2-4^2}=\sqrt{48}=4\sqrt{3}$となる。　③図1で，②より，TS＝QH$=4\sqrt{3}$である。次に，PH：PQ：QH$=4:8:4\sqrt{3}=1:2:\sqrt{3}$より，△PQHは3辺の比が$1:2:\sqrt{3}$の直角三角形だから，∠SPL＝60°であり，△PSLは正三角形である。よって，LS＝PL＝6，∠PSL＝60°となり，∠LST＝90°−60°＝30°となる。点Lから直線OXに垂線LIを引く

図1

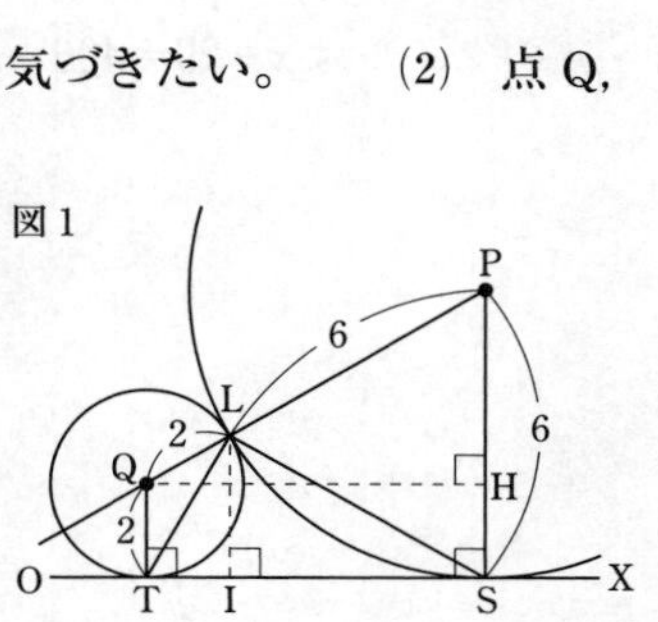

と，△LIS は3辺の比が1：2：$\sqrt{3}$ の直角三角形となるから，LI＝$\dfrac{1}{2}$LS＝$\dfrac{1}{2}$×6＝3となり，△STL＝$\dfrac{1}{2}$×TS×LI＝$\dfrac{1}{2}$×4$\sqrt{3}$×3＝6$\sqrt{3}$ である。

(2)＜長さ―相似＞右図2で，点Q，点Rから線分PSに垂線QJ，RKを引くと，∠QJP＝∠RKP＝90°，∠QPJ＝∠RPKより，△PQJ∽△PRKとなる。よって，PQ：PR＝PJ：PKである。円Qの半径をrとすると，PQ＝21＋r，PR＝21＋r＋r＋3＝2r＋24となる。また，四角形STQJ，四角形SURKはともに長方形だから，JS＝QT＝r，KS＝RU＝3となり，PJ＝21－r，PK＝21－3＝18となる。したがって，(21＋r)：(2r＋24)＝(21－r)：18が成り立つ。これを解くと，(21＋r)×18＝(2r＋24)(21－r)より，2r^2＝126，r^2＝63，r＝±3$\sqrt{7}$ となる。3＜r＜21だから，円Qの半径は3$\sqrt{7}$ である。

図2

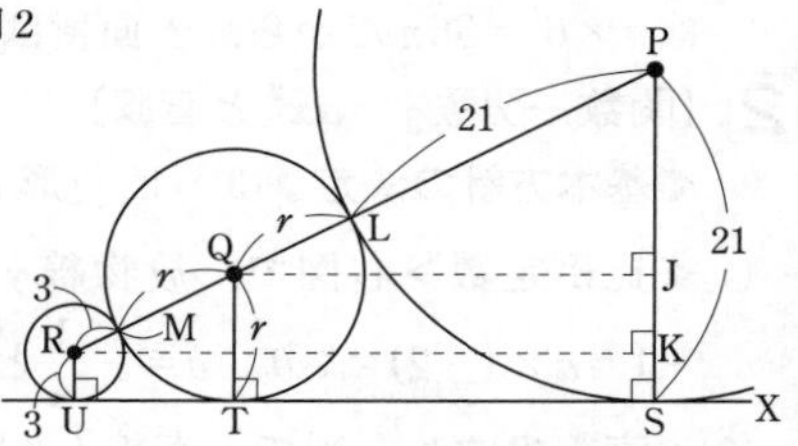

4 ［特殊・新傾向問題―規則性］

≪基本方針の決定≫(3)，(4)　白と黒のタイルの枚数の差に着目してみよう。

(1)＜枚数＞1番目から2番目をつくるとき黒のタイルを3枚並べ，2番目から3番目をつくるとき白のタイルを5枚並べ，3番目から4番目をつくるとき黒のタイルを7枚並べている。よって，4番目の白のタイルの枚数は3番目の白のタイルの枚数と同じ6枚で，黒のタイルの枚数は7枚増えて3＋7＝10(枚)となる。また，4番目のタイルの合計枚数は，1辺に4枚ずつタイルが並んでいるので，4^2＝16(枚)となる。次に，4番目から5番目をつくるとき，白のタイルを7＋2＝9(枚)並べるから，5番目の白のタイルの枚数は9枚増えて6＋9＝15(枚)となり，黒のタイルの枚数は4番目の黒のタイルの枚数と同じ10枚である。5番目のタイルの合計枚数は，5^2＝25(枚)となる。解答参照。

(2)＜色と枚数＞5番目から6番目をつくるとき，並べるタイルは黒であり，枚数は9＋2＝11(枚)である。

(3)＜色と枚数＞問題の表1と(1)より，1番目は白のタイルが1－0＝1(枚)，2番目は黒のタイルが3－1＝2(枚)，3番目は白のタイルが6－3＝3(枚)，4番目は黒のタイルが10－6＝4(枚)，5番目は白のタイルが15－10＝5(枚)多い。よって，6番目は黒のタイルが6枚多くなり，7番目は白のタイルが7枚多くなる。

(4)＜枚数＞(3)と同様に考えると，29番目は白のタイルが黒のタイルより29枚多い。よって，29番目に並ぶ黒のタイルをx枚とすると，白のタイルはx＋29枚となる。また，29番目に並ぶタイルは29^2＝841(枚)だから，x＋x＋29＝841が成り立つ。これを解くと，x＝406となるので，29番目の白のタイルはx＋29＝406＋29＝435(枚)，黒のタイルはx＝406(枚)である。

国語解答

一　問一　4　問二　2
問三　(1)…3，5　(2)…1，6
(3)…2，4
問四　3　問五　1　問六　4
問七　3　問八　2　問九　3
問十　1

二　問一　2　問二　4　問三　1
問四　3　問五　3　問六　3
問七　4　問八　2　問九　2
問十　1　問十一　3　問十二　4
問十三　2　問十四　1
問十五　1　問十六　3
問十七　4

三　問一　2　問二　4　問三　1
問四　3　問五　1　問六　2
問七　3　問八　2

四　問一　A…3　B…1　問二　1
問三　A…3　B…2　問四　1
問五　3　問六　4　問七　3
問八　4　問九　3

一〔論説文の読解—芸術・文学・言語学的分野—日本語〕出典；野口恵子『失礼な敬語　誤用例から学ぶ，正しい使い方』「～レバと思います」「この千円は大丈夫です」。

≪本文の概要≫人の好意を断るときや辞退するときに，「大丈夫です」が使われている。教科書的なやり取りでは，「いいえ，結構です」なのだが，「結構です」を使う人は減っている。「結構だ」は，ややきつい拒否の印象を与えるのと，複数の意味があるために，使用が避けられているのだろう。ところで，辞退するときの「大丈夫だ」は，いつでもどこでも誰にでも通用するわけではないので，場合によって，表現を変えることが大切である。また，「大丈夫だ」は，「妥当だ」という意味でも用いられるが，「私」は，「ポイントカードはナシで大丈夫ですか」ときかれる際は，「はい，ナシで大丈夫です」ではなく，「持ってない」と答えている。そして，表現と同じぐらい，いや，それ以上に大切なことがある。せっかくの提案を辞退して申し訳ない，心づかいありがとうという気持ちを，声や顔で表すことである。「私」は，しばしば用いられる便利な言葉に頼るのではなく，自分なりに工夫してみることを提案したい。

問一＜文章内容＞「結構です」は，相手の提案を「怒りを込めて拒否」するときにも用いられる。この「『もう要らない』を意味する『結構だ』のイメージ」が強いために，「いいえ，結構です」は，「辞退の表現としての使用が避けられる傾向」にある。

問二＜品詞＞「結構だ」は，形容動詞である。

問三＜語句＞「結構な話」「結構なお点前」の「結構な」は，「すばらしい」という意味(…(1))。「お帰りになって結構です」「窓側でも結構です」の「結構です」は，それで構わない，「妥当である」という意味(…(2))。「手伝ってくれなくて結構です」「いいえ，結構です」の「結構です」は，「必要としない」という意味(…(3))。

問四＜文脈＞店員が，客にデザートを勧めた(…エ)。店員が挙げた五種類のスイーツのうち，客は，Aを選んだ(…カ)。店員は，注文を受けた後，残っているのはBとCだけであることを知って，客にそう告げた(…ア)。客は，それならBでも構わないと注文を変更した(…ウ)。すると，店員は，Bもなくなってしまったと言った(…イ)。何度も注文を変えさせられて腹を立てた客は，「デザートはもう結構です」と言って(…オ)，デザートを「怒りを込めて拒否」した。

問五＜文章内容＞「私」が，「二千数百円という金額の買い物をした」とき，うっかりして，小銭と，最初に用意していた千円札三枚をそのまま渡してしまった。すると，レジの人は，支払金額は足りているので，千円札を一枚返して，「この千円は大丈夫です」と言った。

問六＜文章内容＞学生は，箸は必要ないという意味で，「大丈夫です」と答えた。しかし，「『大丈夫だ』は『妥当だ』の意味でも用いられる」ので，店員は，箸をつけることは妥当だと言われたと解釈して，箸をつけたのである。

問七＜表現＞Ⅲ.「コンビニの箸」が必要ない場合は，「『いいえ，要りません』とはっきり伝えたほう」が，どちらかといえば「親切」である。　Ⅳ.「『お茶でもいかがですか』という親切な申し出を，『結構だ』も『大丈夫だ』も使わずに断ること」は，言うまでもなく「できる」のである。

問八＜慣用句＞「オウム返し」は，相手の言葉を，そのまままねて，言い返すこと。「手の平を返す」は，人に対する態度を急に変える，という意味。「尻馬に乗る」は，無批判に，他人の言動に同調する，という意味。「鶴の一声」は，誰もが従わざるをえない，有力者の一言。

問九＜文章内容＞「表現と同じぐらい，いや，おそらくそれ以上に大切」なのが，「気持ちを声や顔で表す」こと，つまり，言葉の調子や言葉を発するときの表情である。

問十＜要旨＞「大丈夫だ」のような表現は，皆が使っているので，多くの人は「安易に模倣」しているが，「私」は，「自分で表現を工夫してみること」を勧める（1…○）。

二〔小説の読解〕出典；ジョージ・ギッシング／吉田甲子太郎訳『門番の娘』。

問一＜文章内容＞メイの家族はシェール家の使用人だったが，自立してロンドンで暮らしているメイは，シェール嬢の召し使いではない。シェール嬢は，使用人の娘なのだから，当然，メイも自分の命令を聞くべきだと思っていたが，メイは，自分はシェール嬢の命令に従う筋合いはないと考えていた。メイは，「進歩的な価値観」を身につけており，いくら立場が上の相手であっても，簡単にはその力に従わず，堂々と自分の意見を言える性格なのである。

問二＜心情＞メイに言い返されて，シェール嬢は腹を立てたが，メイよりも上の立場にいるシェール嬢には，いくらでも仕返しする方法があることもわかっていた。自分に挑んできたメイに，どうやって報復してやろうかと考えながら，シェール嬢は，意地の悪い，ゆがんだ薄笑いを浮かべたのである。

問三＜文章内容＞母親は，世の中には，生まれつき身分の高い人と低い人がいて，身分の低い人は，身分の高い人の指示に従うのが当然だと考えていた。そのため，メイがシェール嬢に言い返したのを聞いて，母親は，「よくも自分の身分が忘れられたもんだ」とメイを非難した。

問四＜心情＞メイにとっては，シェール嬢との口論は「些細な面倒」にすぎなかった。メイは，自分がここを出ていけば，「もう心配はない」と思っており，母親の態度は，古臭く，身分にとらわれていると感じていたのである。

問五＜語句＞「追い出してくれた」「何ということをしてくれた」の「くれる」は，話し手に不利益となることをする，という意味。「犬どもにくれてやった」の「くれる」は，目下の相手に物を与える，という意味。「招いてくれた」の「くれる」は，他者が，話し手や話題の人物の利益になることをする，という意味。「どうしてくれようか」の「くれる」は，話し手が，他者に対して，不利益になることをする，という意味。

問六＜語句＞「気概」は，困難にあっても屈しない，強い意気のこと。

問七＜文章内容＞シェール嬢との口論は避けるべきだったが，そういう「生まれつき」の性質なのだから，メイ自身にも「どうすることもできない」と父親は言った。メイが引き起こしてしまったトラブルではあるが，それは必ずしもメイのせいではないと父親は考えているのである。

問八＜語句＞「舌戦」は，言い争い，口論のこと。

問九＜文章内容＞父親も母親も，メイとシェール嬢のどちらが正しいのかということを考えようともせずに，ひたすらシェール家の人々に謝って，門番小屋にいさせてもらおうとしていた。メイには，そのような態度は，「卑屈」にしか見えなかったのである。

問十＜語句＞「横柄」は，いばって，人を下に見るような態度のこと。

問十一＜文章内容＞メイとシェール嬢の口論の話は「召し使いたち全部に知れわたって」いた。召し使いたちは，メイが高等教育を受けたことを鼻にかけて，シェール嬢に偉そうな口を利いたと思って，メイに反感を抱いていた。結局，メイが謝りに来たのを見て，いい気味だと思い，彼らは，「悪意のある微笑」を浮かべたのである。

問十二＜表現＞メイは，自分が悪いことをしたとは思っていないが，家族が門番小屋から追い出されてしまうので，謝らざるをえなかった。「——」という記号によって，本当は，「粗忽の罪」や「おわびがしたい」という言葉を言いたくない，というメイの心情が表されている。

問十三＜表現＞シェール夫人は，しばらくしてからメイに気がついたらしく，金属のように感情のない，温かさもない声で，「ロケットの姉娘だね」と言った。シェール夫人は，自分は立場が上であることを示すような冷徹な声を出したので，メイはその声に「自尊心を傷つけ」られたのである。

問十四＜文章内容＞メイは一度こうと決めたら必ずやり遂げる宿命を担っており，一つの衝動は，家族を門番小屋から追放するという宣告を取り消させたいというものである。その衝動が，権力を武器に，メイの家族を罰しようとするシェール夫人とその娘の卑劣なやり口に，激しい怒りをぶつけたいというもう一つの衝動を，かろうじて抑えていた。

問十五＜文章内容＞シェール夫人もヒルダも，身分の上下は絶対的なものであり，下位の者は黙って上位の者の命令に従っていればいいのだと信じていた。もしもメイの激情が爆発して，自分の方が正しいと主張したら，彼女たちは「愕然として」，すなわちとても驚いて，さすがに「冷酷な得意顔」ではいられなかっただろう。

問十六＜心情＞メイは，シェール夫人たちに謝罪するという屈辱に耐えて，部屋から退出した。この件に関して，召し使いたちが，メイに同情するどころか，いい気味だと思っていることは，メイもよくわかっていて，それまでは，彼らの悪意を何とかやり過ごしてきた。しかし，従僕が，ニヤリとしながら，「どうだった？」ときいてきたことが「最後の打撃」となって，メイは，これ以上はもう耐えられないと思い，その場にいたたまれなくなったのである。

問十七＜心情＞メイは，家族が門番小屋から追い出されると聞いて，屈辱に耐えながらシェール夫人たちに謝罪し，結果的に家族は救われた。それは，家族のためにしたことではあったが，自分の信念を曲げることでもあったので，メイは，そのことを「自慢しようとは思わなかった」のである。

三〔古文の読解—仮名草子〕出典；『伊曾保物語』中十三。

≪現代語訳≫ある犬が，肉をくわえて河を渡った。真ん中ほどでその影が水に映って大きく見えたので，「自分がくわえている肉よりも大きい」と理解して，くわえている肉を捨ててその(水面に映った)肉を取ろうとした。そういうわけで，〈二つ〉とも肉を失ってしまった。

そのように，欲が深い連中は，他人の財産をうらやみ，何かにつけて欲しがるので，たちまち天罰を受ける。自分が持っている財産までも失うこともある。

問一＜古語＞「その影」「人の影」の「影」は，何かに映った姿のこと。「影がある」の「影」は，比喩的な意味で用いられる暗さのこと。「月影」の「影」は，光のこと。「影ながら」の「影」は，人目につかないところ，その人の知らないところのこと。

問二＜現代語訳＞「けれ」は，過去を表す助動詞「けり」の已然形。「ば」は，理由・根拠を表す接続助詞。

問三＜古語＞「心得(こころう)」は，わかる，理解する，という意味。

問四＜古文の内容理解＞犬は，自分がくわえている肉を捨て，水面に映った肉を取ろうとした。

問五＜現代語訳＞「取らんとす」の「ん」は，意志を表す助動詞「む」の終止形が変化した形。

問六＜古文の内容理解＞犬は，水面に映った肉を取ろうとして口を開いたために，自分がくわえていた肉と水面に映った肉の両方を失ってしまったのである。

問七＜歴史的仮名遣い＞歴史的仮名遣いの「au」は，現代仮名遣いでは「ou」になる。

問八＜古文の内容理解＞犬は，水面に映った大きそうな肉を欲しがったために，自分がくわえていた肉を失ってしまった。このように，むやみに人のものをうらやんで欲しがる者は，天罰を受け，人のものが手に入らないばかりか，かえって自分のものまでも失うことになるのである。

四〔国語の知識〕

問一＜漢字＞A．「比較対照」は，比べて，照らし合わせること。　B．「保証」は，大丈夫だ，と請け合うこと。

問二＜敬語＞1．「ご案内いたします」は，「案内する」の謙譲語。「お越しください」は，「来い」の尊敬語。相手に対する敬語が適切に用いられている。　2．「拝見する」は謙譲語なので，相手の動作に用いるには，尊敬語「ご覧になる」が正しい。　3．「いただく」は，謙譲語なので，相手の動作に用いるには，尊敬語「召し上がる」が正しい。　4．「お借りになる」は尊敬語なので，自分の動作に用いるには，謙譲語「お借りする」が正しい。

問三＜文学史＞A．『人間失格』は，太宰治の小説。『吾輩は猫である』は，夏目漱石の小説。『山椒魚』は，井伏鱒二の小説。　B．『源氏物語』は，紫式部が著した物語。『土佐日記』は，紀貫之が著した日記。『おくのほそ道』は，松尾芭蕉が著した俳諧紀行文。

問四＜慣用句＞「人をあごで使う」は，えらそうな態度で人を使う，という意味。

問五＜ことわざ＞「猿も木から落ちる」「河童の川流れ」「弘法も筆の誤り」は，いずれも，その道の達人でもときには失敗することがある，という意味。「ミイラ取りがミイラになる」は，人を連れ戻しに行った者が，そのまま帰ってこなくなる，または，説得に行った者が，説き伏せられて，相手と同じ意見になってしまう，という意味。

問六＜四字熟語＞「前途洋々」は，未来が明るく，希望に満ちていること。「温故知新」は，昔のことを調べて，そこから新しい知識や見解を得ること。「不言実行」は，黙って，なすべきことを行うこと。「一石二鳥」は，一つの行為から二つの利益を得ること。

問七＜ことばの単位＞「休み(名詞)／の(助詞)／日(名詞)／は(助詞)／本(名詞)／を(助詞)／読ん(動詞「読む」の連用形が変化したもの)／で(助詞「て」が変化したもの)／過ごし(動詞「過ごす」の連用形)／ます(助動詞「ます」の終止形)」の十単語からなっている。

問八＜熟語の構成＞「増加」「巨大」は，似た意味の漢字を重ねた熟語。「善悪」は，反対の意味の漢字を重ねた熟語。「親友」は，上の漢字が下の漢字を修飾している熟語。「不穏」は，上に打ち消しの意味の漢字がついている熟語。

問九＜古典の知識＞「長月」は九月，「師走」は十二月，「水無月」は六月の異名。

2025年度用

高校スーパー過去問

■編集人　声の教育社・編集部
■発行所　株式会社　声の教育社
〒162-0814 東京都新宿区新小川町8-15
☎03-5261-5061㈹ FAX03-5261-5062
https://www.koenokyoikusha.co.jp

※本書の内容についての一切の責任は当社にあります。内容・解説・解答その他の質問等は文書にて当社に御郵送くださるようお願いいたします。

声の教育社 〒162-0814 東京都新宿区新小川町8-15
TEL.03(5261)5061 FAX.03(5261)5062

カコを追いかけ
ミライをつかめ

東海大学付属相模高等学校

別冊解答用紙

丁寧に抜きとって、別冊としてご使用ください。

注意

○ 解答用紙は、収録の都合により縮小したものや、小社独自に作成したものもあります。
○ 学校配点は学校発表のもの、推定配点は小社で作成したものです。
○ 無断転載を禁じます。
○ 解答用紙を拡大コピーする場合、表示した拡大率に対応する用紙サイズは以下のとおりです。
101%～102%＝B5　103%～118%＝A4　119%～144%＝B4　145%～167%＝A3
（タイトルと配点表は含みません）

2024年度　東海大学付属相模高等学校

英語解答用紙

評点　/100

[注意事項]
1. 解答はすべてこの解答用紙に記入しなさい。
2. 氏名・フリガナ・受験番号を記入し、さらにその下の受験番号マーク欄にマークしなさい。
3. 解答用紙はコンピュータにかけるので、次の注意を守りなさい。
   (1) 折り曲げたり、汚したりしてはいけません。
   (2) 記入にはHBの鉛筆を使用しなさい。
   (3) 訂正はプラスチック消しゴムで完全に消しなさい。
   (4) ◯の枠をはみ出さないようにぬりつぶしなさい。

良い マーク ●　悪い マーク ⊙ ⊗ ⦸ ⦸ ◐ ◯(うすい)

受験番号	フリガナ
	氏名

受験番号			
⓪	⓪	⓪	⓪
①	①	①	①
②	②	②	②
③	③	③	③
④	④	④	④
⑤	⑤	⑤	⑤
⑥	⑥	⑥	⑥
⑦	⑦	⑦	⑦
⑧	⑧	⑧	⑧
⑨	⑨	⑨	⑨

問題番号		解答欄 1 2 3 4
1	(1)	① ② ③ ④
	(2)	① ② ③ ④
	(3)	① ② ③ ④
	(4)	① ② ③ ④
	(5)	① ② ③ ④
2	(6)	① ② ③ ④
	(7)	① ② ③ ④
	(8)	① ② ③ ④
	(9)	① ② ③ ④
	(10)	① ② ③ ④

問題番号		解答欄 1 2 3 4 5 6
3	(11)	① ② ③ ④ ⑤ ⑥
	(12)	① ② ③ ④ ⑤ ⑥
	(13)	① ② ③ ④ ⑤ ⑥
	(14)	① ② ③ ④ ⑤ ⑥
	(15)	① ② ③ ④ ⑤ ⑥

問題番号		解答欄 1 2 3 4
4	(16)	① ② ③ ④
	(17)	① ② ③ ④
	(18)	① ② ③ ④
	(19)	① ② ③ ④
	(20)	① ② ③ ④

問題番号		解答欄 1 2 3 4
5	(21)	① ② ③ ④
	(22)	① ② ③ ④
	(23)	① ② ③ ④
	(24)	① ② ③ ④
	(25)	① ② ③ ④

問題番号			解答欄 1 2 3 4 5
6	1	(26)	① ② ③ ④ ⑤
		(27)	① ② ③ ④ ⑤
	2	(28)	① ② ③ ④ ⑤
		(29)	① ② ③ ④ ⑤
	3	(30)	① ② ③ ④ ⑤
		(31)	① ② ③ ④ ⑤
	4	(32)	① ② ③ ④ ⑤
		(33)	① ② ③ ④ ⑤
	5	(34)	① ② ③ ④ ⑤
		(35)	① ② ③ ④ ⑤

問題番号			解答欄 1 2 3 4
7	A	(36)	① ② ③ ④
		(37)	① ② ③ ④
		(38)	① ② ③ ④
		(39)	① ② ③ ④
	B	(40)	① ② ③ ④
		(41)	① ② ③ ④
		(42)	① ② ③ ④
		(43)	① ② ③ ④

問題番号			解答欄 1 2 3 4 5 6 7 8
8	A	(44)	① ② ③ ④
		(45)	① ② ③ ④
		(46)	① ② ③ ④
	B	(47)	① ② ③ ④ ⑤ ⑥ ⑦ ⑧
		(48)	① ② ③ ④ ⑤ ⑥ ⑦ ⑧
		(49)	① ② ③ ④ ⑤ ⑥ ⑦ ⑧
		(50)	① ② ③ ④ ⑤ ⑥ ⑦ ⑧

問題番号		解答欄 1 2 3 4
9	(51)	① ② ③ ④
	(52)	① ② ③ ④
	(53)	① ② ③ ④
	(54)	① ② ③ ④
	(55)	① ② ③ ④

（注）この解答用紙は実物を縮小してあります。Ａ３用紙に145%拡大コピーすると、ほぼ実物大で使用できます。（タイトルと配点表は含みません）

推定配点	
1～9　各2点×50〔6は各2点×5〕	
計	100点

２０２４年度　東海大学付属相模高等学校

数学解答用紙

番号		氏名		評点	／100

1

(1)	(2)	(3)	(4)

(5)	(6)	(7)	(8)
	$x=$		$x=$　　　，$y=$

(9)	(10)		
	第１四分位数	第２四分位数	第３四分位数
cm^2	点	点	点

2

(1)	(2)	(3)	(4)
B(　　　,　　　)			

3

(1)	(2)	(3)	(4)

4

(1)	(2)	(3)	(4)	
			１番目の数	２番目の数
	個			

（注）この解答用紙は実物を縮小してあります。Ａ３用紙に149％拡大コピーすると、ほぼ実物大で使用できます。（タイトルと配点表は含みません）

推定配点		計
	1　各４点×10　2～4　各５点×12	100点

二〇二四年度 東海大学付属相模高等学校

国語解答用紙

評点 /100

[注意事項]
1. 解答はすべてこの解答用紙に記入しなさい。
2. 氏名・フリガナ・受験番号を記入し、さらにその下の受験番号マーク欄にマークしなさい。
3. 解答用紙はコンピュータにかけるので、次の注意を守りなさい。
(1) 折り曲げたり、汚したりしてはいけません。
(2) 記入にはHBの鉛筆を使用しなさい。
(3) 訂正はプラスチック消しゴムで完全に消しなさい。
(4) ⃝の枠をはみ出さないようにぬりつぶしなさい。

良いマーク ●　悪いマーク　うすい

受験番号	フリガナ
	氏名

受験番号			
0	0	0	0
1	1	1	1
2	2	2	2
3	3	3	3
4	4	4	4
5	5	5	5
6	6	6	6
7	7	7	7
8	8	8	8
9	9	9	9

		解答欄	
一	1	問一	①②③④
	2	問二	①②③④
	3	問三	①②③④
	4	問四	①②③④
	5	問五 I	①②③④
	6	問五 II	①②③④
	7	問六	①②③④
	8	問七	①②③④
	9	問八	①②③④
	10	問九	①②③④
	11	問十	①②③④
	12	問十一	①②③④
	13	問十二	①②③④
	14	問十三	①②③④
	15	問十四	①②③④
	16	問十五	①②③④
	17	問十六	①②③④
	18	問十七	①②③④

		解答欄	
二	19	問一 I	①②③④
	20	問一 II	①②③④
	21	問二	①②③④
	22	問三	①②③④
	23	問四 A	①②③④
	24	問四 B	①②③④
	25	問五	①②③④
	26	問六	①②③④
	27	問七	①②③④
	28	問八	①②③④
	29	問九	①②③④
	30	問十	①②③④
	31	問十一	①②③④
	32	問十二	①②③④
	33	問十三	①②③④
	34	問十四	①②③④

		解答欄	
三	35	問一	①②③④
	36	問二	①②③④
	37	問三	①②③④
	38	問四	①②③④
	39	問五	①②③④
	40	問六	①②③④
	41	問七	①②③④

		解答欄	
四	42	問一 A	①②③④
	43	問一 B	①②③④
	44	問二	①②③④
	45	問三	①②③④
	46	問四	①②③④
	47	問五	①②③④
	48	問六	①②③④
	49	問七	①②③④

(注) この解答用紙は実物を縮小してあります。Ｂ４用紙に141%拡大コピーすると、ほぼ実物大で使用できます。(タイトルと配点表は含みません)

推定配点

一 問一～問十六 各２点×17 問十七 ３点
二 問一～問十三 各２点×15 問十四 ３点
三、四 各２点×15

計 100点

2023年度　東海大学付属相模高等学校

英語解答用紙

評点　/100

[注意事項]
1. 解答はすべてこの解答用紙に記入しなさい。
2. 氏名・フリガナ・受験番号を記入し，さらにその下の受験番号マーク欄にマークしなさい。
3. 解答用紙はコンピュータにかけるので，次の注意を守りなさい。
   (1) 折り曲げたり，汚したりしてはいけません。
   (2) 記入には HB の鉛筆を使用しなさい。
   (3) 訂正はプラスチック消しゴムで完全に消しなさい。
   (4) ( )の枠をはみ出さないようにぬりつぶしなさい。

良いマーク ●　悪いマーク ⊙ ⊗ ⊘ ⊘ ◐ ● うすい

受験番号	フリガナ	
	氏名	

受	験	番	号
⓪	⓪	⓪	⓪
①	①	①	①
②	②	②	②
③	③	③	③
④	④	④	④
⑤	⑤	⑤	⑤
⑥	⑥	⑥	⑥
⑦	⑦	⑦	⑦
⑧	⑧	⑧	⑧
⑨	⑨	⑨	⑨

問題番号		解答欄 1	2	3	4
1	(1)	①	②	③	④
	(2)	①	②	③	④
	(3)	①	②	③	④
	(4)	①	②	③	④
	(5)	①	②	③	④
2	(6)	①	②	③	④
	(7)	①	②	③	④
	(8)	①	②	③	④
	(9)	①	②	③	④
	(10)	①	②	③	④

問題番号		解答欄 1	2	3	4	5	6
3	(11)	①	②	③	④	⑤	⑥
	(12)	①	②	③	④	⑤	⑥
	(13)	①	②	③	④	⑤	⑥
	(14)	①	②	③	④	⑤	⑥
	(15)	①	②	③	④	⑤	⑥

問題番号		解答欄 1	2	3	4
4	(16)	①	②	③	④
	(17)	①	②	③	④
	(18)	①	②	③	④
	(19)	①	②	③	④
	(20)	①	②	③	④

問題番号		解答欄 1	2	3	4
5	(21)	①	②	③	④
	(22)	①	②	③	④
	(23)	①	②	③	④
	(24)	①	②	③	④
	(25)	①	②	③	④

問題番号			解答欄 1	2	3	4	5
6	1	(26)	①	②	③	④	⑤
		(27)	①	②	③	④	⑤
	2	(28)	①	②	③	④	⑤
		(29)	①	②	③	④	⑤
	3	(30)	①	②	③	④	⑤
		(31)	①	②	③	④	⑤
	4	(32)	①	②	③	④	⑤
		(33)	①	②	③	④	⑤
	5	(34)	①	②	③	④	⑤
		(35)	①	②	③	④	⑤

問題番号			解答欄 1	2	3	4
7	A	(36)	①	②	③	④
		(37)	①	②	③	④
		(38)	①	②	③	④
		(39)	①	②	③	④
	B	(40)	①	②	③	④
		(41)	①	②	③	④
		(42)	①	②	③	④
		(43)	①	②	③	④

問題番号			解答欄 1	2	3	4	5	6	7	8
8	A	(44)	①	②	③	④				
		(45)	①	②	③	④				
		(46)	①	②	③	④				
	B	(47)	①	②	③	④	⑤	⑥	⑦	⑧
		(48)	①	②	③	④	⑤	⑥	⑦	⑧
		(49)	①	②	③	④	⑤	⑥	⑦	⑧
		(50)	①	②	③	④	⑤	⑥	⑦	⑧

問題番号		解答欄 1	2	3	4
9	(51)	①	②	③	④
	(52)	①	②	③	④
	(53)	①	②	③	④
	(54)	①	②	③	④
	(55)	①	②	③	④

(注)　この解答用紙は実物を縮小してあります。Ａ３用紙に145%拡大コピーすると、ほぼ実物大で使用できます。(タイトルと配点表は含みません)

推定配点	
1〜9　各2点×50〔6は各2点×5〕	
100点	計

2023年度　東海大学付属相模高等学校

数学解答用紙

番号		氏名		評点	／100

1

(1)	(2)	(3)	(4)
			$a=$

(5)	(6)	(7)	(8)
$x=$	個		m

2

(1)	(2)	(3)	(4)
A(,)			D(,)

3

(1)	(2)	(3)	(4)

4

(1)	(2)	(3)	(4)
		$S_{10}=$	上から　行目 左から　列目

(注)　この解答用紙は実物を縮小してあります。Ｂ４用紙に141％拡大コピーすると、ほぼ実物大で使用できます。（タイトルと配点表は含みません）

推定配点		計
	1～4　各５点×20	100点

二〇二三年度　東海大学付属相模高等学校

国語解答用紙

評点
/100

[注意事項]
1. 解答はすべてこの解答用紙に記入しなさい。
2. 氏名・フリガナ・受験番号を記入し、さらにその下の受験番号マーク欄にマークしなさい。
3. 解答用紙はコンピュータにかけるので、次の注意を守りなさい。
   (1) 折り曲げたり、汚したりしてはいけません。
   (2) 記入にはHBの鉛筆を使用しなさい。
   (3) 訂正はプラスチック消しゴムで完全に消しなさい。
   (4) ( )の枠をはみ出さないようにぬりつぶしなさい。

良いマーク ●　悪いマーク ⊙ ⓧ ⊘ ⊘ ◐ ●(うすい)

受験番号	フリガナ
	氏名

受	験	番	号
⓪	⓪	⓪	⓪
①	①	①	①
②	②	②	②
③	③	③	③
④	④	④	④
⑤	⑤	⑤	⑤
⑥	⑥	⑥	⑥
⑦	⑦	⑦	⑦
⑧	⑧	⑧	⑧
⑨	⑨	⑨	⑨

一

		解答欄
1	問一	① ② ③ ④
2	問二	① ② ③ ④
3	問三	① ② ③ ④
4	問四	① ② ③ ④
5	問五	① ② ③ ④
6	問六	① ② ③ ④
7	問七	① ② ③ ④
8	問八	① ② ③ ④
9	問九	① ② ③ ④
10	問十	① ② ③ ④
11	問十一	① ② ③ ④
12	問十二	① ② ③ ④
13	問十三	① ② ③ ④
14	問十四	① ② ③ ④
15	問十五	① ② ③ ④
16	問十六	① ② ③ ④
17	問十七	① ② ③ ④
18	問十八	① ② ③ ④

二

		解答欄
19	問一	① ② ③ ④
20	問二	① ② ③ ④
21	問三	① ② ③ ④
22	問四	① ② ③ ④
23	問五	① ② ③ ④
24	問六	① ② ③ ④
25	問七	① ② ③ ④
26	問八	① ② ③ ④
27	問九	① ② ③ ④

三

		解答欄
28	問一	① ② ③ ④
29	問二	① ② ③ ④
30	問三	① ② ③ ④
31	問四	① ② ③ ④
32	問五	① ② ③ ④
33	問六	① ② ③ ④
34	問七	① ② ③ ④
35	問八	① ② ③ ④

四

		解答欄
36	問一 A	① ② ③ ④
37	問一 B	① ② ③ ④
38	問二	① ② ③ ④
39	問三	① ② ③ ④
40	問四	① ② ③ ④
41	問五	① ② ③ ④
42	問六	① ② ③ ④
43	問七	① ② ③ ④

(注) この解答用紙は実物を縮小してあります。Ｂ４用紙に141%拡大コピーすると、ほぼ実物大で使用できます。(タイトルと配点表は含みません)

推定配点

一 問一～問四 各2点×4　問五、問六 各3点×2　問七 2点　問八、問九 各3点×2　問十～問十三 各2点×4　問十四 3点　問十五 2点　問十六～問十八 各3点×3

二 問一～問五 各2点×5　問六～問八 各3点×3　問九 2点

三 問一 2点　問二 3点　問三～問六 各2点×4　問七、問八 各3点×2

四 各2点×8

計
100点

2022年度 東海大学付属相模高等学校

英語解答用紙

評点 /100

［注意事項］
1. 解答はすべてこの解答用紙に記入しなさい。
2. 氏名・フリガナ・受験番号を記入し、さらにその下の受験番号マーク欄にマークしなさい。
3. 解答用紙はコンピュータにかけるので、次の注意を守りなさい。
(1) 折り曲げたり、汚したりしてはいけません。
(2) 記入には HB の鉛筆を使用しなさい。
(3) 訂正はプラスチック消しゴムで完全に消しなさい。
(4) ◯の枠をはみ出さないようにぬりつぶしなさい。

良いマーク ● 悪いマーク うすい

受験番号	フリガナ
	氏名

受験番号			
⓪	⓪	⓪	⓪
①	①	①	①
②	②	②	②
③	③	③	③
④	④	④	④
⑤	⑤	⑤	⑤
⑥	⑥	⑥	⑥
⑦	⑦	⑦	⑦
⑧	⑧	⑧	⑧
⑨	⑨	⑨	⑨

問題番号		解答欄 1 2 3 4
1	(1)	① ② ③ ④
	(2)	① ② ③ ④
	(3)	① ② ③ ④
	(4)	① ② ③ ④
	(5)	① ② ③ ④
2	(6)	① ② ③ ④
	(7)	① ② ③ ④
	(8)	① ② ③ ④
	(9)	① ② ③ ④
	(10)	① ② ③ ④

問題番号		解答欄 1 2 3 4 5 6
3	(11)	① ② ③ ④ ⑤ ⑥
	(12)	① ② ③ ④ ⑤ ⑥
	(13)	① ② ③ ④ ⑤ ⑥
	(14)	① ② ③ ④ ⑤ ⑥
	(15)	① ② ③ ④ ⑤ ⑥

問題番号		解答欄 1 2 3 4
4	(16)	① ② ③ ④
	(17)	① ② ③ ④
	(18)	① ② ③ ④
	(19)	① ② ③ ④
	(20)	① ② ③ ④

問題番号		解答欄 1 2 3 4
5	(21)	① ② ③ ④
	(22)	① ② ③ ④
	(23)	① ② ③ ④
	(24)	① ② ③ ④
	(25)	① ② ③ ④

問題番号			解答欄 1 2 3 4 5
6	1	(26)	① ② ③ ④ ⑤
		(27)	① ② ③ ④ ⑤
	2	(28)	① ② ③ ④ ⑤
		(29)	① ② ③ ④ ⑤
	3	(30)	① ② ③ ④ ⑤
		(31)	① ② ③ ④ ⑤
	4	(32)	① ② ③ ④ ⑤
		(33)	① ② ③ ④ ⑤
	5	(34)	① ② ③ ④ ⑤
		(35)	① ② ③ ④ ⑤

問題番号			解答欄 1 2 3 4
7	A	(36)	① ② ③ ④
		(37)	① ② ③ ④
		(38)	① ② ③ ④
		(39)	① ② ③ ④
	B	(40)	① ② ③ ④
		(41)	① ② ③ ④
		(42)	① ② ③ ④
		(43)	① ② ③ ④

問題番号			解答欄 1 2 3 4 5 6 7 8
8	A	(44)	① ② ③ ④
		(45)	① ② ③ ④
		(46)	① ② ③ ④
	B	(47)	① ② ③ ④ ⑤ ⑥ ⑦ ⑧
		(48)	① ② ③ ④ ⑤ ⑥ ⑦ ⑧
		(49)	① ② ③ ④ ⑤ ⑥ ⑦ ⑧
		(50)	① ② ③ ④ ⑤ ⑥ ⑦ ⑧

問題番号		解答欄 1 2 3 4
9	(51)	① ② ③ ④
	(52)	① ② ③ ④
	(53)	① ② ③ ④
	(54)	① ② ③ ④
	(55)	① ② ③ ④

（注）この解答用紙は実物を縮小してあります。Ａ３用紙に145%拡大コピーすると、ほぼ実物大で使用できます。（タイトルと配点表は含みません）

推定配点	
1～9 各２点×50〔6は各２点×５〕	
100点	計

２０２２年度　東海大学付属相模高等学校

数学解答用紙

番号		氏名		評点	／100

1

(1)	(2)	(3)	(4)
			$x=$

(5)	(6)	(7)	(8)
度		cm^2	

2

(1)	(2)	(3)	(4)

3

(1)		(2)	(3)	(4)
∠ABC　度	∠DO′K　度			

4

(1)	(2)	(3)	(4)
個	面	個	$n=$

（注）この解答用紙は実物を縮小してあります。Ｂ４用紙に141％拡大コピーすると、ほぼ実物大で使用できます。（タイトルと配点表は含みません）

推定配点		計
	1～4　各５点×20〔3(1)は完答〕	100点

二〇二二年度　東海大学付属相模高等学校

国語解答用紙

評点
/100

[注意事項]
1. 解答はすべてこの解答用紙に記入しなさい。
2. 氏名・フリガナ・受験番号を記入し、さらにその下の受験番号マーク欄にマークしなさい。
3. 解答用紙はコンピュータにかけるので、次の注意を守りなさい。
(1) 折り曲げたり、汚したりしてはいけません。
(2) 記入にはHBの鉛筆を使用しなさい。
(3) 訂正はプラスチック消しゴムで完全に消しなさい。
(4) ⓞの枠をはみ出さないようにぬりつぶしなさい。

良い マーク ●　悪い マーク　うすい

受験番号	フリガナ	
	氏名	

受験番号			
⓪	⓪	⓪	⓪
①	①	①	①
②	②	②	②
③	③	③	③
④	④	④	④
⑤	⑤	⑤	⑤
⑥	⑥	⑥	⑥
⑦	⑦	⑦	⑦
⑧	⑧	⑧	⑧
⑨	⑨	⑨	⑨

		解答欄				
一	1	問一	①	②	③	④
	2	問二	①	②	③	④
	3	問三	①	②	③	④
	4	問四	①	②	③	④
	5	問五	①	②	③	④
	6	問六	①	②	③	④
	7	問七	①	②	③	④
	8	問八	①	②	③	④
	9	問九	①	②	③	④
	10	問十	①	②	③	④
	11	問十一	①	②	③	④
	12	問十二	①	②	③	④
	13	問十三	①	②	③	④
	14	問十四	①	②	③	④
	15	問十五	①	②	③	④

		解答欄				
一	16	問十六	①	②	③	④
	17	問十七	①	②	③	④
	18	問十八	①	②	③	④
	19	問十九	①	②	③	④
	20	問二十	①	②	③	④
	21	問二十一	①	②	③	④
	22	問二十二	①	②	③	④

		解答欄					
二	23	問一	①	②	③	④	
	24	問二	①	②	③	④	
	25	問三	①	②	③	④	
	26	問四	①	②	③	④	
	27	問五	①	②	③	④	
	28	問六	①	②	③	④	
	29	問七	①	②	③	④	
	30	問八	①	②	③	④	
	31	問九	①	②	③	④	
	32	問十	①	②	③	④	
	33	問十一	①	②	③	④	⑤

		解答欄				
三	34	問一	①	②	③	④
	35	問二	①	②	③	④
	36	問三	①	②	③	④
	37	問四	①	②	③	④
	38	問五	①	②	③	④
	39	問六	①	②	③	④
	40	問七	①	②	③	④
	41	問八	①	②	③	④

		解答欄					
四	42	問一	A	①	②	③	④
	43		B	①	②	③	④
	44	問二		①	②	③	④
	45	問三		①	②	③	④
	46	問四		①	②	③	④

（注）この解答用紙は実物を縮小してあります。Ｂ４用紙に141％拡大コピーすると、ほぼ実物大で使用できます。（タイトルと配点表は含みません）

推定配点	
一 問一～問十一 各2点×11 問十二 3点 問十三～問二十一 各2点×10 問二十二 3点 二 問一～問五 各2点×5 問六、問七 各3点×2 問八～問十一 各2点×5 三、四 各2点×13〔四問二は完答〕	
100点	計

2021年度 東海大学付属相模高等学校

英語解答用紙

評点
/100

[注意事項]

1. 解答はすべてこの解答用紙に記入しなさい。
2. 氏名・フリガナ・受験番号を記入し、さらにその下の受験番号マーク欄にマークしなさい。
3. 解答用紙はコンピュータにかけるので、次の注意を守りなさい。
   (1) 折り曲げたり、汚したりしてはいけません。
   (2) 記入にはHBの鉛筆を使用しなさい。
   (3) 訂正はプラスチック消しゴムで完全に消しなさい。
   (4) ( )の枠をはみ出さないようにぬりつぶしなさい。

良い マーク ● 悪い マーク うすい

受験番号	フリガナ	
	氏名	

受験番号			
0	0	0	0
1	1	1	1
2	2	2	2
3	3	3	3
4	4	4	4
5	5	5	5
6	6	6	6
7	7	7	7
8	8	8	8
9	9	9	9

問題番号		解答欄 1 2 3 4
1	(1)	1 2 3 4
	(2)	1 2 3 4
	(3)	1 2 3 4
	(4)	1 2 3 4
	(5)	1 2 3 4
2	(6)	1 2 3 4
	(7)	1 2 3 4
	(8)	1 2 3 4
	(9)	1 2 3 4
	(10)	1 2 3 4

問題番号		解答欄 1 2 3 4 5 6
3	(11)	1 2 3 4 5 6
	(12)	1 2 3 4 5 6
	(13)	1 2 3 4 5 6
	(14)	1 2 3 4 5 6
	(15)	1 2 3 4 5 6

問題番号		解答欄 1 2 3 4
4	(16)	1 2 3 4
	(17)	1 2 3 4
	(18)	1 2 3 4
	(19)	1 2 3 4
	(20)	1 2 3 4

問題番号		解答欄 1 2 3 4
5	(21)	1 2 3 4
	(22)	1 2 3 4
	(23)	1 2 3 4
	(24)	1 2 3 4
	(25)	1 2 3 4

問題番号			解答欄 1 2 3 4 5
6	1	(26)	1 2 3 4 5
		(27)	1 2 3 4 5
	2	(28)	1 2 3 4 5
		(29)	1 2 3 4 5
	3	(30)	1 2 3 4 5
		(31)	1 2 3 4 5
	4	(32)	1 2 3 4 5
		(33)	1 2 3 4 5
	5	(34)	1 2 3 4 5
		(35)	1 2 3 4 5

問題番号			解答欄 1 2 3 4
7	A	(36)	1 2 3 4
		(37)	1 2 3 4
		(38)	1 2 3 4
	B	(39)	1 2 3 4
		(40)	1 2 3 4
	C	(41)	1 2 3 4
		(42)	1 2 3 4
		(43)	1 2 3 4

問題番号			解答欄 1 2 3 4 5 6 7 8
8	A	(44)	1 2 3 4
		(45)	1 2 3 4
		(46)	1 2 3 4
	B	(47)	1 2 3 4 5 6 7 8
		(48)	1 2 3 4 5 6 7 8
		(49)	1 2 3 4 5 6 7 8
		(50)	1 2 3 4 5 6 7 8

問題番号		解答欄 1 2 3 4
9	(51)	1 2 3 4
	(52)	1 2 3 4
	(53)	1 2 3 4
	(54)	1 2 3 4
	(55)	1 2 3 4

(注) この解答用紙は実物を縮小してあります。A３用紙に145%拡大コピーすると、ほぼ実物大で使用できます。(タイトルと配点表は含みません)

推定配点	
1～9 各2点×50〔6は各2点×5〕	
100点	計

２０２１年度　東海大学付属相模高等学校

数学解答用紙

番号		氏名		評点	／100

1

(1)	(2)	(3)	(4)
			$x=$

(5)	(6)	(7)	(8)
$n=$	$a=$　　　度		

2

(1)	(2)	(3)	(4)

3

(1)	(2)	(3)	(4)
	AQ：QC＝　：	AQ：QO＝　：	

4

(1)	(2)	(3)	(4)

(注) この解答用紙は実物を縮小してあります。Ｂ４用紙に141％拡大コピーすると、ほぼ実物大で使用できます。(タイトルと配点表は含みません)

推定配点		計
	1～4　各５点×20	100点

二〇二一年度　東海大学付属相模高等学校

国語解答用紙

[注意事項]
1. 解答はすべてこの解答用紙に記入しなさい。
2. 氏名・フリガナ・受験番号を記入し、さらにその下の受験番号マーク欄にマークしなさい。
3. 解答用紙はコンピュータにかけるので、次の注意を守りなさい。
   (1) 折り曲げたり、汚したりしてはいけません。
   (2) 記入にはHBの鉛筆を使用しなさい。
   (3) 訂正はプラスチック消しゴムで完全に消しなさい。
   (4) ◯の枠をはみ出さないようにぬりつぶしなさい。

良いマーク　●　悪いマーク　⊙ ⊗ ⊘ ⊘ ● ●（うすい）

受験番号	フリガナ
	氏名

受験番号			
⓪	⓪	⓪	⓪
①	①	①	①
②	②	②	②
③	③	③	③
④	④	④	④
⑤	⑤	⑤	⑤
⑥	⑥	⑥	⑥
⑦	⑦	⑦	⑦
⑧	⑧	⑧	⑧
⑨	⑨	⑨	⑨

		解答欄	
一	1	問一	① ② ③ ④
	2	問二	① ② ③ ④
	3	問三	① ② ③ ④
	4	問四	① ② ③ ④
	5	問五	① ② ③ ④
	6	問六	① ② ③ ④
	7	問七	① ② ③ ④
	8	問八	① ② ③ ④
	9	問九	① ② ③ ④
	10	問十	① ② ③ ④
	11	問十一	① ② ③ ④
	12	問十二	① ② ③ ④ ⑤
	13	問十三	① ② ③ ④
	14	問十四	① ② ③ ④
	15	問十五	① ② ③ ④
	16	問十六 ⑧	① ② ③ ④
	17	問十六 ⑮	① ② ③ ④
	18	問十七	① ② ③ ④

		解答欄	
二	19	問一 X	① ② ③ ④
	20	問一 Y	① ② ③ ④
	21	問二 A	① ② ③ ④
	22	問二 B	① ② ③ ④
	23	問三	① ② ③ ④
	24	問四	① ② ③ ④
	25	問五	① ② ③ ④
	26	問六	① ② ③ ④
	27	問七	① ② ③ ④
	28	問八	① ② ③ ④
	29	問九	① ② ③ ④
	30	問十	① ② ③ ④ ⑤

		解答欄	
三	31	問一	① ② ③ ④
	32	問二	① ② ③ ④
	33	問三	① ② ③ ④
	34	問四	① ② ③ ④
	35	問五	① ② ③ ④
	36	問六	① ② ③ ④
	37	問七	① ② ③ ④
	38	問八	① ② ③ ④

		解答欄	
四	39	問一 A	① ② ③ ④
	40	問一 B	① ② ③ ④
	41	問二	① ② ③ ④
	42	問三 A	① ② ③ ④
	43	問三 B	① ② ③ ④
	44	問四 A	① ② ③ ④
	45	問四 B	① ② ③ ④
	46	問五	① ② ③ ④
	47	問六	① ② ③ ④
	48	問七	① ② ③ ④

評点　/100

（注）この解答用紙は実物を縮小してあります。Ｂ４用紙に141％拡大コピーすると、ほぼ実物大で使用できます。（タイトルと配点表は含みません）

推定配点	
一～三　各２点×41 四　問一、問二　各２点×３　問三　各１点×２　問四～問七　各２点×５	
100点	計

2020年度 東海大学付属相模高等学校

英語解答用紙

［注意事項］
1. 解答はすべてこの解答用紙に記入しなさい。
2. 氏名・フリガナ・受験番号を記入し，さらにその下の受験番号マーク欄にマークしなさい。
3. 解答用紙はコンピュータにかけるので，次の注意を守りなさい。
 (1) 折り曲げたり，汚したりしてはいけません。
 (2) 記入には HB の鉛筆を使用しなさい。
 (3) 訂正はプラスチック消しゴムで完全に消しなさい。
 (4) ◯の枠をはみ出さないようにぬりつぶしなさい。

良いマーク ● 悪いマーク ⊙ ⊗ ⊘ ⊘ ◐ ● うすい

受験番号	フリガナ
	氏名

受験番号			
⓪	⓪	⓪	⓪
①	①	①	①
②	②	②	②
③	③	③	③
④	④	④	④
⑤	⑤	⑤	⑤
⑥	⑥	⑥	⑥
⑦	⑦	⑦	⑦
⑧	⑧	⑧	⑧
⑨	⑨	⑨	⑨

問題番号		解答欄 1 2 3 4
1	(1)	① ② ③ ④
	(2)	① ② ③ ④
	(3)	① ② ③ ④
	(4)	① ② ③ ④
	(5)	① ② ③ ④
2	(6)	① ② ③ ④
	(7)	① ② ③ ④
	(8)	① ② ③ ④
	(9)	① ② ③ ④
	(10)	① ② ③ ④

問題番号		解答欄 1 2 3 4
3	(11)	① ② ③ ④
	(12)	① ② ③ ④
	(13)	① ② ③ ④
	(14)	① ② ③ ④
	(15)	① ② ③ ④

問題番号		解答欄 1 2 3 4 5 6 7 8 9
4	(16)	① ② ③ ④ ⑤ ⑥ ⑦ ⑧ ⑨
	(17)	① ② ③ ④ ⑤ ⑥ ⑦ ⑧ ⑨
	(18)	① ② ③ ④ ⑤ ⑥ ⑦ ⑧ ⑨
	(19)	① ② ③ ④ ⑤ ⑥ ⑦ ⑧ ⑨
	(20)	① ② ③ ④ ⑤ ⑥ ⑦ ⑧ ⑨

問題番号		解答欄 1 2 3 4
5	(21)	① ② ③ ④
	(22)	① ② ③ ④
	(23)	① ② ③ ④
	(24)	① ② ③ ④
	(25)	① ② ③ ④

問題番号		解答欄 1 2 3 4
6	(26)	① ② ③ ④
	(27)	① ② ③ ④
	(28)	① ② ③ ④
	(29)	① ② ③ ④
	(30)	① ② ③ ④
	(31)	① ② ③ ④
	(32)	① ② ③ ④
	(33)	① ② ③ ④
	(34)	① ② ③ ④
	(35)	① ② ③ ④

問題番号		解答欄 1 2 3 4 5 6
7	(36)	① ② ③ ④ ⑤ ⑥
	(37)	① ② ③ ④ ⑤ ⑥
	(38)	① ② ③ ④ ⑤ ⑥
	(39)	① ② ③ ④ ⑤ ⑥
	(40)	① ② ③ ④ ⑤ ⑥

問題番号			解答欄 1 2 3 4 5
8	1	(41)	① ② ③ ④ ⑤
		(42)	① ② ③ ④ ⑤
	2	(43)	① ② ③ ④ ⑤
		(44)	① ② ③ ④ ⑤
	3	(45)	① ② ③ ④ ⑤
		(46)	① ② ③ ④ ⑤
	4	(47)	① ② ③ ④ ⑤
		(48)	① ② ③ ④ ⑤
	5	(49)	① ② ③ ④ ⑤
		(50)	① ② ③ ④ ⑤
	6	(51)	① ② ③ ④ ⑤
		(52)	① ② ③ ④ ⑤
	7	(53)	① ② ③ ④ ⑤
		(54)	① ② ③ ④ ⑤
	8	(55)	① ② ③ ④ ⑤
		(56)	① ② ③ ④ ⑤

問題番号			解答欄 1 2 3 4
9	A	(57)	① ② ③ ④
		(58)	① ② ③ ④
		(59)	① ② ③ ④
		(60)	① ② ③ ④
	B	(61)	① ② ③ ④
		(62)	① ② ③ ④
		(63)	① ② ③ ④
		(64)	① ② ③ ④

評点
/100

（注）この解答用紙は実物を縮小してあります。Ｂ４用紙に141％拡大コピーすると，ほぼ実物大で使用できます。（タイトルと配点表は含みません）

推定配点	
1〜3 各2点×15　4〜6 各1点×20　7、8 各2点×13　9 各3点×8	
100点	計

2020年度　　東海大学付属相模高等学校

数学解答用紙

番号		氏名		評点	／100

1

(1)	(2)	(3)	(4)

(5)	(6)	(7)	(8)
$x=$	$a=$		度

2

(1)	(2)	(3)	(4)
		AI：ID＝　　：	度

3

(1)	(2)	(3)	(4)
D(　　,　　)		秒後	

4

(1)	(2)	(3)	(4)
個	個	$m=$　　, $n=$	

（注）この解答用紙は実物を縮小してあります。Ｂ４用紙に143％拡大コピーすると、ほぼ実物大で使用できます。（タイトルと配点表は含みません）

推定配点		計
	1～4　各５点×20	100点

二〇二〇年度　東海大学付属相模高等学校

国語解答用紙

評点　／100

[注意事項]
1. 解答はすべてこの解答用紙に記入しなさい。
2. 氏名・フリガナ・受験番号を記入し、さらにその下の受験番号マーク欄にマークしなさい。
3. 解答用紙はコンピュータにかけるので、次の注意を守りなさい。
　(1) 折り曲げたり、汚したりしてはいけません。
　(2) 記入には HB の鉛筆を使用しなさい。
　(3) 訂正はプラスチック消しゴムで完全に消しなさい。
　(4) ()の枠をはみ出さないようにぬりつぶしなさい。

良い マーク ●　悪い マーク ⊙ ◐ ∅ ∅ ● ●(うすい)

受験番号	フリガナ	
	氏名	

受験番号			
⓪	⓪	⓪	⓪
①	①	①	①
②	②	②	②
③	③	③	③
④	④	④	④
⑤	⑤	⑤	⑤
⑥	⑥	⑥	⑥
⑦	⑦	⑦	⑦
⑧	⑧	⑧	⑧
⑨	⑨	⑨	⑨

	解答欄		
一	1	問一	① ② ③ ④
	2	問二	① ② ③ ④
	3	問三	① ② ③ ④
	4	問四	① ② ③ ④
	5	問五	① ② ③ ④
	6	問六	① ② ③ ④
	7	問七	① ② ③ ④
	8	問八	① ② ③ ④
	9	問九	① ② ③ ④
	10	問十	① ② ③ ④

	解答欄		
二	11	問一	① ② ③ ④
	12	問二	① ② ③ ④
	13	問三	① ② ③ ④
	14	問四	① ② ③ ④
	15	問五	① ② ③ ④
	16	問六	① ② ③ ④
	17	問七	① ② ③ ④
	18	問八	① ② ③ ④
	19	問九	① ② ③ ④
	20	問十	① ② ③ ④
	21	問十一	① ② ③ ④
	22	問十二	① ② ③ ④

	解答欄			
三	23	問一		① ② ③ ④
	24	問二	②	① ② ③ ④ ⑤
	25		④	① ② ③ ④ ⑤
	26		⑦	① ② ③ ④ ⑤
	27	問三		① ② ③ ④
	28	問四		① ② ③ ④
	29	問五		① ② ③ ④
	30	問六		① ② ③ ④
	31	問七		① ② ③ ④
	32	問八		① ② ③ ④
	33	問九		① ② ③ ④

	解答欄			
四	34	問一	A	① ② ③ ④
	35		B	① ② ③ ④
	36	問二		① ② ③ ④
	37	問三	A	① ② ③ ④
	38		B	① ② ③ ④
	39	問四		① ② ③ ④
	40	問五		① ② ③ ④
	41	問六		① ② ③ ④
	42	問七		① ② ③ ④
	43	問八		① ② ③ ④

(注) この解答用紙は実物を縮小してあります。B４用紙に139%拡大コピーすると、ほぼ実物大で使用できます。(タイトルと配点表は含みません)

推定配点

一　問一～問八　各２点×８　問九、問十　各３点×２
二　各３点×12
三、四　各２点×21

100点	計

2019年度 東海大学付属相模高等学校

英語解答用紙

評点
/100

[注意事項]

1. 解答はすべてこの解答用紙に記入しなさい。
2. 氏名・フリガナ・受験番号を記入し、さらにその下の受験番号マーク欄にマークしなさい。
3. 解答用紙はコンピュータにかけるので、次の注意を守りなさい。
   (1) 折り曲げたり、汚したりしてはいけません。
   (2) 記入には HB の鉛筆を使用しなさい。
   (3) 訂正はプラスチック消しゴムで完全に消しなさい。
   (4) ⬯の枠をはみ出さないようにぬりつぶしなさい。

良いマーク ● 悪いマーク うすい

受験番号	フリガナ	
	氏名	

受験番号			
⓪	⓪	⓪	⓪
①	①	①	①
②	②	②	②
③	③	③	③
④	④	④	④
⑤	⑤	⑤	⑤
⑥	⑥	⑥	⑥
⑦	⑦	⑦	⑦
⑧	⑧	⑧	⑧
⑨	⑨	⑨	⑨

問題番号		解答欄 1 2 3 4
1	(1)	① ② ③ ④
	(2)	① ② ③ ④
	(3)	① ② ③ ④
	(4)	① ② ③ ④
	(5)	① ② ③ ④
2	(6)	① ② ③ ④
	(7)	① ② ③ ④
	(8)	① ② ③ ④
	(9)	① ② ③ ④
	(10)	① ② ③ ④

問題番号		解答欄 1 2 3 4
3	(11)	① ② ③ ④
	(12)	① ② ③ ④
	(13)	① ② ③ ④
	(14)	① ② ③ ④
	(15)	① ② ③ ④

問題番号		解答欄 1 2 3 4 5 6 7 8 9
4	(16)	① ② ③ ④ ⑤ ⑥ ⑦ ⑧ ⑨
	(17)	① ② ③ ④ ⑤ ⑥ ⑦ ⑧ ⑨
	(18)	① ② ③ ④ ⑤ ⑥ ⑦ ⑧ ⑨
	(19)	① ② ③ ④ ⑤ ⑥ ⑦ ⑧ ⑨
	(20)	① ② ③ ④ ⑤ ⑥ ⑦ ⑧ ⑨

問題番号		解答欄 1 2 3 4
5	(21)	① ② ③ ④
	(22)	① ② ③ ④
	(23)	① ② ③ ④
	(24)	① ② ③ ④
	(25)	① ② ③ ④

問題番号		解答欄 1 2 3 4
6	(26)	① ② ③ ④
	(27)	① ② ③ ④
	(28)	① ② ③ ④
	(29)	① ② ③ ④
	(30)	① ② ③ ④
	(31)	① ② ③ ④
	(32)	① ② ③ ④
	(33)	① ② ③ ④
	(34)	① ② ③ ④
	(35)	① ② ③ ④

問題番号		解答欄 1 2 3 4 5 6
7	(36)	① ② ③ ④ ⑤ ⑥
	(37)	① ② ③ ④ ⑤ ⑥
	(38)	① ② ③ ④ ⑤ ⑥
	(39)	① ② ③ ④ ⑤ ⑥
	(40)	① ② ③ ④ ⑤ ⑥

問題番号			解答欄 1 2 3 4 5
8	1	(41)	① ② ③ ④ ⑤
		(42)	① ② ③ ④ ⑤
	2	(43)	① ② ③ ④ ⑤
		(44)	① ② ③ ④ ⑤
	3	(45)	① ② ③ ④ ⑤
		(46)	① ② ③ ④ ⑤
	4	(47)	① ② ③ ④ ⑤
		(48)	① ② ③ ④ ⑤
	5	(49)	① ② ③ ④ ⑤
		(50)	① ② ③ ④ ⑤
	6	(51)	① ② ③ ④ ⑤
		(52)	① ② ③ ④ ⑤
	7	(53)	① ② ③ ④ ⑤
		(54)	① ② ③ ④ ⑤
	8	(55)	① ② ③ ④ ⑤
		(56)	① ② ③ ④ ⑤

問題番号			解答欄 1 2 3 4
9	A	(57)	① ② ③ ④
		(58)	① ② ③ ④
		(59)	① ② ③ ④
		(60)	① ② ③ ④
	B	(61)	① ② ③ ④
		(62)	① ② ③ ④
		(63)	① ② ③ ④
		(64)	① ② ③ ④

(注) この解答用紙は実物を縮小してあります。Ｂ４用紙に141%拡大コピーすると、ほぼ実物大で使用できます。（タイトルと配点表は含みません）

推定配点	
1～3 各2点×15 4～6 各1点×20 7、8 各2点×13 9 各3点×8	
100点	計

2019年度　東海大学付属相模高等学校

数学解答用紙

番号		氏名		評点	／100

1

(1)	(2)	(3)	(4)
			$x=$ 　　, $y=$

(5)	(6)	(7)	(8)
$x=$	$a=$		cm^2

2

(1)	(2)	(3)	(4)
$a=$			$S:T=$ 　　:

3

(1)			(2)
①	②	③	

4

(1)	4番目	5番目
白の枚数		
黒の枚数		
合計枚数		

(2)	(3)	(4)
色を　　枚並べる	色が　　枚多い	白　　枚 黒　　枚

(注) この解答用紙は実物を縮小してあります。Ｂ４用紙に141%拡大コピーすると、ほぼ実物大で使用できます。(タイトルと配点表は含みません)

推定配点		計
	1～4　各５点×20〔4(1), (4)はそれぞれ完答〕	100点

二〇一九年度　東海大学付属相模高等学校

国語解答用紙

評点
/100

[注意事項]
1. 解答はすべてこの解答用紙に記入しなさい。
2. 氏名・フリガナ・受験番号を記入し、さらにその下の受験番号マーク欄にマークしなさい。
3. 解答用紙はコンピュータにかけるので、次の注意を守りなさい。
   (1) 折り曲げたり、汚したりしてはいけません。
   (2) 記入にはHBの鉛筆を使用しなさい。
   (3) 訂正はプラスチック消しゴムで完全に消しなさい。
   (4) ( )の枠をはみ出さないようにぬりつぶしなさい。

良い マーク ●　悪い マーク  うすい

受験番号	フリガナ / 氏名

受験番号			
⓪	⓪	⓪	⓪
①	①	①	①
②	②	②	②
③	③	③	③
④	④	④	④
⑤	⑤	⑤	⑤
⑥	⑥	⑥	⑥
⑦	⑦	⑦	⑦
⑧	⑧	⑧	⑧
⑨	⑨	⑨	⑨

	解答欄		
一	1	問一	① ② ③ ④
	2	問二	① ② ③ ④
	3	問三 (1)	① ② ③ ④ ⑤ ⑥
	4	問三 (2)	① ② ③ ④ ⑤ ⑥
	5	問三 (3)	① ② ③ ④ ⑤ ⑥
	6	問四	① ② ③ ④
	7	問五	① ② ③ ④
	8	問六	① ② ③ ④
	9	問七	① ② ③ ④
	10	問八	① ② ③ ④
	11	問九	① ② ③ ④
	12	問十	① ② ③ ④

	解答欄		
二	13	問一	① ② ③ ④
	14	問二	① ② ③ ④
	15	問三	① ② ③ ④
	16	問四	① ② ③ ④
	17	問五	① ② ③ ④
	18	問六	① ② ③ ④
	19	問七	① ② ③ ④
	20	問八	① ② ③ ④
	21	問九	① ② ③ ④
	22	問十	① ② ③ ④
	23	問十一	① ② ③ ④
	24	問十二	① ② ③ ④
	25	問十三	① ② ③ ④
	26	問十四	① ② ③ ④
	27	問十五	① ② ③ ④
	28	問十六	① ② ③ ④
	29	問十七	① ② ③ ④

	解答欄		
三	30	問一	① ② ③ ④
	31	問二	① ② ③ ④
	32	問三	① ② ③ ④
	33	問四	① ② ③ ④
	34	問五	① ② ③ ④
	35	問六	① ② ③ ④
	36	問七	① ② ③ ④
	37	問八	① ② ③ ④

	解答欄		
四	38	問一 A	① ② ③ ④
	39	問一 B	① ② ③ ④
	40	問二	① ② ③ ④
	41	問三 A	① ② ③ ④
	42	問三 B	① ② ③ ④
	43	問四	① ② ③ ④
	44	問五	① ② ③ ④
	45	問六	① ② ③ ④
	46	問七	① ② ③ ④
	47	問八	① ② ③ ④
	48	問九	① ② ③ ④

(注) この解答用紙は実物を縮小してあります。Ｂ４用紙に141%拡大コピーすると、ほぼ実物大で使用できます。(タイトルと配点表は含みません)

推定配点

一 各２点×12〔問三は各２点×３〕
二 問一～問十三　各２点×13　問十四～問十七　各３点×４
三、四 各２点×19

100点	計

Memo

社会情勢の影響で中止の可能性がございます。必ず弊社HPをご確認ください。

◯首都圏最大級の進学相談会

1都3県の有名校が参加‼

第43回 中・高入試

受験なんでも相談会

主催 声の教育社

会場 新宿住友ビル三角広場

交通●ＪＲ・京王線・小田急線「新宿駅」西口徒歩8分
●都営地下鉄大江戸線「都庁前駅」A6出口直結
●東京メトロ丸ノ内線「西新宿駅」2番出口徒歩4分

日時 6月22日(土)… **中学受験**のみ
6月23日(日)… **高校受験**のみ

中学受験 午前・午後の２部制
高校受験 90分入れ替え４部制

特設ページ

入場予約6/8～（先行入場抽選5/31～）
当日まで入場予約可能（定員上限あり）
詳しくは弊社ＨＰ特設ページをご覧ください。

新会場の三角広場は天井高25m、
換気システムも整った広々空間

●参加予定の中学校・高等学校一覧

22日（中学受験のみ）参加校
麻布中学校
跡見学園中学校
鷗友学園女子中学校
大妻中学校
大妻多摩中学校
大妻中野中学校
海城中学校
開智日本橋学園中学校
かえつ有明中学校
学習院女子中等科
暁星中学校
共立女子中学校
慶應義塾中等部（午後のみ）
恵泉女学園中学校
晃華学園中学校
攻玉社中学校
香蘭女学校中等科
駒場東邦中学校
サレジアン国際学園世田谷中学校
実践女子学園中学校
品川女子学院中等部
芝中学校
渋谷教育学園渋谷中学校
頌栄女子学院中学校
昭和女子大学附属昭和中学校
女子聖学院中学校
白百合学園中学校
成城中学校
世田谷学園中学校
高輪中学校
多摩大学附属聖ヶ丘中学校
田園調布学園中等部
千代田国際中学校
東京女学館中学校
東京都市大学付属中学校
東京農業大学第一中等部
豊島岡女子学園中学校
獨協中学校
ドルトン東京学園中等部
広尾学園中学校
広尾学園小石川中学校
富士見中学校
本郷中学校
三田国際学園中学校
三輪田学園中学校
武蔵中学校
山脇学園中学校
立教女学院中学校
早稲田中学校
和洋九段女子中学校
青山学院横浜英和中学校
浅野中学校
神奈川大学附属中学校
カリタス女子中学校
関東学院中学校
公文国際学園中等部
慶應義塾普通部（午後のみ）
サレジオ学院中学校
森村学園中等部
横浜女学院中学校
横浜雙葉中学校
光英VERITAS中学校
昭和学院秀英中学校
専修大学松戸中学校
東邦大学付属東邦中学校
和洋国府台女子中学校
浦和明の星女子中学校
大妻嵐山中学校
開智未来中学校

23日（高校受験のみ）参加校
岩倉高校
関東第一高校
共立女子第二高校
錦城高校
錦城学園高校
京華商業高校
国学院高校
国際基督教大学高校
駒澤大学高校
駒場学園高校
品川エトワール女子高校
下北沢成徳高校
自由ヶ丘学園高校
潤徳女子高校
杉並学院高校
正則高校
専修大学附属高校
大成高校
大東文化大学第一高校
拓殖大学第一高校
多摩大学目黒高校
中央大学高校
中央大学杉並高校
貞静学園高校
東亜学園高校
東京高校
東京工業大学附属科学技術高校
東京実業高校
東洋高校
東洋女子高校
豊島学院・昭和鉄道高校
二松学舎大学附属高校
日本大学櫻丘高校
日本大学鶴ヶ丘高校
八王子学園八王子高校
文華女子高校
豊南高校
朋優学院高校
保善高校
堀越高校
武蔵野大学附属千代田高校
明治学院高校
桐蔭学園高校
東海大学付属相模高校
千葉商科大学付属高校
川越東高校
城西大学付属川越高校

22・23日（中学受験・高校受験）両日参加校
【東京都】
青山学院中等部・高等部
足立学園中学・高校
郁文館中学・高校・グローバル高校
上野学園中学・高校
英明フロンティア中学・高校
江戸川女子中学・高校
学習院中等科・高等科
神田女学園中学・高校
北豊島中学・高校
共栄学園中学・高校
京華中学・高校
京華女子中学・高校
啓明学園中学・高校
工学院大学附属中学・高校
麴町学園女子中学校・高校
佼成学園中学・高校
佼成学園女子中学・高校
国学院大学久我山中学・高校
国士舘中学・高校
駒込中学・高校
駒沢学園女子中学・高校
桜丘中学・高校
サレジアン国際学園中学・高校
実践学園中学・高校
芝浦工業大学附属中学・高校
芝国際中学・高校
十文字中学・高校
淑徳中学・高校
淑徳巣鴨中学・高校
順天中学・高校
城西大学附属城西中学・高校
聖徳学園中学・高校
城北中学・高校
女子美術大学付属中学・高校
巣鴨中学・高校
聖学院中学・高校
成蹊中学・高校
成城学園中学・高校
青稜中学・高校
玉川学園　中学部・高等部
玉川聖学院中等部・高等部
中央大学附属中学・高校
帝京中学・高校
東海大学付属高輪台高校·中等部
東京家政学院中学・高校
東京家政大学附属女子中学・高校
東京成徳大学中学・高校
東京電機大学中学・高校
東京都市大学等々力中学・高校
東京立正中学・高校
桐朋中学・高校
桐朋女子中学・高校
東洋大学京北中学・高校
トキワ松学園中学・高校
中村中学・高校
日本工業大学駒場中学・高校
日本学園中学・高校
日本大学第一中学・高校
日本大学第二中学・高校
日本大学第三中学・高校
日本大学豊山中学・高校
日本大学豊山女子中学・高校
富士見丘中学・高校
藤村女子中学・高校
文化学園大学杉並中学・高校
文京学院大学女子中学・高校
文教大学付属中学・高校
法政大学中学・高校
宝仙学園中学・高校共学部理数インター
明星学園中学・高校
武蔵野大学中学・高校
明治学院中学・東村山高校
明治大学付属中野中学・高校
明治大学付属八王子中学・高校
明治大学付属明治中学・高校
明法中学・高校
目黒学院中学・高校
目黒日本大学中学・高校
目白研心中学・高校
八雲学園中学・高校
安田学園中学・高校
立教池袋中学・高校
立正大学付属立正中学・高校
早稲田実業学校中等部・高等部
早稲田大学高等学院・中学部
【神奈川県】
中央大学附属横浜中学・高校
桐光学園中学・高校
日本女子大学附属中学・高校
法政大学第二中学・高校
【千葉県】
市川中学・高校
国府台女子学院中学・高等部
芝浦工業大学柏中学・高校
渋谷教育学園幕張中学・高校
昭和学院中学・高校
東海大学付属浦安高校・中等部
麗澤中学・高校
【埼玉県】
浦和実業学園中学・高校
開智中学・高校
春日部共栄中学・高校
埼玉栄中学・高校
栄東中学・高校
狭山ヶ丘高校・付属中学校
昌平中学・高校
城北埼玉中学・高校
西武学園文理中学・高校
東京農業大学第三高校・附属中学校
獨協埼玉中学・高校
武南中学・高校
星野学園中学校・星野高校
立教新座中学・高校
【愛知県】
海陽中等教育学校

※上記以外の学校や志望校の選び
方などの相談は